D1747139

Anne M. Steinmeier

Schöpfungsräume

Auf dem Weg einer Praktischen Theologie als
Kunst der Hoffnung

Chr. Kaiser
Gütersloher
Verlagshaus

Bibliografische Informtion Der Deutschen Bibliothek

Die Deutsche Bibliothek verzeichnet diese Publikation in der Deutschen Nationalbibliografie; detaillierte bibliografische Daten sind im Internet über http://dnb.ddb.de abrufbar.

Umwelthinweis:
Dieses Buch wurde auf chlorfrei gebleichtem und alterungsbeständigem Papier gedruckt. Die vor Verschmutzung schützende Einschrumpffolie ist aus umweltschonender und recyclingfähiger PE-Folie.

ISBN 3-579-05394-9
© Chr. Kaiser/Gütersloher Verlagshaus GmbH, Gütersloh 2003
Das Werk einschließlich aller seiner Teile ist urheberrechtlich geschützt. Jede Verwertung außerhalb der engen Grenzen des Urheberrechtsgesetzes ist ohne Zustimmung des Verlages unzulässig und strafbar. Das gilt insbesondere für Vervielfältigungen, Übersetzungen, Mikroverfilmungen und die Einspeicherung und Verarbeitung in elektronischen Systemen.
Umschlag: Init GmbH, Bielefeld, unter Verwendung der Zeichnung von Paul Klee, Engel, noch tastend, 1939. Aquarell. Privatbesitz, Schweiz. ©VG Bild-Kunst, Bonn 2003.
Satz: SatzWeise, Föhren
Druck und Bindung: Těšínská Tiskárna AG, Český Těšín
Printed in Czech Republic

www.gtvh.de

Wenn ihr hervorbringt, was in euch ist,
wird, was ihr hervorbringt, euch retten.
Wenn ihr aber nicht hervorbringt, was in euch ist,
wird, was ihr nicht hervorbringt, euch zerstören.
(Thomas-Evangelium, Spruch 70)

So here I am, in the middle way …
Trying to learn to use words, and every attempt
Is a wholly new start, and a different kind of failure
Because one has only learnt to get the better of words
For the thing one no longer has to say, or the way in which
One is no longer disposed to say it. And so each venture
Is a new beginning, a raid on the inarticulate
…
For us, there is only the trying. The rest is not our business.
(T. S. Eliot)

Inhalt

Vorwort 12

Einleitung 13

1 Bildende Kunst und Seelsorge 17
Eine »Himmelsgeschichte« (17)

Schöpferische Konfessionen in der bildenden Kunst 19

Hans Prinzhorn – Die Bildnerei der Geisteskranken 19
»Metaphysik der Gestaltung« (19) – »Wahnsinnige Schönheit« und »letzte Kunst« (21)

Jean Dubuffet – art brut 26
Kunst als Rohmaterial des Lebendigen (26) – Die prophetische Botschaft (27)

Paul Klee – Ein Gleichnis der Schöpfung 28
Hauptweg und Nebenwege (28) – »Kunst gibt nicht das Sichtbare wieder, sondern macht sichtbar« (31) – Bildnerische Polyphonie (32) – Ad parnassum (33)

Joseph Beuys – Der erweiterte Kunstbegriff 36
»Jeder Mensch ist ein Künstler« (36) – Der »skulpturale Prozess« (37) – Verkörperung Christi (39)

Auf der Suche nach Wegen der Schöpfung 42
Die Wahrnehmung des Lebendigen in allen Menschen (42) – Gott als schöpferischer Geist (44) – »und doch Stufen« (45) – Um seiner selbst willen (46) – Sich selbst ein Fremder (48) – Versöhnendes Verstehen (49) – Zur Frage nach der Schuld (50) – Das »alte Thema der Teilhabe« (51) – Offenes Gespräch und Gebet (52) – Stellvertretung (55) – Wahrheit ohne Ende (55) – Ein Künstlertum aller Getauften (56) – Glauben als art brut (59)

2 Theaterwelt und Kirchenraum 61
Theater und Liturgie 61
Zwei Begegnungen (61)

Peter Brook – »Die Wahrheit ist immer auf Wanderschaft« 62
Theater ist Leben (62) – »Heiliges Theater« und die »nackte Bühne« (63) – Das »Mysterium« des Verstehens (65) – Die Kunst des Handwerks und die Suche nach Bedeutung (66) – »universelles Vokabular« (68) – Die Bühne der Unruhe (69)

Die Feier der Geschichte Gottes unter uns 70
Grenzziehungen (70) – Inszenierung auf der Suche nach Wahrheit (71) – Die »nackte Bühne« der fremden Texte (73) – Erkennbarkeit (76) – Ein Bild von Gottes-Gegenwart (78)

Bühnenleben und geistliches Amt 81
Leitbild Künstler (81)

Konstantin S. Stanislawski – Die Kunst des Erlebens 82
In einer Rolle (82) – Schöpfung eines geistigen Lebens (83) – »wenn« (84) – Der schöpferische Prozess des Glaubens (86)

Spannungsvolle Subjektivität – ein Leben im religiösen Beruf . . . 88
Authentizität und Bürgschaft (88) – Lernen, im Amt lebendig zu sein (91) – Auf dem Boden des tragenden »wenn« (94)

3 Dichtung und Predigt 97
Das Wort (97)

Die »unverlorene« Sprache in der Dichtung 99

Ingeborg Bachmann – »Wir müssen wahre Sätze finden« 99
Erschütterung (99) – Eine »neue Gangart« (100) – Zumutbare Wahrheit (102) – Wie Brot (103)

Paul Celan – »Sprache, die unverloren blieb« 104
Verloren – Unverloren (104) – Unterwegs (105) – Der ganz »Andere« (106)

Christa Wolf – Die »Vision« vom »lebendigen Kunstwerk« 111
Subjektive Authentizität (111) – Epische Schreibweise (113)

Worte wie Brot – Predigt als Rede von Wahrheit 117
Das stärkere Leben (117) – Eine Theologie der Sprache (118)

Rede von Wahrheit 120
Mit dem eigenen Leben (120) – Dialog (122) – Rede für das Unverlorene (124) – Die Stimmen der Vielen (124) – Die Sprache des Symbols (126) – Der Widerstand des Textes (127) – Gebet (128) – Zum Leben stärken (128)

Inhalt

4 Musik und Gebet 131
   Gegenreden (131)

   Das Geheimnis der Musik 133
   Leonard Bernstein – The poetry of earth 133
   Mit-teilen (133) – Unendliche Vielfalt und die offene Frage (136) – Mahlers Botschaft (139) – Die Poesie der Erde (140) – »Alle Komponisten beten« (142) – Mass (142)

   Charles Mingus – The Talking bass 146
   »Gibt's Landkarten in den Himmel?« (146) – Von der Notwendigkeit, die eigene Geschichte zu erzählen (147) – mental score paper (150) – Rotary perception (152) – Improvisation und die große Erzählung (154)

   John Neumeier – »Shall we dance?« 156
   »gestische Bilder vom Geheimnis der Musik« (156) – Das sinfonische Ballett (157) – »Was mir die Sechste erzählt« (158) – Bewegung lesen (159)

   Matthäus-Passion – »Ich bin Christ und Tänzer« 160
   Eine choreographische Form für Bachs Musik (160) – Gebet (164) – Christus (166) – Körperbild Abendmahl (168) – »Ich will dir mein Herze schenken« (168) – Judaskuss (169) – »Geduld, Ein schweigender Schrei« (170) – »Wahrlich« (171)

   Die unendliche Kunst des Betens 173
   Hören (173) – Mit der Musik beten (175) – Musik als Hüterin der Freiheit (176) – Kirche des Menschensohnes (178)

   Das Credo des Lebens 180
   Die »Sammlung« in den »Augenblick« (180) – Die eigene Melodie finden (181) – Im »Kreis« der Betenden (183) – Kampf um Tonalität (184) – Das mental score paper Gottes (185) – Unio mystica (187) – Die »große Form« der Träume (192)

5 Leben und Glauben 197
   11. September 2001 (197)
   Alberto Giacometti – »Mains tenant le vide« – »Maintenant le vide«. 198

   Die Geschichte Gottes unter uns ist noch nicht zu Ende erzählt: Gott erlernen – ein Dialog 204
   Martin Buber – Apriori der Beziehung 204
   Emmanuel Lévinas – »Anderheit« 205

Paul Tillich – Erkenntnis als Wagnis des Lebens 206

Martin Buber – Das »lebendige Wort des Menschengesprächs« ... 208

Paul Tillich – Der »Mut zum Sein« 209
Le vide – Zufälligkeit und Tod (210) – Le vide – Leere und
Sinnlosigkeit (210) – Le vide – Schuld und Verdammung (211) – Eine
Sprache wie Hände (212) – Mains tenant: Die »Macht des Seins« (215) –
Mains tenant: »dennoch ja« (217)

Martin Buber – »Wer auf Gott harrt, wird Kraft eintauschen« ... 220
Offenbarung: Begegnende Hände (220) – Grenzen: Symbol des
Christus (222) – Mains tenant: Gegenwärtigwerden (223) – Mains tenant:
Gottes Menschen (224)

Der »in meiner Wirklichkeit Gute« 226

Paul Tillich – le vide und der absolute Glaube 228

Emmanuel Lévinas – Stellvertretung 231
Mains tenant: messianische Sensibilität (232)

Glaube als schöpferischer Mut zum Sinn 234
Die andere Hoffnung (235)

Zur Menschlichkeit bilden 237

Hannah Arendt – »Gebürtlicher« Geist 237
»Das Prinzip des Anfangs« (238) – »ein Jemand« (239) – Die offene
Geschichte (239) – »Menschlichkeit in finsteren Zeiten« (240) – Die frohe
Botschaft (241)

Im Lernraum von Freiheit und Verständigung 242
Verletzlichkeit (242) – Gegenüber (243) – Pluralität (244) – »gebürtliche«
Gespräche (245) – Toleranz (247) – Glauben »ohne Geländer« (248) – Die
Erde teilen (248)

Literatur 250
Nachweise 261

Für Thomas
und im Gedenken an meinen Vater
und meine Großeltern

Vorwort

Schöpfungsräume ist ein Buch auf dem Weg, auf dem Weg der Praktischen Theologie, aber auch auf meinem Weg. In den Erfahrungen als Pfarrerin in der Ev. Stiftung Alsterdorf und den Herausforderungen als Professorin und Universitätspredigerin in Halle an der Saale ist mein Denken aufgebrochen. An diesen Orten, die mich in je eigener Weise auf unbekannte Wege setzten, in diesen offenen Räumen, sind mir die Künstler und künstlerisches Denken, künstlerisches Empfinden und Arbeiten zunehmend wichtig geworden.

Den Studierenden der Vorlesung »Die Seele und die Kunst« und des homiletisch-liturgischen Seminars »Der Gottesdienst als Gestaltungsaufgabe« im Sommersemester 2001 sei herzlich gedankt für ihr Mitdenken, für ihre Fragen, für ihre Kritik. Eine von ihnen möchte ich mit Namen nennen: Stefanie Kögel.

Mein Dank gilt weiterhin meiner wissenschaftlichen Mitarbeiterin Dipl. Theol. Maike Schult M. A. Sie hat das Buch in allen seinen Entstehungsphasen Korrektur gelesen. Isgard Ohls, Kirchenmusikerin und stud. theol., hat freundlicherweise das Kapitel *Musik und Gebet* gelesen.

Danken aber möchte ich vor allem auch dem Lektor des Verlages, Herrn Diedrich Steen. Er hat von Anfang an den »Puls« des Buches erspürt und mich ermutigt, es so zu schreiben, wie es nun geworden ist.

Mein Mann Thomas hat mich trotz seines ihn ganz und gar beanspruchenden Berufes und über die Wege zwischen Halle und Hamburg hinweg unterstützt – in manchem nicht zu unterschätzenden technischen Problem, vor allem aber mit seiner Liebe zur Kunst, die ich mit ihm teile, und den vielen Gesprächen über die Wege ins Offene.

Aber in diesen Gesprächen sind auch die lebendig, von denen uns auch der Tod nicht trennt: Mein Vater, Paul Steinmeier, an dessen Staffelei im Büro ich mich erinnere, dessen Bilder mich begleiten, und meine Großeltern, Erna, geb. Heißenberg, und Paul Steinmeier, die mir als Kind und Jugendliche weite Räume gaben.

Während ich dies schreibe, droht Krieg. *Schöpfungsräume? Kunst der Hoffnung?*

Der »Engel, noch tastend« von Paul Klee, der auf dem Titelbild abgebildet ist, möge mit uns allen sein.

Halle an der Saale, am 20. Februar 2003 *Anne M. Steinmeier*

Einleitung

Im Kontext des Gesprächs zwischen Praktischer Theologie und Kunst ist dieses Buch von der Fragestellung geleitet: Kann Praktische Theologie als Reflexion des Handelns der Kirche von Künstlern lernen, Räume der *Hoffnung* zu bauen? Kann kirchliches Handeln von ästhetischen Erfahrungen und Theorien, von schöpferischen Konfessionen der Künstler lernen, Wege zu bereiten, auf denen *Neues* entgegenkommen kann?

Damit ist nicht die Flucht in die Gegenwelt eines regressiv-harmonisierenden Optimismus gemeint. Damit ist vielmehr nach einer Kraft gefragt, die Menschen in ihren Ambivalenzen aufnehmen, in den Brüchen und Rissen ihrer Geschichten bergen, in ihren Ängsten und Traurigkeiten trösten kann.

Hoffnung sucht Räume des Verstehens und der Verständigung und braucht Erfahrungen der Ermutigung, die Menschen auf ihren Alltagswegen begleiten können.

Die Kirche hat in den verschiedenen Gestaltungen ihres Ausdruckshandelns, in der Seelsorge, der Liturgie, der Predigt, der Musik, einen Schatz der Sprache, aus dem Leben neu aufstehen, *auferstehen* kann. Und doch ist in diesen Handlungen oft so wenig von dieser Lebendigkeit spürbar. Vielmehr scheint Sprachlosigkeit manchmal unter großen Anstrengungen nur schwer verdeckt.

Hier von Malern, Regisseuren, Schauspielern, Schriftstellern, Musikern zu lernen, heißt nicht, nur nach ihrem Handwerkszeug zu fragen, heißt nicht, von ihnen vermeintlich bloß äußeren Formen zu lernen. Der Dialog mit den Künstlern, die sich in ihrem eigenen Verständnis nicht, jedenfalls nicht notwendig und nicht explizit, auf einen religiösen Deutungshorizont beziehen, führt vielmehr durch die Auseinandersetzung mit dem Material, durch die Arbeit der *Formung* in die Frage nach *Wahrheit*.

Wenn Praktische Theologie sich in der Reflexion der Handlungen der Kirche und ihrer Gestaltungen in die Räume der Künstler wagt, dann bekommt sie es mit der »ästhetischen Wahrheit« zu tun, dass, wie Albrecht Grözinger im Anschluss an Theodor Adorno[1] formuliert, »*die Inhaltsfrage als Formfrage präsent*« ist, dass also nach einem »Inhalt« nicht »durch die ›Form‹ hindurch oder an ihr *vorbei*«[2] zu fragen ist. Dann hat sie sich der Herausforderung zu stellen, dass, wie Walter Benjamin sagt, das »geistige Wesen ... sich in und nicht durch eine Sprache«[3] mitteilt.

Was das bedeutet, zeigt sich in der materialen Konkretion schöpferischer Pro-

---

1. Theodor W. Adorno, Noten zur Literatur II, Frankfurt a. M. 1970, 154.
2. Albrecht Grözinger, Praktische Theologie und Ästhetik. Ein Beitrag zur Grundlegung der Praktischen Theologie (1987), 2., durchges. Aufl., München 1991, 124.
3. Walter Benjamin, Über Sprache überhaupt und über die Sprache des Menschen, in: Angelus Novus. Ausgewählte Schriften 2, Frankfurt a. M. 1966, 10.

zesse, zeigt sich auf dem *Weg* durch die *Schöpfungsräume* der Künstler. Das Leben und die Lebendigkeit ästhetischer Wahrheitsgestalt führt durch Risse der Wortsprache hindurch, stellt auf »nackte Bühnen« und in »leere Räume«, konfrontiert mit Fremdem, reißt in Gegensätze, bricht Gewissheiten auf, löst Kämpfe aus. *Schöpfungsräume* sind »Kampfzonen«[4], in denen Bilder gestürzt werden. Narzisstische Spiegelbilder von gedachter, erwünschter Wirklichkeit, all jene Bilder, die sich gegen Zweifel und Erschütterung und damit gegen die Erfahrung von Brüchigkeit, Ambivalenz, Vielschichtigkeit und Offenheit des Lebendigen verschließen.[5] Durch den Bildersturz hindurch aber kann Neues hörbar werden, ein Wort, das »haltbar« ist. Wird vielleicht eine Gestalt sichtbar, ein »*Schattenbild*«, wird eine Bewegung möglich, die eine Gemeinschaft verändert. Auf unbekannten Wegen können Töne hörbar werden, die erzählen und nicht verstummen, kann »im Augenblick« eine Musik von »anderswo« her den »Puls in dir« erwecken. Ob es gelingt, ist unausgemacht, ist nicht verfügbar und geschieht doch in aller Brechung in der Hoffnung auf eine »*ansprechbare Wirklichkeit*«, im Sich-Einlassen auf ein schöpferisches »*wenn*«.

Die *Schöpfungsräume* der Künstler haben »für die Theologie einen eminent *hermeneutischen* Charakter«, weil sie »neue Horizonte eröffne(n) und verlorengegangene Erfahrungen in Erinnerung ruf(en)«[6] können.

Das hermeneutische Potential ästhetischer Wahrheit liegt in der Erkenntnis der *unausdenkbaren Lebendigkeit* und damit auch *Verwundbarkeit* eines »Inhalts«, der sich in seiner wesentlichen Bindung an eine Form, an Sprache, nicht objektivieren, nicht garantieren lässt, aber gerade darin das Besondere der ästhetischen Erfahrung in sich birgt, aus der etwas wirklich *Neues*, was nicht außerästhetisch bereits entschieden wäre, entstehen kann.[7] Aus der etwas schöp-

4. So hieß eine Ausstellung von Menschenbildern der ehemaligen Bühnen- und heute freien Malerin Xenia Hausner im Käthe-Kollwitz-Museum, Berlin, im Staatlichen Russischen Museum, St. Petersburg und in der Forum Gallery, New York 2000.
5. Die Künstler stehen mit ihrer Arbeit der Gefahr einer Ästhetisierung entgegen, die, wie Wolfgang Welsch beobachtet, »bei aller chicen Aufgeregtheit und gekonnten Inszenierung doch wieder nur Eintönigkeit« und damit Empfindungslosigkeit hervorbringt. Gegenüber der in Anästhetisierung umschlagenden »Ästhetisierung der Lebenswelt« in der Erlebnisgesellschaft ist die materiale Konkretion schöpferischer Prozesse eine Ästhetik, zu der konstitutiv Widerstand und Fremdheit gehören (Wolfgang Welsch, Ästhetisches Denken, Stuttgart 1990, 13 ff., 85). Sie tragen damit zu einer »Kultur des blinden Flecks« bei, die, »anders als beim Oberflächentrend der Verhübschung«, »sensibel« »wäre ... für Differenzen und Ausschlüsse – und dies eben nicht nur in Bezug auf Formen der Kunst und Gestaltung, sondern ebenso im Alltag und gegenüber sozialen Lebensformen« (Wolfgang Welsch, Das Ästhetische – Eine Schlüsselkategorie unserer Zeit? in: Wolfgang Welsch (Hrsg.), Die Aktualität des Ästhetischen, München 1993, 46. Vgl. auch Wolfgang Welsch, Grenzgänger der Ästhetik, Stuttgart 1996.
6. Grözinger, Ästhetik, 134.
7. Vgl. Rüdiger Bubner, Ästhetische Erfahrung, Frankfurt a. M. 1989, 91, und vgl. Grözinger, Ästhetik (in Bezug auf Georg Lukács, Kunst und objektive Wahrheit. Essays zur Literaturtheorie und -geschichte, Leipzig 1977, 63), 129: Es ist also nicht so, dass die Kunst nur noch einen »Hinweischarakter« hätte, »indem diese ›Welt‹ einen deutlicheren (nicht im Sinne

ferisch Neues sich ereignen kann, das nicht ohne den *Prozess,* den die Form bedeutet, entschieden oder gefunden wird.

Daher kann die ästhetische Erfahrung im »Spannungsfeld zwischen ästhetischen und theologischen Wahrnehmungsperspektiven und Wahrheitsansprüchen«[8] der Theologie voraus sein, weil sie diese an ein gefährdetes und auch immer wieder verlorenes *Eigenes* erinnert.[9]

Denn mit dem christlichen Bekenntnis des Glaubens an die Einheit Gottes mit dem Menschen Jesus von Nazareth und von ihm her potentiell mit jedem kontingenten menschlichen Leben ist die christliche Wahrheit in ihrem Zentrum kein unberührbarer, vorgegebener, nur jeweils neu zu vermittelnder und zu übersetzender Inhalt. Zu einem solchen aber droht sie immer wieder zu erstarren.[10]

In der Konsequenz der Menschwerdung Gottes ist die Gotteswirklichkeit als ein *Prozess* zu denken, in dem Gott *selbst* je neu, je anders zur Welt kommt und *im* Menschlichen, *in* der Kontingenz und Vielfalt menschlicher Lebendigkeit *gegenwärtig* ist,[11] ohne in einem Bestimmten aufzugehen. Darin kann Menschliches als es *selbst* lebendig sein und *gott*erfüllt ins Menschlich-Lebendige wachsen. Die Stärke und die transzendierende, Leben eröffnende Kraft der Wirklichkeit Gottes liegt nicht in der Unverfügbarkeit einer letzten, jenseitig ›festgedachten‹ Transzendenz, sondern in dieser Verwundbarkeit, in der Gott selbst *in* uns und *unter* uns ohne Ende schöpferisch lebendig ist.

Darum können sich in ihrem Zentrum *unausdenkbarer* und *verletzbarer Lebendigkeit* künstlerische und theologische Wahrheit begegnen.

Von daher ist in den Handlungen der Kirche von den *Schöpfungsräumen* der Künstler – vielleicht wieder neu – zu lernen, wie *Gott* als *schöpferischer Geist* in

---

von präziser, sondern nur intensiver!), emotional fesselnderen Einblick in die Beschaffenheit von Wirklichkeit verschafft, als dies Philosophie und Erkenntnistheorie vermögen ..., ›dass das Kunstwerk eine dem Wesen nach getreuere, vollständigere, lebendigere, bewegtere Widerspiegelung der Wirklichkeit bietet, als der Rezeptive sie sonst besitzt‹. – Aber eben keinen grundsätzlich neuen, anderen Einblick.«

8. Albrecht Grözinger, Gibt es eine theologische Ästhetik? In: Wolfgang Erich Müller, Jürgen Heumann (Hrsg.), Kunst-Positionen. Kunst als Thema gegenwärtiger evangelischer und katholischer Theologie, Stuttgart, Berlin, Köln 1998, 42.
9. Vgl. auch Grözinger, Ästhetik, 134.
10. Vgl. ebd., 130 in Bezug auf die Kontroverse zwischen Adorno und Lukács: »Die Ausrichtung an einem vorgegebenen, dogmatischen Rahmen von Erkenntnis und Erfahrung beschneide – so Adorno – die Kunst in ihrer widerspenstigen Potenz und Bestimmung. Demgegenüber besteht Adorno energisch auf der kritischen Funktion von Kunst, die durch keine äußerlich-dogmatische Begrenzung sich einschüchtern oder beschneiden lassen darf: ›Kunst erkennt nicht dadurch die Wirklichkeit, dass sie sie photographisch oder ›perspektivisch‹ abbildet, sondern dadurch, dass sie vermöge ihrer autonomen Konstitution ausspricht, was von der empirischen Gestalt der Wirklichkeit verschleiert wird.‹ Zu der ›empirischen Gestalt der Wirklichkeit‹ aber gehören auch alle dogmatischen Ansprüche, die an den Menschen gestellt werden und die in ästhetischer Erfahrung zuallererst zu transzendieren sind.«
11. So formuliere ich andeutend in Bezug auf Paul Tillich, was ich im 5. Kapitel unter *Leben und Glauben* ausführlicher entfalten werde.

den verschiedensten Räumen auf der Suche nach Leben, nach Ausdrucksgestalten von Wahrheit gegenwärtig sein und werden kann: im Mut neuer Gedanken, im Wagnis eigener Wege, in der Begegnung mit fremden Bildern, in Schritten zurück und nach vorn. In den Ausdruckshandlungen der Kirche können *Gottes Schöpfungsräume* erfahrbar und lebendig werden, so dass auf ihrem Grund Aneignung des Fremden, Versöhnung geschehen, ein Ja ankommen, durch das Alltägliche hindurch ein Unsichtbares sichtbar werden kann.

Damit ist ein Weiteres bedeutet:
Schöpfungsräume führen in Erfahrungsräume von Subjektivität; ein Mensch lernt kennen, was es heißt, ein Einzelner zu sein. Die damit sich erschließende »Offenheit für neue, bisher nicht gekannte Erkenntnisse und Erfahrungen« macht die Vielstimmigkeit des Lebendigen offenbar. Das aber bedeutet nicht »Indifferenz und Zufälligkeit«.[12] Das hermeneutische Potential ästhetischer Erfahrungswahrheit liegt vielmehr in der Anerkenntnis der »Vieldimensionalität menschlicher Erfahrung«, die als je besondere nicht »unter ein Allgemeines subsumiert«[13] werden kann, sondern zu einem Leben von Wahrheit führt, das konstitutiv Individualität und Unterscheidung in sich trägt. Im Geheimnis dieser schöpferischen Wahrheit liegt eine »*Verbindlichkeit der Freiheit*«[14] begründet, in der Menschen in Unterscheidung ihres Lebensausdrucks verbunden und also in einem Sinn geborgen sind, der gerade in der »Unausdenkbarkeit« des Lebendigen »*erkannt sein will*« und zu verstehen ist.[15] In der Wahrnehmung dieser *größeren Sprache* ist die Herausforderung Praktischer Theologie als *Kunst der Hoffnung* begründet.

Was das im je Besonderen bedeuten kann, in der Kunst und in der Kirche, möchte ich beispielhaft zeigen. Die Auswahl der Künstler ist eine sehr subjektive, die meisten sind mir in der konkreten Auseinandersetzung mit der praktischen Arbeit begegnet. Der Leser, die Leserin mag für sich vielleicht andere wählen. Aber wenn dieses Buch die auch in der Kirche – noch oder wieder – *Suchenden* dazu ermutigt, sich in »leere Räume« und in neue Lebensbewegungen zu wagen, *Schöpfungsräume* zu entdecken und mit anderen zusammen zu gestalten, dann können Menschen – vielleicht wieder neu – erleben, worum es diesem Buch wesentlich geht: *Die Geschichte Gottes unter uns ist noch nicht zu Ende erzählt.*

12. Grözinger, Ästhetik, 131.
13. Ebd.
14. Ebd.
15. Traugott Koch, Mit Gott leben, Tübingen 1989, 59. Hervorhebung A. S. »Doch alles Subjekthafte, Geistige ist nie erschöpfend zu wissen, so dass kein Überschuss eines ›Mehr‹ bliebe. Es ist über alles Wissen hinaus zu verstehen. Es bleibt ein Geheimnis, freilich kein von vornherein verschlossenes und unerkennbares, keines, das sich vorenthält. Sondern eines, das erkannt sein will gerade in seiner Unausdenkbarkeit, in der es nie zu Ende gekannt ist ... Zu erkennen ist es, aber auf diese Weise – und also ist es zu verstehen und anzuerkennen« (ebd.).

1 Bildende Kunst und Seelsorge

Eine »Himmelsgeschichte«

Am Anfang dieses Kapitels möchte ich eine Geschichte erzählen, die mich entscheidend auf die Spur schöpferischer Konfessionen geführt hat. Es ist, wie ein Autor der Geschichten, die eine Zeit lang meinen pastoralen Alltag bestimmt haben, sagen würde: eine »Himmelsgeschichte.«[1]

Es ist Montagnachmittag. Wir treffen uns zur Malgruppe, wie jeden Montagnachmittag. Die Gruppe ist entstanden, als ich versucht habe, mit Ernst, einem mehrfach geistig und körperlich behinderten älteren Mann, nach dem Tod seiner Frau ins Gespräch zu kommen.[2] Ein Gespräch mit geistig behinderten Menschen braucht andere als nur ›Wort-Brücken‹. So versuche ich, ihn zu erreichen und mit ihm eine Ebene zu finden, indem ich Pinsel, Wasser- und Acrylfarben und Buntstifte mitbringe. Und Ernst beginnt zu malen – und dabei zu erzählen: von seiner Frau, von den Erlebnissen mit ihr und mehr und mehr auch von seiner Traurigkeit. Kaum haben wir begonnen, auf diese Weise zu arbeiten, kommen andere hinzu. Ernst hat von den Montagen erzählt, Freunde neugierig gemacht und eingeladen. Nun beginnen wir gemeinsam mit Farben und über die Farben mit Worten uns auszutauschen, Geschichten vom Leben zu erzählen. Manche entsteht erst an diesen Nachmittagen, so auch die folgende:

Eines Montags kommt eine Mitarbeiterin dazu. Diese hat schon länger Interesse angemeldet, weil die Lebendigkeit der Bilder, die hier entstehen, sie fasziniert und sie auch einmal selbst wieder Farben ausprobieren, vielleicht wieder malen möchte. Für die Maler und Malerinnen ist das kein Problem. Selbstverständlich soll sie sich dazusetzen und mitmachen. So eingeladen – und vielleicht auch ermutigt – fängt die Mitarbeiterin zu malen an. Aber sie wird darin nicht lange für sich gelassen. Malen ist für die geistig behinderten Menschen ganz selbstverständlich Sprache, und Hannelore fragt daher ganz direkt: »Was ist denn das?« Die Mitarbeiterin hat eine abstrakte Figur zu malen begonnen, mit groben Strichen Kopf und Körper nur angedeutet; sie ist unverkennbar künstlerisch begabt. Sichtlich erstaunt über die Frage antwortet sie: »Ein Mensch.« »Nein,« widerspricht Hannelore. »Was ist das denn?« mische ich mich ein. »Weiß nicht, wie das heißt,« antwortet Hannelore, »soll ich 'mal zeigen?« Gespannt und zugegebenermaßen zugleich etwas skeptisch sehe ich die Mitarbeiterin an. Aber diese antwortet ohne Zögern: »Ja, zeig' 'mal!« Hannelore nimmt den Malblock. Sie versichert sich noch einmal: »Darf ich?« – »Ja, ja, du darfst.

---

1. Vgl. Anne M. Steinmeier, »War das eben Himmel?«, in: Hanna Ahrens, Hoffnungszeichen, Neukirchen 2000, 78 - 84.
2. Die Anrede mit dem Vornamen war gegenseitig.

Ich bin wirklich gespannt.« Hannelore malt neben die abstrakte Figur eine Figur mit dem Kopf in einer Schlinge. »Wie?«, entfährt es mir brüsk, »Du meinst gehenkt?« »Ja.« Hannelore ist völlig unbeirrt, während mir etwas mulmig wird. Aber meine Bedenken erweisen sich als grundlos. »Und was kann man jetzt tun?« fragt die Mitarbeiterin. »Soll *ich* wieder malen? – Darf ich drübermalen?« fragt Hannelore. »Ja«, die Mitarbeiterin möchte wissen, was sie nun sagen, malend erzählen wird. Hannelore malt, übermalt die Figur und setzt sie in einen Baum. »Der muss sich verstecken, dass er sich ausruhen kann.« Und während er sich ausruht – geschieht ihm etwas. Mit kräftigen Farben und dickem Pinsel verbindet sie, was in dem abstrakten Bild losgelöst war: Kopf und Körper. »Und,« fragt die Mitarbeiterin, »was dann? Bleibt er in dem Baum?« »Nein,« antwortet Hannelore und malt eine weitere Schicht, einen nächsten Abschnitt. Sie malt eine Figur, auf dem Boden stehend. Hinter ihr, kaum erkennbar, eine andere. Mit Flügeln. »Ein Engel?« frage ich. »Ja, wenn er heruntergeht, braucht er einen Engel, der auf ihn aufpasst.« »Einen Schutzengel,« sage ich. »Ja,« kommt von Hannelore die selbstverständliche Antwort. »Das war toll,« sagt die Mitarbeiterin. Wir warten noch, bis die Farben getrocknet sind, und hängen dann das Bild auf. Dieses dreischichtige Bild.

Wir haben an jenem Nachmittag nicht mit Worten ›über-redet‹, was im Schutz der Bilder an Wahrnehmungen sich mitteilte und an Aussage entstand. Eines nur möchte ich hinzufügen: Ich habe dieses ›Schichtenbild‹ manchmal angesehen, wenn Schwierigkeiten übermächtig zu werden drohten und Mutlosigkeit sich wie ein Strick um den Hals schlingen wollte. Ich habe es dann angesehen, diese ›Engelsgeschichte‹. Was Hoffnung heißen kann, erzählt sie. Dass einer oder eine wie Hannelore sieht, wahrnimmt, was ist. Und dass es immer wieder Schutzräume braucht, damit einer, eine annehmen kann, was ihm, was ihr an Gutem möglicherweise entgegenkommen will. In der Sprache der malerischen Kommunikation erzählt das wachsende Bild von einer Gewissheit, die nicht einfach da ist, sondern wachsen muss und offene Sinne braucht, um zu glauben, dass da eine Kraft ist, die mich begleitet und auch beschützt. Eine Kraft, die ich im Getriebe des Alltags nicht immer bemerke, aber die zum Beispiel darin erfahrbar ist, dass ein Mensch, von dem ich es vielleicht gar nicht erwartet, zu einer Zeit, zu der ich es gar nicht gedacht hätte, mir etwas sagt, eine Geschichte schenkt, die etwas davon erzählt, wie es so nicht bleiben muss, wie es – einen nächsten Schritt vielleicht – weitergehen kann.

Diese Geschichte erzählt nicht von der therapeutischen Funktion von Kunst, die in der Seelsorge gegenwärtig fruchtbar zu machen versucht wird.[3]

Diese Geschichte erzählt vielmehr, wie in der Sprache von malerischer Gestaltung ein neuer Gedanke entsteht und sich seinen Weg sucht. Die Malerin,

---

3. Vgl. z. B. Gina Schibler, Kreativ-emanzipierende Seelsorge. Konzepte der intermedialen Kunsttherapien und der feministischen Hermeneutik als Herausforderung für die kirchliche Praxis, Stuttgart, Berlin, Köln 1999.

die uns an jenem Montagnachmittag in ästhetischer Kommunikation diese Hoffnungsgeschichte geschenkt hat, arbeitet in der Tagesförderstätte der *Schlumper*[4], einem Verein geistig behinderter Maler in Hamburg. Einem Verein von Künstlern, deren Arbeit im Atelier ihrer Tagesförderstätte nicht auf therapeutische Hilfsfunktionen zu reduzieren ist, wie es in der Fixierung geistig behinderter Menschen auf ein »ewiges Kindsein« lange üblich war.[5] Vielmehr ist deren Arbeit fachlich und gesellschaftlich als eigene Kunst anzusehen. Mit dieser Würdigung wird nicht nur die Kunst bereichert, mit ihr eröffnen sich auch Perspektiven, die für die Wahrnehmung des Menschlichen entscheidende Wege bereiten kann.

Mit den schöpferischen Konfessionen in der bildenden Kunst sei darum begonnen.

Schöpferische Konfessionen in der bildenden Kunst

Hans Prinzhorn – Die Bildnerei der Geisteskranken[6]

»Metaphysik der Gestaltung«

Der Weg veränderter Wahrnehmung von Kunst und Menschen beginnt in Heidelberg. Er führt in die Bilder der Ausstellung mit dem Titel »Wahnsinnige Schönheit«, der Sammlung von Hans Prinzhorn.[7] Als Arzt der psychiatrischen Universitätsklinik Heidelberg beginnt er 1919 damit, Werke von Geisteskranken zu sammeln und wissenschaftlich zu untersuchen. 1922 erscheint die erste Auflage seines reich illustrierten Buches »Bildnerei der Geisteskranken«.[8] Bildnerei – damit ist alles bezeichnet, was diese in der Psychiatrie lebenden Menschen an räumlich-körperlichen Gebilden im Sinne der Kunst hervorbringen. Es handelt sich hier »fast ausschließlich« um spontan, also ohne jede Aufforde-

---

4. Vgl. Günther Gercken, Christoph Eissing-Christophersen, Die Schlumper. Kunst ohne Grenzen.The Schlumpers. Art without borders, Wien, New York 2001.
5. Zum Problem vgl. Georg Theunissen (Hrsg.), Kunst, ästhetische Praxis und geistige Behinderung, Bad Heilbrunn 1997.
6. Zum Folgenden vgl. Anne M. Steinmeier, Diakonie als Wahrnehmung des Lebendigen, in: PTh 89, 2000, 395-410.
7. Vgl. hierzu: Katalog Wahnsinnige Schönheit, Prinzhornsammlung, veröffentlicht in deutscher Sprache durch die Hayward Gallery, London anlässlich der Ausstellung Beyond Reason, Art and Psychosis. Works from the Prinzhorn Collection, organisiert von der Hayward Gallery, London, 5. Dezember 1996 – 23. Februar 1997. 2001 ist in Heidelberg ein Museum für diese Sammlung eröffnet worden.
8. Hans Prinzhorn (1922), Bildnerei der Geisteskranken, 5. Aufl., Berlin, Heidelberg, New York, Tokyo 1997.

rung, aus eigenem Bedürfnis entstandene Bildwerke ungeübter, durch keinerlei besondere Weiterbildung geförderter »Menschen, an deren Geisteskrankheit kein Zweifel möglich ist«.[9] Dabei ist aber »der Gegensatz Krank – Gesund« sowie der Gegensatz »Kunst – Nichtkunst« für den Arzt Prinzhorn, »Empiriker«, als der er sich bezeichnet, und »rückhaltlos ehrlich«, wie er zu sein beansprucht, nur »dialektisch eindeutig«.[10] Er findet »nur polare Gegensätze mit zahllosen Übergängen, die er eindeutig ... nur in Anlehnung an eine jetzt und hier gerade herrschende Kulturkonvention« benennen kann, die ihm »in ihrer Beschränktheit quälend klar ist.«[11] Gegen solche Übereinkünfte setzt Prinzhorn, was er eine »Metaphysik der Gestaltung«[12] nennt, nicht ohne dabei ausdrücklich zu betonen, dass damit möglicherweise halbklaren Antworten nur erst »eine richtige klare Fragestellung«[13] entgegengesetzt werde, was für die Lösung von Problemen aber das Wertvollere sei.

»Metaphysik der Gestaltung« – das meint: Das seelische Erleben eines Menschen – jedes Menschen – drängt in seinem »ganzen Umkreise«[14] zur Gestaltung als der Bewegung seines Ausdrucks. Alles Gestaltete, alle Bildnereien, jede Linie ist als eine solche Ausdrucksbewegung zu begreifen. Damit liegt der metaphysische Sinn der Gestaltung nicht in etwas Äußerlichem, sondern in der Gestaltung selbst.[15] Der Sinn einer Ausdrucksbewegung ist die ihr ureigene Lebendigkeit. Deshalb kann Prinzhorn die »Vollkommenheit« eines Kunstwerkes nicht anders ausdrücken denn als »höchste Lebendigkeit in vollendeter Gestaltung.«[16]

In der »Bildnerei der Geisteskranken« sieht er sich Bahn brechen, was in jedem Menschen als »originale(r) Gestaltungsdrang« latent da ist, aber verkümmert oder gar verschwindet, sobald der »rationale Überbau des Schulunterrichts aus dem triebhaft spielenden Geschöpf ein wissendes und zweckhaft wollendes macht.«[17] Zu der damaligen medizinischen Auffassung, dass die Krankheit nur destruktiv wirke, stellt Prinzhorn die Gegenthese auf:

»Wenn man die unbeholfenen, mehr kindlichen Arbeiten ausschaltet, die mancher gesunde Erwachsene ähnlich machen würde«[18], »gibt es eine große Zahl, die der Grundforderung aller Gestaltung vollkommen entspricht – nämlich dem Beschauer eindeutig ein Erlebnis zu vermitteln.«[19]

Das geschieht am stärksten da, »wo es sich um Unheimlichkeit handelt.«[20]

9. Ebd., 4 f.
10. Ebd., 7.
11. Ebd.
12. Ebd., 351.
13. Ebd., 7.
14. Ebd., 10.
15. Vgl. ebd., 11.
16. Ebd., 15.
17. Ebd., 344.
18. Ebd., 339.
19. Ebd., 340.
20. Ebd.

Was nicht bedeutet, dass Geisteskrankheit aus Nichtbegabten Begabte macht, aber dass bestehende bildnerische Fähigkeiten nicht nur nicht zerstört wurden, sondern sich im Verlauf der Krankheit auch steigern können.

Solche Ausdrucksbewegungen kann aber nach Prinzhorn nur ein Betrachter wahrnehmen, der eine besondere, von allen anderen verschiedene seelische Haltung einzunehmen vermag: die *ästhetische* Haltung als die einer inneren Freiheit, die es einem Menschen ermöglicht, zweckgelöst, ohne Denkzwang ergründen, entlarven zu müssen, »anschauend zu erleben«.[21]

»Wahnsinnige Schönheit« und »letzte Kunst«

Auf dem Boden seiner »Metaphysik der Gestaltung«, in der er die realistische naturwissenschaftliche Denkweise seiner Zeit zu überwinden sucht, indem er den »schöpferischen Faktoren des Seelenlebens«[22] die Stelle zukommen lassen will, die ihnen gebührt, ist allein zu begreifen, worauf seine Wahrnehmung hinausläuft: Prinzhorn sieht wesentliche Beziehungen zwischen den Seelenzuständen und Gefühlshaltungen der »letzten Kunst«[23], d. i. des Expressionismus, und den Schizophrenen. Er nimmt diese wahr in der »Abkehr von der schlicht erfassten Umwelt«[24], in der Entwertung jedes äußeren Scheins[25], in der »Entfremdung der Wahrnehmungswelt«, mit dem Unterschied, dass beim Schizophrenen diese sich als ein grauenhaftes Schicksal auf ihn legt, das er oft lange bekämpft, bis er sich geschlagen gibt und »langsam in seiner wahnhaft bereicherten autistischen Welt heimisch wird«[26], während beim expressionistischen Künstler die Abwendung von der einst als vertraut empfundenen Wirklichkeit ein Akt der Erkenntnis ist und auf Entscheidung beruht.[27]

Zwei Bilder des Patienten Franz Pohl (der damals sog. »Fall 244«), heute in der Sammlung Prinzhorn unter dem Ausstellungstitel »Wahnsinnige Schönheit« zu finden, veranschaulichen dieses in besonderer Weise. Das erste ist ein Selbstbildnis des Malers.[28]

Prinzhorn schreibt dazu:

»Was einen packt, ist der Ausdruck in Haltung und Blick dieses Kopfes. Man muss an van Goghs spätes Selbstbildnis denken – nur dort treffen wir einen

---

21. Ebd., 333.
22. Ebd., 350.
23. Ebd., 347. Zum Thema vgl. auch Leo Navratil, Schizophrenie und Kunst, Frankfurt a. M. 1997.
24. Ebd., 346.
25. Vgl. ebd., 347.
26. Ebd.
27. Vgl. ebd.
28. Ebd., 285.

Menschen, der in so brutaler Spannung hinausschaut und dabei so trostlos zerstört in seinem Weltgefühl zu sein scheint.«[29]

Es ist das Selbstbildnis eines Mannes, »das bildnerische ... Selbstbekenntnis eines Künstlers, der seine Wortsprache längst nur noch zu verschrobenen Spielereien benutzt.«[30]

Eben dieser Mann hat auch den »Würgeengel« gemalt, das wohl bekannteste Bild aus der Prinzhornsammlung:[31]

Der Engel bricht in seinem funkelnden Strahlenkranz von oben herein, streckt den linken Arm mit langem Griff vor und hält mit der Rechten ein Schwert vor sein Gesicht. Zwischen beiden Händen steht sein linker Fuß auf der Kehle des Menschen, der daliegt, mit der Rechten den Hals zu schützen und mit der Linken den Herabdringenden abzuwehren sucht. Der inneren Dramatik, dem »Gefühl der gewaltigen Spannung«[32] entspricht die Farbe: schneidendes Rot, Grün, Blau, gebunden durch gelbgrüne Halbtöne, die zu den Rändern hin dunkler werden.

»Angesichts dieses Werkes von Grünewald und Dürer zu reden,« würdigt Prinzhorn das Gemälde, »ist gewiss keine Blasphemie.« Was »hier schizophren« ist, vermag er darum »nicht sicher zu sagen«. Er sieht sich und die ihm folgenden Leser vielmehr »an dem Punkte, wo wir erklären müssen: wenn dieser Würgeengel nur schizophrenem Weltgefühl entspringen konnte, so ist kein kultivierter Mensch mehr imstande, schizophrene Veränderungen lediglich als Entartung durch Krankheit aufzufassen. Man muss sich vielmehr endgültig entschließen, mit einer produktiven Komponente ein für allemal zu rechnen und allein in dem Niveau der Gestaltung einen Wertmaßstab für Leistungen zu suchen – auch bei Schizophrenen.«[33]

Im Horizont seiner »Metaphysik der Gestaltung« findet Prinzhorn also zur Wahrnehmung einer eigenständigen, allen Menschen *gemeinsamen* lebendigen Gestaltungskraft, deren Kraft als schöpferische sich gerade darin erweist, dass sie durch Verzweiflung und Krankheit, durch Spaltungen, durch Höllen von Innenbildern sich nicht zerstören und in der Bewegung ihres Ausdrucks sich nicht töten lässt, sondern *gestaltet*, was sie auseinanderreißt, dass sie nach außen sichtbar macht, was innen gefangen ist.

In den Bildnereien findet Gestalt, was in *allen* Menschen lebendig ist, behindert oder nicht behindert, gespalten, krank oder gesund. Aber was nur sichtbar wahrnehmbar ist für den, der sich in die Bewegung eines anderen Ausdrucks hineinnehmen und noch an Grenzen führen lässt, um so in der eigenen Lebendigkeit und in der schöpferischen Kraft berührt zu werden, die auch in ihm lebendig ist – auch und trotz, durch und gegen all das, was in ihm widerstreiten, unruhig suchen, Leben bedrohen, entfremden mag.

29. Ebd., 286.
30. Ebd.
31. Vgl. ebd., Umschlagseite.
32. Ebd., 287.
33. Ebd., 287f.

Schöpferische Konfessionen in der bildenden Kunst

Selbstbildnis Franz Karl Bühler

Die Sammlung Prinzhorn besteht noch. Das ist vermutlich auf den Umstand zurückzuführen, dass der damalige Leiter der Heidelberger Klinik, in welcher die noch lebenden Urheber der Sammlung – unter ihnen auch Franz Pohl – ermordet oder aus der sie deportiert wurden, zugleich als Obergutachter bei der Durchführung des Euthanasieprogramms tätig war. Er bewahrte die Bildnerei auf »als Beweis für das ›minderwertige Erbgut‹, das es auszumerzen galt«.³⁴

So wurden diese Bilder in jener von den Nazis organisierten Wanderausstellung »Entartete Kunst« gezeigt, die im Juli 1937 von München ihren Ausgang nahm. Sie fanden ihren Platz neben den Werken Picassos, Noldes, Kokoschkas und anderen Künstlern des letzten Jahrhunderts, die man »als Große« bezeichnet: mit dem Ziel, den Wahnsinn moderner Künstler zu demonstrieren, und mit der Androhung von Sterilisation und Inhaftierung, wenn diese sich nicht als ›besserungsfähig‹ erweisen würden.³⁵ Aber schon vor Hitlers Machtergreifung war Prinzhorns Buch in die europäische Avantgarde vorgedrungen. Paul Klee besaß es und bezog sich darauf, als er in den zwanziger Jahren des letzten Jahrhunderts als Lehrer am Bauhaus in Dessau wirkte.

»Ist es denn wirklich Gleichgewicht und Ruhe,« so Klee, »was wir in den Werken, die wir uns gelungen wünschen, ausdrücken und mitteilen wollen, oder ist es nicht vielmehr die Unruhe, von der wir besessen sind? Ist das Gleichgewicht einer Komposition eigentlich etwas anderes als der Kessel, in dem diese Unruhe siedet? … Sehen Sie sich diese religiösen Themen an: eine von mir unerreichbare Tiefe und Stärke des Ausdrucks.«³⁶

Oder Alfred Kubin schreibt über Franz Pohl:
»Unzweifelhaft eine geniale Begabung, eine außerordentliche Kraft der Erfindung in Farbe und Ton … ganz fabelhaft wird es uns aber zu Mute, sobald diese Gemälde an den besten Leistungen großer Künstler gemessen werden können. Ich entsinne mich besonders des Würgeengels. Man fasst sich an den Kopf bei dem Gedanken, dass dies ein Irrer gemacht haben soll«.³⁷

Über die Vermittlung der Pariser Surrealisten gerät der Maler Jean Dubuffet in Berührung mit diesen Werken.³⁸ Bei ihm findet sich ein Schritt in eine weitere, in bestimmter Hinsicht noch umfassendere Entwicklung der Wahrnehmung, die in der Ausdehnung seines Interesses auf die Kunst behinderter Menschen und Laien überhaupt bis heute im Raum ihrer Ausstellungen Wirkung zeitigt. In der Eröffnung der neuen Tagesförderstätte der *Schlumper*-Maler im März

---

34. Ebd., VII.
35. Jean-Louis Ferrier, Primitive des 20. Jahrhunderts. Art brut und spontane Kunst von Geisteskranken, Paris 1997, deutsche Ausgabe Paris 1998, 11.
36. Ebd.
37. Zit. in: Prinzhorn, Vf.
38. Vgl. Ferrier, 12.

Franz Karl Bühler: Würgeengel

1998 in Hamburg wurden die Bilder von kunsthistorischer Seite im Wahrnehmungshorizont dessen vorgestellt, was Dubuffet als *art brut* gewürdigt hat.[39]

Jean Dubuffet – art brut

Kunst als Rohmaterial des Lebendigen

Dubuffet ist anders als Prinzhorn selbst Maler und nimmt in jenen Bildern eine ganz eigene Form der Kunst wahr, die es ihm erlaubt, das für ihn selber Essentielle zu erreichen. 1947 ruft er die *Collection de l'art brut*, die heute ihren Ort in Lausanne hat, ins Leben. Eine Sammlung roher Kunst, wörtlich übersetzt. Brut – das ist zunächst in einem äußerlichen Sinne gemeint: unberührt von Kultur, unberührt von Schliff,[40] darum nicht selten als ungekonnt bewertet oder als plump verachtet.

Im Unterschied zu Prinzhorn begreift Dubuffet Kunst im Geist der Bewegung als prinzipiell Unfertiges, als Gegenteil blutarmer Intellektualität: Gegen die »weitverbreitete Vorstellung«, »dass die Kunst der Intellektuellen gleichzeitig die Elite der gesamten Kunstproduktion darstelle«, erkennt er den Intellektuellen auch daran, dass er ein »Typ ohne Ausstrahlung« ist, »matt, ohne Saft und Kraft«, gleich einem »Schwimmer im abgekochten Wasser.« Eben »(o)hne magnetische Anziehung. Ohne seherische Gaben.«[41]

Als Kunst zeichnet sich für Dubuffet ein Werk darum allein dadurch aus, dass Menschen gestalten und zum Ausdruck bringen, was in ihnen *selbst* lebendig ist und zum Ausdruck drängt.[42] Ihn fasziniert jedes Eigene, das unter Schwierigem sich findet und in diesem nicht bloß Anpassung sucht oder zur Konformität sich verführen lässt, vielmehr wesentlich auf Wahrheit aus ist. Die Menschen, die sich aufgrund ihrer Behinderung einem klassischen Normalitätszwang nicht unterordnen können, sind darum für Dubuffet dem Geist des Lebendigen näher, der in allen Menschen potentiell gegenwärtig ist.[43]

Art brut bedeutet darum in einem zweiten und inneren Sinn: Diese Kunst ist Rohmaterial des Geistes und der Sprache, die die Berührung mit dem Lebendigen aufschließen kann. In den Werken jener Künstler findet er eine Gestaltung, die »direkt aus unserem gewöhnlichen« und »wirklichen Leben« wächst »und

---

39. Vgl. G. Gercken, Die Schlumper. Eröffnungsfest 27. März 1998, überarbeitet und veröffentlicht unter dem Titel: Einführung in die Ausstellung »Die Schlumper«, in: Kirchlicher Kunstdienst. Berichte und Analysen aus der Arbeit der Evangelischen Akademie Nordelbien, 4, 1998, 51. Zur Kritik Gerckens an Dubuffet vgl. ebd.
40. Vgl. Jean Dubuffet, Malerei in der Falle. Antikulturelle Positionen, Schriften, Band 1, Bern, Berlin 1991, 114.
41. Vgl. ebd., 86 f.
42. Vgl. ebd., 84 f., 92 f.
43. Vgl. ebd., 92 f.

unmittelbar aus unseren wirklichen Strömungen strömt.«[44] Wo die Gebärde des Malers noch spürbar und mit ihr der Mensch mit seinen Unvollkommenheiten und Schwächen sichtbar wird.[45] Denn je deutlicher die Hand eines Künstlers noch im Werk wahrzunehmen ist, desto menschlicher ist es und desto mehr vermag es einen *anderen* anzusprechen. Das Denken – denn auch das Malen ist eine Sprache des Geistes[46] – interessiert Dubuffet nicht in dem Moment, da es »zu einer formalen Idee kristallisiert«[47], sondern in den Entwicklungsphasen davor. Denn nur wenn Punkte der Entwicklung zu fassen sind, die »vor dem Bereich der erarbeiteten Vorstellungen lieg(en),«[48] können statt Herrschaftsmonologe Beziehungsgespräche wachsen. In der Ermöglichung des *Prozesses einer Begegnung* statt der Konfrontation mit Fertigem liegt das subversive Element dieser Kunst.[49] Das Betrachten ist darum nicht bloß rezeptiv, sondern schöpferisch und darin aufwühlend, weil der, der nachher die Dinge in der Realität wiedersieht, sie nicht anschauen kann, ohne sich daran zu erinnern, wie sie vorher zu ihm gesprochen haben.[50]

Ein Bild vermag den Betrachter in eine Welt des Wunderbaren hineinzuziehen: Alle dargestellten oder angedeuteten Gegenstände können »den Geist energisch aus den gewohnten Bahnen« reißen. Alle Gegenstände können mit neuen, aber zugleich so begründeten und zwingenden Bedeutungen erfüllt werden, dass »man das Gefühl hat, sie zum erstenmal in ihrer wahren Gestalt zu sehen, ... als hätte man sie bisher nur undeutlich im Schatten gesehen«.[51]

Die prophetische Botschaft

Dubuffet spricht von der Begegnung mit dem Geist des Lebendigen als dem Geheimnis in jedem Menschen. Die prophetische Botschaft aus der Sehergabe der in ihrem Geist Beschränkten ist nicht weniger als dies: Das Wunderbare ist, ein Mensch zu sein.

»Die Menschen sind nicht groß. Der Mensch an sich ist groß. Wunderbar ist nicht, ein außergewöhnlicher Mensch zu sein. Sondern ein Mensch zu sein.«[52]

Dieses Wunderbare zu entdecken, bedeutet zugleich – und das ist das Entscheidende, worauf Dubuffets »antikulturelle Positionen« hinauslaufen – *alles* auf der Welt, jeder Mensch und jedes Ding, kann für einen anderen ein Faszinie-

44. Ebd., 96.
45. Vgl. ebd., 39 f.
46. Vgl. ebd., 100 ff.
47. Ebd., 100.
48. Ebd., 98.
49. Vgl. ebd., 17.
50. Vgl. ebd., 62.
51. Ebd.
52. Vgl. ebd., 81.

rendes sein. Was oder wer das für wen ist, ist nicht auszumachen. Aber alles, was lebendig ist, *jeder* Mensch trägt in sich die Möglichkeit, für einen anderen ein Geheimnis des Lebendigen zu bergen.[53]

Darum ist für Dubuffet die griechische »Idee der Schönheit eine dürftige und wenig phantasievolle Erfindung«, die er »nicht sehr aufregend« findet. »Der Gedanke schmerzt, dass Leuten die Schönheit versagt sein soll, weil sie die Nase quer haben oder zu dick oder zu alt sind. ... Wenn stattdessen das Bewusstsein dafür entstehen würde, dass jedwedes Ding auf der Welt für irgendjemand Faszination und Erleuchtung ausstrahlen kann, wäre das ein Gewinn.«[54] Das ist die Botschaft jener Kunst, die, so subversiv sie auch sein mag, doch kein Programm werden kann, weil Begegnung immer dort geschieht, wo man sie am wenigsten erwartet: »Die wirkliche Kunst ist immer dort, wo man sie nicht erwartet! Wo niemand an sie denkt«.[55] »(N)iemand kommt auf die Idee, dass die Kunst höchst persönlich sein könnte ... Deswegen kann man sich täuschen. Viele täuschen sich!«[56]

Paul Klee – Ein Gleichnis der Schöpfung

Hauptweg und Nebenwege[57]

Unterschiedlich geneigte Vertikallinien bilden mit farblich abgeteilten und in der Dichte variierenden horizontalen Streifen ein unruhiges Netz. In der Mitte des Bildes verläuft eine breite, perspektivisch nach oben zulaufende, unregelmäßig waagerecht unterteilte Farbbahn. Diese wird begleitet von einer Fülle ähnlich strukturierter Farbstreifen, die leicht zur Bildmitte zusammenlaufen und fortlaufend horizontal gegliedert sind. Die Farbwahl geht in Richtung eines harmonisierten Regenbogens: Die Komplementärfarben Orange und Blau wiegen vor, darin liegt die Harmonisierung. Die Gelbkomponente des Orange tritt mit dem Blau zu einem lichten Grün zusammen, demzufolge findet sich auch das abgespaltene Rot und ebenso seine Verbindung mit dem Blau zu Violett.

Der Akkord der blassen, wie abgeschabt wirkenden Farben wird in der Mitte zu einer Lichtbahn aufgehellt und kommt in den durchgehenden Querstreifen abwechselnd dunkler und heller blauer Farblagen über dem Horizont zur Ruhe – Hauptweg *und* Nebenwege.[58]

---

53. Vgl. ebd., 103.
54. Ebd.
55. Ebd., 91.
56. Ebd., 92.
57. Das Bild ist 1929 in der Zeit am Bauhaus in Dessau im Umkreis einer Ägyptenreise von 1928 entstanden. Es ist in Öl auf gipsgrundierter Leinwand gemalt und hat im Original die Größe von 83,7 x 67,5 cm. Es hängt im Museum Ludwig zu Köln.
58. Vgl. Richard Hoppe-Sailer, Paul Klee. Ad parnassum, Frankfurt a. M., Leipzig 1993, 71 f.

Paul Klee: Hauptweg und Nebenwege

Die Neigung und Abtreppung der Linien suggeriert eine landschaftliche Perspektive. Das Bild wird so zu einer Anschauung des Weges. Ein Hauptweg und mehrere Nebenwege, die teilweise ineinander übergehen, teilweise nebeneinander herlaufen, eilen mit unterschiedlicher Steigung über Geländesprünge und durch Ebenen dem gemeinsamen Ziel, dem Horizont zu. *Ein* Weg in der Landschaft, zielgerichtet auf den Horizont, in der flächigen Ausdehnung auf die Weite hin orientiert.

Neben die gemeinsame Richtungsführung von unten nach oben tritt die Variation durch perspektivische Beschleunigung und Verlangsamung: Große Stufen wechseln mit kleinsten Abschnitten ab. Da die Fluchtlinien nicht über die Bildhöhe konstant verlaufen, sondern immer wieder ihre Lage zueinander verändern, entsteht der Eindruck einer Treppe und einer teils verlangsamten, teils beschleunigten Bewegung nach oben.

Paul Klee sagt seinen Studierenden im Januar 1924 in einer Vorlesung am Bauhaus in Dessau: »Der Weg ist wesentlich … Form ist … nirgends und niemals als Erledigung, als Resultat, als Ende zu betrachten, sondern als Genesis, als Werden, als Wesen. … Gut ist Form als Bewegung, als Tun, gut ist tätige Form. Schlecht ist Form als Ruhe, als Ende, schlecht ist erlittene, geleistete Form. Gut ist Formung. Schlecht ist Form; Form ist Ende, ist Tod. Formung ist Bewegung, ist Tat. Formung ist Leben. … der Weg als wesentliche Strecke des Werkes durfte uns nicht ermüden. Er musste sich also höher gestalten, sich reizvoll verzweigen, steigen, fallen, ausweichen, deutlicher oder undeutlicher werden, breiter oder schmaler, leichter oder schwerer.«[59]

Was Klee hier auf die Kunst bezogen formuliert, ist zugleich Lehre vom Menschen, ist Gestaltungslehre des Lebens. So ist nach Klee die Kunst, »selbst Mensch zu sein oder doch zu werden«, also die »Kunst, das Leben zu meistern«, und das meint nicht nur »in Praxis«, »sondern greifbar innerlich zu gestalten und einen möglichst entwickelten Punkt dabei einzunehmen«, »Grundbedingung zu allen weiteren Äußerungen«.[60] Dabei bedeutet Gestaltung, sich handelnd auf einen Prozess einzulassen, der zugleich nur »wie Natur,«[61] wie von selber wachsen kann. Den eigenen Stil aber »findet der, wo nicht anders kann, das heißt etwas anderes nicht kann.«[62]

Klees Kunstlehre ist eine »schöpferische Konfession«[63] zur Welt, die er als

---

59. Zit. in: Hoppe-Sailer, 72 f.
60. Felix Klee (Hrsg.), Paul Klee. Tagebücher 1898-1918, Köln 1957, 129.
61. Vgl. ebd.
62. Ebd., 237.
63. »Schöpferische Konfession« heißt der Aufsatz Klees zur eigenen künstlerischen Tätigkeit für einen Sammelband (Schöpferische Konfession, Berlin 1920) in der von K. Edschmid herausgegebenen Schriftensammlung »Tribüne der Kunst und Zeit«, für den neben Klee auch Ernst R. Becher, Max Beckmann, Gottfried Benn, Franz Marc, Max Pechstein, Arnold Schönberg u. a. einen Beitrag schrieben.

den lebendigen Prozess einer vielgestaltigen Einheit und einer unerschöpflichen Bewegung[64] wahrnimmt.

So wenig wie die gesamte Schöpfung »kaum schon abgeschlossen sein«[65] kann, ist auch der Mensch als Kind der Schöpfung in Entwicklung. Mensch zu sein heißt darum *wesentlich* offen, in Bewegung, auf dem Weg zu sein. »Neue Wege« sind »ein Gleichnis zur Schöpfung.«[66]

»Kunst gibt nicht das Sichtbare wieder, sondern macht sichtbar«

Quelle der unerschöpflichen Bewegung von Mensch und Welt ist »der innere Widerspruch«, der alles durchdringt, ist der Konflikt, der die »Einheit von Gegensätzen, … (die) ›Synthese von Bewegung und Gegenbewegung‹«[67] herausfordert: Es ist die Frage, wie »Gut und Böse« produktiv zusammenwirken können und das Böse nicht »triumphierender oder beschämender Feind« sein muss, sondern eine am Ganzen, an der Entwicklung »mitschaffende Kraft«[68] werden kann.

Dieser Weltauffassung entsprechend gibt die Kunst »nicht das Sichtbare wieder, sondern macht sichtbar.«[69] Sie will dem »Menschen … geben«, nicht »wie er ist, sondern nur so, wie er auch sein könnte.«[70] So ist das Künstlerische für Klee »erst dann getan, wenn eine Komplikation entsteht«, wenn also »etwas sichtbar gemacht (wird), was ohne Bemühung des Sichtbarmachens nicht zu ersehen wäre.«[71] Interessant sind darum nicht die »Form-Enden«, sondern zur Frage stehen die formenden Kräfte[72] von Mensch und Welt.

Das bedeutet: »Kunst verhält sich zur Schöpfung gleichnisartig. Sie ist jeweils ein Beispiel, ähnlich wie das Irdische ein kosmisches Beispiel ist.«[73] Das Kunstwerk ist ein »formaler Kosmos«, so ähnlich der »großen Schöpfung…, dass ein Hauch genügt, den Ausdruck des Religiösen, die Religion zur Tat werden zu lassen.«[74]

Aus der Bewegung entstanden, ist es nur in der Bewegung aufzunehmen.[75]

Dem Künstler kommt damit eine in der schöpferischen Weltwahrnehmung

---

64. Paul Klee, Schöpferische Konfession, in: Günther Regel (Hrsg.) (1987), Paul Klee, Kunst-Lehre. Aufsätze, Vorträge, Rezensionen und Beiträge zur bildnerischen Formlehre, 3. Aufl., Bonn 1995, 62 f.
65. Paul Klee, Über die moderne Kunst, in: Regel, Kunst-Lehre, 82.
66. Paul Klee, zit. in: Hoppe-Sailer, 9.
67. Günther Regel, Das Phänomen Paul Klee, in: Regel, Kunst-Lehre, 6.
68. Klee, Schöpferische Konfession, 64.
69. Ebd., 60.
70. Klee, moderne Kunst, 84.
71. Paul Klee, Das bildnerische Denken, Basel, Stuttgart 1956, 454.
72. Vgl. Klee, moderne Kunst, 82.
73. Klee, Schöpferische Konfession, 65.
74. Ebd., 64.
75. Ebd., 63.

vermittelnde Position zu. Er, der sich mit der vielgestaltigen Welt befasst und sich »einigermaßen« zurechtgefunden hat, vermag sich »in den Dingen der Natur und des Lebens,« in der »dem Wurzelwerk des Baumes« zu vergleichenden »vielverästelte(n) und verzweigte(n) Ordnung« zu orientieren. Ihm strömen gleichsam von der Wurzel her »die Säfte zu, um durch ihn und durch sein Auge hindurchzugehn.«[76]

Von dort aus sammelt er und leitet, was ihn bedrängt und bewegt, was er erschaut hat, weiter in sein Werk. Das Unsichtbare, das sichtbar wird, ist die Relativität der sichtbaren Dinge. Die Kunst ist nach Klee »Ausdruck« des »Glauben(s)«, »dass das Sichtbare im Verhältnis zum Weltganzen nur isoliertes Beispiel ist und dass andere Wahrheiten latent in der Überzahl sind.«[77] Dass also die Welt in »dieser ausgeformten Gestalt ... nicht die einzige aller Welten« ist.[78] Eine Konfession, die die »Dinge« nicht vergleichgültigt, sondern »in erweitertem und vermannigfachtem Sinn« erscheinen lässt. Die Erkenntnis der Relativität ist die Erkenntnis ihrer Bezogenheit: »Eine Verwesentlichung des Zufälligen wird angestrebt.«[79]

Die dieser schöpferischen Konfession entsprechende »neuartige Sprache der Formen und Farben« baut aus den »Uranfänge(n) von Kunst« »etwas Neues« auf. Dabei bereiten die Bildnereien der Kinder, der naiven Maler, der Naturvölker und geistig behinderten Menschen den Weg. Klee mahnt, nicht zu lachen, denn: die »Kinder können es auch, und es steht Weisheit darin, dass sie es auch können!« Was in ihren Arbeiten wie auch in denen der Geisteskranken nach Klee »tief ernst zu nehmen (ist), ernster als sämtliche Pinakotheken, wenn es gilt, heute zu reformieren,«[80] ist die künstlerische Reduktion auf wenige Stufen. Hier erkennt Klee »letzte professionelle Erkenntnis«, »(a)lso das Gegenteil von wirklicher Primitivität.«[81]

Bildnerische Polyphonie

Klees eigener bildnerischer Ausdruck seiner »schöpferischen Konfession« führt zu einer bildnerischen Polyphonie, einer »polyphonen Malerei«[82] als einer Gestaltung der »Gleichzeitigkeit mehrerer selbständiger Themen«, wie sie der

---

76. Klee, moderne Kunst, 71 f.
77. Klee, Schöpferische Konfession, 63.
78. Klee, moderne Kunst, 82.
79. Klee, Schöpferische Konfession, 64.
80. Klee, Tagebücher, 276.
81. Klee, zit. in: Regel, Phänomen, 27.
82. Den Begriff überträgt Klee seit den dreißiger Jahren auf die bildnerische Gestaltung zur Bezeichnung einer komplexen Komposition aus mehreren, sich gegenseitig durchdringenden und ergänzenden Bewegungen und Gegenbewegungen formaler Elemente als Gleichnis für die Verschmelzung der Gegensätze, letztlich des »Teuflische(n) mit dem Himmlische(n)« in einer »komplementären Einheit« (Klee, Tagebücher, 873).

Musiker Klee aus der Analyse musikalischer Kompositionsmethoden und ihrer Übertragung in bildnerische Äquivalente gewinnt. Nachdem er Musik ins »(B)ildnerische übersetzt hat, interessiert ihn umgekehrt, wie sich unser Individuum mit seiner Struktur als Musik anhören«[83] würde. Das eigentliche »tertium comparationis« von Musik und Malerei findet er im Rhythmus, der die zeitliche Bewegung sowohl musikalisch als auch bildnerisch ausdrücken kann.

»Die einfache Bewegung kommt uns banal vor. Das zeitliche Element ist zu eliminieren. Gestern und morgen« kommt »als Gleichzeitiges«[84] zu gesehenem und gehörtem Klang.

Allerdings ist für Klee »die polyphone Malerei ... der Musik dadurch überlegen, als das Zeitliche hier mehr ein Räumliches ist«, raum-zeitliche Dimensionen im Bild flächig dargestellt und anschaulich werden können, der »Begriff der Gleichzeitigkeit« also durch die visionäre Mehrdimensionalität »hier noch reicher« hervortritt.[85]

Sein Verständnis »polyphoner Malerei« geht aus den Notizen zu seinem Bauhaus-Unterricht hervor: Durch Überlagerung verschieden strukturierter Flächen entsteht eine bildnerische »Vielstimmigkeit«, ein Zusammenklang der bildnerischen Mittel, eine polyphone Vereinigung von Liniengebilde, Punktsystem und Farbe zu einer vielstimmigen, aber zusammenhängenden Einheit, wobei der Farbe eine besondere Bedeutung eingeräumt wird.[86]

Wie die Musik weisen auch die Farben, das zeigt der Regenbogen höchst anschaulich, »in kosmische Bereiche«: »Wie diese enthalten sie zahlreiche Möglichkeiten an Stufungen ›vom kleinsten Schritt bis zum reichblühenden farbigen Vielklang! Welche Perspektiven nach der inhaltlichen Dimension!‹«[87]

Ad parnassum

Das wird zum Beispiel anschaulich in *Ad parnassum*, einem der größten Bilder und einer der wichtigsten Kompositionen Paul Klees[88], das am Ende seiner Bau-

---

83. Jürgen Glaesemer (Hrsg.), Paul Klee. Beiträge zur bildnerischen Formlehre. Faksimilierte Ausgabe des Originalmanuskripts von Paul Klees erstem Vortragszyklus am staatlichen Bauhaus Weimar 1921/22, Basel, Stuttgart 1979, 58.
84. Klee, Tagebücher, 382.
85. Ebd., 383.
86. Vgl. zur Entfaltung Hajo Düchting, Paul Klee. Malerei und Musik, München, New York 1997, 65 ff. Vgl. auch Klees Selbstverständnis als Maler durch und in der inneren Beziehung zur Farbe, die sich durch langjährige Arbeit vorbereitet. »Die Farbe hat mich. Ich brauche nicht nach ihr zu haschen. Sie hat mich für immer, ich weiß das. Das ist der glücklichen Stunde Sinn: ich und die Farbe sind eins. Ich bin Maler.« (Klee, Tagebücher, 307 f.).
87. Düchting, Malerei und Musik, 46.
88. Das Bild ist im Original 100 x 126 cm groß und hängt im Kunstmuseum Bern. Es ist 1932 entstanden. Vgl. zum Folgenden auch Hoppe-Sailer, 9 ff., 132 ff. und Joachim Ringleben, Zwei Zeit-Bilder, in: Klaus M. Kodalle (Hrsg.), Zeit-Verschwendung. Ein Symposion, Würzburg 1999, 63-72.

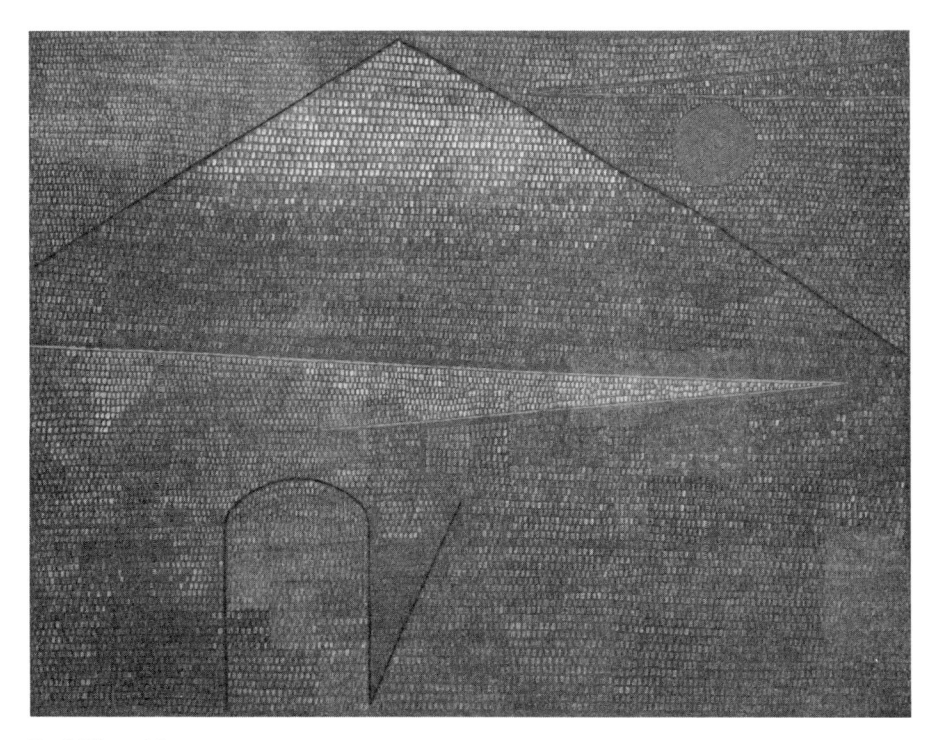

Paul Klee: Ad parnassum

haus-Zeit entstanden ist. Pate für den Bildtitel mögen Lehrbücher für polyphone Komposition gestanden haben, so »Gradus ad Parnassum« von Joh. Jos. Fux (1725).[89]

Über ein Farbraster, das zwischen den komplementären Farbpolen Blau und Orange changiert, sind eng nebeneinander liegende Punktreihen aufgetragen, unzählige kleine Farbrechtecke, die zunächst mit Weiß aufgestempelt und nachträglich lasierend übermalt sind. Dieses Verfahren ergibt ein Zusammenspiel von farbigen Untergründen und einer wie von Glassplittern überlegten Oberfläche, die von Klee sogenannte polyphone Struktur von Farbfeld und Punktreihe. Dadurch entsteht der einzigartige Eindruck von durchsichtigen Schichten, die einander schleierartig wie farbige Transparente überlagern und so eine schwebende, lebendig oszillierende Tiefenwirkung erzeugen. Dabei scheinen alle abgrenzbaren Lagen auch wieder gegeneinander zu verschwimmen oder sich rhythmisch zu bewegen oder noch tiefere Farbräume geheimnisvoll aufschimmern zu lassen. Zugleich mutet die wechselvolle Farbigkeit wie das Spiel des Lichtes an, das aber in seiner Bewegtheit nicht lokalisierbar ist.

89. Vgl. Ringleben, Zeit-Bilder, 72 und ebd., Anm. 10.

Der Parnass ist der Musenberg, der heilige Berg der Musen und des Gottes Apoll.

Aber das Bild ist kein Abbild der Wirklichkeit. Die Mehrdeutigkeit der Form bedingt die Vieldeutigkeit des Inhalts und das Nebeneinander verschiedener Interpretationsmöglichkeiten.

Vielleicht deuten die beiden Linien den mythischen Berg an, vor dem sich noch alte Reste eines Tempels finden, wie in Ruinenfeldern, hier zum Beispiel ein Tempeltor, Treppenreste, antike Rampen. Die schräge Linie rechts neben dem Türbogen mag eine Art perspektivischer Andeutung eines Ganges oder einer Treppe sein. Die Zickzacklinie im mittleren Bereich erinnert an eine Serpentine, vielleicht an einen schräg aufsteigenden Weg am Berg. Das rötliche Gestirn, zumeist als Sonne interpretiert, von Klee aber nur als der »warme Kreis Ölfarbe«[90] bezeichnet, leuchtet aus dem tiefblauen Hintergrund heraus.

Aber der Bogen, das Tor, ist zugleich wie ein Weg ins Bild hinein, in die schillernde Räumlichkeit, die aus der polyphonen Struktur von Farbfeld und Punktreihe entsteht. Es scheint in die Tiefe hineinzuführen und das spitze Dach das Inbild einer Pyramide zu bergen. Vielleicht mögen auch die zeitlosen Mosaiken von Ravenna und Venedig mit ihrem leuchtenden Ewigkeitsgold vor dem inneren Auge aufscheinen.

Der farbliche Aufbau des Bildes lässt sich als Weg auffassen. Aus warmem Vordergrund tritt der Betrachter ein durch den kühl abweisenden Bogen, geht weiter durch eine glühende Phase heller Rottöne im spitzen Querwinkel. Der Aufstieg führt durch eine Zone kalten Blaus, die aber schwerer zu durchdringen wirkt. Auf dem höchsten Punkt eine klare Lichtregion. Der Erkenntnis? Des Glaubens?

In den Dimensionen der Farbe und Räumlichkeit durchdringen sich Bewegung und Ruhe, Gehen und Angekommensein. Die Fläche eröffnet einen Tiefenraum, durch den eine andere, eine tiefere Dimension durchscheint. »Alles ist offenbar und doch entzogen, ... gegenwärtig und auch voll Erhabenheit transzendent.«[91] Im »Hier« scheint sich ein »*Mehr-als-hier*«[92] zu eröffnen. Im Raum, in der Zeit.

»(H)ohe Formfragen«, so beschließt Paul Klee seine schöpferische Konfession, sind Ausdruck einer »formale(n) Weisheit«. Aber »(h)inter der Vieldeutigkeit« steht »ein letztes Geheimnis, und das Licht des Intellekts erlischt kläglich. ... Die Kunst spielt mit den letzten Dingen ein *unwissend* Spiel und erreicht sie doch!«[93] Darum kann Klee nur ermutigen, »einmal den Gesichtspunkt wie die Luft zu wechseln« und sich in eine *andere* Welt versetzt zu sehen, die ablenkend stärkt, weil sie dazu verhelfen kann, »die Hülle abzulegen, dich auf Momente

---

90. Zit. in: Hoppe-Sailer, 20.
91. Ringleben, Zeit-Bilder, 70.
92. Ebd., 71. Hervorhebung A. S.
93. Klee, Schöpferische Konfession, 65 f.

Gott zu wähnen. Dich stets wieder auf Feierabende zu freuen, an denen die Seele zur Tafel geht, ihre hungernden Nerven zu nähren, ihre erschlaffenden Gefäße mit neuem Saft zu füllen. In dies stärkende Meer lass dich tragen, auf breitem Strom und auch auf reizvollen Bächen, wie die aphoristisch-vielverzweigte Graphik.«[94]

Joseph Beuys – Der erweiterte Kunstbegriff[95]

»Jeder Mensch ist ein Künstler«

Bei Joseph Beuys ist der »traditionelle (...) ... bürgerliche (...) Kunstbegriff« gesprengt. Kunst ist erweitert zum anthropologischen Begriff »eine(r) Wesensbeschreibung des Menschen ..., eben des Menschen, der die Freiheit ... verkörpert und als Entwicklungsimpuls für die Welt weiterträgt und entwickelt.«[96] Darum gibt es nach Beuys nicht die »unmenschlich(e)« »Entfremdung«[97] zwischen Künstlern und Nichtkünstlern. »*Jeder* Mensch ist ein Künstler, potentiell.«[98]

Darum können »(a)lle Fragen der Menschen ... nur Fragen der Gestaltung sein«.[99] Dieser erweiterte Kunstbegriff meint »keine Theorie, sondern eine Vorgehensweise, die sagt, dass das innere Auge«, »das innere Bild« »sehr viel entscheidender ist als die dann sowieso entstehenden äußeren Bilder.«[100] Beuys verlagert also das Bild gleichsam an die Stätte seines Ursprungs. Alles Neue, das auf der Erde geschieht, alle Verständigung zwischen Menschen vollzieht sich nur von hierher – vom Kunstwerk des Vorstellens und Fühlens, der Form des Denkens und der Sprache. Wenn diese Quelle verstopft ist, wenn der Anfang formlos ist, wird das Leben erstickt. Darum verlangt Beuys eine Arbeit an diesen eigentlich ästhetischen Kategorien.[101]

---

94. Ebd., 66.
95. Vgl. zu Beuys die eingehenden Untersuchungen von Friedhelm Mennekes. Z. B.: Joseph Beuys, MANRESA. Eine Aktion als geistliche Übung, in: Friedhelm Mennekes, Künstlerisches Sehen und Spiritualität, Düsseldorf 1995, 115-132; Friedhelm Mennekes, Joseph Beuys. MANRESA. Eine Aktion als geistliche Übung zu Ignatius von Loyola, Frankfurt a. M., Leipzig 1992; Friedhelm Mennekes (1989), Beuys zu Christus. Eine Position im Gespräch. Beuys on Christ. A position in Dialogue, 4. Aufl., Stuttgart 1994.
96. Volker Harlan, Was ist Kunst? Werkstattgespräch mit Beuys, Stuttgart 1986, 15. Beuys' Überlegungen beziehen sich sehr grundsätzlich auf die Entstehung von Kunst überhaupt: »Ich habe mich durch mein ganzes Leben genau an diesem Punkt bewegt, wo die Frage entsteht, aus welcher Notwendigkeit heraus, also aus welchen wirklich objektiven Kräftekonstellationen heraus im gesamten Kräftekontext von Mensch und Welt lässt sich überhaupt begründen, dass so etwas entsteht wie Kunst« (ebd., 13).
97. Ebd., 27.
98. Mennekes, Beuys zu Christus, 48.
99. Mennekes, Künstlerisches Sehen, 115.
100. Mennekes, Beuys zu Christus, 62. Vgl. Harlan, 81.
101. Vgl. Mennekes, Beuys zu Christus, 62.

Sein »erweiterter«, »totalisierter« Kunstbegriff schließt das gesamte Leben eines jeden Menschen in all seinen Bereichen ein. Die Möglichkeit, prinzipiell schöpferisch zu sein, kann ein jeder Mensch im alltäglichen Vollzug erleben. Im Zusammenhang von Kunst und Leben ist alles Leben Vorbereitung auf die Geistesgegenwart, die eine »spezielle künstlerische« Tat erfordert:

»Das heißt einfach, ich muss mich immer wieder vorbereiten ... und muss mich in meinem ganzen Leben so verhalten, dass kein einziger Augenblick nicht der Vorbereitung angehört. Also, ob ich nun den Garten bearbeite, ob ich mit Menschen spreche, ob ich mich im Straßenverkehr bewege, ob ich ein Buch lese, ob ich unterrichte oder in welchem Arbeitsfeld und in welchem Tätigkeitsfeld ich auch zu Hause bin, ich muss immer die Geistesgegenwart, das heißt, den Rundblick haben für die gesamte Kräftekonstellation, das heißt, ich muss mich immer planend vorbereiten; und dann, wenn es sich um eine spezielle künstlerische Tat handelt, dass ich einen Raum ausschmücken muss oder einen Tisch decken muss oder auch vielleicht ein Bild malen, eine Architektur machen, dann habe ich die Kräfte präsent. Und es wird etwas aus mir herauskommen, was schon wesentlich richtiger ist, als wenn diese vorbereitende Arbeit nicht stattgefunden hat.«[102]

In diesem Sinne kann Beuys von einem »Bekenntnis« zur Kunst sprechen, was nicht bedeutet, »an etwas« zu glauben, sondern »ganz im Gegenteil«: Kunst ist unterwegs zu einer Sache und steht »wie eine Frage in der Welt ..., die nach Ergänzung und nach Verbesserung und nach Erhöhung strebt.« »(U)nter Umständen« ist sie »auch nur ein fragmentarischer Impuls«,[103] zugänglich nur durch die nach Beuys höheren Denkkategorien von Intuition und Imagination.[104] Aber immer begegnet in ihr »etwas Lebendiges«, eine Idee, mit der man sich »berührt« und sie *dadurch* vielleicht auch »ausdrücken kann« – indem man zum Beispiel »ein simples Olivenblatt aquarelliert«, aber auch indem einem »der Sonnenstrahl oder ein kleiner Kieselstein auf dem Weg in einem ganz anderen Licht« erscheint.[105]

Der »skulpturale Prozess«

Entscheidend für Beuys' Kunstbegriff ist der »skulpturale« Prozess, in dem er die »Energiefrage« als eine beschreibt, zu der auch der »geistige Stoff« und der »seelische Prozess« gehören und die darum sehr viel größer ist, als Physik oder Materialismus lehren.[106] Aber die »skulpturale(n) Dinge«, die lebensschaffenden Wärmeprozesse sind nicht mit »einem gewöhnlichen Wahrnehmungsappa-

---

102. Harlan, 17.
103. Ebd., 18.
104. Vgl. ebd., 19.
105. Ebd.
106. Vgl. ebd., 21 f.

rat«, am wenigsten über das Auge, wahrnehmbar,[107] »bestenfalls auf einem Umweg, so dass man sagen kann, die Farbe ... erlebe ich warm, durchs Auge.«[108] Das »Auge allein« aber »›kühlt‹ die Sachen eher« ab, es »unterscheide(t)«, »dividier(t)«, »analysier(t)«, fotografiert.[109] Beim Hören ist es anders. Deswegen ist es wichtig, dass man Bilder und Skulpturen auch *hört*.[110]

Es geht Beuys um ein »wirkliches Erleben«, es geht ihm darum, »dem Leben einen Sinn zu geben, ganz einfach zu merken, wie wichtig das Leben ist, das man lebt und nicht darüber hinwegzukommen, dass das Leben vielleicht traurig ist und dass das Leben vielleicht auch eine Last ist und nicht viel bringt; diese ganzen Niedergeschlagenheiten, die ja den Menschen sehr oft anfallen, das ... wegzutun, ... indem man aus sich etwas Neues macht. Und indem man aus sich etwas Neues macht, natürlich auch mit den anderen Menschen etwas Neues macht. ... Das braucht nicht unbedingt eine Wärmeproduktion zu sein, gerade nicht, sondern man muss den anderen vollkommen frei aussprechen lassen, wie der, sagen wir mal, etwas herausproduziert. Das kann eiskalt sein, und das muss ich selbstverständlich ergreifen. Da kann ich nicht sagen, weil du also ein eiskalter Vogel bist und ich ... das anders sehe, deswegen bist du für mich nicht da.... Gerade nicht; damit muss ich mich mitten hineinbegeben, denn dann gibt es erst ein perfektes Problem über die Wärme, dann überhaupt beginnt es erst interessant zu werden. Das andere sind nur Vorbereitungen.«[111]

Darum ist für Beuys in diesem »Gesamtsubstantielle(n) im Sinne eines Gesamt-Chemismus« die entscheidende Frage, ob und wie man die Menschen in diese Bewegung, in diese Kräfte hineinbringen kann.[112] Die Notwendigkeit der »sozialen Skulptur«[113] aber wird nur einsehen, wem aufgegangen ist, wie wichtig ein Fehler sein kann.

»(V)or allen Dingen wird es interessant, wenn man eine Sache fertig hat und und gemeint hat, so ist es ideal, und auf einmal feststellt, gerade das ist das Allerblödsinnigste, das mir jemals unterlaufen ist. Und dann muss man umbauen, dann muss man also korrigieren, und das ist besonders schwierig. Aber es hat auch den großen Vorteil, dass man jetzt erst etwas herausholen kann, was man überhaupt nicht als eine Möglichkeit angesehen hat, weil sie gar nicht in Sichtweite war. Der Fehler, den man im ersten Ansatz gemacht hat, ... kann sich herausstellen als eine unerhörte Gnade in Bezug auf eine Sache, die dann auf einmal entsteht .... Dann entsteht etwas, was wie ein ganz Neues ist«.[114]

Darum ist nichts wichtiger als der Mut, Fehler zu machen. Denn wer sich immer nur zurückhält und sich der Illusion hingibt, er könne warten, bis er

---

107. Ebd., 28.
108. Ebd., 21.
109. Ebd., 23.
110. Vgl. auch u. *Hören*.
111. Harlan, 26.
112. Vgl. ebd., 21.
113. Ebd., 28.
114. Ebd., 37.

»später ... alles weiß«, wird »nie etwas wissen.«[115] Nur durch Irrtümer hindurch kann ein Mensch zum »Mitschöpfer« der Welt werden.[116] Was das heißt, kann man nach Beuys lernen, wenn man zum Beispiel in einem Stück Holz ein lebendiges Gegenüber erkennt.

»Also, ich sage nie: Es ist für *mich* fertig.... (I)ch warte darauf, bis der Gegenstand sich meldet und sagt: Ich bin fertig. ... Ich versuche, das zu verwirklichen, ... was das Holz oder der Stein« will.[117] Auch der Stein, denn selbst der Stein hat einen Klang, »wenn auch nicht diesen ausgesprochenen Klangcharakter.«[118]

Solche künstlerischen Beziehungen sind nach Beuys zur Umgestaltung der Gesellschaft auch auf Rechts- und Wirtschaftsfragen[119] zu beziehen. Die Einheit von Kunst und Leben zeigt sich nicht zuletzt darin, ob ein Baum eine Autorität werden kann. Zum Beispiel jener Olivenbaum, auf den der griechische Tempel neben ihm nur verweist, weil er »noch schöner ist als er.«[120] Von dieser Einheit als dem Merkmal aller wirklichen Kunst ist auch erkennbar, ob ein »Wärmeorganismus,« zum Beispiel an einem Arbeitsplatz, vorhanden ist: Man spürt das nach Beuys sehr genau und weiß dann, was zu tun ist. Da erkennt man das wahre »Kapital«, den »wahren Wirtschaftswert«, der nicht Geld, sondern allein »Menschenwürde und Kreativität«[121] sein kann. Da wird der Begriff der sozialen Plastik »sinnenfällig.«[122]

Verkörperung Christi

Die Kunst lehrt damit, die eigentliche Wirklichkeit *in* der Wirklichkeit wahrzunehmen.[123] Sie führt damit zum Anfang zurück und wird der Frage der »Schöpfungsprinzipien« angegliedert: Beuys kann sich Schöpfung nicht vorstellen, ohne »dass auch ein Kern von Eigeninitiative beim Menschen da war.« Wohl hat er sich nicht selbst geschaffen, aber doch »irgendwie gemeldet«, dass er »jetzt endlich gemacht werden«[124] wollte. Beuys geht davon aus, dass es »tüchtige Mitarbeiter in der Welt« gibt, die »unter Umständen« »viel mehr können« als die Menschen. Diese zu personifizieren, »kann gar nicht schaden«, man kommt so »ziemlich weit«, weil man sich nicht mehr einbildet, »hier nur mit Menschen zu tun« zu haben, sondern noch mit »andere(n) Mitarbeiter(n)«[125] rechnet.

115. Ebd., 85.
116. Vgl. ebd., 23.
117. Ebd., 37.
118. Ebd., 77.
119. Vgl. ebd., 14.
120. Ebd., 45.
121. Ebd., 34.
122. Ebd., 28.
123. Vgl. ebd., 67.
124. Ebd., 82.
125. Ebd.

Eigenverantwortung an der Mitgestaltung der Welt setzt den guten Willen voraus als eine grundsätzliche Möglichkeit in jedem Menschen. »(V)on vornherein« ist der Mensch also »gerade nicht böse. Aber er kann unter andere Kräftekonstellationen geraten und sie auch selbst mitbefördern.«[126]

Damit führen die Fragen der Gestaltung zu dem hin, was Beuys als das »Auferstehungsprinzip« bezeichnet. Die Frage ist: Wo ist der Auferstandene? »(W)o ist der jetzt? Wer mit dem inneren Auge zu sehen sucht, der sieht, dass er längst wieder da ist. Nicht mehr in einer physischen Form, aber in der bewegten Form einer für das äußere Auge unsichtbaren Substanz.«[127] »Die Form, wie die Verkörperung Christi sich in unserer Zeit vollzieht«, ist nach Beuys das »Bewegungselement. Der sich Bewegende.«[128]

---

126. Ebd., 84.
127. Beuys zu Christus, 56. Vgl. Mennekes, Künstlerisches Sehen, 131: »Als Wanderer mit dem Krummstab war Beuys als Künstler aufgebrochen … als Nomade, als Demonstrant in der Wüste der westlichen Gesellschaft, stets auf der Suche nach den verlorenen ökonomischen, geistigen und kulturellen Kräften. Die Suche ist ihm stets Praxis, ist Plastik. Es ist ebenso Aufbruch und Ausbruch aus alten Absicherungen, aus allem Kristallinen und fest Geformten. Es ist wie ein künstlerisches Ergreifen des Amorphen in dieser Welt, das der Mensch bewusst in seine bildenden Hände nimmt: Plastik, die hervorgeht aus der beständigen Suche eines Wanderers, der seine Entwicklung so lange nicht beendet, ehe sie sich nicht in eine soziale Plastik aufhebt«.
128. Zit. in: Mennekes, Künstlerisches Sehen, 115. Als das innere »movens« dieser Bewegung sieht Beuys im Sinne der Anthroposophie von Rudolf Steiner den Christus-Impuls. Die äußere Figuration dieses Bewegungselementes stellt im Werk von Beuys vor allem das Kreuz dar, das in ständiger Wandlung seiner Gestaltung präsent ist. Nach frühen »handwerklichen Versuchen«, sucht er über die frontale Annäherung an das Bildnis des Auferstehenden im Horizont einer Verbindung des Christlichen mit »kosmischen Dimensionen« und der darauf folgenden entscheidenden Aktionszeit eine immer stärkere Generalisierung, bis es sich »am Ende im erweiterten Kunstbegriff selbst auf(hebt)« (Mennekes, Spiritualität, 115). Der wichtigste Gestaltungsimpuls ist dabei nach Mennekes die Teilung des Kreuzes und die daraus sich entwickelnde Konstruktion eines neuen Kreuzes, The New Cross (vgl. Mennekes, Spiritualität, 115 ff.; Mennekes, Beuys zu Christus, 12 ff.).
»Ich habe versucht, handwerklich zu prüfen, ob es überhaupt noch eine Möglichkeit gibt, so etwas darzustellen. … Das Motiv, also das die Christusfigur, taucht auf … in verschiedenen ikonographischen Grundbedeutungen« (zit. in: Mennekes, Beuys zu Christus, 12). Diese Versuche erschöpfen sich schon um 1954. »Und da wird mir klar, dass über diesen abbildenden Weg mit dieser Christusfigur das Christliche selbst nicht zu erreichen ist. Jedenfalls nicht durch mich. … Ich hatte den Eindruck – mich auf einem Irrweg zu befinden.« Aber es »war ein Anfang und insofern nicht negativ« (ebd., 14). Die nächste Stufe, das Christliche in ein Bild zu fassen, ist Christus als Kruzifixus, als Sieger, als Auferstehender, diese Phase währt bis Ende der fünfziger Jahre. »Aber hier ist dann das Christliche mit Naturkräften in Zusammenhang gebracht mit planetarischen Bewegungen, mit kosmischen Dimensionen. Das ist eine Mythologie in einer völlig neuen Konstellation. Das ist vielleicht das erste Anzeichen für den Übergang über die Schwelle, der mir wichtig ist. Darauf folgte dann die Aktionszeit. Und in der Aktionszeit tritt das Christliche ja ganz zentral auf.« Darin wird »aufgeräumt mit einer bestimmten Sicht vom Christentum, als handele es sich lediglich um ein wichtiges historisches Ereignis.« In dieser Zeit wird in der protestantischen Theologie »sehr stark an der Suche nach Ent-

Wenn ein Mensch dieses »Grunderlebnis« der Bewegung, durch das er »aus seinen ganzen Frustrationen herauskommen« kann, auch nur anstoßweise hat, wenn ihm auch nur einmal aufgeht, dass es möglich ist, sich aus Abhängigkeitsverhältnissen, die er selbst geschaffen hat, zu befreien, »stellt es ihm sofort Beine her, nach den wahren Quellen des Lebens zu suchen.«[129]

Er wird aber diese Erfahrung nicht finden ohne »den christlichen Stoff« als das »Element des Lebens,« das eben nicht auf bloß »schöne« und längst vergangene »Geschichten« zu reduzieren ist. Der »christliche Stoff« ist die Auferstehung, die aber »diesmal durch den Menschen selbst vollzogen werden« muss: Durch einen »Innenkrieg« hindurch, für den nach Beuys Ignatius von Loyola ein Vorbild ist,[130] kann sich »in der Tiefe der Isolation, in der völligen Abgeschiedenheit« ein »Mysterium im Menschen vollziehen«, kann man »ein ganz neuer Mensch« werden. Aber dazu muss sich der Mensch »gewissermaßen selber mit seinem Gott aufraffen. Er muss gewisse Bewegungen vollziehen, Anstrengungen machen, um sich in Kontakt zu bringen mit sich selbst. Und das ist ja der wahre Sinn des Wortes ›Kreativität‹. ... Inkarnation des Christuswesens in die physischen Verhältnisse der Erde.«[131] Hier hat sich nach Beuys ein kosmisches Ereignis vollzogen und nicht nur ein historisches.

Aber genau mit dieser Bewegung hat der Mensch »sehr große Mühe: Ganz große Mühe. Sehr schwer fällt es dem Menschen, aus eigener Kraft diese Selbstbestimmung auch wirklich in Anwendung zu bringen. ... Er möchte viel lieber noch mal was geschenkt bekommen. Er kriegt aber nichts mehr. Er kriegt nichts, gar nichts, von keinem Gott, von keinem Christus. Dennoch bietet sich diese Kraft an und will mit Gewalt hinein. Aber unter der Voraussetzung, dass sich der Mensch selber aufrafft.«[132]

In dieses Auferstehungsprinzip, in welchem die alte, sterbende oder erstarrte Gestalt in eine lebendige und lebensfördernde Gestalt verwandelt werden kann, ist auch der eingeschlossen, der sich nicht *aktiv* bewegen kann. Denn auch ein Mensch, der leidet, »erfüllt die Welt mit christlicher Substanz.«[133] Von Leiden darf man nach Beuys erst sprechen, wenn ein Mensch nicht mehr kämpfen

---

mythologisisierung gearbeitet«. Beuys, der sich an den Diskussionen beteiligt, wehrt sich entschieden gegen ein sozialdemokratisches Christentum. »Mir ging es um die Wirklichkeit dieser Kraft, eine stetig anwesende und sich verstärkende Gegenwart« (ebd., 16). Diese Kraft ist »nicht tot, sondern lebendiger als je zuvor. Vor allen Dingen: sie ist realer. Sie ist kein Bestandteil unserer traditionellen sogenannten Kultur mehr, aber sie ist real präsent.« Darum muss »wieder eine Anknüpfung an das Spirituelle gefunden werden, aber jetzt nicht mehr aus tradierter Kraft, sondern aus eigener Kraft, d. h. aus der Kraft des Selbst, des Ich« (ebd., 20).

129. Ebd., 22, 24.
130. Ebd., 24. Vgl. Mennekes' intensive Auseinandersetzung mit der Aktion Manresa, vor allem in seinem Buch Joseph Beuys. MANRESA. Vgl. Anm. 95.
131. Mennekes, Beuys zu Christus, 28.
132. Ebd., 30.
133. Ebd., 44.

kann und an die »letzte Passivität« ausgeliefert ist,[134] auf die auch Christus gestoßen ist: Es bedeutet für ihn »Passion im Sinne der Verzweiflung, der Abhängigkeit. Wo auf einmal das Freiheitsprinzip nicht mehr real zu sein scheint. Das, wofür er selbst steht. ›Ich werde euch frei machen‹ ..., das scheint einen Augenblick infrage zu stehen. Und das ist die eigentliche Passion. Das ist das Leiden bei Christus.«[135]

Das Leiden ist ein bestimmter Ton in der Welt, eine Quelle, eine Energie, aus der sich Leben erneuern kann. So sind in jedem Menschen in verschiedenen Schattierungen und »in jeder Biographie in einer anderen Mischung« zwei Weisen schöpferischen Verhaltens gegeben: »das eine ist das Tun, das andere ist das Erleiden. Beide ... führen die Bereicherung der Welt hinauf«.[136]

Auf der Suche nach Wegen der Schöpfung

Die Wahrnehmung des Lebendigen in allen Menschen

Wenn ich die hermeneutische Relevanz der »schöpferischen Konfessionen« für das, was Seelsorge ist und sein kann, worin ihre Aufgabe, ihr Sinn liegt, erfrage, so interessiert mich vor allem das Menschen- und Wirklichkeitsverständnis, das sich in diesen »Konfessionen« ausspricht.

So verschieden sie jeweils akzentuieren, ihnen gemeinsam ist die Wahrnehmung einer *schöpferischen Lebendigkeit und Kreativität*, die potentiell für *alle* Menschen gilt, von der keiner ausgeschlossen ist. Durch Behinderung nicht, durch Schwäche nicht, durch Leiden nicht. Einer Kreativität, die sich in der Kunst, aber auch im Leben gestaltend äußert. Das gilt nicht nur für Beuys' erweiterten Kunstbegriff, das setzt Klee für die vermittelnde Arbeit des Künstlers voraus, und das ist Prinzhorns entscheidende Erkenntnis seiner »Metaphysik der Gestaltung«.

Es ist ein »Bekenntnis« zur Lebendigkeit als einer unendlichen Bewegung, einer unerschöpflichen Möglichkeit zu gestalten. Innerlich und von daher äußerlich. Es ist ein Bekenntnis zum Lebendigen gegen den Stillstand, gegen perfektionierende, hermetisch abschließende Glätte, gegen Resignation, gegen die inneren Tode mitten im Leben. Ein Bekenntnis zum Weg als dem für Leben und Lebendigkeit Entscheidenden.

---

134. Ebd., 42.
135. Ebd. Vgl. hierzu auch Friedhelm Mennekes, Das Leiden als religiöse Substanz. Heilungsprozesse im Werk von Joseph Beuys, in: Wilfried Ruff, Religiöses Erleben verstehen, Göttingen 2002, 113-122.
136. Ebd., 44.

Darin liegt für mich – in der Achtung der unterschiedlichen Selbstverständnisse – die implizite religiöse Dimension dieser »Konfessionen«: dass der Mensch hier als Schöpfung verstanden wird und dass diese als eine *wesentlich* im Werden, im Gestaltwerden erkannt wird. Dass der Mensch auch dort als schöpferisch wahrgenommen wird, wo er sich nicht – oder nicht mehr – bewegen und aktiv handeln kann. Dass *jeder* Mensch zu einem eigenen »*Lebenskunstwerk*« berufen ist, zu einer schöpferischen Gestaltung in der Bewegung von Gegenkräften und Gegensätzen hineingerufen ist, zu einer Gestaltung, die dem Chaos, dem inneren und äußeren, die der Bedrohung die Form abringt, eine *lebendige* Gestalt, die das Zerstörende kennt und zugleich aufnimmt. Der Wärmeprozess vollzieht sich in Auseinandersetzung mit der Kälte. Was Gestalt gewonnen hat, ist manches Mal durch Verzweiflung und Einsamkeit, durch Spaltungen und Tode hindurchgegangen.

Von den »schöpferischen Konfessionen« ist zu lernen, was für die Sorge um die Seele gegenwärtig von besonderer Bedeutung zu sein scheint: dass ein Mensch ganz als er selbst, in seiner je besonderen Individualität angesprochen und gefordert und doch zugleich und darin in ein Größeres hineingenommen ist. Mit der Individualisierung von Leben und Freiheit ist die Aufgabe gestellt, das eigene Leben gleichsam zu erfinden. Dass dieses aber nur gelingt, wenn Menschen sich *in* ihrer Individualität zugleich auch *selbst* in Beziehungen und also auch Verbindlichkeiten wiederfinden, sich also mit anderen, Unterschiedenen, in Freiheit *verbunden* wissen, ist von den Künstlern erkannt. Daran erinnern sie. Das *Zentrum* eines Menschen ist *größer* als er selbst.[137]

Das eigene, schöpferische Leben *ist* nicht ohne eine Kraft, die erneuernd in dieser Welt wirkt und an der zugleich jeder und jede Einzelne teilhat. Jeder Mensch wird in seiner Lebendigkeit von dieser Kraft umfasst, die größer ist als er und die doch zugleich nicht ohne ihn ist, nicht ohne seine *eigene* Kraft, ihre *eigene* Bewegung, nicht ohne *seinen* Ausdruck, nicht ohne *ihre* Gestaltung. In seiner individuellen schöpferischen Identität stimmt der Einzelne ein in eine mehrstimmige Wahrheit, gehört er *wesentlich* zu einer Welt, die viele Welten trägt.

Das Geheimnis der *Einheit* alles Lebendigen, der Klang der *vielen* Welten ist unsichtbar und bestimmt und trägt doch alles Leben. Eben das bringt die schöpferische Lebendigkeit in der Bewegung hervor, in der sie entsteht und in der sie wahrgenommen wird. Das sagt nicht nur Klees »Polyphonie« aus, das formuliert sich auch bei Dubuffet in der prophetischen Kraft der subversiven Kunst, die einen Menschen verändern kann durch das, was er einmal wirklich wahrgenommen hat. Das drückt sich schließlich im erweiterten Kunstbegriff von Beuys aus, der noch den in seinem Leiden nur »Da-Sein«-Könnenden an der Bewegungskraft des Lebendigen, an der »Auferstehungskraft« kreativ beteiligt sieht.

---

137. Vgl. Koch, Mit Gott leben, 160.

Gott als schöpferischer Geist

In der Konsequenz der hermeneutischen Relevanz des Bekenntnisses zu Leben und schöpferischer Lebendigkeit ist in Achtung der Unterscheidung jeweiliger Selbstverständnisse theologisch die Frage nach Gott zu stellen. Ich werde ihr im letzten Kapitel ausführlicher nachgehen. An dieser Stelle ist nur bereits Folgendes zu sagen:

Eine hermeneutische und nicht nur funktionale, auf ihre Verwertbarkeit reduzierte Bedeutung der »schöpferischen Konfessionen« setzt auf theologischer Seite eine schöpferische Konfession des christlichen Glaubens voraus, wie ich im Anschluss an Paul Tillichs[138] »reale Korrelation« als der realen Beziehung zwischen Gott und Mensch formuliere. Denn in Konsequenz dieses Grundansatzes ist Gott wahrgenommen als *lebendiger* Gott und nicht als »unabhängige Wesenheit«[139]. In seiner »subjektiven Lebensbewegung« drückt sich der unendliche Gott *in* und *durch* ein Endliches aus, so dass dieses Endliche zum Symbol werden kann, das *in* seiner Bestimmtheit, der Bestimmtheit seiner Endlichkeit, über sich hinaus weist und zum Medium der Offenbarung wird. Darum kann das Endliche, der Mensch *in* seinen Bestimmtheiten und Möglichkeiten, als von Gott erfüllt verstanden werden, ohne dass Gott in seiner Unbedingtheit und Absolutheit in irgendeiner endlich-menschlichen Gestaltung aufginge.[140]

Das bedeutet: Gott *selbst* ist als Schöpfer im Prozess der Schöpfung gegenwärtig. Darum können menschliches Gestalten und künstlerische Schöpfung in der Beziehung zu Gott verstanden werden, ohne darin als Menschliches unterzugehen, sondern *selbst* sprechen und in ihrem *eigenen* Sinn zugleich an der Schöpfungswirklichkeit, die Gott ist, teilhaben.

Das bedeutet zugleich, was zu denken in protestantischer Tradition nicht selbstverständlich ist: Die Erkenntnis des Glaubens, Leben nicht selbst machen zu können, sondern als unverfügbares Geschenk anzunehmen, erschließt sich überhaupt erst in der *eigenen* schöpferischen Bewegung, von der die »Konfessionen« sprechen. Die Wahrheit eines »extra nos« eignet sich einer erst an, ergreift eine erst für sich selbst als *wirklich* im eigenen, schöpferischen Lebens-Wagnis.[141]

Darum muss, bei aller Achtung der Unterscheidung des Selbstverstehens von Beuys, das provokant formulierte – der »Mensch muss sich selber mit seinem Gott aufraffen«, »er kriegt nichts« mehr – dem Glauben nicht, auch dem pro-

---

138. Paul Tillich, Systematische Theologie I (1951), Berlin, New York 1987, 75: »Die Gott-Mensch-Beziehung ist eine Korrelation«. Das bedeutet: »Die ›Begegnung zwischen Gott und dem Menschen‹ (Emil Brunner) bedeutet etwas Reales für beide Seiten.« Vgl. u. 5 *Leben und Glauben.*
139. Paul Tillich, Systematische Theologie III (1963), Berlin, New York 1987, 476.
140. Vgl. Anne M. Steinmeier, Wiedergeboren zur Freiheit. Skizzen eines Dialogs zwischen Theologie und Psychoanalyse, Göttingen 1998, 91; zum Problem ausführlich ebd., 82 ff.
141. Zum Problem vgl. Anne M. Steinmeier-Kleinhempel, »Von Gott kompt mir ein Frewdenschein«. Die Einheit Gottes und des Menschen in Philipp Nicolais »Frewden-Spiegel dess ewigen Lebens«, Frankfurt a. M., Bern, New York, Paris 1991, 100 ff.

testantischen nicht widersprechen. Im Gegenteil: Im Verstehenshorizont einer realen, das heißt für beide Seiten wesentlichen Korrelation zwischen Gott und Mensch, wird die Wirklichkeit Gottes als erfahrbar in der Existenz des Menschen erfragt. Damit ist wesentlich die Frage nach einem lebendigen und subjektiv-gestaltenden *Selbst*verhältnis *in* der *Gottes*beziehung verbunden, einem Selbstverhältnis also, das sich nicht nur in der Negativität bestimmt und gleichsam in dieser »festgeschrieben« wird.[142] Es ist die Frage, wie im *Selbst*-Gestalteten, im *eigenen* Ausdruck des Lebens, in der *eigenen* schöpferischen Bewegung, die die Menschen suchen und um die sie immer wieder neu kämpfen, Gott gegenwärtig sein kann und ist. Jeder Mensch ist – unfertig und wesentlich offen – Ebenbild des Schöpfergottes, hat teil an der Macht, die das Leben aus Bedrohung und Zerstörungsmacht hindurch je neu zu schaffen vermag. Das bedeutet in der Konsequenz: Nicht nur die Welt in ihrer Vielgestaltigkeit, auch der Schöpfer in seinem Werk, Gott selbst, bedarf in seiner und für seine Schöpfung der je eigenen, je besonderen »Lebenskunstwerke«, der menschlichen Gestaltungen der Hoffnung.

Was heißt das für die Seelsorge?

»und doch Stufen«

Seelsorge ist herausgefordert durch die Erfahrung, dass Menschen sich von Lähmung und Resignation bedroht fühlen, dass Bewegung stockt, Lebendiges erstarrt, dass bisher vermeintlich Selbstverständliches einen Riss bekommen hat, dass der Boden bisheriger Lebensgewissheit ins Schwanken gerät und Menschen neu oder wieder oder zum ersten Mal nach sich selbst, im Aufbruch des Gespürs, »wie wichtig das Leben ist«, nach dem eigenen Weg, nach Sinn fragen.

Sie ist herausgefordert durch Fragen, wie sie in Paul Klees Bild *Hauptweg und Nebenwege* als einem möglichen Transparent vor den Wegen des eigenen Lebens in der Bewegung des Anschauens wahrgenommen werden können:

In diesem Bild kann das Charakteristikum eines *jeden* Weges und eines *jeden*

---

142. Vgl. zum Problem ausführlich Steinmeier, Wiedergeboren, 94 ff. Wenn noch Tillich in aller Selbstverständlichkeit in seinem »Mut zum Sein« vom »Mut, uns anzunehmen trotz unserer Unannehmbarkeit« spricht (Paul Tillich, Der Mut zum Sein, in: Paul Tillich, Sein und Sinn. Zwei Schriften zur Ontologie, GW XI, 3. Aufl., Frankfurt a. M. 1982, 123), so, denke ich, ist hier die Problematik nicht nur Tillich'scher Theologie konzentriert, sondern mit ihr auch der Tradition, auf die er sich beruft. Denn solange nur die Annahme des »Unannehmbaren« behauptet wird, kann nicht als erfahrungswirklich begründet werden, was der »Mut zum Sein« im Verhältnis zur »Macht des Seins« bedeutet. Wo nur in einem *trotz* entgegengesetzt wird, wird die Gotteswirklichkeit menschlicher Erfahrung bloß gegenübergestellt. Denn wie soll, wenn das Ich so in der »Negativität« verbleibt, Vergebung als Gotteswahrheit des eigenen Lebens gedacht werden? Die in der Schuld als verloren erlebte Wirklichkeit des Guten wird im Begriff der Unannehmbarkeit nur als verloren und entfremdet »festgeschrieben« (vgl. auch u. 5 *Leben und Glauben*).

sich auf dem Weg Befindens anschaulich werden. Innerlich und äußerlich. Im Duktus der Linien mag sich die Erfahrung der Beschleunigungen und Verlangsamungen in der je eigenen Lebenslandschaft unmittelbar wiederfinden.

Die Stufen mögen wie Adern anmuten, die Wege dünnhäutig, darin durchlässig sein – für Licht, aber auch verletzlich, rissig, zerreißbar. Wo befinde ich mich, auf dem Hauptweg, auf einer Stufe eines der Nebenwege? Weiß ich überhaupt, was mein Hauptweg ist? Kristallisiert sich so etwas heraus? In meinem Leben? Welche Wege bin ich gegangen? Habe ich mich auf Umwegen verirrt? Wie oft war kein Horizont in Sicht? Führte manchmal gerade der Umweg zu einem anderen, für den Hauptweg entscheidenden Weg, was zu erkennen vielleicht aber erst viel später – auf einer oberen Stufe – möglich war?
    Sind überhaupt Stufen zu sehen? Wohin führt der Blick?
    Auf welcher Stufe bin ich *jetzt*? Wo würde *ich* mich in dieses Bild hineinstellen?
    Neben dem Hauptweg sind ganz kleine Wege und schmalste Stufen. Unscheinbare Stufen und doch manchmal dem Hauptweg am dichtesten und nächsten. Auch auf dem Hauptweg werden die Stufen schmaler. Manche sind kaum noch sichtbar. Und sind doch Stufen.
    Bin ich allein? Geht einer mit mir? Wer ist neben mir auf dem Weg?
    Zwischen den Wegen, auf den kleinsten Stufen auf fast jedem Nebenweg leuchten die Farben des Ankommens, der Streifen oben auf dem Bild. Wege sind nicht nur Wege zu irgendeinem Ziel. Der Weg selbst trägt das Himmelslicht.
    Aber wenn da kein Weg zu sein scheint?

An die Seelsorge stellt sich die Frage, ob sie ein Ort sein, einen Raum eröffnen kann, in dem Bilder neuen Lebens geboren, Wege neu eröffnet, Wege des Vertrauens, des Mutes, des Verzeihens und der Liebe neu- und wiedergefunden werden. Sie ist *darin* immer wieder neu herausgefordert durch die existentielle Frage, ob der eigene Weg, mein Weg, das Himmelslicht trägt, ob Gott also *wirklich* ist.

Um seiner selbst willen

Das bedeutet eine sinnliche Wachsamkeit, die ästhetische Haltung einer inneren Freiheit, die sich von einem Menschen berühren und anschauend erleben lassen kann, was sich vielfach in einer Sprache ausdrückt, die sich nicht explizit auf Gott bezieht, was auf ganz unterschiedliche Weise nach Lebendigkeit und Sinn, nach der Bestimmung des eigenen Lebens fragt und antwortet. Das bedeutet das Vertrauen, sich mit einem Menschen in die Bewegung *seiner* Wege zu stellen. Das bedeutet den Versuch, einen Menschen um seiner *selbst willen* zu verstehen.
    Das wird dort am deutlichsten, wo der Weg sich immer mehr verengt, in der

Seelsorge angesichts von Sterben und Tod. Das wohl eindrücklichste literarische Beispiel ist die Rede des Marburger Theologen Henning Luther, die er ein paar Monate vor seinem Tod geschrieben hat. »Lügen der Tröster« nennt er, was durch Worte des christlichen Glaubens nur verletzend übertüncht werden kann: »Ich sehe ... das Entscheidende des Glaubens«, sagt H. Luther, »nicht in dem beruhigenden Trost stabilisierender Lebensgewissheit. Das Tröstliche des Glaubens besteht vielmehr in der anhaltenden Beunruhigung und Befremdung über unsere Welt. Nicht die Behauptung, dass alles letztlich irgendwie schon in Ordnung sei, ist ein Trost – dies ist vielmehr das Zurückstoßen in die Trostlosigkeit unserer Verhältnisse, die alle Auswege versperrt. Tröstlich ist dagegen die Befreiung, nicht länger lügen zu müssen, nichts länger beschönigen und verteidigen zu müssen. In Klage und Verzweiflung liegt mehr ehrliche Hoffnung als in Beteuerung und Lebensgewissheit. Die Trauer hält die Treue zum anderen, zum Besseren, zum Ende des Leidens ... Nur wer klagt, hofft. Eine Seelsorge ohne Tränen dementiert den Trost, den sie verspricht.«[143]

Wer von *Schöpfungsräumen* in der Seelsorge redet, wird sich angesichts dieses unerbittlichen und schonungslosen Aufrufs bewähren müssen. Wer neue Wege mit einem Menschen suchen will, muss mit ihm in »Gethsemane« wachen können. Wer von Auferstehungskraft spricht, ist aufgerufen, den Ruf »Bleibet hier und wachet mit mir« zu hören und zu leben.

Seelsorge lebt von einem Vertrauen, das das Wagnis eines Weges in sich schließt, in dem auch die Lebendigkeit, der Glaube des Seelsorgers, der Seelsorgerin auf dem Spiel stehen kann. Seelsorge lebt von einem Vertrauen, das noch seine Infragestellung ermöglicht: Das ist die Gratwanderung einer Offenheit, die alles andere als beliebig ist, sondern vielmehr überhaupt erst aus der Verantwortung eines Gegenübers lebbar ist, das *seinen* Weg geht. Nur aus der Hingabe an das Lebendige kann ein Mensch sich von einem anderen und seiner Not selbst berühren lassen und die Angst vor Berührung überwinden, einer Berührung, die kein Verschmelzen meint und keine Grenzenlosigkeit, sondern die Kraft, Schmerz und Hilflosigkeit, die Ohnmacht eines anderen und die eigene auszuhalten. Oder mit Beuys formuliert: Wenn etwas »eiskalt« ist, was einer ausspricht, gibt es überhaupt erst ein »Problem über die Wärme.«

Das gilt nicht nur für die Seelsorge angesichts von Sterben und Tod. Das gilt ebenso angesichts der vielgestaltigen inneren Tode mitten im Leben. Ein Mensch findet seinen Weg und die Kraft zu gehen oft nur durch lange Strecken des Ausharrens. In Zeiten, in denen ein neuer Anfang nicht in Sicht ist, Bewegung stecken bleibt, gilt es, vielleicht durch manch scheiternden Versuch hindurch, immer wieder neue Hoffnungslosigkeit mit auszuhalten. Seelsorge ist oftmals ein längeres Stück Weg mit einem Menschen.

---

143. Henning Luther, Die Lügen der Tröster. Das Beunruhigende des Glaubens als Herausforderung für die Seelsorge, in: PrTh 33, 1998, 163-176.

Sich selbst ein Fremder

Dabei kann viel aus der Tiefe zu Tage treten, Widerständiges und bedrohende Gegenkräfte, Ängste, längst vergessene Traurigkeit und tief verschütteter Schmerz vielleicht. Nicht zuletzt auch immer wieder Zerstörendes, das einen Menschen wie »von hinten« noch in seinem besten Wollen überfallen kann.[144] Die Gefährdung der Seele bis in ihre tiefsten Schichten hinein, die Ambivalenz *alles* Lebendigen, ist durch die Psychoanalyse und das Menschenverstehen Sigmund Freuds erkannt worden und ist doch im Vollzug des Denkens, Lebens und Glaubens immer noch erst einzuholen. Denn es ist schwer, für sich selbst anzunehmen, was doch erst schöpferisch verändern kann: dass noch das Beste in uns, unsere Fähigkeit zu vertrauen und zu lieben, gefährdet ist, weil wir, »unfrei und unwahr«, uns »selbst und andere um Leben, um Lebenschancen und Lebendigkeit«[145] bringen können. Dass wir gerade im Aufbruch eines Neuen, im Wagnis einer Lebendigkeit – allem Wünschen und Wollen entgegen – eine Vergangenheit gleichsam wieder inszenieren können, dass zu ersticken droht, was doch bewusst und neu beginnen wollte. So umschließt das Geheimnis der vielen Welten, wie Paul Klee es hörend malt, auch und zuerst jedes einzelne Menschenleben.

Davon ist der Glaube nicht ausgeschlossen. Er ist nicht die Schutzzone eines Menschen vor sich selbst. Das ist der wundeste Punkt eines Glaubens lebendiger Einheit Gottes und des Menschen. Weil Gott in der Einheit mit dem Menschen Jesus in der *kontingenten* Subjektivität von Menschen sich Menschen schenkt und sich darin *ans* Menschliche ausliefert,[146] weil also die Gotteswirklichkeit keine *andere* Wirklichkeit ist, die zu der menschlich gelebten, alltäglichen und über das Alltägliche hinausgehenden Lebenswirklichkeit noch *zusätzlich* hinzukäme, ist auch Gott und der Gottesglaube nichts, das ist am nachhaltigsten von Freud zu lernen,[147] was vor dem Leben mit seinen unterschiedlichsten Erfahrungen bewahren könnte, vor seinen Alltäglichkeiten und Konflikten, vor dem Erleben, *immer wieder* hinter seinen eigenen Möglichkeiten zurückzubleiben, vor dem Schrecken, sich immer wieder selbst auch als einem Fremden zu begegnen.

Ob Leben gelingt, ist nicht – auch im Glauben nicht – zu garantieren. Aber zugleich ist theologisch auch dies zu sagen: Der Mensch Jesus von Nazareth, der »den Irrsinn seines Todes ausgehalten, mit Gott ausgelitten und überstanden«[148] hat, der Gott selbst also »in den Tod hineingenommen« hat, hat »Gott

---

144. Zum Erkenntnisgewinn des Menschlichen durch die Psychoanalyse für die Seelsorge vgl. Steinmeier, Wiedergeboren, bes. 195 ff.
145. Traugott Koch, Freuds Entdeckung und ihre Bedeutung für eine gegenwärtige Theologie, in: Aron Ronald Bodenheimer (Hrsg.), Freuds Gegenwärtigkeit. Zwölf Essays, Stuttgart 1989, 200.
146. Vgl. Steinmeier, Wiedergeboren, 200.
147. Vgl. ebd., 201.
148. Koch, Mit Gott leben, 384.

in allem und *über* alles – unter uns Menschen offenbar gemacht.«[149] In der Einheit mit diesem Menschen Jesus hat Gott keinen Weg und keinen Ort des Menschlichen ausgelassen.[150] Darum »*muss*« kein Menschliches ohne Gott, kein Weg, den je ein Mensch gegangen ist, ausweglos, *nichts* Tödliches ohne das *Himmelslicht* eines »kommenden Lebens« sein.[151]

Versöhnendes Verstehen

Mit einem Menschen sich auf Wege einzulassen, die ihm selber fremd sind, schließt ein Verstehen ein, das nicht wegreden muss, was an Widrigem, Verzweifeltem, Stockendem da sein mag, sondern das bergen kann. Das darum aber auch nicht einfach nur lässt, sondern gegenhält, konfrontiert, zurückwendet, was an Zorn, Wünschen, verletzten Gefühlen auf das Gegenüber geworfen werden mag. Ein Verstehen, auch das ist von Sigmund Freud zu lernen, das als Verstehen *versöhnende* Kraft in sich trägt, weil »das Verborgene ... zum Vorschein«[152] kommen und in der Begegnung aufgenommen werden kann. Ein Verstehen, das schöpferisch ist, weil nach und nach für einen Menschen *selbst*, also auch außerhalb und unabhängig von dieser Begegnung, ein Raum sich erschließen kann, in dem ein Selbst-Erkennen möglich wird und sich einer für sich selbst sein fremdes Eigenes aneignen kann. Ein schöpferisches Verstehen, in dem einem Menschen vielleicht, nachdem viele Bilder zerschlagen sind, viel Eigenes zerbrochen sein mag, auf ganz neue und nicht geahnte Weise das eigene Leben neu wichtig werden kann, er sich *selbst* als nicht verloren wahrnimmt, vielleicht als bewahrt in Gott.

Solches schöpferisch versöhnende Verstehen ist nicht anders als in einem Vertrauen lebbar, dass das Leben stärker ist als die Mächte, die es gefährden und zerstören. Einem Vertrauen, das nicht verloren ist, was verloren scheint. Einem Vertrauen, das aber eben darum nicht blind und naiv ist, sondern sich auf die Gefährdung zu scheitern und enttäuscht zu werden, bewusst einlässt.[153] Seelsorge als *Schöpfungsraum* ist nicht ohne diese Gottesgewissheit.

---

149. Ebd., 386. Hervorhebung A. S.
150. Der Weg vom »Phantasiebild des kastrierenden Vaters, den man töten muss, bis zum Symbol eines Vaters, der sein Leben aus Barmherzigkeit hingibt« (Paul Ricœur, Der Konflikt der Interpretationen, Bd. 2, Hermeneutik und Psychoanalyse, übers. von Johannes Rütsch, München 1974, 315; vgl. ebd., 315 ff.), ist von Gott selbst gegangen.
151. Vgl. Koch, Mit Gott leben, 384.
152. Sigmund Freud, Konstruktionen in der Analyse, 1937, in: Sigmund Freud, GW XVI (1950), London, Stuttgart 1981, 46.
153. Vgl. Steinmeier, Wiedergeboren, 66.

Zur Frage nach der Schuld

Dazu gehört auch die Auseinandersetzung mit der Schuld. In einer Zeit, in der Schuld entweder gar nicht mehr bewusst oder ins Vergessen gedrängt wird, zeigen doch seelsorgliche Gespräche mit Menschen, wie sehr ein Tun oder, was in Gesprächen angesichts des Verlustes eines Menschen oder der gesundheitlichen Bedrohung durch eine Krankheit viel häufiger noch begegnet, ein *Nicht-Getanhaben* »die Gebeine lähmt« (vgl. Ps 32).

Im seelsorglichen Gespräch kann im wach werdenden Gespür dafür, wie wichtig das Leben ist, ein Mensch sich *seiner selbst in seiner Schuld* bewusst werden. Mit ihr leben kann nur ein Mensch, dem sich Wege über die vertane oder versäumte Wirklichkeit *hinaus* eröffnen. Hier bedeutet die vertrauende Voraussetzung der lebendigen schöpferischen Kraft in jedem Menschen wahrzunehmen: Die Sehnsucht nach Leben – mit Beuys die Bewegungskraft – ist auch da noch gegenwärtig, wo ein Mensch sich verirrt hat. Oder noch ein Stück weitergehend formuliert: »Der Mensch wäre nicht schuldfähig, wenn er nicht gerade auch in seiner Verkehrung, in seinem Schuldigsein, des Guten – des Guten Gottes – fähig wäre.«[154]

Nur von hierher kann eine andere Erfahrung nicht im Verloren-Geglaubten erneut versinken, sondern eine neue Möglichkeit eröffnen und eine neue Wirklichkeit schaffen, die nichts beseitigen, nichts beschönigen, die aber doch ins Lebendige neu befreien kann.

Was zu möglichen neuen Wegen von lebendigem Leben aufhelfen kann, ist allein dies, dass ein Mensch erlebt: Mir wird ein Ja entgegengebracht – trotz allem. Ich werde nicht auf mein Tun und das, was unwiderruflich geschehen ist, festgelegt. Mir traut einer zu, dass ich noch anders und mehr bin, als ich getan oder versäumt habe, dass ich frei bin »für neue Lebens- und Handlungsmöglichkeiten über die zerstörten hinaus.«[155]

Diese Freiheit für neue Möglichkeiten ist auch die Freiheit, endlich anzufangen, und der Mut zu einem »fragmentarischen Impuls«, der Fehler nicht auszuschließen versucht, sondern bewusst mit einschließt. Von Beuys ist in der Auseinandersetzung mit der Frage von Leben und Nichtleben die Einsicht der »Gnade der Fehler« zu lernen. Seelsorge kann hier auch mahnende Ermutigung bedeuten.

Aber was ist, wenn es keine neuen Möglichkeiten des Handelns mehr gibt? Im seelsorglichen Trauergespräch steht diese Frage nicht selten im Zentrum, gerade dann, wenn ein Abschied nicht möglich war. Viele machen die Erfahrung, dass es ein Zuspät geben kann. Eine Erfahrung, die über die akuten Schuldgefühle hinaus – »Ich hätte sollen; ich konnte nicht mehr; der Tod kam völlig überraschend; wir konnten etwas nicht mehr klären; ich konnte das Ster-

---

154. Traugott Koch, Allzumal Sünder, in: Radius, 1987, Heft 1, 29.
155. Michael Sebald, Schuld – nur wegzuarbeitende Last? Eine Frage – zwei Antworten, in: Radius, 1978, Heft 4, 14 f.

ben nicht an mich heranlassen; ich wusste nicht, dass es schon so schlimm stand; wer konnte denn ahnen ...« – Fragen von Gelingen und Nichtgelingen des gemeinsamen Lebens überhaupt aufwühlen kann. Es kann für die Arbeit des Trauernden lebenswichtig werden, ob es auch eine Zukunft für das Vergangene gibt. Das heißt nicht, dass Schwieriges überdeckt, Konflikte harmonisiert werden. Aber in dem Wagnis eines für das Lebendige verwundbaren Glaubens können auch Erinnerungen noch einmal verwandelt werden, kann es »auch für die Erinnerung« »neue Anfänge«[156] geben.

Das »alte Thema der Teilhabe«[157]

Solche Erfahrungen sind unverfügbar, aber sie können doch durch Wege der Gestaltung bereitet werden. Raum dafür ist vor allem, aber nicht nur, in Gottesdiensten, die durch den Kasus herausgefordert, seelsorglich geprägt sind, zum Beispiel im Gottesdienst zum *Ewigkeitssonntag*.

Der übliche Kerzenritus könnte durch ein »Engelritual« ergänzt werden. Paul Klee hat in seinem Todesjahr eine große Anzahl von Engeln gemalt, die in ihrer elementaren Gestalt und Namengebung, ihrer »Taufe« (zum Beispiel vergesslicher Engel, unfertiger, zweifelnder Engel) eine eigene Sprache der Suche und Begleitung ausdrücken.[158] In der Mitte des Gottesdienstes kann, vielleicht in Form einer Meditation, eines inneren Gesprächs, eine solche Engelsgestalt stehen.

Die Fürbitten können Gelegenheit eröffnen, etwas laut oder in der Stille zu sagen und dazu eine Kerze an der Osterkerze anzuzünden. Verschiedene mögen etwas auf eine jedem ausgeteilte Engelkarte aufschreiben. Dieses leise und für sich Gesagte mag in einer umschließenden und zugleich Raum gebenden, stellvertretend gesprochenen Bitte aufgenommen werden, in Worten vielleicht wie diesen: Gott, du weißt, was unsere Herzen bewegt, was wir unseren Toten noch gern gesagt hätten. In dir sind die Lebenden und die Toten verbunden, in dir ist jedes unserer Worte, gesprochen oder gedacht, gehört und aufbewahrt. In dir darf gut werden, was Stückwerk geblieben ist. Du nimmst in deine heilende Hand, worin wir schuldig geblieben sind. Lass alles in der Kraft deiner Liebe verwandelt werden, von der kein Tod uns trennen kann. Lass deinen Engel mitgehen, wenn wir uns zurück auf den Weg in unsere Häuser machen.

Ein Mensch findet nicht aus Traurigkeit und Lähmung heraus, ohne dass er sich selbst zugleich in Bildern, Gestalten, Symbolen findet, die größer als er selbst, die ihm voraus sind. Neue Wege erschließen sich, wo ein Mensch be-

---

156. Jörg Zink, Trauer hat heilende Kraft, Zürich 1985, 12.
157. Ricœur, Interpretation, 45.
158. Abb. in: Jürgen Glaesemer, Paul Klee. Handzeichnungen III, 1937-1940, Bern 1979; Paul Klee. Späte Zeichnungen 1939, Essen 1989, hrsg. vom Museum Folkwang Essen.

ginnt, neuer Gestalten fähig zu werden, in denen Sinn sich ausdrücken und zugleich neu empfangen werden kann. Neue Anfänge führen auf das »alte Thema der Teilhabe« zurück.

Neue Anfänge brauchen Gestalten, durch die ein Mensch hindurchgeht wie durch ein Tor, um dies in einer möglichen Anschauung von *ad parnassum* zu formulieren: Vielleicht nur durch das Tor seiner Sehnsucht, ohne ein bestimmtes Ziel, doch in einer Sehnsucht nach etwas, das ihn behütet, bei dem er ankommen kann, mit allem, was in ihm lebt. Eine Sehnsucht, die nicht infantil ist, sondern die einer erst wahrnimmt, der mit sich selbst in Berührung gekommen ist.

Das Bild *ad parnassum* mag sichtbar machen: Wer sich dem Berg nähert, ist schon da. Im Durchgehen ist der Durchgang verschwunden. Der Weg hinein ist schon Darinnensein. Das Gehen trägt die Kraft der Ruhe in sich. So können Bewegung und Ruhe in einer mehrdimensionalen, gleichzeitigen Einheit verbunden sein.

Wo ist der Berg? Vielleicht findet ihn einer, eine gerade dort, wo er, wo sie es nicht erwartete. Wo ein Klang hörbar wird, der daran erinnert oder erst neu begreifen lässt: Es gibt noch eine andere Sprache, größer als die eigene.

Beschränken sich diese liturgischen Gestaltungen auf den Gottesdienst?

Offenes Gespräch und Gebet

Aus der Abkehr gegen eine Seelsorge als Verkündigung sind Gestaltung und Form, geliehene Sprache, das Gebet, vor allem die Beichte abgelehnt worden.

In der Folge eines Seelsorgeverstehens als offenes Gespräch, wie es Joachim Scharfenberg entfaltet hat, galt dies als liturgische Verengung und Verhinderung des von Freiheit zu Freiheit führen wollenden Gesprächsablaufes.[159]

Wenn aber mit Scharfenberg die Freiheit als das theologische Proprium[160] erkannt ist, so ist doch diese im versöhnenden Ja als dem schöpferischen Verzeihen Gottes zu begründen, in dem also, was in der Sprache der Tradition als Rechtfertigung bezeichnet wird. Darum muss ein Gebet nicht dem offenen Raum des Gesprächs grundsätzlich entgegenstehen, sondern kann helfen, ihn erst eigentlich zu eröffnen: als den Sprachraum, in dem auch das verloren Gedachte bewahrt ist. Eine liturgische Gestaltung muss nicht verengen, sondern kann den Blick weiten, so dass Aufsehen möglich wird. Für die *Erfahrung* des Zuspruchs der Vergebung als der Eröffnung eines neuen Raumes – »jenseits« der »Schuld, aber ihrer eingedenk«[161] zu leben – kann sie wesentlich sein.

---

159. Vgl. z. B. Joachim Scharfenberg, Seelsorge als Gespräch, 5. Aufl., Göttingen 1991, 15, 19.
160. Vgl. ebd., 10 f.
161. Koch, Mit Gott leben, 92.

Auf der Suche nach Wegen der Schöpfung

vergesslicher Engel

Engel voller Hoffnung

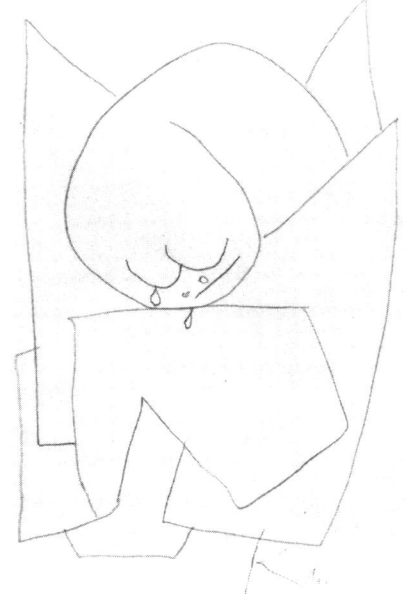

Es weint

Engel, noch tastend

Dabei ist selbstverständlich, dass nichts aufgedrängt werden oder gar aus Hilflosigkeit benutzt werden darf. Noch einmal sei dies ausdrücklich wiederholt: Die Hoffnung, die Gott glaubt als wirklich und lebendig, im Leben eines jeden Menschen und im Leben dieses bestimmten anderen, *lebt* nur, wo der Seelsorger, die Seelsorgerin alle eigenen Vorstellungen darüber loslässt, was Gott für diesen anderen, diese andere ist, sein könnte. Das ist immer wieder neu zu bestehen. Aber vielleicht braucht es in der Seelsorge auch – wieder – den Mut, mit einer Kraft zu rechnen, die niemals verfügbar, die aber immer gegenwärtig ist. Nicht zuletzt in dieser Hinsicht geben die »schöpferischen Konfessionen« zu denken – und zu vertrauen.

Wo ein Mensch – wieder, wieder neu – den weiten Raum, einen neuen Anfang für sich als wirklich erfährt, erfährt er Gott *selbst* als das Lebendige und Leben-Schaffende in allem Lebendigen als *wirklich*. Das gilt unabhängig davon, ob es explizit wird oder nicht. Denn: Wenn ein Mensch sich *selbst* in solcher Erfahrung findet, findet er sich zugleich wieder in der Kraft einer Wirklichkeit, die ihn *immer schon* trug.

Das führt zu einem Weiteren.

Stellvertretung

So sehr kein Mensch für einen anderen glauben kann, kann es in manchen Zeiten doch eine Stellvertretung im Glauben geben. Das heißt: Es hält einer – ein Stück des Weges – für einen anderen die Stelle des Glaubens und der Hoffnung, es glaubt einer Gott als die *schöpferische* Möglichkeit, die da ist, auch *für ihn*, auch *für sie*, die jeder Mensch wieder neu ergreifen kann. So kann einer Gott glauben, indem er an der Lebendigkeit eines anderen festhält. Dass dieser für sich *selbst* ergreifen kann, was ihm von außen zukommt, was sich für ihn als Lebendigkeit erschließen will, das ist ihm nicht zuzutragen, das lässt sich nicht überbringen, das ist in keiner Weise machbar. Aber ein Mensch, der sich selber aufgeben will, merkt sehr genau, ob ein anderer ihn bereits aufgegeben hat oder nicht.

Tillich schreibt in seiner Systematischen Theologie zur Frage der Theodizee: Wir »müssen ... den Punkt suchen, an dem das Schicksal anderer zu unserem eigenen wird ... . Es ist die Partizipation ihres Seins an unserem Sein. ... Das Schicksal des Einzelnen kann nicht vom Schicksal des Ganzen, an dem es teilhat, getrennt werden. Man könnte von einer stellvertretenden Erfüllung oder Nicht-Erfüllung sprechen.«[162] Auch in diesem Sinne kann es eine Polyphonie geben, einen schöpferischen Zusammenhang des Ganzen, in dem die »Verwesentlichung« des Einzelnen angestrebt wird.

Wahrheit ohne Ende

Vielleicht erlebt ein Mensch, was er erlebt, nicht nur für sich allein. Denn aus Erfahrungen, auch denen, die wir nicht verstehen, kann ein Verstehen geboren werden, um das Menschsein und so um Gott, das der Mensch nicht für sich allein hat und nicht für sich behalten wird. Erfahrungen fallen nicht in ein Nichts von Beliebigkeit und Sinnlosigkeit, sondern können sich verwandeln zu Schätzen, zu Kräften des Lebens, an denen Menschen einander Anteil geben, die sie miteinander teilen können. Das ist keine Rechtfertigung der Not, sondern lässt sich nur aus einem lebendigen Zusammenhang verstehen, der die Brüche nicht kittet, sondern durch sie hindurch Leben wachsen sieht. Das lässt sich nur aus einem Leben verstehen, das sich wesentlich in Beziehungen begreift. Das lässt sich auch und gerade von einem Verständnis der Kirche als lebendigem Leib Christi her verstehen. Es lässt sich ganz alltäglich erfahren, wenn einer dem anderen, weil er selbst es erlebt hat, ihm etwas an dieser Erfahrung nicht fremd ist, weil er eine Idee hat, eine Frage stellt, durch die der andere sich verstanden fühlt und für sich selbst weiterkommen kann.

So kann aus der *Verbundenheit* der Wahrheit in der Begegnung mit einem anderen schöpferisch Neues und anderes aufbrechen und Leben neu erstehen. So kann im Verstehen und aus Verstandensein *Wirkliches* werden und *ist* doch

---

162. Tillich, Theologie I, 310.

selbst aus Verstehen: aus jenem schöpferischen Geist Gottes als Geist des Lebendigen, der Menschen in ihr je Eigenes, Schöpferisch-Lebendiges entlässt und sie *darin* verbindet. Der darum in der Lebendigkeit seiner Wahrheit *ohne Ende* ist.

Ein Künstlertum aller Getauften

Die Seelsorge umschließt so auch die »Alltagssorge«.[163] Denn Seelsorge ist immer auch eingebunden in das alltäglich gelebte Leben und braucht deshalb auch Begegnung mit verschiedensten Menschen, die ihre *unterschiedlichen* Gaben mitbringen:

Seelsorge ist damit nicht nur auf das Amt des Pfarrers und der Pfarrerin beschränkt. Es ist, kann und soll gerade auch ein Amt der Laien sein und wird das auch zunehmend werden.

Seelsorge ist wesentlich auch das Amt *aller* Getauften und ist lebendig an den verschiedensten Orten im Leben einer Gemeinde.

Eine Stärkung der Laien und des Ehrenamts ist also nicht aus einem Mangel, der Überforderung des Pfarrers, der Pfarrerin, sondern allein aus der Fülle der verschiedenen Gaben des einen Leibes, also *charismatisch* zu begründen.[164] Die

---

163. Vgl. Henning Luther, Alltagssorge und Seelsorge. Zur Kritik am Defizitmodell des Helfens, in: Henning Luther, Religion und Alltag. Bausteine zu einer praktischen Theologie des Subjekts, Stuttgart 1992, 224-238.
164. Vgl. Anne M. Steinmeier, Haupt- und Ehrenamtliche in der Besuchsdienstarbeit. Auf dem Weg zu einer Kirche des Priestertums aller Getauften, in: Haushalterschaftsarbeit im Amt für Gemeindedienst der Ev.-Luth. Landeskirche Hannovers (Hrsg.), Der Besuchsdienst. Informationen für die Seelsorgearbeit christlicher Dienstgruppen und zur Gemeindeentwicklung, Hannover 2002, 21-28.
    Ausgangspunkt des reformatorischen Denkens bei Martin Luther ist die Unmittelbarkeit zu Gott, das heißt die Freiheit des Christen, ohne menschlichen Mittler vor Gott zu treten (vgl. Peter Cornehl, Experten und Laien. Eine praktisch-theologische Orts- und Verhältnisbestimmung, in: ThPr, 26, 1991, 151f.). »Wir sind allesamt zu dem Tod gefordert, und keiner wird für den andern sterben, sondern ein jeglicher in eigner Person für sich mit dem Tod kämpfen.« Mit diesem Satz beginnt Martin Luther seine erste Predigt, nachdem er im Winter 1522 von der Wartburg nach Wittenberg zurückgekehrt ist. In Sachen des Glaubens, in den elementaren Fragen von Leben und Tod kann sich niemand von einem anderen vertreten lassen. Der Zugang zu den Quellen der Wahrheit muss deshalb allen offen stehen. Deshalb wird die Bibel übersetzt und jedem an die Hand gegeben, damit jeder selbst das Wort Gottes lesen und studieren kann.
    Die Subjektivität des Glaubenden aber ist nicht für sich selbst, sondern bei Luther wesentlich für den anderen verfasst. Es ist die Vollmacht, für die Brüder und Schwestern und für die Welt vor Gott zu kommen. Nicht der religiöse Individualismus, sondern gerade die Wirklichkeit der Gemeinde als communio ist im allgemeinen Priestertum beschlossen. Diese Einsicht hat besonders Paul Althaus herausgearbeitet, fußend auf der Behauptung des Lutherforschers Karl Holl, »das allgemeine Priestertum« sei für Luther »Bedingung für die Herstellung einer wirklichen Gemeinschaft in der Kirche«

Sorge um die Seele, um die schöpferischen Möglichkeiten der unterschiedlichen Menschen braucht *verschiedene* Menschen mit ihren *Unterschieden*.
In diesem Zusammenhang kann Beuys' Bild und Gedanke der »sozialen Plas-

(Karl Holl, Gesammelte Aufsätze zur Kirchengeschichte, I. Luther, 7. Aufl., Tübingen 1948, VII, zit. in: Hans Martin Barth, Einander Priester sein. Allgemeines Priestertum in ökumenischer Perspektive, Göttingen 1990, 30).
Luther aber hat seine These in einer Zeit entfaltet, die er als Ausnahmesituation verstand (vgl. Barth, 31 ff.).
Priester und Bischöfe, die eigentlichen Amtsträger, kommen ihrer Aufgabe nicht mehr nach. Statt das Evangelium zu verkünden, belasten sie die Menschen mit Vorschriften und machen ihre Gewissen schwer. In dieser Situation wendet sich Luther an den »christlichen Adel deutscher Nation«, getaufte Christenmenschen, die nun ihrerseits helfend eingreifen sollen. Das Priestertum aller Glaubenden hat also zuerst eine antiklerikale Spitze, und es wird aus der Not geboren. Luthers Vergleich mit der Nottaufe macht das vollends deutlich. In seiner Adelsschrift erinnert Luther an Erfahrungen aus Kriegszeiten: Wenn eine Gruppe von Christen in eine »Wüstenei« geriete und kein Priester bei ihnen wäre, könnten sie einen unter ihnen wählen, der die Funktion des Priesters ausüben soll – »der wäre wahrhaftig ein Priester, wie wenn ihn alle Bischöfe und Päpste hätten geweiht« (WA 6, 407, 34 ff.). Aus der Not heraus ist jeder Christ zu voller geistlicher Macht berufen.
Die eigentliche Argumentation Luthers aber gründet in der Taufe: »Wir werden durch die Taufe zu Priestern geweiht«. Was »aus der Taufe gekrochen ist, das mag sich rühmen, dass es schon zum Priester, Bischof und Papst geweiht sei« (WA 6, 408, 11 f.). Alle, »die wir getauft sind,« sind »in gleicher Weise Priester« (ebd., 564, 6 f.), eine These, die besonders in »De captivitate Babylonica« entfaltet wird. Darum gehören die »Freiheit der Kirche« und die »Hochschätzung der Taufe« zusammen (ebd., 540, 23 f.).
Interessant ist dabei Luthers Formulierung, ein Prediger oder Amtspriester werde zu seinem Amt bestellt, »*gemacht*«, ein Priester im eigentlichen Sinne werde aus Wasser und Geist in der Taufe *geboren* (WA 12, 178, 26 ff.). Die Lehre vom Priestertum aller Getauften ist schließlich tief verankert in Luthers Christologie. In der »Freiheit eines Christenmenschen« ist das Bild vom »fröhlichen Tausch« zwischen Christus und den sündigen Menschen grundlegend. »Christus ist mein Priester geworden, der hat für mich gebeten und erworben den Glauben und den Geist, so bin ich nun auch ein Priester und soll weiter bitten für die Welt, dass Gott ihnen auch den Glauben gebe« (WA 10/3, 309, 14 ff.).
Die an der Wurzel protestantischen Glaubens partizipatorische Struktur der Kirche geht bereits in den Kirchen der Reformation, noch unter und bei Luther selbst verloren. Es kommt zu einer neuen Vorrangstellung des Predigtamtes, das Priesteramt aller Getauften wird der Kirche des Wortes unterstellt.
Die These vom allgemeinen Priestertum bleibt, aber ihre emanzipatorische Kraft geht verloren. Für die Folgezeit heißt das: Die Subjektivität des Glaubens ist an den Pfarrer, die Pfarrerin abgegeben worden. Damit aber ist auch die Gemeinschaft des Glaubens im Füreinander des Priesterseins bedroht. Und nicht nur dies: Mit dem Abstand zwischen Predigern und Laien wird auch der Abstand zwischen kirchlicher Lehre und alltäglicher Lebenswirklichkeit größer, ein Problem, mit dem die Kirche heute massiv zu kämpfen hat. Ohne eine biblische Begründung des Priestertums aller Getauften in der Vielfalt der Gaben werden wir aus einem Not- oder Hilfsrecht, das den Pfarrer bloß unterstützt, nicht hinauskommen (vgl. Barth, 194 ff.). Paulus macht an dem uns bekannten Bild vom Leib Christi (1. Kor 12, 12-31) anschaulich: Ein Leib hat viele, ganz unterschiedliche Glieder, und es braucht sie alle! Die Gaben sind da, jedem in seiner Weise und nicht nur

tik« zu einer gegenwärtigen Herausforderung für die Lebendigkeit des Leibes Christi werden. Viele Menschen haben sich nicht zuletzt auch deshalb von der Kirche abgewandt, weil ihnen das fehlt, was Beuys »Wärmeprozess« genannt hat, weil es an Bewegung mangelt und »Substanz« sich – vor allem in Krisenzeiten – mehr an finanziellen Fragen orientiert als an den Fragen, wie Menschen in Auseinandersetzung mit der Kälte in die Kraft gelangen, die die Wärme in einem Menschen und unter Menschen hervorbringen kann.

Ob in der Gemeinde – wieder – lebendige Räume, »Wärmeprozesse« entstehen, wird sich nicht zuletzt an der Wahrnehmung des Priestertums aller Getauften als der Entdeckung des »Künstlerseins« der Vielen und Verschiedenen entscheiden.

Mit dem Reichtum der Charismen kommt in der Konkretion der je individuellen Leiblichkeit eine *neue und erneuernde Bewegung* in Sicht.

Die Entdeckung, ein Künstler zu sein, hat Geist und Leib heilende, den Glauben lebendig machende Kraft. Sie führt in die Fülle dessen, was Schleiermacher eine lebendige »Circulation des Gemeingeistes«[165] nennt, in die der Einzelne hineingenommen wird, die seine geistige Freiheit erhöht und zugleich einlädt, an dem »gegenseitigen Begabungsprozess«[166] – vielleicht wieder oder neu – teilzunehmen.

Dazu braucht es die Erfahrung, wie wichtig die eigenen Gaben für andere sein können. Gaben aber sind nicht nur Fähigkeiten. Es sind auch verwandelte

---

besonderen Auserwählten gegeben. Sie sind Gaben des Geistes, sie stellen Teilaspekte und Teilgestalten des neuen Lebens dar. Sie sind Dienste und Ämter, sehr verschieden voneinander, aber sie sind ohne jede Hierarchie. Es gibt keinen Machtanspruch einer Gabe über die andere. Gerade in ihrer Unterschiedlichkeit dienen sie zur Aufbauung der gesamten Gemeinde. Die Liebe als die höchste und grundlegende Gabe verbindet sie alle (1. Kor 13). Diesen Gedanken nimmt der 1. Petrusbrief (4,10) auf: »Dient einander, ein jeder mit der Gabe, die er empfangen hat, als die guten Haushalter durch mancherlei Gnade Gottes.« Das Charisma ist die konkrete Gestalt der Gnade, wie sie in jedem Gläubigen lebendig werden will. Der Unterschied der Gaben ist, so in der Auslegung Ernst Käsemanns, als »Konkretion und Individuation der Gnade oder des Geistes« erfasst, der in der Taufe auf einen konkreten Menschen, auf eine je besondere leibliche Wirklichkeit trifft (Ernst Käsemann, Amt und Gemeinde im Neuen Testament, in: Ernst Käsemann, Exegetische Versuche und Besinnungen, I. Band, 3. Aufl., Göttingen 1964, 111, zit. in: Barth, 205).»In unseren Leibern«, in der Konkretion unserer Lebendigkeit, »bemächtigt sich der Kosmokrator jener Welt, die seine Herrschaft vordem nicht anerkannte, und der Christusleib ist die Realität konkreter Weltherrschaft Christi vor der Parusie« (Käsemann, 113, zit. in: Barth, ebd.). Fundamental für das Verständnis des Charismas ist, dass die je anderen, völlig unterschiedlichen Gaben einander brauchen und sich gegenseitig ergänzen. »Die Charismen sind somit Ausdruck nicht nur der Individuation, sondern auch der Sozialisation der Gnade« (Barth, 206).

165. Vgl. Jacob Frerichs (Hrsg.), Friedrich Daniel Ernst Schleiermacher, Die praktische Theologie nach den Grundsätzen der evangelischen Kirche im Zusammenhange dargestellt. Aus Schleiermachers handschriftlichem Nachlass und nachgeschriebenen Vorlesungen, Berlin 1850, 428 ff.

166. Christian Möller, Seelsorglich predigen. Die parakletische Dimension von Predigt, Seelsorge und Gemeinde, 2. durchges. und erw. Aufl., Göttingen 1990, 181.

Erfahrungen. Was einer dem anderen geben kann, speist sich oft aus Quellen von Erfahrungen, die schwer waren, Leben verkompliziert haben.

Eine in diesem Sinne seelsorgliche Gemeinde fordert aber auch heraus: Die Präsenz der Laien wird den Pfarrer, die Pfarrerin herausfordern, daran erinnert Christian Möller, die pastorale Situation »zwischen Amt und Kompetenz« zu klären.[167] Und das heißt auch, sich mit möglichen Allmachtsphantasien auseinander zu setzen. Die Angst, nicht ständig gebraucht zu werden, ist die andere Seite ständig beklagter Überlastung.[168] Die pastorale Identität nährt sich nicht selten aus diesem Gefühl.

Die Chance der Ehrenamtlichen – gerade in der Seelsorge – liegt in der Offenheit für den Austausch von Lebens- und Glaubensfragen in der Fülle ihrer alltäglichen Erlebniswirklichkeit, als Stärkung der Lebensgewissheit und in diesem Sinne auch als Stärkung der Lebendigkeit in Gott als dem Geist des Lebendigen.

Glauben als art brut

In der Entdeckung der Gaben liegt eine *Pluralität*, die bereichert, aber ebenso in Frage stellen kann. Lebendigkeit kann Angst hervorrufen. Denn auch in der Gemeinde sind Menschen in Gefahr, sich ein- und voneinander abzuschließen. Im Denken, im Leben und im Glauben. Eine Gefahr, die sich in einer Zeit, in der die Kirche für viele Menschen an Bedeutung verliert, verstärken kann. Wieviel Fruchtbarkeit aber für das *gemeinsame* Leben, für den Glauben und das Leben jedes Einzelnen gäbe es, *gibt es*, wenn Menschen einander in die Bewegungen des Lebens, der Gedanken, des Glaubens mit hineinnehmen. Wenn lebendige Orte des Glaubens in ihren unterschiedlichen Gestalten, in ihrer Alltäglichkeit transparent werden. Wenn es möglich wird, sich gegenseitig an Prozessen teilhaben zu lassen, die Fragen, Noch-Nicht-zu-Ende-Gedachtes, Ambivalenzen auch, nicht nur nicht aus-, sondern bewusst einschließen.

Der Leib Christi ist kein harmonisches Ganzes, keine Utopie des immer schon Vertrauten. Die Stärke des Glaubens liegt gerade in seiner Verwundbarkeit für das Lebendige, in der Kraft einer Liebe, die das Fragmentarische, Brüchige, Zerrissene nicht nur am Rande duldet, sondern im Herzen trägt. Die das Vielgestaltige nicht nur zulässt, sondern will und fördert.

Das Charisma der Liebe als das die unterschiedlichen Gaben Verbindende führt in die »subversive Kraft« des Unfertigen und Offenen. Das Charisma der Liebe stellt als die *Kunst des Lebens* ganz elementar die Frage, ob wir Menschen sind. Ob Lebendiges unter uns einen Ort hat. So lässt sich in diesem Sinne im Anschluss an Dubuffet formulieren: Der Glaube ist selbst eine *art brut*.

---

167. Christian Möller, Zwischen ›Amt‹ und ›Kompetenz‹. Ortsbestimmung pastoraler Existenz heute. Manfred Seitz zum 65. Geburtstag, in: PTh 82, 1993, 460-475.
168. Vgl. hierzu u. *Bühnenleben und geistliches Amt*.

Gemeinde, in der dies erlebbar wird, kann Heimat für Menschen sein. Heimat als ein Ort, an dem Menschen erleben: Es ist gut, dass es dich gibt, dass du da bist. Gesund oder krank, ob behindert oder nicht behindert, mit welchem Lebensglück oder mit welcher Lebensangst auch immer, du birgst potentiell eine Botschaft *für andere*, trägst in dir eine lebendige, besondere, eigene Sprache *Gottes*. Das ist eine schöpferische Grunderfahrung, in der ein Mensch lebendig wird.

Was Dubuffet formuliert, ist in Unterscheidung von seiner Sprache und seinem Selbstverstehen theologisch als die Würde auszusagen, die jedem Menschen von Gott verliehen ist. Als das Kapital, um mit Beuys zu sprechen, das darüber entscheidet, ob Leben leben kann oder nicht. Ob wir Gott glauben oder nicht.

So können in der Gemeinde verschiedene Schöpfungsräume entstehen, in denen Menschen einander auch unterschiedlich nahekommen, in denen sie sich aber auch in unterschiedlicher Distanz oder Nähe zum Leben ihrer Kirche vor Ort bewegen können.

Schleiermachers Gedanke, dass Seelsorge die Menschen wieder in die Gemeinde zurückführen soll, ist damit in veränderter Form aufgenommen.[169] Aber Menschen, die sich der Kirche fern und entfremdet fühlen, können nur wieder, neu – in kirchliche Räume finden, wenn sie sich in den je eigenen Distanzen angenommen fühlen. Wobei – das ist die Konsequenz des Entfalteten – es nicht sichtbar und nicht immer auszumachen ist, wer nah ist und wer ferner steht.

Das bedeutet nicht zuletzt, dass sich die verschiedensten Menschen potentiell wiederfinden können an dem Ort und in der Gestaltung, durch die die Kirche noch immer am deutlichsten ihr Gesicht zeigt: im Gottesdienst als der *Feier von Leben*. Wenn sie selber sich von und in dieser Feier angesprochen fühlen und zugleich als aufgenommen erfahren in ihren Unterschieden.

Kann Gottesdienst ein Schöpfungsraum sein? Ein Schöpfungsraum mit integrierender Kraft? In dieser Frage ist vom Theater und dem theatralischen Prozess zu lernen: Ich frage einen Regisseur der Gegenwart, wie er in seiner Theaterarbeit das »offene Geheimnis des Lebendigen« versteht und Bilder findet für »die Wahrheit auf Wanderschaft«.

Das führt weiter zur Auseinandersetzung mit dem Amt des Pfarrers und der Pfarrerin. Was ist das für ein Beruf, der sich in den Spannungen zwischen Person und Amt finden muss? Aus praktischer Arbeit am Theater erwachsene Reflexionen zur »Arbeit des Schauspielers an sich selbst« werden Wege weisen.

---

169. Seelsorge im speziellen Sinn hat nach Schleiermacher die Aufgabe, diejenigen, »die aus der Identität mit dem Ganzen herausgefallen sind« (Schleiermacher, Praktische Theologie, 428) wieder zu integrieren, sie einzuladen und zu befähigen, an der lebendigen »Circulation des Gemeingeistes« wieder teilzunehmen. Da aber, wie Schleiermacher betont, »jeder Christ sein eigener Priester sei« (ebd., 435), darf dies nur als »Sache der Freiheit« (ebd.) und also, um »die geistige Freiheit des Gemeindegliedes zu erhöhen« (ebd., 431), in einem »freundschaftliche(n)« (ebd., 435) Sinne geschehen.

2 Theaterwelt und Kirchenraum

Theater und Liturgie

Zwei Begegnungen

9. November 1999. Ich war gerade eben aus Hamburg zum Antritt meiner Professur in Halle an der Saale angekommen. Einer der ersten Wege führte mich in die Kulturinsel und am 9. November ins *neue Theater*. Dort wurde der Film *Nikolaikirche* gezeigt. Ein Film, der die Ereignisse von 1989 aus der Perspektive einer Familie zeigt. Die Diskussion an jenem Abend dauerte bis spät in die Nacht. Menschen aus Ost und West waren gleichermaßen beteiligt.

»Wir haben mit allem gerechnet, nur nicht mit Kerzen und Gebeten«, sind die letzten Worte im Film. »Und was ist jetzt?« fragt eine Frau. »Wo ist der Geist, der uns damals bewegt hat?« »Die Religion ist uns verloren gegangen«, sagt der Intendant, »und nun sitzen wir in diesem Theater, ich sag' ja immer, es ist eine weltliche Kirche.«[1] »Also ist die Religion selber doch nicht verloren gegangen?« fragt einer zurück.

Ein Jahr später, wieder im *neuen Theater*. Seminargespräch mit der Chefdramaturgin über die Aufführung von Brechts *Der gute Mensch von Sezuan*. Was will die Aufführung, was hat die Schauspieler bewegt, was ist beim Publikum angekommen?

»Auf der Suche nach etwas, was über mich hinausgeht. Das aber kein ›Jenseits‹ ist. Etwas, das sich jetzt und hier kommunizieren lässt. Das einen gemeinsamen Sprachraum schafft unter den Menschen.«

In der Auseinandersetzung mit der Hauptfigur konzentrierte sich das Gespräch auf »die zerbrechlichen Sätze« der Frau, »die halbnackt dasteht.« Theater als Ort der Sprache gegen die Stummheit und das Sich-Verschließen? Theater als Ort gegen die Dunkelheit?

Und die Kirche, die Kirche mit ihrer Liturgie? »Warum, wenn man doch mal hingeht,« fragt die Dramaturgin »gibt es einem so wenig? Dabei hätte doch der Ritus etwas.« »Was wollen Sie denn in Ihrer Gemeinde tun?« Und das heißt vor allem auch: Was wollen Sie in und mit Ihren Gottesdiensten? Wie wollen Sie Menschen erreichen?

1. Vgl. auch das Programmheft der Spielzeit 2001/2002, 2. Peter Sodann schreibt hier: »Also ist das Theater, wenn es sich als Ort der Begegnung und des Gedankenaustausches – also eine Art weltliche Kirche – versteht, eine Einrichtung, die der Atomisierung und Vereinzelung, der Demoralisierung und Ohnmacht entgegenwirkt.« Im Hoftheater ruft ein Glockenturm das Publikum zur Vorstellung, und über dem Eingang fordert eine Inschrift auf: »Wer des Weges kommt, trete herein.«

Diese Fragen können wir an jenem Abend nur stockend beantworten.

Was im Gottesdienst geschieht, lässt sich nicht so einfach und flüssig mitteilen. Was geschieht an diesem Ort, an dem die christliche Religion ihre handelnde Ausdrucksgestalt findet und der doch so oft von Menschen verlassen scheint?
 Kann das gottesdienstliche Handeln, kann die Liturgie vom Theater lernen? In Fortsetzung des Gesprächs im *neuen Theater* sei hier der Dialog gesucht mit einer Theaterästhetik der Gegenwart. Es ist die Theaterästhetik des englischen Regisseurs Peter Brook,[2] dessen Inszenierung des *Hamlet* an den *Bouffes du Nord* in Paris im Januar 2001 durch die Feuilletons der Zeitungen ging. Seine Perspektive der Verbindung von Kunst und Leben möchte ich versuchen für die Fragen fruchtbar zu machen, die sich gegenwärtigem gottesdienstlichen Handeln stellen.

Peter Brook – »Die Wahrheit ist immer auf Wanderschaft«

Theater ist Leben

Theater, sagt Brook, handelt vom Leben. Also von dem, womit wir *alle* beginnen.[3] Hier beginnt es, hier hat das Theater »sein(en) einzige(n) Ausgangspunkt, nichts anderes ist wirklich grundlegend. Theater *ist* Leben.«[4] Was aber heißt das?

2. Vgl. zum Dialog mit Brook Gerhard Marcel Martin, Sachbuch Bibliodrama. Praxis und Theorie, Stuttgart, Berlin, Köln 1995, 13 ff.; Ulrike Suhr, Das Handwerk des Theaters und die Kunst der Liturgie. Ein theologischer Versuch über den Regisseur Peter Brook, in: Peter Stolt, Wolfgang Grünberg, Ulrike Suhr (Hrsg.), Kulte, Kulturen, Gottesdienste. Öffentliche Inszenierung des Lebens. Peter Cornehl zum 60. Geburtstag, Göttingen 1996, 37-49; Karl-Heinrich Bieritz, Spielraum Gottesdienst. Von der »Inszenierung des Evangeliums« auf der liturgischen Bühne, in: Arno Schilson, Joachim Hake (Hrsg.), Drama »Gottesdienst«. Zwischen Inszenierung und Kult, Stuttgart, Berlin, Köln 1998, 69-101. Zum Dialog von Theater und Liturgie vgl. auch Marcus A. Friedrich, Liturgische Körper. Der Beitrag von Schauspieltheorien und -techniken für die Pastoralästhetik, Stuttgart 2001. Als Dialogpartner sind hier Stanislawski, Grotowski und Brecht ausgesucht.
3. Vgl. Herbert Mainusch, Regie und Interpretation. Gespräche mit Regisseuren (1985), 2., unveränd. Aufl., München 1989, 34. »Der erste Kreis ist das Problem des Lebens überhaupt. Von diesem Kreis kommt man in den nächsten Kreis, den des Theaters. Dieser geht der Literatur voraus. Das Spiel ereignet sich vor dem Lesen, ja sogar vor dem Hören der Geschichten, die Vater und Mutter erzählen. ... Man kann sogar sagen, dass das Kind, wenn es zu spielen beginnt und durch seine Imagination den Zusammenhang des Konkreten und Allgemeinen erfährt, sein Leben zu entfalten beginnt. Der dritte Kreis ist dann die Geschichte, die Literatur. Somit ist es umgekehrt, wie man es sich normalerweise vorstellt« (ebd.).
4. Peter Brook, Das offene Geheimnis. Gedanken über Schauspielerei und Theater, Frankfurt a. M. 1998, 18. Hervorhebung A. S.

Ein »Leben auf der Bühne« ist nicht die bloße Wiederholung des alltäglichen Lebens, denn dann gäbe es »keinen Grund, Theater zu machen«, und Theater hätte »keinen Sinn.«[5] Das Leben im Theater ist nach Brook »dasselbe ... wie draußen und dabei doch anders«. Es ist »sichtbarer und lebhafter,« es ist »intensiver, weil es konzentrierter ist.«[6] Es gibt die ästhetische Differenz der Form.

Die Form aber ist nichts bloß Äußerliches. In der Frage nach der Form, mit der das Theater wesentlich beschäftigt ist, liegt die Frage nach dem Wesen, der *Wahrheit* von *Leben*, das Menschen erfahren, begründet. Denn was das Leben ist, das Leben *selbst*, ist nicht einfach klar. Das Leben ist nach Brook als *Frage* gegenwärtig.

Im Versuch, ihre Erfahrung und das Verstehen der Welt zu erweitern, sind Menschen auf der Suche nach Wahrheit, was nach Brook »zum Bereich des Allgemeinen« gehört, aber »konkret«[7] werden muss.

Darum ist für Brook die eigentliche Frage, neben der alles andere nebensächlich ist: Kann es gelingen, durch das Theaterstück ein wesentliches Anliegen oder Bedürfnis bei den Zuschauern zu berühren?[8] Kann das Theater den Menschen bei ihrer Suche nach Wahrheit helfen?

»Heiliges Theater« und die »nackte Bühne«

Von dieser Intention her versteht Brook sein Theater als ein »heiliges« Theater,[9] heilig, weil es unter der Voraussetzung arbeitet, dass »eine unsichtbare Welt existiert, die sichtbar werden muss«[10] und durch »die Präsenz des Darstellers«[11] auch im Leben der anderen, der Zuschauer, erscheinen kann.

Theater geht nach Brook also davon aus: Es gibt nicht nur eine Welt des Sichtbaren, das heißt des Alltäglichen, Verfügbaren, Vor-Augen-Liegenden. Sondern zum Leben *selbst* gehört noch eine andere Dimension, nach der *jeder* Mensch auf der Suche ist. Brook will mit dem Theater eine intensivere Wahrnehmung von Wirklichkeit eröffnen, die dem Einzelnen bei seiner Suche helfen kann.

5. Ebd., 19.
6. Ebd., 20.
7. Mainusch, 33, Hervorhebung A. S. »Das Theater – und dies allein schon würde seine Notwendigkeit begründen – ist die stärkste Möglichkeit, die Dichotomie des Gegensatzes ... aufzuheben« (ebd.).
8. Brook, Geheimnis, 58.
9. Brook unterscheidet das tödliche Theater, das heilige Theater, das derbe Theater und das unmittelbare Theater, vgl. Peter Brook, Der leere Raum, 3. Aufl., Berlin 1997. G. M. Martin bezieht diese Typen auf kirchliche und theologische Entwicklungen der letzten dreißig Jahre, in: Martin, Sachbuch Bibliodrama, 13-20.
10. Brook, Geheimnis, 85.
11. Brook, Raum, 74. Darum muss »der Schauspieler drei Verbindungen gleichzeitig ... herstellen: zu seinem Innenleben, zu seinen Mitspielern und zu den Zuschauern« (Brook, Geheimnis, 49).

Das geschieht vor allem durch den Prozess der Auseinandersetzung mit einem fremden und sperrigen, sich nicht einfach erschließenden Stoff, zum Beispiel durch Shakespeares *Hamlet*:

Hamlet: Mein Vater, ich sehe meinen Vater –
Horatio: Wo?
Hamlet: Im Auge meines Geistes, Horatio. (I, 2)

In *Hamlet* erfährt ein junger Mann einen Schock, »weil er tatsächlich den Geist seines Vaters sieht und vom Geist seines Vaters erfährt, dass sein Vater ermordet wurde.«[12]

Eine der Fragen, die sich für Brook durch das gesamte Stück ziehen, lautet: Was ist *Illusion*? Was ist *wirklich*? Was ist der Geist, der das Leben bestimmt? Das sind keine Fragen einer Sonderwelt, sondern das sind Fragen, die alles andere lebendige und gelebte Leben in ihrem Kern berühren. Jemand, den diese Fragen beschäftigen und aufwühlen, sieht sich »gezwungen ..., auch alle anderen Aspekte des Lebens zu hinterfragen.«[13]

Von daher darf die Auseinandersetzung mit einem fremden Stoff, mit fremden Texten nach Brook nicht verkommen zur Vereinnahmung in immer schon Gekanntes.

Wer sich auf die Suche nach Wahrheit begibt, wird sich vielmehr der Leere, der »nackten Bühne« wirklich stellen müssen. Er wird der Versuchung widerstehen müssen, den »Schrecken« vor dieser Leere vorschnell aufzufangen durch »die beruhigende« Idee, durch das schnell fertige, rettende Verständnis. Eine Gefahr des »tödlichen Theaters«, die Brook »in uns allen«[14] lauern sieht.[15]

Die »nackte Bühne«, der offene Prozess des Verstehens und der Auseinandersetzung aber ist nicht mit unbedachter Spontaneität zu verwechseln:

Denn »(w)as mancher für spontan hält, holt er nicht aus schöpferischen Tiefen.« Es ist zumeist im Gegenteil »schon viele Male durchgefiltert und abgehört worden.«[16]

Das betrifft vor allem die Auseinandersetzung mit den Texten selbst. Die Versuchung liegt in der Identifikation: »Hamlet ist wie ich«.[17] Sie liegt in der Vorstellung, die »eigene Alltagserfahrung« könne allein das hergeben, was »als

---

12. Peter Brook, Evokation Shakespeare, in: Zeichen 1, Peter Brook, Vergessen Sie Shakespeare, 2., korrigierte Aufl., Berlin 1999, 35.
13. Ebd.
14. Brook, Raum, 164 f.
15. »Auch der schöpferische Schauspieler möchte sich an das bereits Gefundene klammern, auch er möchte um jeden Preis das Trauma vermeiden, vor einem Publikum nackt und unvorbereitet zu erscheinen – aber das ist genau, was er tun muss. Er muss seine Ergebnisse zerstören und im Stich lassen, selbst wenn das, was er stattdessen aufsammelt, fast das gleiche zu sein scheint. ... Wenn eine geborene Rolle die gleiche bleiben will, muss sie stets neu geboren werden, was sie immer wieder anders macht« (ebd., 169 f.).
16. Ebd., 164 f.
17. Peter Brook, Vergessen Sie Shakespeare, in: Zeichen 1, 47.

Grundlage für ein Verständnis dienen kann.«[18] Brook fordert seine Schauspieler heraus, indem er diese Versuchung »wegfegt«: »Hamlet ist nur deshalb interessant«, und zwar für die Wahrheit des eigenen Lebens interessant, »weil er nicht wie irgendein anderer ist, weil er einzigartig ist.«[19]

Theater ist die Begegnung mit einem Fremden, einer Figur, einem Stoff, der sich nicht *vorweg*wissen und -einordnen lässt.[20]

Das »Mysterium« des Verstehens

Nach Brook »ist« »alles im Text.«[21]

Darum gibt es »keine Abkürzungen. Das gesamte Stück wird zu einem einzigen großartigen Mosaik, und wir nähern uns der Musik, den Rhythmen, der Fremdheit der Bilder ... mit dem überraschten Staunen einer neu gemachten Entdeckung«.[22]

Nur so lässt sich nach Brook dem wehren, was er als »Reduktionismus« bezeichnet, jenem »schleichende(n) Gift«, das »in einen großen Teil unseres gesellschaftlichen Lebens eingedrungen« ist und das »(i)n der Praxis ... die Reduktion jener Dimensionen« bedeutet, »die das Unbekannte und das Geheimnis umfassen: Entlarvung, wo immer es möglich ist, alles auf Normalmaß stutzen.«[23]

Das Sich-Einlassen auf den fremden Text bedeutet, sich mit der Frage auseinander zu setzen: Wann habe ich das Recht, mir absolut sicher zu sein, und wann muss »die einzige wahrhaftige Haltung die einer offenen Frage sein?«[24] Denn Worte wie am Ende des *Sturms* –

»And my ending is despair,
Unless I be reliev'd by prayer,
Which pierces so that it assaults
Mercy itself and frees all faults.
As you from crimes would pardon'd be,
Let your indulgence set me free.«[25] –

18. Ebd., 45.
19. Ebd., 47.
20. »Wir dürfen nicht länger mit einer Idee, einem Begriff oder einer Theorie von der Figur beginnen.« (Brook, ebd., 52).
21. Peter Brook, König Lear. Das Stück ist der Weg. Peter Brook im Gespräch mit Georges Banu, in: Zeichen 1, 63.
22. Brook, Vergessen, 52 f.
23. Ebd., 44 f.
24. Brook, Evokation, 40.
25. Zit. ebd., 36. Dort lautet die Übersetzung, vgl. ebd., 37:
    Verzweiflung ist mein Lebensend,
    Wenn nicht Gebet mir Hilfe bringt,
    Welches so zum Himmel dringt,

sind nach Brook auch von einem »moderne(n) Theologe(n)« nicht »mit hundertprozentiger Sicherheit« in ihrer Bedeutung zu »erklären«.²⁶

»Keines der Wörter ... steht isoliert da. Der Abschnitt führt unausweichlich zu dem allerletzten Wort, und die Fragen, die er aufwirft, sind Fragen von heute«.²⁷ Darum kann ein solcher Text »zum Treffpunkt der gegenwärtigen Menschen werden, seien es Schauspieler, Regisseure oder Zuschauer«, mit »dem Ziel, vor den offenen Fragen innezuhalten und sie noch einmal als Herausforderung anzunehmen – für uns selbst.«²⁸

Wenn dieser unbegreifliche Akt gelingt und die Worte zum Leben erwachen, eröffnet sich auf der Bühne das »Mysterium« des »gegenwärtige(n) Augenblick(s),«²⁹ das zur Freiheit führen kann. Das heißt, wo sich ein Text für Schauspieler und Zuschauer erschließt, wo es gelingt, ein »Geschehnis aus fernster Vergangenheit« zu »vergegenwärtigen«,³⁰ da kommt die Zeit zu ihrer Fülle des Jetzt. Dabei heißt »gegenwärtig« für Brook nicht »zeitgenössisch.«³¹ Für ihn liegt ein »Abgrund ... zwischen einer plumpen Modernisierung eines Texts und den überwältigenden ungenutzten Möglichkeiten ..., die in ihm stecken.«³²

Die Kunst des Handwerks und die Suche nach Bedeutung

Die Suche nach der Wahrheit ist nach Brook aufs engste verbunden mit der Suche nach der Form. Die Herausforderung, das Unsichtbare auf der Bühne sichtbar zu machen und so zu versuchen, auf die »ewige große Frage: Wie soll man leben?«, die Frage also nach »Leben und Tod«,³³ zu antworten, setzt darum »wie beim Töpfern«³⁴ die Kunst des Handwerks voraus, einer Leiter vergleich-

---

Dass es Gewalt der Gnade tut
Und macht jedweden Fehltritt gut.
Wo ihr begnadigt wünscht zu sein,
Lasst eure Nachsicht mich befrein.

26. Ebd., 40.
27. Ebd., 42.
28. Ebd.
29. Brook, Geheimnis, 117.
30. Brooks Ausdrucksweise ist an dieser Stelle missverständlich; dass etwas gegenwärtig wird, ist nicht verfügbar, aber es ist eben auch nicht ohne die präzise Arbeit. Von daher lässt sich der aktive Begriff »vergegenwärtigen« erklären. Alle Techniken der Kunst und des Handwerks haben der »Vermittlung« zwischen unserer Alltäglichkeit und der verborgenen Ebene des Mythos zu dienen (Brook, Geheimnis, 117. Vgl. dazu auch den Bericht über eine Theatervorstellung im Iran, ebd., 58 ff.).
31. Brook, Evokation, 28.
32. Ebd., 28 f.
33. Brook, Geheimnis, 91.
34. Ebd.: »In den großen traditionellen Kulturen ist der Töpfer ein Mensch, der gleichzeitig versucht, mit den ewigen großen Fragen zu leben und seinen Topf herzustellen. Diese doppelte Dimension ist auch im Theater möglich; mehr noch, sie verleiht ihm erst seinen Wert.«

bar, deren Sprossen »kleinste (...) Details« sind, die »Augenblick für Augenblick« erklommen werden müssen[35] – im gleichzeitigen Wissen, dass das Entscheidende nicht machbar ist.

Das ist eine »ungeheure Aufgabe«[36] und erfordert eine intensive Arbeit an der Form. Es »bedeutet Dichtung. Nicht ... als schöne Worte, sondern ... Dichtung als mit Intensität aufgeladene Sprache.«[37]

Aber Brook erinnert gleichzeitig daran, was in der Arbeit leicht verloren gehen kann:

Die Form kann »auch das größte Hindernis für das Leben sein«, der Kampf hört nicht auf. »Die Form ist notwendig, aber sie ist nicht alles.«[38] Ja, »Form an sich ... ist tödlich.«[39]

So liegt die Aufgabe und das Geheimnis des Theaters sowohl in der Suche nach der Bedeutung eines Stückes als auch im »Weg, diese Bedeutung anderen zugänglich zu machen.«[40] Um sie zu empfangen, brauchen die Menschen nicht »vordisponiert« zu sein.[41] Wir, »die gewöhnlichen Menschen im Publikum«, »befinden uns, wo wir sind, wenn wir das Theater betreten, nämlich in uns selbst, in unserem normalen Leben.«[42]

»(A)uch der gleichgültigste Besucher« kann »in etwas hineingezogen« werden, »worin seine eigenen Fragen artikuliert sind.«[43] Denn in uns allen »schwingen« »in jedem Augenblick ... Saiten«, mit deren Tönen und Harmonien wir auf die unsichtbare Welt reagieren können, »die wir oft übersehen, zu der wir jedoch mit jedem neuen Atemzug Verbindung aufnehmen«[44], ob uns das bewusst ist oder nicht.

Durch diese Präsenz, in der *alle* Teilnehmer des Theaters verbunden sind,

---

35. Ebd., 110 f.
36. Brook, Evokation, 26.
37. Ebd., 27. Dazu müssen der Raum eingegrenzt und die Zeit verdichtet werden. Dazu muss alles entfernt werden, »was nicht unabdingbar notwendig ist,« um »zu verstärken, was übrig bleibt.« (Brook, Geheimnis, 20). Das bedeutet, »(w)eil die Tiefe das Alltägliche transzendiert«, »eine gehobene Sprache und ein ritualistischer Gebrauch des Rhythmus«, der »uns dicht an jene Aspekte des Lebens, die unter der Oberfläche verborgen sind« (Brook, Raum, 127), führt – »etwa indem man ein kräftiges Adjektiv an die Stelle eines farblosen setzt, gleichzeitig aber den Eindruck von Spontaneität bewahrt. Wenn das gelingt, werden wir schließlich auf der Bühne in drei Minuten sagen, wozu im Leben zwei Leute drei Stunden brauchen« (Brook, Geheimnis, 20). Vgl. Brook, Raum, 202 ff.: Damit die Szene lebendig wird, sind nach Brook drei Elemente notwendig: Répétition (Wiederholung), Représentation (Darstellung), Assistance (Teilnahme des Publikums).
38. Brook, Geheimnis, 79.
39. Ebd., 74: »Es gibt keine Form, angefangen bei uns selbst, die nicht dem fundamentalen Gesetz des Universums unterliegt: der Vergänglichkeit. Jede Religion, jede Einsicht, jede Tradition, jede Weisheit akzeptiert Geburt und Tod« (ebd.).
40. Vgl. ebd., 110.
41. Vgl. Mainusch, 35 f.
42. Brook, Geheimnis, 123.
43. Mainusch, 36.
44. Brook, Geheimnis, 118.

können die Welt der Imagination und des alltäglichen Lebens auf dem Theater sich verbinden, so dass »eine Tür sich auftut und unser Blick sich verändert.«[45]

»universelles Vokabular«

Im Theater ist so die Chance, dass Menschen je im Innern für sich und zugleich auf der Basis des »vorgestellte(n) Grundmaterial(s)«, der »Geschichte« oder des »Thema(s)« »eine *gemeinsame* Grundlage« finden, ein »Gebiet,« auf dem potentiell jeder Zuschauer, ganz gleich welchen Alters oder welcher Herkunft, sich mit seinem Nachbarn in einer gemeinsamen Erfahrung treffen kann.[46]

Die Gemeinsamkeit in der »Begegnung mit dem Stoff des Lebens«[47] aber gründet nach Brook in der Teilhabe an einem »universellen Vokabular,«[48] in dem Menschen in ihrer Pluralität verbunden sind und in ihrer Verschiedenheit sich jeweils neu verbinden können. Das ist das Entscheidende des Theaters, das Leben ist und sein will:

»Jedes Element des Lebens ist wie ein Wort eines universellen Vokabulars. Bilder aus der Vergangenheit, Bilder aus der Tradition, Bilder von heute, ... – sie alle sind wie Substantive und Adjektive, aus denen wir neue Sätze bauen können.«[49]

Das ist gegenwärtig von besonderer Bedeutung: Denn jede Kultur, jede Nation kann »ihr eigenes Wort zu dem Satz beitragen, der die Menschheit vereint.«[50] In der Zusammenarbeit von Künstlern verschiedenster Herkunft werden die Verschiedenheiten »ein Teil *derselben Sprache*, die einen Augenblick lang eine *gemeinsame Wahrheit* ausdrückt«, die auch die Menschen im »Publikum mit einschließt: Dies ist der Augenblick, zu dem alles Theater führt.«[51]

Von daher ist nach Brook Theater ein »großes Ritual,« ein Tor, das nicht bloß zu betrachten, sondern zu »erfahren«[52] ist. Für die *verschiedenen* Menschen kann sich *gemeinsam* eine Tür auftun. Menschen haben das im Krieg erlebt,[53] davon wussten die, die in Zeiten der Diktatur das Theater als einen der gefährlichsten Orte erkannten.

---

45. Ebd., 138.
46. Ebd., 119f. Hervorhebung A. S.
47. Ebd., 135.
48. Ebd., 136.
49. Ebd.
50. Ebd.
51. Ebd., 137. Hervorhebung A. S.
52. Ebd., 127.
53. Theater war nach dem Zweiten Weltkrieg »Antwort auf einen Hunger.« Dennoch fragt Brook aus seinem Anliegen heraus gerade an dieser Stelle auch kritisch: »Aber was war dieser Hunger? War es ein Hunger nach dem Unsichtbaren, ein Hunger nach einer Wirklichkeit, die tiefer war als die vollste Lebensform, oder war es ein Hunger nach Dingen, die man im Leben vermisst, nach Puffern gegen die Wirklichkeit?« (Brook, Raum, 62).

Aber dieses Ritual kann, so Brook, nicht mehr wie »(e)inst ... als Magie beginnen: ... als das sakrale Fest, oder Magie, wenn das Rampenlicht anging.«⁵⁴

Die Bühne der Unruhe

Ein Ritual in der Gegenwart kann keine Gegenwelt sein, die für ein paar Stunden aus der Unruhe einen Fluchtort bieten könnte. Theater heute kann auch nicht ein übertünchender, alle Angst und Sorge, alle Wahrheit des Widersprüchlichen überdeckender Optimismus sein. »Trauigerweise ist es der Wunsch nach Optimismus«, sagt Brook, der viele Schriftsteller »hindert, Hoffnung zu finden.«⁵⁵

Ein Theater, das heute Menschen bei der Wahrheitssuche helfen kann, ist das »Theater des Zweifels, der Unruhe, der Sorge, der Angst«.⁵⁶ Denn weit mehr als alle Harmonisierung kann nach Brook ein unerbittliches Nein, das aus der Sehnsucht nach dem Ja gesprochen ist, der unsichtbaren Wahrheit näherkommen.

Neben einem Optimismus als Lüge und einem Pessimismus als bloßer Nachgiebigkeit gegen sich selbst gibt es nach Brook eine »dritte mögliche Einstellung«, die »schwierig« ist, denn sie versucht, »sich dem Unerträglichen der menschlichen Existenz und dem Glanz der menschlichen Existenz gleichermaßen und simultan zu öffnen.«⁵⁷

Das kann bedeuten, »der verknöcherten Gestalt« den »lebendigen Schatten«⁵⁸ vorzuziehen.

Das schließt die »Zerstörung alter Formen« ein und bedarf des »Experimentieren(s) mit neuen Formen,«⁵⁹ das sind Bewegungen zurück und nach vorn.⁶⁰ Dabei muss sich das Theater vor allem mit der Frage auseinander setzen, wie es »anders als im Missklang mit der Gesellschaft existieren könnte«⁶¹ – der »Künstler (ist) nicht aufgerufen anzuklagen, zu predigen oder zu hetzen«.⁶² Denn der Schrei »wachet auf!« bringt noch kein Leben.⁶³

Leben bringen nach Brook Inszenierungen, »die im Publikum einen unverkennbaren Hunger oder Durst hervorrufen.«⁶⁴

Entscheidend dafür wird sein, ob es gelingt, auf der Bühne vermittels des

---

54. Ebd., 141.
55. Ebd., 84.
56. Ebd., 63.
57. Brook, Evokation, 32.
58. Brook, Raum, 113 f.
59. Ebd., 198.
60. Vgl. ebd.
61. Ebd., 197 f.
62. Ebd., 198.
63. Vgl. ebd., 81.
64. Ebd., 195.

Theaters ein *Bild von Bedeutung* zu finden. Eines, das übrig bleibt, das mitgeht. Ein »Ereignis«, das »einen Umriss«, »eine Spur« »in die Erinnerung« »brennt.«[65] Damit wäre nach Brook »ein Zweck erfüllt. Ein paar Stunden könnten mein Denken für den Rest meines Lebens umgestalten.«[66]

Dass ein solches Bild sich nicht nur für ihn und nicht nur für einen Einzelnen, sondern für die verschiedenen Menschen finden lässt, von dieser Hoffnung lebt Brooks Theater.

»*Die Wahrheit im Theater ist immer auf Wanderschaft*«[67], heißt es bei Brook am Schluss seines Buches »Der leere Raum«.

Die Wahrheit ist auf Wanderschaft, weil sie die Hoffnung trägt, dass es immer wieder möglich ist, von vorne anzufangen. Das ist nach Brook im Leben »ein Märchen: Wir selbst können nie zu etwas zurückkehren. Neue Blätter lassen sich nicht zurückschlagen, die Uhren gehen niemals rückwärts, wir haben nie eine zweite Chance.« Aber was im Leben Fiktion ist und Ausweichen – alles, was an das Wort »*wenn*« gebunden ist – das ist im Theater »die Wahrheit.«[68] Aber »(w)enn wir uns durchgerungen haben, an diese Wahrheit zu glauben, dann sind Theater und Leben eins.«[69] In dieser Hoffnung, dass ein »*wenn*« sich einbrennt und auf der Bühne des Lebens Wahrheit wird, liegt letztlich das Geheimnis im Theater begründet, ein, wie Brook sagt, »offenes Geheimnis.«[70]

Die Feier der Geschichte Gottes unter uns

Lässt sich von dieser Theaterästhetik etwas für den Gottesdienst lernen?

In einer ersten und allerdings grundlegenden Konkretion lautet für mich die Frage: Kann Gottesdienst, kann liturgisches Handeln Menschen bei ihrer *Suche nach Wahrheit* helfen?

Grenzziehungen

1937 erscheint unter dem Eindruck des Kirchenkampfes und der Barmer Theologischen Erklärung »Die Lehre vom Gottesdienst« von Hans Asmussen.[71]

---

65. Ebd., 200.
66. Ebd.
67. Ebd., 206. Hervorhebung A. S.
68. Ebd., 206f.
69. Ebd.
70. Brook. Geheimnis, 170.
71. Hans Asmussen, Die Lehre vom Gottesdienst, München 1937. Vgl. Albrecht Grözinger, Zur Ästhetik des Gottesdienstes, in: Musik und Kirche, 2000, 3, 165.

Asmussen spricht in seiner Liturgik »ausdrücklich und interessanterweise im Kapitel über ›die Bedeutung des Schönen‹[72] von der theologischen Notwendigkeit, dass ›immer wieder die Grenze gegen eine ästhetische Betrachtungsweise des Gottesdienstes gezogen‹ werden müsse«[73], eine Betrachtung, die sich aus ganz anderen Gründen in den 68er Jahren in der Bundesrepublik verstärkt hat und die gerade auch im Osten Deutschlands getragen hat und noch lebendig ist. Die Betrachtung eines Gottesdienstes nämlich als politische oder zumindest doch pädagogische Angelegenheit mit dem Ziel, wie es 1968 in Köln für das Politische Nachtgebet formuliert worden war: »das Leiden dieser Welt im innersten Raum der Kirche zur Sprache zu bringen, zu lindern, oder besser: verändernd einzugreifen, soweit dazu die Möglichkeit besteht, in jedem Fall aber aufzuklären, herauszufordern, nach dem Engagement des Christen in der Gesellschaft ständig zu fragen, für diskriminierte Minderheiten einzutreten.«[74] Eine Haltung, die einherging und, wo sie noch praktiziert wird, einhergeht, mit einer in sehr bestimmter Weise kognitiv ausgerichteten Gottesdienstgestaltung, immer aber in einem Bewusstsein um bestimmte Inhalte, die irgendwie »herüberzubringen« sind.

Inszenierung auf der Suche nach Wahrheit

Der Dialog mit einer Theaterästhetik, wie Brook sie entwickelt hat, unterscheidet sich von solchen letztlich pädagogisierenden Verständnissen von Gottesdienst. Er unterscheidet sich aber auch von einem Interesse am Ästhetischen, das die Konzentration von Inhalten auf die reine Diskussion der Formen verlegt oder zumindest zu verlegen droht. Der Verlust an Tradition scheint zu einem Interesse an der Form zu verführen, das möglicherweise die Gefahr in sich trägt, über diese Sprachlosigkeit hinwegzutäuschen.[75] Der Dialog mit Brook wird dagegen einen Weg weisen, auf dem die Inhaltsfrage selbst, die Frage nach Wahrheit, als eine wesentlich offene und darin zugleich als eine zu entwickeln ist, die nur in der Form, weil im Prozess des Weges lebendig ist.

Wie Grözinger erinnert, ist dieser Gedanke, Gottesdienst als theatralen Prozess zu verstehen, nicht neu. Bereits Friedrich Schleiermacher hat das »gottesdienstliche Handeln als ›darstellendes Handeln‹ begriffen ..., das nicht einen außer ihm liegenden Zweck verfolgt, sondern seinen Zweck in der dramatischen

---

72. Vgl. Asmussen, 173-184.
73. Grözinger, Gottesdienst, 165 in Bezug auf Asmussen, 173 ff.
74. Wolfgang Herbst (Hrsg.), Evangelischer Gottesdienst. Quellen zu seiner Geschichte, 2., völlig neu bearb. Aufl., Göttingen 1992, 298, zit. in: Grözinger, Gottesdienst, 165.
75. Bieritz äußert »den Verdacht, dass manche Erscheinungen, die wir frohgemut als ›Wiederkehr des Heiligen‹ feiern, eher dem Reich virtueller Realitäten zuzurechnen sind« (Karl-Heinrich Bieritz, Offenheit und Eigensinn. Plädoyer für eine eigensinnige Predigt, in: Erich Garhammer, Heinz-Günther Schöttler (Hrsg.), Predigt als offenes Kunstwerk. Homiletik und Rezeptionsästhetik, München 1998, 47).

Darstellung der Gottesgeschichte selbst hat.« Darin lässt sich nach Grözinger »die doppelte Transparenz des gottesdienstlichen Drehbuchs begründe(n). Sie muss eine Transparenz nach hinten, hin zur Ursprungs-Geschichte des Glaubens gewährleisten und eine Transparenz hin in die jeweils neue Gegenwart hinein.«[76] Aber Grözinger beschreibt die Feier des Gottesdienstes weitergehend als die »stets *neue* Aufgabe der Inszenierung der Gottesgeschichte.«[77] Die Agende, die mit Grözinger durchaus als Drehbuch angesehen werden kann, »muss jeweils neue Aktualisierungen ermöglichen«, wenn sie auch, das ist der bleibende Unterschied, kein Autor frei erfinden kann, sondern die Liturgie gerade für sich »in Anspruch« nimmt, »nicht frei erfunden zu sein.«[78]

Entscheidend aber ist die Aufführung der »Gottesgeschichte selbst, zu der hin jede verantwortliche Liturgie auf eine plausible Weise transparent sein muss.«[79] Die Gottesgeschichte, um die es geht, hat zu tun mit der Erwählung Israels, dem Kreuz auf Golgatha und dem Ostermorgen.[80] Es ist die Geschichte, die Gott in dem Menschen Jesus von Nazareth und daher potentiell mit jedem Menschen hat. Hier möchte ich weiterdenken.

Wir feiern mit dieser Geschichte zugleich: Ein Mensch ist mehr und anderes, als er von sich selber wahrnimmt, als er machen kann. Im gottesdienstlichen Handeln findet Ausdruck und Darstellung, dass zum Sichtbaren das Unsichtbare dazugehört. Dieses Unsichtbare ist das einen Menschen in seinem Innersten Bewegende und zugleich mit anderen auf Wanderschaft Mitnehmende. Es ist jenes Innerste, das, wie ich mit Traugott Koch formuliere, »nicht *bloß* innerlich bleibt, das vielmehr das Leben prägt und es in den Bezügen und Handlungen formt«, das »größer (ist) ist als ich, größer als alles, was ich an mir wahrnehme und empfinde«, und das ich doch »zugleich wahrhaft *selbst*«[81] bin. Darum steht diese Wahrheit nicht still, sondern ist das Geheimnis des christlichen Glaubens gerade auf der Wanderschaft lebendig, auf der überhaupt erst für einen Menschen *erfahrbar* wird: Ich »lebe (…) aus einer Wirklichkeit, die außerhalb meiner gründet und die doch zutiefst, zuinnerst, zu mir – zu mir selbst – gehört.«[82]

Wo dies vergessen wird, bleibt das Leben stehen, verliert das Leben selber, gerade auch das alltägliche Leben, seine lebendige und seine menschliche Dimension.

Diese Wahrheit wird im Gottesdienst nicht von einigen nur dargestellt und von anderen bloß angesehen, sondern *alle*, die da sind, werden in diese Insze-

---

76. Grözinger, Gottesdienst, 169 f.
77. Ebd., 167. Hervorhebung A. S.
78. Ebd., 168.
79. Ebd.
80. Albrecht Grözinger, Gibt es eine theologische Ästhetik?, in: Wolfgang Erich Müller, Jürgen Heumann (Hrsg.), Kunst-Positionen. Kunst als Thema gegenwärtiger evangelischer und katholischer Theologie, Stuttgart 1998, 42.
81. Koch, Mit Gott leben, 160.
82. Ebd.

nierung mit hineingenommen, werden mit auf den Weg der wandernden Wahrheit eingeladen.

Mehr noch, die Inszenierung *ist* nur, die Wahrheit ist nur lebendig, wenn alle, die da sind, potentiell an der Aufführung »aktiv«, das heißt in Brooks Sinne »wachsam«, beteiligt sein können. Wahrheitssuche im Gottesdienst bedeutet, an der Inszenierung teilzuhaben, sie miteinander zu gestalten und in der Geschichte weiter zu wachsen.

Ich konkretisiere dieses in Bezug auf einige Fragen, die zurzeit das Nachdenken über den Gottesdienst bestimmen.

Die »nackte Bühne« der fremden Texte

Wesentlicher Bestandteil eines Gottesdienstes sind die biblischen Lesungen. Ihr Problem ist die Fremdheit der Sprache. Von Brook her stellt sich die Frage: Was heißt Gegenwärtigkeit?

Die Geschichte Gottes lebt zunächst einmal durch das Sprechen und Hören von Texten, die wir nicht nur selbst sagen, die nicht nur unsere eigenen Worte sind. Aber diese Geschichte ist vielfach nicht mehr bekannt und im Bewusstsein der Menschen verloren gegangen. Die damit leicht verbundene Angst ihres Plausibilitätsverlustes führt nicht selten zu dem, was Brook als Reduktionismus beschreibt: einer Tendenz zur *Ab*kürzung, die in der Form und Gestaltung zu einer inneren wie äußeren *Ver*kürzung des gottesdienstlichen Geschehens führt. Was nicht mehr verwendbar scheint, lässt man weg oder streicht es zusammen. Liturgisch zeigt sich das unter anderem in dem Unverständnis, mit dem man der überlieferten Lesepraxis begegnet: zwei, gar drei Lektionen im Wortteil des Gottesdienstes, oder genauer: der Lutherischen Messe, seien unzumutbar, hört man nicht selten. Dafür scheint vieles zu sprechen. Auch von Brook her: Form an sich ist tödlich, Formen können sich überholt haben. Die Argumentation der reinen Anpassung an zeitgenössische Lebensgefühle übergeht jedoch ein Wesentliches, ohne das keine wirklich neue Form geboren werden kann: Hier wird übersehen, dass Liturgie ein Weg ist – Manfred Josuttis spricht vom »Weg in das Leben«[83] – und gewisse Abkürzungen nicht so einfach verträgt. Wird zum Beispiel, so gibt Karl-Heinrich Bieritz[84] zu bedenken, das Erste Testament auf diesem Weg außer Acht gelassen, weil es »zuviel«, »zu schwierig« sei, wird auch das Zweite Testament nicht wirklich erreicht. Damit macht er deutlich: Es zählt nicht nur der Inhalt, es geht nicht nur um die Frage des begrifflichen Verstehens, an dem sich ja das Reduktionsargument orientiert, sondern es geht auch um den Vollzug selbst. Die Lesung selber ist ein Zeichen. Sie ist ein Zeichen für die Verbindung der Christen mit den Gläubigen, mit

---

83. Manfred Josuttis, Der Weg in das Leben. Eine Einführung in den Gottesdienst auf verhaltenswissenschaftlicher Grundlage, 2. Aufl., Gütersloh 1993. Vgl. Bieritz, Spielraum, 85.
84. Bieritz, Spielraum, 85.

denen sie ein Buch und eine Hoffnung teilen, den Menschen jüdischen Glaubens.

Von Brook zu lernen bedeutet die Langsamkeit zu lernen, eine Grundhaltung der Geduld den fremden Texten gegenüber, weil etwas noch lange nicht gegenwärtig wird, wenn es zeitgenössisch ist.

Das bedeutet nicht einfach, unkritisch bei den traditionellen Formen zu bleiben, aber man muss sich in ihre Bewegung, ihre Prozesse wagen, um wirklich neue finden zu können. Erst dann lassen sich Formen finden, die zum Beispiel konzentrieren, indem man bestimmte Lesungen oder Verse in der jeweiligen Kirchenjahreszeit zusammenhangstiftend wiederholt. Erst dann lassen sich auch neue Formen, literarische Texte, Bilder der Gestaltung finden. Man wird, wie Brook formuliert, gleichermaßen rückwärts und vorwärts suchen.

Aber eines wird eben nicht übergangen werden können: die Sperrigkeit der biblischen Texte, die auch durch keine neue Übersetzung leichter zugänglich werden, und die *Fragilität von Verstehen* überhaupt. Das heißt, niemand weiß und kann darüber verfügen, wer welches Wort versteht, wen welches Wort berührt und im Herzen und Denken bewegt.

Darum gehört zur Suche nach Formen auch, der Versuchung zu widerstehen, das Fremde zu trivialisieren und alles aufs Normalmaß herabzustutzen. Denn die Antwort, die vielfach auch in der Praxis auf die nicht mehr bekannte Gottesgeschichte gegeben wird, lautet: »Aufhebung der Distanz. Eingemeindung. Anpassung an das Gewohnte, das ›Gewöhnliche‹. ... Die fremden Sprach-Bilder werden durch solche ersetzt«, die uns scheinbar »näher sind und bestimmte Saiten in unserer Seele unmittelbarer zum Klingen bringen«,[85] aber andere tiefere erst gar nicht aufkommen lassen, und die vor allem jenem Optimismus, jener Naivität des Fluchtorts aus den Ambivalenzen gelebten Lebens, entgegenkommen, der aber nach Brook gerade der Hoffnung entgegensteht.[86]

Die Gefahr ist das Klischee. Ein Klischee vereindeutigt, legt auf eine Bedeutung fest, was doch im Symbol des fremden Wortes vielsinnig, ja auch widersprüchlich ist.[87] Aber was leichter klingt, eingängiger sein mag, hilft doch letztlich keinem Menschen bei der Suche nach Wahrheit, gibt ihm kein Sprachhaus, in das er die Ambivalenzen, das ihm Fremde, das Unausgemachte bergen könn-

---

85. Ebd., 88.
86. Bieritz beschreibt sehr eindrücklich: »In der Mitte des Kreises steht eine Blume. Eingängige, leicht singbare Melodien ersetzten die ›hohen Töne‹. ... An die Stelle von ›Sünde‹ und ›Tod‹ tritt die ›Brüchigkeit unseres Lebens‹. Aus der ›Gnade‹ Gottes wird das, ›was unser Leben reich macht‹. Um das auszudrücken, was unsere Väter und Mütter ihren ›Glauben‹ nannten, ›verbinden wir uns mit der Mitte‹. Aus Gott, dem Schöpfer, dem Allmächtigen wird ein ... kreativer Gott, ... die Freundin auf dem Weg«. Wohl hat auch das, wie Bieritz einräumt, einen »Stil«, eben einen bestimmten. Das Recht solcher Gottesdienste soll nicht grundsätzlich bestritten werden. Aber Bieritz befürchtet, und das ist das entscheidende Argument: »So wie es hier in Erscheinung tritt, verbraucht es sich schnell. Die Nähe zum Klischee ist spürbar« (ebd., 88 f.).
87. Vgl. Alfred Lorenzer, Symbol, Sprachverwirrung und Verstehen, in: Psyche 24, 1970, 895-920.

te. Auf der Suche nach Wahrheit helfen keine Traktate, sondern weisen Texte den Weg, die in ihrer Mehrdimensionalität[88] verschiedene Ebenen und Dimensionen nicht nur des Verstehens in sich tragen, sondern entdeckend und erfindend[89] in »*Bewegung(en) des Sinns*«[90] hineinnehmen können.[91]

Im Symbol ist die Sicherheit jeder festlegenden Vorstellung endgültig verlassen. Die Sicherheit aber dessen auch, der keine anderen Worte hört, als die er selber spricht. Die Sicherheit, die darum niemanden sich seiner selbst gewiss werden lässt. Was Menschen »aufstehen und auf dieser Erde wohnen«[92] lässt, ist allein ein »gezeichnete(s) Wort«,[93] wie Paul Ricœur es nennt, gezeichnet vom »gesamten Prozess« eines lebendigen, in Bewegungen zurück und nach vorn gesuchten und erfahrenen »Sinns«.[94]

Das ist eine Erfahrung, die einem in der Radikalität dieser Erkenntnis aufgehen mag in einer Gemeinde, zu deren Gottesdienstbesuchern auch geistig behinder-

---

88. Das hat G. M. Martin mit der Rezeptionsästhetik für die Predigt deutlich gemacht, vgl. Gerhard Marcel Martin, Predigt als »offenes Kunstwerk«? Zum Dialog zwischen Homiletik und Rezeptionsästhetik, in: EvTh 44, 1984, 46-58; ferner Gerhard Marcel Martin, Zwischen Eco und Bibliodrama. Erfahrungen mit einem neuen Predigtansatz, in: Erich Garhammer, Heinz-Günther Schöttler (Hrsg.), Predigt als offenes Kunstwerk. Homiletik und Rezeptionsästhetik, München 1998, 51-62.
89. Friedrich Hacker, Symbole und Psychoanalyse, in: Psyche 11, 1958, 650.
90. Ricœur, Interpretation, 29 f. Hervorhebung A. S. »Einzig das Symbol *gibt*, was es sagt.« (ebd., 44). Die Sprache des Symbols ist das Ende der Illusion, Leben ohne Ambivalenz vereindeutigen zu können. Nicht »in einem Mangel an Eindeutigkeit«, sondern in seiner »Möglichkeit, gegensätzliche und in sich kohärente Interpretationen zu tragen und zu erzeugen«, besteht nach Ricœur die »Ambiguität des Symbols«. »(W)ahrhaft regressiv-progressiv« sind authentische Symbole (ebd., 507) der Ort der Identität von »Reminiszenz« und »Antizipation«, von »Archaismus« und »Prophezeiung« (ebd., 508, vgl. auch ebd., 504), d. h. das konkrete – nicht unmittelbare, sondern erfüllt vermittelte, versöhnte – Moment dieser Dialektik.
91. Es ist nur zu unterstützen, was der Theaterpädagoge Thomas Kabel aus seiner langjährigen Erfahrung in Seminaren mit Pfarrern und Pfarrerinnen, Vikaren und Vikarinnen schreibt: »Und wenn da kein Lebenszusammenhang mehr besteht, wenn da keine Liebe mehr ist, dann geht auch die Wertschätzung verloren. Bevor wir also an der Lesung im Gottesdienst arbeiten, müssen wir zuerst nach Wertschätzung gegenüber diesen Texten fragen – und auch für uns selbst eine Entscheidung treffen: Ist die Bibel etwas, das mich wirklich interessiert und eine Bedeutung in meinem Leben hat? Sehe ich ihre Größe, die über die Bedeutung für Juden und Christen hinausgeht, indem sie eine wichtige Rolle im kollektiven Zusammenhang unserer Kultur spielt? Sehe ich ihre Wirksamkeit und dass das nicht bloß alte Texte sind …? Sehe ich, dass sie bei Menschen etwas verändern, ihre Seele erreichen und Wege in die Zukunft zeigen können? So würde ich mir auf jeden Fall wünschen, dass sehr viel mehr Aufmerksamkeit und Konzentration auf die Arbeit an den Texten verwendet wird – und zwar auf die praktische Arbeit« (Thomas Kabel, Handbuch Liturgische Präsenz. Zur praktischen Inszenierung des Gottesdienstes, Bd. 1, Gütersloh 2002, 58).
92. Ricœur, Hermeneutik, 313.
93. Ricœur, Interpretation, 507.
94. Ebd..

te Menschen gehören.⁹⁵ Mit ihnen stellt sich die Frage explizit: Kann man überhaupt noch Texte lesen? Sollte man nicht jedenfalls nur bestimmte Texte auswählen, nacherzählen, zumindest vereinfachen?

Natürlich gibt es unterschiedliche Dimensionen des Verstehens, aber nur noch bestimmte Texte auszuwählen hieße, von vornherein Menschen auszuschließen von einer Sprache und also einer Wirklichkeit, mit der Menschen vor uns gelebt haben und die vielleicht noch viel mehr Menschen trägt, als wir denken.

Keines Menschen Leben, keines Menschen Glauben ist Produkt je eines anderen Menschen.⁹⁶ Die Kraft der gottesdienstlichen Inszenierung ist die Möglichkeit der Freiheit, das Geheimnis des Lebendigen zu wahren, das, so Traugott Koch, »erkannt sein will gerade in seiner Unausdenkbarkeit«.⁹⁷

Das Geheimnis des Lebendigen führt auf die »nackte Bühne« der Texte und Traditionen. Erst von hierher kann sich zeigen, was eine »verknöcherte Gestalt« ist, erst von hierher können Formen gefunden werden, die wie »lebendige Schatten« aufleuchten.

Eine Studentin des homiletischen Seminars hat in Auseinandersetzung mit dem ersten eigenen Gottesdienst diese Spannung formuliert: Beim Überziehen eines alten Talars, der dem Seminar von einem pensionierten Pfarrer geschenkt worden war, sagte sie: »Ich betrete die ›nackte Bühne‹, wenn ich diesen Talar anziehe.«

Erkennbarkeit

Wie auch immer die Suche nach der Form sich gestaltet – was sie braucht, ist Verdichtung. Im protestantischen Raum gibt es neben dem Reduktionismus gewisse »Tendenzen zur *Weitschweifigkeit*«⁹⁸. Was nicht mehr verwendbar scheint, muss man jetzt sehr umständlich be- und umschreiben. Das lagert sich über die Gesten, Gebete, Gesänge, nimmt sie vorweg, unterbricht immer wieder, deckt sie zu, macht sie am Ende überflüssig. Katechetische Anstrengungen verhindern das, was sie doch fördern wollen: die unmittelbare, tätige, bewusste Teilhabe am liturgischen Geschehen.

Ausgedrückt ist mit all dem die Schwierigkeit, Liturgie, wie Wilhelm Gräb es formuliert, als »Ort religiöser Deutungskultur für die Menschen« zu gestalten. Dieser aber erfordert gerade nicht ein ständig Neues, immer wieder Anderes, sondern Erkennbarkeit. Fordert gegen eine letztlich arbiträre Beliebigkeit und

---

95. Vgl. zum Problem, Anne M. Steinmeier, Erik Dremel, Wo die ›Verständnisse andrer Art zusammengehen‹. Die integrative Kraft des Gottesdienstes, in: PTh 90, 2001, 196 ff.
96. Vgl. Steinmeier, Wiedergeboren, bes. 165 ff., 209 f.
97. Koch, Mit Gott leben, 59.
98. Bieritz, Spielraum, 82.

grenzenlose Vielfalt verschiedenster Gottesdienstgestalten Vollzüge, »die von möglichst vielen durch ihre unverwechselbare Identität als einheitsstiftende, das Individuum übergreifende und doch zuinnerst erfüllende Vollzüge erkannt und mitgetragen werden können.«[99]

Zu dieser Erkennbarkeit gehört auch das Wiederholen, das – mit Fulbert Steffensky – auch ein Wieder-Holen des eigenen Selbst sein kann, das nicht ist ohne Vertrautes, ohne Verlässlichkeit, ohne Beziehung zu einem Ort, einem Menschen, ohne Geschichten.[100]

Menschen suchen ein Leben lang solche Orte. Das gilt auch noch für die vielen, die in der biblischen Tradition nicht mehr beheimatet sind. In einer hoch individualisierten Gesellschaft, wie sie sich gegenwärtig entwickelt hat, braucht es Erinnerung an den Symbolcharakter der Sprache. Denn »(o)hne solche Texte, ohne solche Sprachsymbole, in die das Leiden, das Glück, die Hoffnungen und Zerstörungen des Lebens eingegangen sind, kann niemand leben.«[101]

In dieser Sprache, die keine Alltagssprache ist, steckt zugleich die Kraft, »die Zirkularität der Vergangenheit aufzubrechen«[102] und zur »Gegenschrift« für unser Leben »im Streit um die Wirklichkeit«[103] zu werden.

Gerade eine Liturgie, die als »Ort religiöser Deutungskultur für die Menschen«[104] erkennbar sein will, muss ihre eigene, der Erlebnisgesellschaft provokativ entgegenstehende Botschaft[105] zur Sprache bringen als »die Vision einer Wirklichkeit letzter Güte und Klarheit im Gegenüber und im Hintergrund der Welt.«[106]

Dabei ist die entscheidende Frage, »ob und wie treffend sich die lebensweltlich eingebundene und vermittelnde Religion der Menschen und die überliefer-

---

99. Arno Schilson, Die Inszenierung des Alltäglichen und ein neues Gespür für den (christlichen) Kult? Das Verhältnis von Liturgie und Kult heute, 80 Jahre nach Romano Guardinis ›Vom Geist der Liturgie‹ (1918) und 75 Jahre nach ›Liturgische Bildung‹ (1923), in: Schilson, Hake, Drama, 57.
100. Die »Bibel ist nicht nur die Bibel, ein Buch mit bestimmten und bestimmbaren Inhalten. Ein Text aus der Bibel, ein Psalm, eine Geschichte, ein Gleichnis, ist nicht nur er selber. In ihm ist zugleich die Erfahrung aufbewahrt, die ein Einzelner oder eine Gruppe von Menschen mit diesem Text gemacht hat. Vielleicht hat dieser Text Menschen ermutigt, sie korrigiert, einer bestimmten Situation in ihrem Leben Sinn verliehen. Die Summe der Erfahrungen mit einem solchen Text ist in ihn selber eingegangen. ... Verstehen heißt dann auch, sich wieder-finden, sich wieder-holen in der Wiederholung« (Fulbert Steffensky, Alltagssprache für die Frohe Botschaft?, in: WuPKG 65,1976, 465).
101. Ebd.
102. Grözinger, Gottesdienst, 173.
103. Albrecht Grözinger, Wahrnehmung als theologische Aufgabe. Die Bedeutung der Ästhetik für Theologie und Kirche, in: Jörg Hermann, Andreas Mertin, Evelin Valtink (Hrsg.), Die Gegenwart der Kunst, München 1998, 319.
104. Wilhelm Gräb, Auf den Spuren der Religion. Notizen zur Lage und Zukunft der Kirche, in: ZEE 39, 1995, 50.
105. Vgl. Bieritz, Spielraum, 58.
106. Gerhard Marcel Martin, Ausverkauf oder armes Theater. Unser Kultus im Kontext gegenwärtiger Kultur, in: Zeitschrift für Gottesdienst und Predigt 8, 1990, 35.

ten ... Sinn- und Vergewisserungsangebote der christlich-religiösen Symbolkultur zu begegnen vermögen, sich wechselseitig erhellen und erschließen können,« so dass Menschen im Gottesdienst »wieder stärker das Gefühl gewinnen können, dass sie vorkommen mit ihrem eigenen Erleben« und dass sich zugleich neue, noch unentdeckte Erlebnisräume eröffnen können.[107] Darum fordert Liturgie eine ästhetisch gelungene Form, in der »Kontrasterfahrungen in gekonnter kultureller Gleichzeitigkeit und Ungleichzeitigkeit« Gestalt gewinnen und Raum bekommen. »Lebensinteressen« auch und gerade der Menschen heute können nur »zur Klärung kommen,« wenn eine »heilsame Distanz« möglich ist – »zu sich selber und den Mächten dieser Welt.«[108] Darum nimmt Liturgie – und hier ist der Reichtum, den liturgische Gestaltung bietet, von der Vesper bis hin zur Lutherischen Messe, in der Praxis mancherorts vielleicht überhaupt erst zu entdecken – Menschen mit auf den Weg und kann zu einem Ort werden, an dem sie »auch noch in ihren Verletzungen und Verfehlungen, ja in der Nacht des Todes den unendlichen Trost des Evangeliums hören.«[109]

Ein Bild von Gottes-Gegenwart

Ich möchte dieses noch einmal an der Frage des *Bildes von Bedeutung*, wie Brook es sich für das Theater auf seiner Suche nach lebendiger Wahrheit wünscht, konkret werden lassen.

Kann es auch in der Liturgie *heute* ein solches geben? Ein Bild, unter dem sich die Verschiedenen, wie Brook schreibt, treffen können? Ein Bild, in dem die Menschen *in* ihrer Individualität, *in* ihrer Unterschiedenheit *verbunden* sein können? Brooks Näherbestimmung für das Theater gilt für den Gottesdienst in gleichem Maße.

Ein solches Bild kann zugleich nur eines sein, das auf der Bühne des Zweifels, der Unruhe und der Sorge, der Angst standhält. Hierin liegt vielleicht überhaupt die wesentliche Herausforderung, die sich im Dialog mit der Theaterästhetik Peter Brooks stellt.

Ein solches Bild im Gottesdienst kann das Abendmahl sein.

Im Folgenden sei von einem Abendgottesdienst zum Thema des Abendmahls erzählt.[110] Der Dialog mit Brook soll damit zugleich beispielhaft konkretisiert werden.

Im Mittelpunkt stehen Texte aus Ingeborg Bachmanns unvollendetem Roman

---

107. Gräb, Spuren, 50f.
108. Ebd., 54.
109. Ebd. Diese Fragen betreffen zugleich unmittelbar die Predigt, die noch eigens zur Sprache kommen wird, vgl. u. 3 Dichtung und Predigt.
110. Vgl. hierzu Steinmeier, Dremel, Gottesdienst, 208f.

»*Der Fall Franza*«[111] und die Feier des Abendmahls. Als die Menschen die Kirche betreten, ist in der Mitte des Altarraumes ein Tisch festlich gedeckt, Brote und Traubensaft stehen einladend bereit. Die Stühle bilden einen großen Kreis um den Tisch. »Worte wie Brot«, so ist der Gottesdienst angekündigt. Lesungen aus dem Roman wechseln ab mit Orgelimprovisationen. Im Zentrum steht ein längerer Abschnitt aus dem dritten Kapitel:

»Es gibt aber nichts zu essen. ... (E)s gibt kein Brot, kein Fleisch, keinen Fisch, was wird es geben? Der alte Araber, der fünf Worte englisch kann, bedeutet mir, mitzugehen. Hunger, das hat er verstanden. ... Dunkel, Warten, redelos, die junge Frau stellt einen Teller mit Bohnen und einen kleineren mit einer Soße auf den Tisch, auf dem so wenig gerade Platz hat. Gibt Brot dazu, also doch Brot. Woher Brot in einer schon brotlosen Stadt. Der Araber, der das Zögern sieht, drückt mir ein winziges Stück Brot in die Hand, zeigt, wie man die Bohnen mit dem Brot erwischt, es ist leicht, es geht sofort, vier schwarze Hände und eine weiße Hand sind abwechselnd im Teller, dann plötzlich alle Hände gleichzeitig, sie stehen einen Augenblick alle darin still, damit keine dem anderen in den Weg kommt, höfliche Hände alle, man müsste das Bild versteinen lassen in diesem Augenblick, in dem etwas vollkommen ist, die Hände im Essen, die Finger mit der Prise Essen, es ist der bewusteste Augenblick, der natürlichste, das erste und einzige Essen hat stattgefunden, findet statt, es ist das erste und einzige gute Essen, wird vielleicht die erste und einzige Mahlzeit in einem Leben bleiben, die keine Barbarei, keine Gleichgültigkeit, keine Gier, keine Gedankenlosigkeit, keine Rechnung, aber auch keine, gestört hat. Wir haben aus einem Teller gegessen. Wir haben geteilt und nicht gebetet, nichts zurückgeschickt, keine Bohne stehengelassen, nichts weggenommen, nicht vorgegriffen, nicht nachgenommen. ... Die Verkündigung ist von andrer Art. Ich bin also zu einer Predigt gekommen, die niemand gesprochen und unter keinem Tempeldach gehalten hat, zur Predigung der Wüste und unformulierter Gesetze, zu Schlucken, Bissen, Gängen, Schlafarten, die unter einer dünnen Kruste von Verständnissen andrer Art auf ihre Stunde gewartet haben, auf das mystische Zusammengehen von Einatmen, Ausatmen, Gehen und Ruhen, auf das Halleluja des Überlebens im Nichts.«[112]

In dem vorliegenden Romanfragment von Ingeborg Bachmann wird von einem Essen erzählt. Es ist kein Essen im Überfluss, sondern sehr elementar. Es ist ein Essen zum Überleben: »Fünf Worte englisch,« aber das Wort »Hunger, das hat er verstanden.«

Was Bachmann hier beschreibt, ist die Erfahrung eines vollkommenen Augenblicks. Vollkommen in der Gegenwärtigkeit des Miteinanders lebendiger

---

111. Ingeborg Bachmann, Werke, Bd. 3, Todesarten: Malina und unvollendete Romane, hrsg. von Christine Koschel u. a. (1978), 5. Aufl., München, Zürich 1993, 339-482.
112. Ebd., 479-481.

Menschen: Fünf verschiedene Hände – vier schwarze, eine weiße – sind so gegenwärtig in diesem Miteinander-Essen, dass sie, als plötzlich alle Hände gleichzeitig in dem Teller sind, nicht gegeneinander stoßen, sondern »einen Augenblick alle darin still(stehen), damit keine dem anderen in den Weg kommt«.

In diese Bewusstheit füreinander, in diese Präsenz des gelebten Augenblicks, in diese schlichte Höflichkeit taucht der Himmel ein. In dieser Erfahrung ist gegenwärtig – wird zum »Bild«, das man »versteinen« lassen müsste –, was Urbild gelingenden Lebens ist: »Wir haben aus einem Teller gegessen. Wir haben geteilt«. Alles, was sonst zerstört, ist nicht mehr. »(K)eine Gier, keine Gedankenlosigkeit, keine Rechnung.«

Wir lesen diesen Text im Gottesdienst im Spiegel der Abendmahlsworte. Das braucht Auslegung. Kann dieser Text als Gleichnis für ein Abendmahl gelesen werden? Es ist hier ja nicht einmal von Gott die Rede. Im Gegenteil, es heißt: »Wir haben geteilt und nicht gebetet«. – Aber kann dies nicht auch so verstanden werden, mit aller Vorsicht und im Bewusstsein, vielleicht gewagt zu interpretieren: Es war nicht mehr nötig? Gott musste nicht noch hinzugebeten werden? Nicht als etwas anderes noch erhofft werden? Gott war da – »mitten unter ihnen«?

Wir feiern auch im Abendmahl symbolisch gelingendes Leben im Miteinanderteilen und nehmen so das Leben vorweg, das wir erhoffen. Das wir erhoffen, aber an das wir nicht glauben können, ohne dass es diese Erfahrung bereits gibt, ohne dass so eine Mahlzeit wirklich stattfindet.

An diesem Bild wird die Verschränkung der Ebenen sichtbar. Das Theater des Heiligen auf der Bühne des Zweifels, das Brook sucht, findet in diesem Bild seine Gestalt.

Im Abendmahl feiern wir die Wirklichkeit des Miteinanders der Unterschiedenen, feiern wir Gottes Gegenwart mitten unter uns. Es ist die feiernde Inszenierung einer Realität der Einheit Gottes und der Menschen und der Menschen untereinander, die real, das heißt, nicht habbar, nicht verfügbar ist, aber doch im Glauben so wahrhaft zu ergreifen, wie es der Buchstabe sagt: Dieses Brot *ist* mein Leib, dieser Wein *ist* mein Blut.

Das Himmlische findet seine Darstellung im Gottesdienst. Nur weil es bereits hier seinen Ort, sein »Vor-Bild« hat, kann es Hoffnung geben: Hoffnung nicht auf etwas anderes, sondern auf »die Erfüllung dessen, was hier bereits gegenwärtig ist.«[113]

In diesem Bild, im Bild des Abendmahls, liegt die »Gegenschrift« einer *Wirklichkeit*, die unsichtbar ist und die wir doch erfahren können und zum Leben brauchen. Es ist ein Bild durch die Zeiten hindurch und an entgegengesetzten Orten zu erfahren, es ist das Bild, das einlädt, von der nicht sichtbaren und doch realen Wirklichkeit der Versöhnung aus noch einmal von vorn anzufangen, immer wieder neu, das Bild, das mit den Menschen wandert auf ihrer Suche nach der Wahrheit ihres Lebens. Das Bild, das die Wahrheit der Geschichte Gottes

---

113. Steinmeier-Kleinhempel, Frewdenschein, 206.

unter uns darstellt und über Trennung und Sprachlosigkeit hinaus inszenieren will – im Leben, auf den zerbrechlichen Brettern, auf denen wir alle unser Leben leben.

Bühnenleben und geistliches Amt

Leitbild Künstler

Martin Nicol regt im Fokuskapitel »Gestalt wahrnehmen. Glaube – Kunst – Religion« seines Buches »Grundwissen. Praktische Theologie. Ein Arbeitsbuch«[114] dazu an, das Pfarrerbild vom Leitbild des Künstlers, der Künstlerin her zu verstehen.[115] Die Ausbildung künftiger Pfarrer und Pfarrerinnen sowie ihre kontinuierliche Fortbildung[116] »müssten darauf abzielen, weit mehr als bisher die künstlerischen Seiten ihrer Wahrnehmungsfähigkeit zu entwickeln. Die einen sind eher empfänglich für Poesie oder Prosa, die anderen für Musik, Malerei, Film, Tanz; aber diese unterschiedliche Disposition ist nicht das Problem. Das Problem besteht darin, dass das Paradigma der exakten Wissenschaft noch viel zu einseitig das akademische Studium bestimmt. Eine recht verstandene theologische Ausbildung müsste sich um ein gutes Gleichgewicht bemühen zwischen wissenschaftlicher Strenge und einer Entfaltung künstlerischer Sensibilität.«[117]

Ich möchte hier anknüpfen, aber zugleich fokussieren. Nicht das Künstlerbild allgemein soll erfragt werden. Zunächst jedenfalls nicht. Vom Spannungspotential pastoraler Identität zwischen Person und Amt her bietet sich vielmehr das besondere Künstlerbild schauspielerischer Existenz als Dialoghorizont an.[118]

Schauspieler, Schauspielerin wie Pfarrer, Pfarrerin sind Menschen in einer

---

114. Martin Nicol, Grundwissen Praktische Theologie. Ein Arbeitsbuch, Stuttgart, Berlin, Köln 2000, 231 ff.
115. Ebd., 241 f.
116. Nicol formuliert dies in explizitem Bezug auf einen bisher wenig bekannten Aufsatz von Bernard Reymond, Le predicateur, »virtuose« de la religion, Schleiermacher aurait-il vu juste? in: ETR 72, 1997, 163-173.
117. Reymond, zit. in: Nicol, Grundwissen, 242. Der Schleiermach'sche »Virtuose« als dem Leitbild eines »nichtelitäre(n), im Grunde allen Gläubigen erreichbare(n)« Künstlers veranlasst zu dem Postulat, dass ein häufigerer Besuch bei Künstlern und Künstlerinnen »den Predigern helfen würde, ihre Aufgabe besser zu erfüllen« (Reymond, zit. ebd.).
118. Zugleich geht es mir im Dialog mit den Künstlern eben nicht um den »Virtuosen«, sondern, wie aus dem bisher Entfalteten hervorgeht, um den schöpferischen Prozess, der Kunst und Glaube verbindet.

Spannung: Sie sind *als Person* zugleich öffentlich, sie sind *als sie selbst* zugleich in einer Rolle.

Als Dialogpartner wähle ich Konstantin S. Stanislawski, den russischen Schauspieler, Regisseur und Theaterreformer, von dem sein wohl bekanntester Schüler, Lee Strasberg, schreibt:

»Die Lehren Konstantin Stanislawskis und seiner Schüler ... veränderten das gesamte Theater des 20. Jahrhunderts von Grund auf. So wie sich unser Verständnis des menschlichen Verhaltens oder unsere Vorstellung von der modernen Physik nach wie vor auf die Entdeckungen Freuds und Einsteins gründen, so verdanken wir unser heutiges Wissen um die Schauspielkunst großenteils den Entdeckungen, die Stanislawski vor einhundert Jahren machte.«[119]

Diese Entdeckungen beziehen sich auf das Feld der lebendigen, schöpferischen Beziehung von Selbst und Rolle. Sein Verständnis dieses Prozesses könnte in den gegenwärtigen Herausforderungen und Auseinandersetzungen leitend werden.[120]

Konstantin S. Stanislawski – Die Kunst des Erlebens

In einer Rolle

»Lernen Sie es, die Kunst in sich zu lieben und nicht sich in der Kunst. ... Nicht das Theater ist für Sie da, sondern Sie sind für das Theater da«, lehrt der Schauspieler und Regisseur Stanislawski seine Schüler und Schülerinnen.[121]

Ich selbst *in* einer Rolle – das ist, was sein Denken in all seinen Schriften beschäftigt.[122]

---

119. Lee Strasberg (1987), Ein Traum der Leidenschaft. Die Entwicklung der »Methode«. Eine Theorie der Schauspielkunst, München 2000, 67.
120. Michael Meyer-Blanck hat in seiner Antrittsvorlesung »Inszenierung und Präsenz. Zwei Kategorien des Studiums Praktischer Theologie« (WzM 49, 1997, 2-16) an der Humboldt-Universität in Berlin in Anlehnung an die Schauspieltheorien beider das Verhältnis von Person und Amt des Pfarrers, der Pfarrerin Bezug nehmend auf die verschiedenen Arbeitsfelder Unterricht, Gottesdienst und Seelsorge interpretiert. Ich will im Folgenden den Blick vertiefen.
121. Dieter Hoffmeier (Hrsg.), Konstantin S. Stanislawski. Moskauer Künstlertheater. Ausgewählte Schriften, Bd. 2, 1924-1938, 171.
122. »(W)ir protestierten gegen veraltete Spielweisen, gegen Theatralik und falsches Pathos, gegen das Deklamieren und Übertreiben im Spiel, gegen leere Stilisierung in Inszenierung und Bühnenbild, gegen das Starsystem, das jedes Ensemble zersetzte ... In unserem zerstörerischen revolutionären Bestreben nach einer Erneuerung der Kunst erklärten wir allen auf dem Theater üblichen stilistischen Überhöhungen, welche Form sie auch annehmen mochten, den Krieg: ob in der Schauspielkunst, der Inszenierung, in

Das bedeutet, wer Schauspieler werden und sein will, wird sich dazu »berufen fühlen«. Das meint nicht eine einfach festzustellende und festzuhaltende Gewissheit, sondern »wie bei jeder anderen Tätigkeit von Einbildungskraft und Verstand weckt auch hier jede Erkenntnis nur neue Zweifel.« Das Leben eines Schauspielers verläuft nach Stanislawskis Erfahrung und Lehre »im ständigen Wechsel von Begeisterung und Enttäuschung.« Darum wird dem, der diesen Beruf wählen will, das Einverständnis »ununterbrochene(r) anstrengende(r) Arbeit bis zu(m) ... Lebensende« abverlangt. Erst dann wird er begreifen, wieviel noch zu tun ist, wie »grenzenlos« die »Tätigkeitsbereiche und die künstlerischen Horizonte«[123] sind.

Was den Schauspieler nach Stanislawski von anderen Künstlern unterscheidet, ist, was ihn zugleich zu einer besonderen Disziplin nötigt. Denn er studiert »ein kollektives Schaffen«: Während Maler oder Dichter zu Hause in ihrem Zimmer allein und »von niemandem abhängig« arbeiten, »wann sie wollen«, ist der Schauspieler in seiner Arbeit »an ein Kollektiv gebunden« und muss »vor einer ... Menge schaffen, und zwar nicht, wann (ihm) das gefällt, sondern wann es der Theaterzettel ankündigt. Zu einer bestimmten Zeit – um 7.30 Uhr abends.«[124] Dazu gehört ein Zustand, den Stanislawski »öffentliche Einsamkeit« nennt. Er ist öffentlich, weil alle – Zuschauer und Schauspieler – um die Spielenden »herum dabei« sind. Er ist Einsamkeit, weil der schützende »Kreis der Aufmerksamkeit« den Schauspieler »isoliert«.[125]

Um zu verstehen, was die besondere Kunst des Schauspielens ausmacht, muss man sich vor allem eines vor Augen halten: Schauspielen ist nicht »so ›tun als ob‹«, Schauspielen ist nicht nur eine Form von Selbstausdruck. Es bedeutet auch nicht nur, einen Text zu interpretieren.

Schöpfung eines geistigen Lebens

Theater ist nach Stanislawski vielmehr die Schöpfung eines geistigen Lebens auf der Bühne, eines lebendigen Lebens, das erst mittels des schauspielerischen Handelns, mittels der dramatischen Kunst auf der Bühne existiert.[126]

Wie geht das vor sich? Nicht so, dass einige einen Text lernen und andere sich das auswendig Gelernte anhören. Theater kann man nach Stanislawski auch nicht zu Hause im Sessel lesen oder wie ein Handwerk erlernen. Als Schöpfung eines eigenen geistigen Lebens setzt Theater vielmehr lebendige Menschen vo-

---

den Dekorationen und Kostümen oder in der Auslegung der Stücke« (Konstantin S. Stanislawski (1954), Mein Leben in der Kunst, Berlin 1987, 233).
123. Stanislawski, Künstlertheater I, 38.
124. Stanislawski, Künstlertheater II, 170.
125. Konstantin S. Stanislawski, Die Arbeit des Schauspielers an sich selbst. Tagebuch eines Schülers. Teil I, Die Arbeit an sich selbst im schöpferischen Prozess des Erlebens (1954), 5. Aufl., Berlin 1999, 99. Vgl. auch ebd., 99 ff., 103.
126. Vgl. Stanislawski, Künstlertheater II, 35.

raus und zwar auf der Bühne und vor der Bühne. Darum ist die erste Kunst, die Stanislawskis Schauspieler mitbringen und erlernen müssen, die »*Kunst des Erlebens*«.[127] Stanislawski schickt seine Schüler ins Leben, aber »nicht mit dem Bleistift in der Hand«.[128] Sie sollen vielmehr lernen, sinnlich aufmerksam zu sein für *alles, was das Leben bereithält*. Nicht bloß kognitiv aufzunehmen, sondern mit dem Leben in all seinen Erscheinungsformen in Berührung zu kommen, »alles Gesehene« in sich aufzunehmen und »festzuhalten« versuchen – »im *Herzen*«.[129]

»Der Schauspieler muss für das Schöne in allen Bereichen des eigenen wie fremden Schaffens und Lebens einen Blick haben. Er braucht Eindrücke von guten Vorstellungen, Schauspielern, Konzerten, Museen, Reisen und guten Bildern aller Richtungen, … weil niemand wissen kann, was seine Seele aufwühlt und die Tresore der Schöpferkraft aufbricht.«[130]

Es braucht einen weiten Horizont, innerlich und äußerlich. Beobachtung ist dafür nicht ausreichend. Wer sich davor fürchtet, in die verwickelten Entstehungsgeschichten der Freuden und Beschwernisse des Lebens einzudringen, »und die grandiosen, von höchster Dramatik … erfüllten« Geschichten »dahinter nicht zu sehen vermag«, der ist »für das wahre Schaffen verloren.«[131] Stanislawski ist deutlich: »Ein Spießer kann kein wirklicher Künstler sein.«[132]

Das heißt: Erst die »Kunst des Erlebens« im Leben ermöglicht dem Schauspieler, dramatisch zu handeln. Das heißt: All das, was das Leben, das »reale« oder das »erdachte«, dem Menschen zu geben vermag,[133] all die Eindrücke, Leidenschaften und Genüsse, soll er in Material für sein Schaffen verwandeln, in Material, das ihm hilft, eine Rolle schöpferisch zu erleben[134] und für andere zum Erleben zu bringen und so »das erdachte Gebilde ›Stück‹ in künstlerische *Bühnenwirklichkeit* umzusetzen.«[135]

»wenn«

Entscheidend für diesen Prozess ist das schöpferische *»wenn«* als der »Umschalthebel, der uns aus der Wirklichkeit in jene Welt versetzt, in der sich einzig und allein das Schaffen vollziehen kann.«[136] Es ist verbunden mit den soge-

---

127. Vgl. ebd., 35 ff.
128. Stanislawski Lesebuch, zusammengestellt und kommentiert von Peter Simhandl, Berlin 1990, 61.
129. Ebd. Hervorhebung A. S.
130. Stanislawski, Mein Leben, 36.
131. Stanislawski Lesebuch, 74.
132. Ebd.
133. Vgl. ebd.
134. Vgl. ebd., 43, 73.
135. Stanislawski, Arbeit des Schauspielers I, 64.
136. Ebd., 54.

nannten »vorgeschlagenen Situationen« wie: »Fabel des Stücks ..., Ort und Zeit der Handlung, die Lebensumstände,« aber auch »die Auffassung des Schauspielers und des Regisseurs vom Stück, die Ergänzungen, die sie hinzugefügt haben, das Arrangement, die Form der Inszenierung ... und alle übrigen Umstände, die den Schauspielern gegeben sind.«[137]

Das Geheimnis dieses schöpferischen »*wenn*« liegt darin, »dass es nicht von einer realen Tatsache spricht, nicht von dem, was ist,« aber auch nicht einfach auf ein Irreales verweist. »Es nimmt« vielmehr »an«, »was sein könnte«[138], »was nicht da ist, was wir in der Wirklichkeit nicht kennen, was niemals war und niemals sein wird. Oder was vielleicht doch einmal sein wird, wer weiß!«[139]

In diesem »*wer weiß*« liegt das Entscheidende, der Brennpunkt des von Stanislawski entwickelten »Systems«. Es stellt die Frage zur Entscheidung. Hier wurzelt seine »künstlerische Ethik«[140], die das Leben der Kunst des Schauspielers gegen das Handwerk[141] und seine Routine mit ihren möglichen Schablonen[142] abgrenzt.

An diesem »*wer weiß*« entscheiden sich Wahrhaftigkeit und Glauben, ohne die es »keine echte Kunst« gibt,[143] entscheidet sich, ob Schauspieler und Publikum in Kommunikation treten und ob sich für die Zuschauer ein Zugang eröffnen kann zu dem, was sie auf der Bühne sehen.

»Wenn der Schauspieler nicht an das glaubt, was er seiner Rolle gemäß tut

---

137. Ebd., 58.
138. Ebd., 56.
139. Ebd., 65.
140. Die »künstlerische Ethik« muss »in Einklang gebracht werden mit Natur, Charakter und Eigenarten von schöpferischem Wollen und Talent. Für schöpferisches Wollen und Talent sind vor allem typisch: Leidenschaftlichkeit, Begeisterungsfähigkeit und das Streben nach künstlerischer Wirkung. Daher besteht die erste Aufgabe unserer Ethik darin, die Gründe zu beseitigen, durch die die Leidenschaftlichkeit, die Begeisterungfähigkeit und das Streben des schöpferischen Wollens abkühlen, sowie die Hindernisse abzuschaffen, die dem Wirken des schöpferischen Talents entgegenstehen. In der Praxis stößt der Schauspieler auf nicht wenige Gründe und Hindernisse, die sein Schaffen stören« (Stanislawski Lesebuch, 35).
141. Das »Handwerkeln« etwa ist ein solches Hindernis. Es heißt, auf der Bühne eine Rolle vorzutragen, »sie fehlerfrei in ein für allemal dafür festliegenden Formen szenischer Interpretation (zu) sprechen« (ebd., 39). Schauspieler »vom Handwerklertypus« bemühen sich *einmal zu Hause*, die Rolle zu erleben, um sie fortan zu handhaben. Sie führen jeweils nur noch vor, was einmal in der Form gefasst war. Kunst aber ist nach Stanislawski im Gegensatz dazu, das schöpferische Erleben in jedem neuen Schaffensakt, der auf der Bühne je neu stattfindet (vgl. ebd.).
142. Zum Kreis solcher zufälligen Schablonen zählen nach Stanislawski auch individuelle Lebensgewohnheiten des Schauspielers, z. B. individuelle Eigenarten des Gangs, der Körperhaltung, der Art, sich zu verbeugen, aufzustehen und sich zu setzen, der Arm-, Hand- und Fingerbewegungen, die entweder von selbst oder auf der Bühne, teils aus physiologischen Ursachen, teils zufällig in glücklichen Minuten entstehen können, sich einprägen und dann bewusst in den Alltagsgebrauch »handwerkelnder« Techniken übernommen werden (vgl. ebd., 41 ff.).
143. Ebd., 69.

und sagt, wird er in ihr nicht zu leben beginnen, weder zu Hause noch im Theater; wenn er aber nicht in ihr zu leben beginnt, wird er die innere Welt und die Leidenschaften der Rolle nicht begreifen und nicht imstande sein, mit Glaubwürdigkeit darüber zu sprechen. Dann ist es für ihn nutzlos, vor Publikum zu erscheinen; durch nichts kann er mit ihm in eine Kommunikation treten, und das Publikum selber wird auch nichts von ihm aufgreifen und sich aneignen.«[144] Wenn der Schauspieler sein Tun nicht für notwendig hält, wenn die Rolle, wenn seine Kunst nicht einer großen Aufgabe gewidmet ist – Stanislawski spricht von der »Überaufgabe«[145] –, dann sind die Handlungen leer, nicht durchlebt, sie sagen nichts Wesentliches aus. Es bleibt dann nichts anderes übrig, als »allgemein« zu handeln, das heißt, es wird alles nur »gemacht«, weil es nun einmal im Stück steht, und nicht, weil es im Innersten erlebt und das Leben der Rolle auf der Bühne daraus geboren wurde.[146]

Der schöpferische Prozess des Glaubens

Dieser Glaube meint keinen bloßen Vorstellungsakt, kein kognitives Für-Wahr-Halten. Der Glaube ist selbst ein *schöpferischer Prozess*. Der darum die »Zusammenarbeit aller Antriebskräfte des psychischen Lebens«[147] verlangt, bei den Schauspielern und bei den Zuschauern. »(U)nsere Phantasie«, so Stanislawski, spielt dabei »eine entscheidende Rolle«, weil sie mit der Kraft eines von ihm sogenannten »emotionalen Gedächtnisses«[148] aus dem Material eigener, früher durchlebter Empfindungen, aber auch aus dem, »was wir an anderen Menschen«, aus ihren »Erzählungen« »erfahren und aufrichtig mitempfunden haben«,[149] Neues schöpfen kann.

»Man glaubt, man hätte (es) ganz vergessen, doch da kommt eine Andeutung, ein Gedanke, ein vertrautes Bild – und die Empfindungen bemächtigen sich unser wieder, zuweilen ebenso stark wie beim ersten Mal, zuweilen schwächer, zuweilen stärker, die gleichen oder ein wenig veränderten Empfindungen. Wenn Sie fähig sind,« so verdeutlicht Stanislawski für seine Schauspieler, »allein bei der Erinnerung an Erlebtes rot oder blass zu werden, wenn Sie Angst haben, an ein vor langer Zeit erlebtes Unglück zurückzudenken, so haben Sie auch das Gedächtnis für Empfindungen, also emotionales Gedächtnis.«[150]

Dabei können auch neue Prozesse ausgelöst werden, die einerseits Nicht-zu-

---

144. Ebd., 45.
145. Vgl. ebd., 109 ff.
146. Vgl. Stanislawski, Arbeit des Schauspielers I, 48 ff.
147. Stanislawski Lesebuch, 77.
148. Vgl. Stanislawski, Arbeit des Schauspielers I, 188 ff.
149. Stanislawski Lesebuch, 73.
150. Ebd., 72.

Ende-Durchlebtes bewahren und andererseits »die Phantasie anregen, die vergessenen Einzelheiten zu erfinden.«[151]

Diese schöpferische Phantasie ist nicht ohne die Arbeit des Körpers. Das geistige Leben auf der Bühne ist immer verkörpertes Leben. Es ist der Leib, der kommuniziert.[152]

Diese *Verkörperung* des geistigen Lebens auf der Bühne aber vollzieht sich für Stanislawski wesentlich in lebendiger Kommunikation mit dem Unbewussten als dem »wichtigere(n), tiefere(n), zu Herzen gehendere(n) Teil nicht nur in unserem wirklichen, sondern auch im Bühnenleben.«[153]

Aus der Fülle dieses schöpferischen »Materials« entsteht schließlich der sogenannte »Untertext« als »das nicht offen ersichtliche, aber innerlich spürbare ›geistige Leben der Rolle‹, das beständig unter den Worten des Textes strömt und sie unablässig rechtfertigt und belebt.«[154] Das macht die Worte nicht überflüssig, im Gegenteil.

Erst durch diesen Untertext findet das Stück, das geistige Leben auf der Bühne, seine Seele und darin erst seinen eigentlichen Sinn: »Wort und Rollentext sind nicht für sich allein und um ihrer selbst willen wertvoll, sondern einzig durch ihren inneren Gehalt oder den Untertext, der in sie hineingelegt wird.«[155]

»Erst die Menschen, die ein ... Theaterstück aufführen, beseelen von innen heraus durch ihr Erleben den Untertext des dargebotenen Werkes,«[156] durch ihr Erleben werden erst »die seelischen Schätze und der geistige Inhalt offenbar, um derentwillen das Werk überhaupt geschaffen wurde.«[157]

Es ist die Kraft der schöpferischen Phantasie, die sich einlässt, in diesem Sinne glaubt und gerade in dieser inneren Welt der »Rolle und ihrer Leidenschaften«, in der ein Schauspieler mit dem Publikum, mit den Phantasien der Menschen, mit ihrem Unbewussten kommuniziert, sie, die Zuschauenden, in ihrem schöpferischen »Material« berührt.

151. Stanislawski, Arbeit des Schauspielers I, 213.
152. Vgl. ebd., 117 ff.
153. Stanislawski Lesebuch, 47. Für diese Kommunikation mit dem Unbewussten bildet Stanislawski eine innere und eine äußere, eine psychische und eine physische »Technik« aus, ein methodisches Instrumentarium, die sogenannte »Theorie der physischen Handlungen«. Um das Leben des menschlichen Geistes zu schaffen, wird dem Schauspieler die Arbeit am »körperlichen Leben der Rolle« als Ausgangspunkt vorgeschlagen. Das Psychische und das Physische erscheinen als zwei Seiten eines Prozesses: »Es gibt ja keine physische Handlung ohne Wollen, Streben und Aufgaben, ohne eine innere Rechtfertigung durch das Gefühl; es gibt keine Vorstellung der Phantasie, die nicht irgendeine gedachte Handlung enthält; es sollte in der schöpferischen Arbeit des Schauspielers keine physischen Handlungen geben ohne Gefühl für deren Wahrhaftigkeit und ohne Glauben an ihre Echtheit« (Konstantin S. Stanislawski, Die Arbeit des Schauspielers an sich selbst. Tagebuch eines Schülers. Teil II, Die Arbeit an sich selbst im schöpferischen Prozess des Verkörperns (1955), 5. Aufl., Berlin 1999, 369 f.).
154. Stanislawski Lesebuch, 92.
155. Ebd.
156. Ebd.
157. Ebd., 93.

Dass der Schauspieler als er *selbst* eine *Rolle*, ein *Anderes* erfüllt, findet hier seinen konzentrierten Ausdruck. Von hier aus ist Stanislawskis Rede vom Sinn des Theaters zu verstehen. Hier ist das Leben *in* der Kunst begründet, die, erfüllt mit *realem* Leben, mittels der leiblichen Individualität eben *dieses* besonderen Schauspielers zur Gestalt, zur Verkörperung eines *geistigen* Lebens dient, das so den Weg zu den Zuschauern, zu anderen Menschen, hinein in ihre Realität finden kann.

Spannungsvolle Subjektivität – ein Leben im religiösen Beruf

Authentizität und Bürgschaft

Lässt sich das übertragen? Was beide, Pfarrer und Schauspieler, verbindet, ist »das Spannungsfeld von Rolle und Individualität«, schreibt M. Meyer-Blanck in seinem Aufsatz »Inszenierung und Präsenz«.[158] Dieses Spannungsfeld »verbindet Bühnenpraxis und theologische Berufspraxis.«[159] Der Pfarrer, die Pfarrerin steht für etwas ein, was er, sie nicht nur selber ist. Pfarrer sind Bürgen einer Tradition, die zugleich gelebt und verantwortet sein will.

Tillichs »Methode der Korrelation«, sein Verstehen der Theologie als einer *wesentlich* in Spannung stehenden »zwischen zwei Polen: der ewigen Wahrheit ihres Fundamentes und der Zeitsituation, in der diese Wahrheit aufgenommen werden soll«[160], wird hier inszeniert, findet in der Frage von Person und Amt Gestalt und Verkörperung. Im Amt reicht es nicht, diese Spannung kognitiv zu beantworten, sie will gelebt, und das heißt auch vor anderen gelebt und repräsentiert sein.

Von Stanislawski her stellt sich die Frage nach dem Spannungsfeld von Person und Amt als eine Frage schöpferischer Kreativität. Ist nicht auch das Pfarramt als ein *schöpferisches* zu verstehen, könnte hier nicht seine Kraft und zugleich die innere Notwendigkeit liegen, die klärt und ausstrahlt zugleich?

Dieses Spannungsfeld gestaltet sich schwierig und zunehmend konfliktreich.[161]

Es ist ein Spannungsfeld, in das Studierende hineinwachsen müssen und in

---

158. Meyer-Blanck, Inszenierung und Präsenz, 3.
159. Ebd.
160. Tillich, Theologie I, 9.
161. »Das Schwierige am Theologiestudium ist die Auseinandersetzung mit der Aufgabe, das Evangelium zu repräsentieren, und zwar nicht nur als authentisches Individuum, sondern im Auftrag der Institution Kirche. In Zeiten gesellschaftlicher Individualisierungsprozesse wird es immer schwieriger, eine überindividuelle Wahrheit anderen nahezubrin-

dem sie in weit größerem Masse als bisher theoretische und praktische Begleitung brauchen.[162] Dass das notwendig ist, zeigen die Gottesdienst-, im Besonderen die Kasualseminare. Seminare, in denen es nicht nur um die Erarbeitung einer – oftmals ersten – eigenen Predigt geht, sondern vor allem auch um das Hineinfinden in die Aufgabe, vor und mit der Gemeinde einen Gottesdienst zu gestalten. Die eigene theologische *Identität* ist wesentlich verbunden mit der Aneignung der *Rolle* des Pfarramts. Die Studierenden des Pfarramts erleben: Ich bewege mich in einem *anderen* Raum, und ich bewege mich *allein vor anderen*. In einem Talar. Dazu mit Handlungen, die äußerst intim sind, wie Beten und Segnen. Ich lege anderen die Hand auf, geistig und auch ganz leiblich, in der Taufe, bei der Konfirmation, bei der Trauung. Die Studierenden müssen lernen, einen eigenen Weg zu gehen und sich zugleich zu finden in dem, was sie selber nicht mit eigenen Worten tragen können, auf den Spuren, die *andere* vor ihnen gegangen sind und andere mit ihnen gehen. Sie müssen lernen, »öffentlich einsam« zu sein, und dies, wie die Schauspieler, zu einer bestimmten Zeit.

Dabei ist die Gefahr groß, die Spannung zur einen oder zur anderen Seite aufzulösen. Die Hilfe und Entlastung, die diese Rolle geben kann, kann dazu verführen, in der Rolle unterzutauchen, die eigene Person, die Herausforderung, in dieser Rolle *ich selbst* zu sein und als *dieser*, als *diese* anderen Menschen *in der Rolle* zu begegnen, aufzugeben. Ein reiner Zeremonienmeister wird keinen Menschen berühren können und wird auch selber innerlich, geistlich und seelisch verdorren. Aber es gibt auch die umgekehrte Angst, und vielleicht ist diese gegenwärtig brennender, die Angst, von der Rolle in der eigenen Persönlichkeit erdrückt zu werden und sich selbst im Vorgegebenen zu verlieren. Die Suche nach Identität in dem Konflikt der Spannung zwischen Person und Amt ist dabei von einer Vision geleitet, alles selbst erfinden zu können und auch zu müssen. Unter dieser Voraussetzung aber muss das Amt spätestens nach ein paar Jahren als ständige Überforderung empfunden werden. Wer immer er selbst sein muss, kann sich nur verlieren. Vom Authentizitätsdruck eingeengt, muss er unklar werden in der Vielfalt der Anforderungen, von daher nicht selten unstrukturiert und so dem allgemeinen Erwartungsdruck schlicht erlegen. Dabei erlischt jede Freude an der Arbeit. Wenn man – vielleicht in der Angst, überflüssig zu sein – selber alles auf den eigenen Schultern trägt und alles notwendig zu sein scheint, gerät aus dem Blick, was *wirklich* – für sich selbst, für das Verstehen der eigenen Arbeit, für das Leben mit der Gemeinde – notwendig ist. Den Kreislauf zu unterbrechen ist schwer, denn sich Zeit zu nehmen, innezuhalten würde vielleicht die Leere spürbar machen. Die Leere

---

gen. Die Pfarrerrolle zwischen persönlicher Authentizität und kirchlichem Auftrag zu gestalten, erfordert immer mehr Kraft« (Meyer-Blanck, 2).

162. Eine solche stellt das nun vorliegende Handbuch »Liturgische Präsenz« von Thomas Kabel dar.

und auch eine manchmal sehr tief verborgene, aber in der Hektik und Ausgelaugtheit des Alltags nur schlecht zu überspielende Traurigkeit. Darüber wird selten offen gesprochen, aber darauf reagieren Menschen. Sie spüren es in den Gottesdiensten, die – noch immer als die Ausdruckshandlungen der Kirche wahrgenommen – häufig nicht nur als langweilig, sondern als *bedeutungslos* für das eigene Leben empfunden werden.

Die Fragen an die Ausbildung einer pastoralen Identität sind nicht zuletzt durch die veränderte gesellschaftliche Situation, an der auch die Kirche teilhat, erneut aufgebrochen. Die Aufgabe, in dieser zusätzlichen Spannung pastorale Identität zu finden, gestaltet sich zunehmend schwieriger.[163] Das Problem des Burnout-Syndroms für den Beruf des Pfarrers, der Pfarrerin, für E. Hauschildt »Indiz für das Scheitern angewandter Pastoraltheologie«[164], ist in der gegenwärtigen Diskussion leitend. Die Identitätskrise im pastoralen Beruf hat sich zugespitzt. D. Stollberg entfaltet[165] diese in ihrer Vielschichtigkeit.

In seiner Diagnose eines von »*destruktiven Idealen* geprägte(n) Berufsbild(es) und seine(r) Folgen der Desorientierung, Depression und Unwahrhaftigkeit«[166] plädiert Stollberg in seiner Mahnung, sich einzustimmen und einzulassen auf die eigene Realität, auch Schattenrealität, als Lösungsperspektive für eine größere Klarheit in der inhaltlichen Ausübung des Amtes.

»Ich denke ferner, dass unser *Berufsbild* nicht nur einseitig, sondern evtl. sogar falsch ist. ›Mädchen für alles‹ kann ebenso wenig unsere Aufgabe sein wie ausgedehnte Sozialarbeit oder andere vernünftige und durchaus sinnvolle Tätigkeiten für die Gesellschaft, die diese auch ohne Pfarrer leisten könnte. Es *scheint*, wir arbeiteten zu viel. Aber Arbeit ist gesund und macht Spaß. Nicht zu viel, sondern zu *vielerlei* ist ungesund. Verzettelung, nicht nein sagen können, mangelnde Abgrenzung und fehlende Struktur machen krank.

… Die *Gnade Gottes feiern!* Das ›Geheimnis des Glaubens‹ (1 Tim 3,9; EG 189) nicht nur predigen – ein Geheimnis kann man eigentlich gar nicht predigen –, sondern begehen! Dafür haben uns alte, mittelalterliche und reformatorische Kirche genügend Praxishilfen an die Hand gegeben, Rituale, an die man sich halten kann. Es geht heute nicht darum, ständig neue Feierformen zu basteln, die doch immer wieder auf dasselbe hinauslaufen, sondern das Alte mit Leben zu füllen – wie der Schauspieler den alten Text. Es geht in der Tat um

---

163. Vgl. hierzu z. B. das Themenheft: Der pastorale Beruf. Anforderungen an die Ausbildung und Charakteristika der Berufstätigkeit der PTh 89, 2000/12.
164. Ebd., 473.
165. Dietrich Stollberg, Der Pfarrberuf zwischen Anspruch und Wirklichkeit, ebd., 498-507. Ulrike Wagner-Rau diskutiert das Problem in Bezug auf die Erfahrungen in oftmals nicht selbstgewählten, sondern durch finanzielle Engpässe der Kirche aufgezwungenen eingeschränkten Pfarramt (Vom Umgang mit Grenzen und Übergängen. Überlegungen zum eingeschränkten Dienst im Pfarramt, ebd., 529-542)
166. Stollberg, Pfarrberuf, 502.

sakrales Theater einer Gemeinschaft, die sich als *Anbetungskirche* verstehen darf. Pfarrer/Pfarrerin sind dann von Beruf ›Vorbeter‹.«[167]

Hier möchte ich ansetzen und weiterdenken. Kann das Leitbild des Künstlers, und im Besonderen das des Schauspielers, Wege weisen? Die gegenwärtig entscheidende Frage scheint mir zu sein: Wie lernt ein angehender Pfarrer, eine Pfarrerin das Amt zu lieben, und wie hält diese Liebe dem Alltag stand?

Lernen, im Amt lebendig zu sein

Von Stanislawski kann ich lernen, mich im Pfarramt an das Eigentliche zu erinnern. Das ist zunächst und vor allem: Das Pfarramt bin ich nicht einfach nur selbst. Ich habe es nicht erfunden, und ich muss es auch nicht jeden Tag neu erfinden. Aber das Amt bedeutet zugleich, Spuren, die nicht durch meine Füße entstanden sind, mit den *eigenen Füßen, als ich selbst,* zu *folgen.* Das eben bedeutet *Berufung.* Eine Berufung aber, die in der Interpretation von Stanislawski ja nicht als Last, sondern als lebendiger Weg verstanden ist und darum und nicht nur zufällig, nicht nur subjektiv und möglich vermeidbar, sondern wesentlich mit inneren Fragen, mit Zweifeln verbunden ist, weil ohne diese kein Mensch in seiner Aufgabe und in der Leidenschaft für seine Rolle, für sein Amt wachsen könnte.

Die Leidenschaft zu lernen, heißt, das *Amt lieben* zu lernen. Das ist das Entscheidende, was Stanislawski auch Pfarrer und Pfarrerinnen lehren kann. Das Geheimnis ist die *schöpferische* Verbindung von Person und Rolle. *Ich selbst in der Rolle,* die es zu erarbeiten gilt, was eben nicht einfach nur Frage der Begabung ist. Es ist das Erlernen von Wahrnehmung, von Aufmerksamkeit.

Die erste Frage an den Pfarrer, die Pfarrerin stellt sich damit von Stanislawski her nach den *schöpferischen Quellen,* aus denen sie leben. Diese Frage mag sofort mit dem überall beklagten Zeitmangel erdrückt, der Dialog als gänzlich unrealistisch, die gegenwärtige Mangelsituation nicht berücksichtigend, abgewehrt werden. Aber eine Wurzel der Krise des Pfarramts und der pastoralen Identität ist die Frage seiner Konzentration, ist die Frage des *Warum* und seiner »Überaufgabe.«

Ich selbst zu sein in der Rolle, lebendig zu sein im Amt – das ist nur zu verwirklichen, wenn ein Pfarrer, eine Pfarrerin sich nicht an das Vielerlei verliert, also alles sein will und meint, sein zu müssen, was andere auch sein können. Es braucht Kraft und auch Mut, sich abzugrenzen und nein zu sagen, um *wirklich* ja zu sagen. Das ist vom Künstlerleitbild zu lernen. Es gibt Klarheit. Klarheit zu einem Leben in einem geistlich-geistigen Raum – der *Kunst* des Geistlichen, der Aufgaben, die einem Pfarrer, einer Pfarrerin in ihrer Berufung zugetraut und zugemutet sind. Mehr nicht, weniger auch nicht.

---

167. Ebd., 504 f.

Erst die Klarheit des geistlichen Raumes schafft Zeit, äußere und innere Zeit. Vielleicht braucht es lange, bis überhaupt Quellen wieder freigelegt sind. Vielleicht dauert es lange, bis Zeit wiederentdeckt wird. Eine Stunde, eine halbe Stunde ist *Zeit*, ist *Raum*. Gibt es Zeiten, die *meine* sind? In denen etwas ankommen kann? Das Loslassen des Drucks, überall sein zu müssen, beginnt hier. Das Künstlerbild führt zu den Quellen der Kreativität.

Das bedeutet nicht ein Abgehobensein vom Alltäglichen und von den Nöten der Menschen. Im Gegenteil: Denn wie soll einer ein Gegenüber sein, in der Seelsorge zum Beispiel, der in Gefahr steht, zugleich auch immer woanders zu sein? So kann die Klarheit des geistlichen Raumes den offenen, schöpferischen Raum der Seelsorge überhaupt erst eröffnen.

Das Amt, das in seinen gottesdienstlichen und seelsorglichen Dimensionen schöpferische Räume eröffnen soll, ist lebbar nur von Zeiten her, in denen das Selbst wachsen kann, genährt wird. Die *Kunst des Erlebens* nach Stanislawski bedeutet eine Öffnung für alles, was die Seele weitet und den Körper nähren kann. Hier ist die unselige Trennung von privat und beruflich auch überwunden, eine Trennung, die für diesen Beruf doch nur bedingt gelten kann. Das aber heißt gerade nicht, immer im Dienst, immer ansprechbar und immer verfügbar zu sein, sondern das Gegenteil. Wenn ein Pfarrer, eine Pfarrerin eine Gemeinde geistlich leiten will, dann trägt er, dann trägt sie die Verantwortung dafür, selbst nicht zu verdorren. Darum ist von Stanislawski als erste Pflicht des Amtes die *Kunst des Erlebens* zu lernen. Die Aufmerksamkeit für das Leben, für Menschen, für das, was sie bewegt und beschäftigt in der Zeit und an dem Ort, an dem sie leben, die Wachsamkeit für das, was Leben lebendig macht und was es bedroht. Es bedeutet, sehen zu lernen, wo Leben wächst, es bedeutet, den Sinn für das Schöne einzuüben. Das scheinen Theologen manchmal zu vergessen. Wie soll das Schwere wirklich tragbar sein, wenn man nicht lernt, das Schöne und Gute wahrzunehmen? Die *Kunst des Erlebens* führt zu einer Einübung in künstlerische Wahrnehmung, sie führt in die Weite. Sie umfasst das Unterschiedlichste, eben alles, was Seele und Leib nähren kann – ein Gedicht, einen Roman, eine Musik, eine Ausstellung, eine Reise, eine alltägliche Begegnung, ein Gespräch, einen Film, einen Theaterabend und auch das, was die Väter und Mütter im Glauben ihre Gebetszeiten nannten. Alles, was die schöpferischen Quellen zum Fließen bringt, kann auch den Glauben lebendig werden lassen. Von Stanislawski ist zu lernen: Nichts ist ausgeschlossen. Vielleicht ersteht in einer gänzlich anderen Situation aus dem »emotionalen Gedächtnis« wieder ein Bild, ein Gedanke, der einem anderen Menschen in seiner Situation – wiederum in völlig verwandelter Form möglicherweise – zu neuem Leben aufhilft.

Die *Kunst des Erlebens* verlangsamt das Tempo. Sie führt zurück in die sinnliche Aufmerksamkeit, von der Stanislawski spricht. Es ist nicht zuletzt diese, die in den Räumen der Kirche mancherorts fehlt. Die Härte der Abgearbeiteten lässt keinen Menschen aufatmen oder einen neuen Gedanken mitnehmen, lässt nicht getröstet sein. Die *Kunst des Erlebens* ist leiblich. Er selbst, sie selbst in der

Rolle sein, heißt: eine Rolle zu *verkörpern*. Die Rolle, das Amt ist leiblich gelebt oder gar nicht. Das wird praktisch-theologisch zunehmend entdeckt.[168]

Ob jemand glaubwürdig ist, ob jemand weiß, warum er etwas tut, ob jemand sein Handeln für notwendig und sinnvoll hält, ob jemand überhaupt handelt und nicht nur Pose annimmt, nehmen Menschen wahr. Sie nehmen es wahr über die Sprache, aber sie spüren es auch vor allem über die leibliche Kommunikation. Aber Leiblichkeit zu erlernen ist schwer, Leiblichkeit als die Basis aller Wahrnehmung. Körperarbeit, Bibliodrama,[169] die von Thomas Kabel angeregte theaterpädagogische Arbeit – das alles sind Wege, die ein Bewusstsein für das Leben der Bewegung, die von innen Kommendes ausdrückt, schärfen können.

Aber in alledem ist entscheidend, dass hier zuerst und vor allem nicht noch mehr Anstrengung gefordert, sondern zuerst ein Loslassen gemeint ist, die Fähigkeit, sich selbst auch *überlassen* zu können. In solchem »Dasein« liegt zugleich die innere Verbindung zu einer lebendigen Spiritualität, zu einem Brunnen des Glaubens, der für viele von Berufs wegen leer geworden zu sein scheint.

Damit führt die *Kunst des Erlebens* letztlich zurück auf das, was Gerhard Ebeling als die *reformatorische Grunderkenntnis* bezeichnet, dass der Mensch nicht Täter seines Lebens, »sondern letztlich Gehör ist«, und dass entscheidend ist, was bei ihm ankommt.[170] Was zum lebensschaffenden Wort wird, ist im Vorhinein nicht ausgemacht. Die *Kunst des Erlebens* ist auch die Kunst, mit seinem Leben, mit seinem ganzen Selbst zu hören.

Und doch ist die Frage nach den Quellen der eigenen Spiritualität, die, in der Besonderheit des Pfarramtes über Stanislawski hinaus, wesentlich zur *Kunst des Erlebens* gehört, eine der verborgensten. Sie wird manches Mal von Studierenden oder Kandidaten im Examen gestellt, in Mut und Angst zugleich, dann nämlich, wenn das Amt heranrückt und vielleicht zum ersten Mal das Gefühl überhand nimmt, dass man diesen Beruf nicht will oder doch große Angst hat, ihn auszuüben. Solche Fragen sind nicht als bloß private abzutun oder als der Wissenschaftlichkeit des Studiums abträglich zu banalisieren. Sie gehören mit zur Reflexion einer theologischen Identität und damit zur integrativen Arbeit, die im Studium und im Beruf zu leisten ist.

Die *Kunst des Erlebens* also zeigt, es geht nicht nur um die künstlerisch Begabten unter den Pfarrern und Pfarrerinnen. Es geht um eine sinnliche Aufmerksamkeit für das Leben in seinen vielen Gestalten. Aus dieser Aufmerksamkeit allein ist Handeln möglich. In dieser Aufmerksamkeit liegen, das gilt mit Stanislawski für den Beruf des Schauspielers wie für den des Pfarrers gleichermaßen, Gewissheit und Zweifel zugleich begründet. Das Handeln in diesem

---

168. Vgl. Michael Klessmann, Irmhild Liebau (Hrsg.), Leiblichkeit ist das Ende der Werke Gottes, Göttingen 1997.
169. Vgl. hierzu besonders Martin, Sachbuch Bibliodrama und Wolfgang Teichert, Wenn die Zwischenräume tanzen. Theologie des Bibliodramas, Stuttgart 2001.
170. Gerhard Ebeling (1964), Luther. Einführung in sein Denken, 3. Aufl., Tübingen 1978, 132.

Beruf ist nicht ohne diese Spannung. Darum ist es notwendig zu lernen, mit ihr umzugehen.

Auf dem Boden des tragenden »wenn«

Aber noch ein Weiteres ist von Stanislawski her zu bedenken: Mit dem Leitbild des Schauspielers ist das inszenatorische Handeln als das entscheidende Handeln des Pfarrers, der Pfarrerin vorausgesetzt. Das bedeutet in der Konsequenz, die »Praxis des Evangeliums«, wie Meyer-Blanck formuliert, selbst als inszenatorisch zu begreifen.

»Inszenierungen bestimmen die Praxis des Evangeliums. Nicht ob das Evangelium an sich wahr ist, ist die entscheidende Frage, sondern ob es in einer konkreten Situation für konkrete Menschen wahr wird, ob es tröstet, lehrt, orientiert, begeistert, zum Handeln hilft.«[171] »Weil das Evangelium Nachricht *ist*, muss es homiletisch und liturgisch inszeniert werden, damit es Evangelium, gute Nachricht *wird*.«[172]

Dabei ist Inszenierung als Handlungsbegriff für die Gesamtheit pfarramtlichen Handelns zu verstehen. Der Begriff Präsenz begreift die Person im Einklang mit Sache und Form: »Die Präsenz verstehe ich nicht als Gegensatz zum Inszenatorischen, sondern als dessen persönliche Komponente.«[173] Präsenz meint, dass die Person ganz »da« ist, aber nicht als Privatperson, sondern in ihrer Funktion, eben in der didaktischen, liturgischen oder poimenischen Inszenierung: »Präsenz ist die durch das Bewusstsein des Inszenatorischen gebrochene Authentizität. ... Nicht die eigene Person soll dargestellt werden, soll präsent, ganz da sein, sondern die zu gestaltende Aufgabe soll persönlich gestaltet werden wie die zu gestaltende Rolle auf dem Theater.«[174]

Ich möchte diese Überlegungen in Bezug auf das schöpferische »*wenn*« weiterführen. Die entscheidende Frage ist der Umgang mit einer erdachten, aber als real angenommenen Wirklichkeit. Hier liegt der Unterschied, hier ist aber zugleich auch die Nähe von Schauspielern und Pfarrern begriffen. Die Wirklichkeit ist eine nicht sichtbare, aber geglaubte.

Von hierher ist für die Identität des Pfarrers, der Pfarrerin ernst genommen, dass es »eben nicht nur um Personen (geht), die Texte verstehen und die sich selbst und einander mit Hilfe von Texten verstehen, wie dies in der klassischen Hermeneutik eines Dilthey gedacht wurde«, sondern dass die »Formen der Darstellung ... eine eigene Sprache« sprechen. Im Pfarramt ist mit dieser Erkenntnis nach Meyer-Blanck endlich »bewusst, eben inszenatorisch umzugehen.«[175]

---

171. Meyer-Blanck, 4.
172. Ebd., 9 f.
173. Ebd., 12.
174. Ebd.
175. Ebd., 6 f.

Über den Gedanken der Verbindung von Inhalt und Form hinaus ist damit die Frage des Handelns als einer eigenen schöpferischen Dimension entscheidend. Das heißt aber, bewusst umzugehen auch mit der Wirklichkeit der eigenen Sprachen der Phantasie und des Unbewussten als der Wirklichkeit *aller*, die an der Inszenierung teilhaben, durch die diese also *lebt*.

Wenn der Begriff der Inszenierung nicht nur für das gottesdienstliche, sondern auch für das seelsorgliche und didaktische Handeln gelten soll, ist damit ausgesagt, dass ein Pfarrer, eine Pfarrerin die Spannung verschiedener Welten in sich trägt, nicht als Meta-Ebene, nicht als Sonderwirklichkeiten, sondern als Spannung von Wahrnehmungsperspektiven. Nur so ist lebbar, dass einer sich *selbst* einlässt auf ein *schöpferisches »wenn«*, auf die »vorgeschlagenen Situationen« dessen, was die Tradition, die Zeit, der Ort, die Gemeinde, die Umstände, die eigene Auffassung vom »Stück« vorgibt und was sich doch erst im Einlassen darauf in seinen Möglichkeiten erschließt.

Wenn in einer guten Inszenierung eine neue Wirklichkeit aufgeführt und darin erlebbar wird, so geschieht das im Vertrauen des »wenn«. Das *schöpferische* »wenn« ist nicht weniger als ein *dass*. Man könnte natürlich einwenden: Theologisch sei von einem *dass* auszugehen. Mir scheint aber das *dass* zu leicht in der Schablone zu erstarren, in Gefahr zu sein, zu schnell zur Pose zu werden. Unter dieser Voraussetzung scheint mir das vorsichtige, aber vertrauende »wenn«, das die Bereitschaft verlangt, sich einzulassen, wahrhaftiger zu sein. Es scheint die Spannung von Person und Amt so zu konzentrieren, dass vielleicht wirklich *erlebbar* wird, was Meyer-Blanck, von der Inszenierung des Schauspiels ausgehend, für den Gottesdienst als möglich beschreibt: Dass »(e)ine neue Wirklichkeit ... Geltung« erlangt, weil »das Publikum durch die Inszenierung provoziert wird, die neue Realität der Vorstellung als eigene neue Realität aufzufassen.« Dass »sich eine neue Wirklichkeit nicht nur auf der Bühne, sondern im ganzen Theater« ereignet und »die Darstellung ... über sich hinaus auf eine andere Realität« weist, was desto leichter gelinge, »(j)e offener die Inszenierung ist, um anderen zum Zeichen zu werden«.[176]

Dass Verdichtung und Konzentration gerade nicht abschließen, sondern öffnen und freisetzen können, habe ich im Dialog mit Peter Brook deutlich gemacht.

Die Frage des inszenatorischen Handelns im Einlassen auf das *schöpferische* »wenn« sei noch einmal an einem Beispiel konkretisiert, das die Studierenden in den Seminaren sehr beschäftigt: Das ist der Segen am Schluss des Gottesdienstes. Was bedeutet das? Ein gutes Wort zum Abschied oder ein Wort, gesprochen im Vertrauen auf ein Geschehen, ein Geschehen des Wortes, dass die Wirklichkeit Gottes gegenwärtig werden, ankommen, Menschen begleiten kann? Was wäre, wenn es wahr *ist*, was wäre, wenn das *Wort* wirklich *geschieht* – jetzt in *diesem* Gottesdienst, an *diesen* Menschen? Wenn ein schöpferisches *»wenn«* geboren würde, ein Mensch zu einem eigenen, neuen Gedanken, einem

---

176. Ebd., 5 f.

Tun, einem ins Lebendige führenden Schritt vielleicht ermutigt würde in eines, was vielleicht »noch nicht war und vielleicht auch nicht sein wird, aber was vielleicht doch, wer weiß,« gelingt?

Inszenatorisches Handeln in den Räumen der Kirche ist ein Handeln im Geheimnis der *Unausdenkbarkeit des Segenshandelns Gottes*. Das ist eine Aufgabe, in die ein Pfarrer, eine Pfarrerin hineinwachsen muss. Eine Aufgabe, die geistlich *und* zugleich künstlerisch ist. Darin ist es bleibend ein *besonderes* Amt. Es ist ein Amt, das Freiheit birgt. Und das die *Kunst des Erlebens* braucht, ohne die keine Hoffnung aufgehen kann. Die Freiheit, die Füße auf einen Boden zu setzen, den ich nicht gebaut habe, und vor anderen und mit anderen zu wagen, auf eben diesem Boden zu gehen und zu erleben: unter der Voraussetzung des »wenn«, zwischen Zweifel und Gewissheit, entsteht, *im* Gehen, der Boden zugleich neu, wird Neues, kann Segen geschehen, immer wieder, auch in dieser Kirche, hier und jetzt.

Noch einmal Meyer-Blanck:

»Liturgisch präsent ... agiert, wer die Mitfeiernden ›im Stück‹ sieht, also in Christus, als neue Kreaturen (2. Kor. 5, 17). Liturgisch präsent agiert, wer mit der gültigen Schriftauslegung durch die Hörenden der Predigt rechnet, wer stellvertretend für Geschwister in Christus betet und sie beim Abschied segnet für den vor ihnen liegenden Weg.« In welch unterschiedlichen Rollen der Pfarrer, die Pfarrerin auch immer handelt, ob als Hirte, Lehrerin oder Priester, »(g)efragt ist dabei jeweils das Bewusstsein des ›Ich bin's‹, die Präsenz als inszenatorische Nähe und Distanz zur eigenen Person und Rolle, die den Gottesdienstbesuchern ihrerseits eine liturgische Präsenz eröffnet, das Bewusstsein, an einer anderen Realität durch eigenes Mitspielen Anteil zu gewinnen.«[177]

Das Inszenatorische im Horizont des Verstehens des *schöpferischen* »wenn« ist gelebte Wahrnehmung des Lebendigen in der Geschichte Gottes und der Menschen, ein dramatisches Handeln in verwundbarer Hoffnung. Es ist in *all* seinen Gestalten eine Kunst des Hörens, des Zuhörens, Hinhörens, immer wieder neu.

Insbesondere aber vielleicht im Handeln, das ein Sprechen ist.

---

177. Ebd., 15.

3 Dichtung und Predigt

Das Wort

Im protestantischen Gottesdienst kommt der Predigt – noch immer – eine zentrale Bedeutung zu. Aber was ist Predigt, was kann sie heute sein? Ganz grundsätzlich ist hier zu fragen: Warum überhaupt noch predigen? Ist das Wort nicht überflüssig geworden, nicht längst ersetzt durch eine Überfülle von Bildern, mit denen wir tagtäglich leben? Ist die Predigt nicht längst überholt?
Was ist es um das Wort? Was ist Sprechen und Hören?

Februar 2001. Dichterlesung in Hamburg. Katharina Thalbach liest Brecht und Brasch. Die Karten sind ausverkauft. Die Leute warten dennoch draußen. Werden noch eingelassen. Dürfen über Lautsprecher im Foyer stehend zuhören. Kaum einer geht. Durch alle Generationen bleiben sie um zuzuhören. Sie stehen, sitzen auf Papierkörben, hocken auf dem Fußboden, obwohl es Winter ist.
Überholtes Wort?

Was dieses Beispiel zeigt, ist doch zunächst dies: Menschen haben Sehnsucht nach einem »guten Wort« und offenbar auch ein Empfinden dafür, ob es sich um ein solches handelt oder auch nicht. Es könnte ja sein, dass die Predigten diese Sehnsucht lange schon und zu häufig enttäuscht haben. Predigten, die vieles Richtige enthalten, aber in denen die Predigerin, der Prediger ehrlich besehen und aufrichtig eingestanden, über etliche Behauptungen und Versicherungen nicht hinaus gekommen ist. Solche Predigten werden öfter gehalten, als man denkt, und sie werden immer noch, aber eben auch immer weniger geduldet. Es gibt eine intellektuelle, ästhetische Inflation von Worten, und es kann sogar eine geheime Absprache zwischen Prediger und Gemeinde geben, sich gegenseitig nicht zu nahezukommen: sich selbst als Prediger, Predigerin nicht, dem eigenen Leben nicht und mit den eigenen Gedanken auch den eigenen Gefühlen nicht – und darum auch den Hörenden nicht. Oder wie Gerhard Marcel Martin kommentiert: »Oft drängt sich mir die Vermutung auf, dass viele Christen – ich schließe mich ein, nicht aus – durchs viele Reden vermeiden wollen, ihrer eigenen Stummheit zuhören zu müssen. Dass sie ununterbrochen weiterreden, weil sie nichts Wesentliches, nichts den Gewalt- und Wirklichkeitszusammenhang Unterbrechendes zu sagen haben. Dass sie die Oberflächen zutexten, um nicht konfrontiert zu sein mit dem schweigenden Grund und dem stummen Abgrund aller Dinge und ihrer selbst.«[1] Traugott Koch sieht in der Tatsache, dass »wir so als Christliches oder Kirchliches zu hören bekommen«,

---

1. Gerhard Marcel Martin, Liturgie und Leben. Herausforderungen heute an den Gottesdienst, in: PTh 83, 1994, 503.

was »nur behauptet und nicht nachvollziehbar, nicht einsehbar ist und darum verdachtweise nichts als Gerede ist«, begründet, dass »sich viele enttäuscht abgewendet« haben und »schlicht von Kirche und Theologie gar nichts mehr« erwarten.[2]

Das bedeutet: Wir müssen das Wort wieder oder überhaupt erst lernen.

Im Versuch einer Antwort auf diese Herausforderung möchte ich über die Predigt als Rede von Wahrheit nachdenken. Ich suche dazu das Gespräch mit den Dichtern, für die das Wort lebenswichtig, ja überlebenswichtig war und ist. Sie brauchten und brauchen das Wort. Sie brauchen es wie das tägliche Brot, um leben zu können.

Der Leser, die Leserin, sei im Folgenden eingeladen zu einem Gespräch mit Ingeborg Bachmann, Paul Celan und Christa Wolf, deren beunruhigende »Radikalität, die« in ihrem »Denken liegt und manches Mal bis zum Äußersten geht[3]«, mich fasziniert und herausfordert.

Ich stelle zunächst dar, was ich als Leserin, die eine »Flaschenpost« erreicht hat, wie Paul Celan[4] formuliert, an Botschaft entziffere. Das schließt meine subjektive Interpretation ein. Aber nicht um das Ganze, sondern um einen Schlüssel zu ihrem Denken geht es mir, und den findet nach Bachmann »kein objektives Urteil«, sondern »nur ein lebendiges«.[5] Es wird dann darum gehen zu fragen: Was kann dies in der Konsequenz bedeuten, was ist von den Dichtern, ihren Gedanken, ihren Kämpfen, ihren poetologischen Konzepten zu lernen für das theologische Bedenken der Predigt als des menschlichen Sprechens und Hörens von Gott?

---

2. Traugott Koch, »Eins ist not – was ist not?« Zum Auftrag des Amtes der Kirche, in: Peter Stolt, Wolfgang Grünberg, Ulrike Suhr (Hrsg.), Kulte, Kulturen, Gottesdienste. Öffentliche Inszenierung des Lebens, Göttingen 1996, 137.
3. Bernhard Böschenstein und Sigrid Weigel (Hrsg.), Ingeborg Bachmann und Paul Celan. Poetische Korrespondenzen, 2. Aufl., Frankfurt a. M. 1997, 22.
4. Paul Celan, Gesammelte Werke, Dritter Band, Gedichte III, Prosa, Reden, hrsg. von Beda Allemann und Stefan Reichert unter Mitwirkung von Rudolf Bücher, 2. Aufl., Frankfurt a. M. 1983, 186.
5. Ingeborg Bachmann, Werke, Bd. 4, Essays, Reden, Vermischte Schriften, Anhang, hrsg. von Christine Koschel u. a. (1978), 5. Aufl., München, Zürich 1993, 259.

Die »unverlorene« Sprache in der Dichtung

Ingeborg Bachmann – »Wir müssen wahre Sätze finden«

Erschütterung

»Wem es ein Wort nie verschlagen hat,
und ich sage es euch,
wer bloß sich zu helfen weiß
und mit den Worten –

dem ist nicht zu helfen.
Über den kurzen Weg nicht
und nicht über den langen.

Einen einzigen Satz haltbar zu machen,
auszuhalten in dem Bimbam von Worten.

Es schreibt diesen Satz keiner,
der nicht unterschreibt.«

»Wahrlich – Für Anna Achmatova«[6] – von Ingeborg Bachmann.

»Das Vertrauensverhältnis zwischen Ich und Sprache und Ding ist schwer erschüttert«[7], sagt Ingeborg Bachmann in ihren Frankfurter Vorlesungen.[8] Sie begreift damit nicht nur die »Fragwürdigkeit der dichterischen Existenz«[9] als solche und die »Notwendigkeit, nach dem Sinn von Dichtung zu fragen.« Was sie so beschreibt, ist Ausdruck der »Unsicherheit der gesamten Verhältnisse«,[10] in denen wir leben, Ausdruck der Erfahrung, dass das Ganze in Teile und »wieder in Teile«[11] fragmentiert, die »Realitäten ... aufgelöst« sind und »die Wirklichkeit ... ständig einer neuen Definition« harrt.[12]

Angesichts von Erfahrungen, die sich von keinem Begriff mehr umspannen

---

6. Ingeborg Bachmann, Werke, Bd. 1, Gedichte, Hörspiele, Libretti, Übersetzungen, hrsg. von Christine Koschel u. a. (1978), 5. Aufl., München, Zürich 1993, 166.
7. Bachmann, Werke 4, 188.
8. In diesen Vorlesungen geht es ihr weniger darum, etwas zu »lehren« als »von diesem Lehrstuhl ... vielleicht etwas (zu) ... erwecken ... ein Mitdenken von der Verzweiflung und der Hoffnung, mit der einige wenige – oder sind es schon viele? – mit sich selber und der neuen Literatur ins Gericht gehen« (ebd., 183).
9. Ebd., 188.
10. Ebd.
11. Ebd., 190.
12. Ebd., 188.

lassen, steht grundsätzlich zur Frage, was überhaupt noch sagbar ist, und das heißt zuerst und vor allem auch, was wirklich zu *fragen* ist: »Sollten denn hier Fragen behandelt werden, die schon gestellt sind, welche übrigens, und wo gestellt und von wem? Oder sollen gar Antworten gegeben werden? Kennen Sie denn die Autoritäten, glauben Sie denn an solche, die da Fragen austeilen und Antworten liefern?«[13]

In ihrer Auseinandersetzung mit Wittgenstein fragt die Dichterin: »(H)aben« »wir mit unserer Sprache verspielt«, »weil sie kein Wort enthält, auf das es ankommt?«[14]

Aber worauf kommt es an? Es kommt darauf an, »wahre Sätze zu finden«.[15]

Eine »neue Gangart«

Dazu braucht die Sprache eine »neue Gangart«, und das heißt nicht den bloßen Versuch, »die Sprache an sich neu zu machen«, mit ihr zu ›hantieren‹, »damit sie sich neuartig anfühlt«, »als könnte die Sprache selber die Erkenntnis eintreiben und die Erfahrung kundtun, die man nie gehabt hat«, was sich bald »rächt« und »die Absicht« »entlarvt«. Nein, mit einer neuen Sprache wird der Wirklichkeit immer dort begegnet, wo ein »moralischer, erkenntnishafter Ruck geschieht«.

Damit ist die Frage nach der »Kunst als Veränderndes« und »(ü)berhaupt« nach »Veränderung« gestellt, als einer »Frage, die zu den ersten, zweifelvollen, furchtbaren Fragen gehört.«[16] Dazu bedarf es des Mutes, sich zuerst und vor allem durch die eigene Erfahrung belehren zu lassen. Denn Erfahrung »ist die einzige Lehrmeisterin.«[17]

»Eine neue Erfahrung wird *gemacht* und nicht aus der Luft geholt«, was nur diejenigen tun, »die selber keine Erfahrung gemacht haben.«[18] Das heißt nicht auszuweichen vor den »Fragen, die sich daran schließen«, den Fragen nach dem Warum und Wozu, nach der Schuld, diesen Fragen in ihrer elementaren Kraft und furchtbaren Einfachheit.[19] Furchtbar, weil sie allen bloßen Schein zerstören, weil sie jeden bloßen Ästhetizismus der Sprache durchbrechen.

---

13. Ebd., 183
14. Ebd., 23. In ihrer Auseinandersetzung mit Wittgenstein interpretiert Bachmann dessen Erkenntnis: »Wovon man nicht sprechen kann, darüber muss man schweigen« als »eben diese Wirklichkeit« meinend, »von der wir uns kein Bild machen können und dürfen. Oder folgerte er auch, dass wir mit unserer Sprache verspielt haben, weil sie kein Wort enthält, worauf es ankommt?« (ebd., 22 f.).
15. Vgl. Christine Koschel und Inge von Weidenbaum (Hrsg.), Ingeborg Bachmann. Wir müssen wahre Sätze finden. Gespräche und Interviews (1983), 4. Aufl., München, Zürich 1994.
16. Bachmann, Werke 4, 192, 196.
17. Ebd., 184.
18. Ebd., 190.
19. Vgl. ebd.

Die »unverlorene« Sprache in der Dichtung

»*Die Wahrheit ist dem Menschen zumutbar*« lautet der eindrückliche Titel ihrer Rede anlässlich der Verleihung des Hörspielpreises der Kriegsblinden.

»Wahre Sätze« tragen für Bachmann die elementare Frage in sich, wie »Trost aussehen« kann und »was … er uns überhaupt« soll. Sie werden nur gefunden und lassen sich nur sprechen im Bewusstsein, dass es doch »unangemessen« ist, Trost »durch Worte herstellen zu wollen,« weil »der Schriftsteller … wenig Tröstliches sagen kann«, zumal wenn er sich Menschen gegenüber weiß, »die des Trostes bedürftig sind, wie nur Menschen es sein können, verletzt, verwundet und voll von dem großen geheimen Schmerz, mit dem der Mensch vor allen anderen Geschöpfen ausgezeichnet ist.«[20]

»Wahre Sätze« lassen sich allein finden in dem Mut, »den Schmerz (nicht) zu leugnen, seine Spuren (nicht) zu verwischen« und nicht »über ihn hinwegzutäuschen.« Und nicht nur das: Der Schriftsteller muss »im Gegenteil« den Schmerz »wahrhaben.«[21]

Es ist nach Bachmann gerade »jener geheime Schmerz«, der »uns erst für die Erfahrung empfindlich (macht) und insbesondere für die der Wahrheit.«[22]

Hier wurzelt die Sensibilität für Not und Notwendigkeit der Sprache in einem. Sprache kann so nicht bloß als äußere Form begriffen werden. Sprache ist mit ihrem Inhalt zutiefst verwoben. Sie wurzelt in der Moral, nicht eines bestimmten Kodexes, sondern der Verpflichtung, den Kampf um Wahrheit und Lüge auszutragen. Einen Kampf, den jeder Schriftsteller neu austragen muss.[23]

Denn diese Kraft einer neuen Gangart der Sprache geht aus von einem neuen Geist. Dem Geist eines Menschen, der es wagt, die Unsicherheit auf sich zu nehmen, schreibend »ohne Gewähr« »Ich zu sagen« gegen jene »›Es‹ und ›Man‹«, die ein solches Ich, das wagt, sich aus uniformen Chören Redender oder Schweigender loszulösen, nur belächeln und »überhören, als redete da Niemand.« Ich zu sagen – angesichts und trotz des Zweifels, der nicht aufhört, weil es »keine letzte Verlautbarung«[24] gibt.

Dieses Ich, diese Stimme spricht nicht ins Nichts. In einem ihrer letzten Gedichte »*Böhmen liegt am Meer*«[25], schreibt Bachmann:

»Zugrund gerichtet, wach' ich ruhig auf.
Von Grund auf weiß ich jetzt, und ich bin unverloren.«

---

20. Ebd., 275.
21. Ebd.
22. Ebd.
23. Vgl. ebd., 206.
24. Ebd., 237. Aber »(e)s ist das Wunder des Ich, dass es, wo immer es spricht, lebt; es kann nicht sterben – ob es geschlagen ist oder im Zweifel, ohne Glaubwürdigkeit und verstümmelt – dieses Ich ohne Gewähr! Und wenn keiner ihm glaubt und wenn es sich selbst nicht glaubt, man muss ihm glauben, es muss sich glauben, sowie es sich einsetzt, sowie es zu Wort kommt, sich loslöst aus dem uniformen Chor, aus der schweigenden Versammlung, wer es auch sei, was es auch sei. Und es wird seinen Triumph haben, heute wie eh und je – als Platzhalter der menschlichen Stimme« (ebd.).
25. Bachmann, Werke 1, 167.

Dieser Grund ist auch jener Grund, der einem, wie sie zu den Kriegsblinden sagt, aufgehen kann, wie einem »die Augen aufgehen«, »wenn wir in diesen Zustand kommen, den hellen, wehen, in dem der Schmerz fruchtbar wird« und »wir begreifen, was wir doch nicht sehen können.«[26]

Zumutbare Wahrheit

Eine Kunst, die das »zuwege bringen«[27] kann, muss hören können und das gelebte und lebendige Wahrheitszeugnis der Menschen verstehen, an die sie sich wendet: »Wie der Schriftsteller die anderen zur Wahrheit zu ermutigen versucht durch Darstellung, so ermutigen ihn die anderen«, indem »sie die Wahrheit von ihm fordern … . Die Wahrheit nämlich ist dem Menschen zumutbar«, sagt Bachmann zu den im Krieg Erblindeten. Was sie meint, drückt sie in ihrer Rede so aus: »dass unsere Kraft weiter reicht als unser Unglück« – und »(w)er, wenn nicht diejenigen unter Ihnen, die ein schweres Los getroffen hat, könnte (das) besser bezeugen«, »dass man, um vieles beraubt, sich zu erheben weiß, dass man enttäuscht, … ohne Täuschung, zu leben vermag.«[28]

In solchem »Unterwegssein« zu wahren Sätzen liegen für Bachmann die »utopischen«, das heißt die »ungeschlossenen«[29] Voraussetzungen der Literatur. Ohne diese wäre die Literatur »ein Friedhof«, auf dem die Dichter Kränze niederlegen.

Aber Literatur versteht sich »nicht aufs Sterben,« und auch nicht »auf den Himmel, auf keine Erlösung,« sie ist unterwegs und will in der Gegenwart »*wirken* … in dieser oder der nächsten.«[30]

Bachmann zitiert jenen »wundervollen Brief von Kafka«:

»Wenn das Buch, das wir lesen, uns nicht mit einem Faustschlag auf den Schädel weckt, wozu lesen wir dann das Buch? Damit es uns glücklich macht …? Mein Gott, glücklich wären wir eben auch, wenn wir keine Bücher hätten,

---

26. Bachmann, Werke 4, 275.
27. Ebd.
28. Ebd., 277.
29. Denn »die Literatur ist ungeschlossen …, sie ist ungeschlossener als jeder andere Bereich – als Wissenschaften, wo jede neue Erkenntnis die alte überrundet –, sie ist ungeschlossen, da ihre ganze Vergangenheit sich in die Gegenwart drängt. Mit der Kraft aus allen Zeiten drückt sie gegen uns, gegen die Zeitschwelle, auf der wir halten, und ihr Anrücken mit starken alten und starken neuen Erkenntnissen macht uns begreifen, dass keines ihrer Werke *datiert* und *unschädlich* gemacht sein wollte, sondern dass sie alle die Voraussetzungen enthalten, die sich jeder endgültigen Absprache und Einordnung entziehen« (ebd., 259f.).
30. Ebd., 260. Das gilt auch für die Literatur, »die selber nicht zu sagen weiß, was sie ist, die sich nur zu erkennen gibt als ein tausendfacher und mehrtausendjähriger Verstoß gegen die schlechte Sprache – … und die ihm darum ein Utopia der Sprache gegenübersetzt«. Auch diese Literatur ist in ihrem »verzweiflungsvollen Unterwegssein … eine Hoffnung der Menschen« (ebd., 268).

Die »unverlorene« Sprache in der Dichtung 103

und solche Bücher, die uns glücklich machen, könnten wir zur Not selber schreiben. ... Ein Buch muss die Axt sein für das gefrorene Meer in uns. Das glaube ich.«[31]

So ist Dichtung Hoffen auf ein Finden. *Darin* ist sie zugleich für Bachmann »Nachahmung« einer »von uns erahnten Sprache«[32], die vor uns liegt. Die nicht verloren ist. Darum aber auch nie ganz »in unseren Besitz« zu bringen ist. »(U)m unseretwillen« nicht, denn nur so kann sie lebendig bleiben und sich »unser Leben ... mit dem ihren verbinde(n) in Stunden, wo wir mit ihr den Atem tauschen«[33], wo wir im »Fragment ..., konkretisiert in einer Zeile oder Szene«, »aufatmend darin ... zur Sprache«[34] kommen.

Wie Brot

Darum kann »Poesie wie Brot«[35] sein, aber ein Brot, das den »Hunger wiedererweck(t), ehe es ihn stillt«,[36] »scharf von Erkenntnis und bitter von Sehnsucht«.[37] Eine solche Sprache kann Kraft in sich tragen, Leid mit abzutragen und »den Stein« – noch selbst den Stein – »zum Blühen (zu) bringen«,[38] wie Bachmann, Celan aufnehmend, schreibt.

Das ist nicht verfügbar. Wer verändert hat, hat es selbst nicht gewusst. Und was sich verändert hat, hat sich auch, so Bachmann, »dann aber doch etwas anders verändert ..., als es anzunehmen war.«[39]

Diese Sprache der Hoffnung findet Bachmann bei Paul Celan, mit dem sie eine bewegte poetische Korrespondenz verband:[40]

»Aber ich habe hierher seinen (Celans) letzten Gedichtband mitgenommen, ›*Sprachgitter*‹, weil er ein neues Gelände begeht«, schließt sie ihre Vorlesung »*Über Gedichte*« ab: »Die Metaphern sind völlig verschwunden, die Worte haben jede Verkleidung, Verhüllung abgelegt ... . Nach einer schmerzlichen Wendung, einer äußerst harten Überprüfung der Bezüge von Wort und Welt, kommt es zu neuen Definitionen. Die Gedichte ... sind unbequem, abtastend, verlässlich, so verlässlich im Benennen, dass es heißen muss, bis hierher und nicht weiter. ... Aber plötzlich, wegen der strengen Einschränkung, ist es wieder möglich, etwas zu sagen, sehr direkt, unverschlüsselt. ... Am Ende des großen Gedichtes ›*Engführung*‹ tritt so ein Satz hervor ...

31. Ebd., 210f.
32. Ebd., 270f.
33. Ebd., 271.
34. Ebd.
35. Ebd., 197.
36. Ebd.
37. Ebd.
38. Ebd., 308.
39. Ebd., 297.
40. Dieser beschäftigt derzeit die Literaturwissenschaft, vgl. z. B. Böschenstein, Weigel.

........................Ein
Stern
hat wohl noch Licht.
Nichts,
nichts ist verloren.«⁴¹

Paul Celan – »Sprache, die unverloren blieb«

Verloren – Unverloren

Unverloren – das ist wie bei Bachmann auch bei Celan der Topos für den Ausdruck einer Hoffnung, die die Erfahrung des Verlustes kennt und durch sie hindurchgegangen ist, um zu erfahren, was Celan in seiner Bremer Rede anlässlich der Verleihung des Literaturpreises der Freien Hansestadt Bremen so formuliert:

»Erreichbar, nah und unverloren blieb inmitten der Verluste dies eine: die Sprache.
Sie, die Sprache, blieb unverloren, ja, trotz allem. Aber sie musste nun hindurchgehen durch ihre eigenen Antwortlosigkeiten, hindurchgehen durch furchtbares Verstummen, hindurchgehen durch die tausend Finsternisse todbringender Rede. Sie ging hindurch und gab keine Worte her für das, was geschah; aber sie ging durch dieses Geschehen. Ging hindurch und durfte wieder zutage treten, ›angereichert‹ von all dem.«⁴²

In dieser Sprache hat Paul Celan versucht, »in jenen Jahren und in den Jahren nachher«, Gedichte zu schreiben und also »zu erkunden, wo ich mich befand und wohin es mit mir wollte, um mir Wirklichkeit zu entwerfen.«⁴³

So geht Celan »wirklichkeitswund und Wirklichkeit suchend« »mit seinem Dasein zur Sprache«.⁴⁴ Radikal wie kaum einer neben ihm.

Denn es bedeutet für ihn, die Gefahr erneuter Verletzung zu riskieren. »Unheimlich« bleibt die Sprache in ihrer Gefahr der Gedankenlosigkeit: dass im Sprechen und Hören vergessen wird, wovon in Wahrheit die Rede ist, und dass das Menschliche – wieder und wieder – verraten wird.⁴⁵ Dichtung ist für Celan darum nur als *Unterbrechung* des Sprechens denkbar.

---

41. Bachmann, Werke 4, 215 f. Bachmann betont, »dass die Sterne für Paul Celan ›Menschenwerk‹ sind«. (Ebd., 216).
42. Celan, Werke 3, 185 f.
43. Ebd., 186.
44. Ebd.
45. »Das Menschliche, nicht der Mensch. Auch nicht die Menschlichkeit des Menschen. Sondern das Menschliche, aufgrund dessen es diesen oder jenen Menschen, *diesen* – singulären – Menschen da (im Hier und Jetzt, sagt Celan) gibt: ... Das *Unheimliche* ... ist ein ›Hinaustreten aus dem Menschlichen‹, aber in einem ›dem Menschlichen zugewandten

Dichtung ist Zäsur. Ist – wie es zum ersten Mal in der Büchnerpreisrede, dem »*Meridian*«,[46] heißt – »Atemwende«[47]. Nur im Stocken des Atems kann ein Wort geschehen.[48]

Dieser schmale Weg zwischen Nichts- und Zuvielsagen führt den Dichter in die »allereigenste Enge«[49].

»Das Gedicht ist einsam. ... Wer es schreibt, bleibt ihm mitgegeben.«[50] Aber steht es »nicht gerade dadurch,« fragt er weiter, »also schon hier, in der Begegnung, *im Geheimnis der Begegnung?*«[51]

Unterwegs

Das Gedicht »will zu einem Anderen, es braucht dieses Andere«.[52] Es ist »als Erscheinungsform der Sprache ... seinem Wesen nach dialogisch«[53] und »unterwegs«, »in dem – gewiss nicht immer hoffnungsstarken – Glauben«, es könnte »eine Flaschenpost sein« und »irgendwo an Land gespült werden, an Herzland vielleicht.«[54] Gerade im Eingedenken der Daten als in »seiner eigenen, allereigensten Sache«, und vielleicht darf man sagen, dass jedem Gedicht sein ›20. Jänner‹ eingeschrieben bleibt«, dass wir alle uns »von solchen Daten her« schreiben, ist ihm die Hoffnung eingeschrieben, »*in eines Anderen Sache*

(...) *Bereich.*‹ ... *Unheimlich* ist ... im Grunde die Gedankenlosigkeit: das Vergessen des Sprechenden ..., und des Hörenden. Und das immer mitbetroffene Vergessen dessen, wovon die Rede geht. Hier ... deutet sich an, dass das *Unheimliche*, aus sprachlichen Gründen, die Katastrophe des Menschlichen ist« (Philippe Lacoue-Labarthe, Katastrophe, in: Werner Hamacher, Winfried Menninghaus (Hrsg.), Paul Celan. materialien, 37f.).

46. Celan, Werke 3, 187-202.
47. Celan, Werke 3, 195.
48. Vgl. Labarthe, Katastrophe, 39.
49. Celan, Werke 3, 200. Nur aus dieser Einsamkeit kann eine »Singularität eine andere Singularität« angehen, die das Gedicht durch seinen ›Gang‹ befreit. Die Botschaft der Bestimmung ist so in doppeltem Sinne ethisch, als Treue gegenüber sich selbst und als Aufmerksamkeit gegenüber dem Anderen (Martine Broda, »An Niemand gerichtet«. Paul Celan als Leser von Mandelstamms »Gegenüber«, in: materialien, 219.
50. Celan, Werke 3, 198.
51. Ebd.
52. Ebd.
53. Ebd., 186.
54. Ebd. In der Flaschenpost ist, das ist in Bezug auf Celans Lektüre von Mandelstamm zu sagen, »kein informativer Sinn, kein Ensemble von Signifikanten, das der Dichter zu beherrschen vermöchte,« sondern »in der hermetischen Flaschenpost und im Gedicht ... ist der Dichter, die Gabe seiner selbst – das Gedicht, sein chiffriertes Geschick« (Broda, 216). Darum ist in der Flaschenpost alles aufs Spiel gesetzt. Celans »Wort ist das Aussetzen seines Seins. ›La poésie‹, so sagt es der einzige bisher überlieferte französische Satz Celans, ›la poésie ne s'impose plus, elle s'expose. ... Das Wort verweist nur, indem es verwaist.‹ (Werner Hamacher, Die Sekunde der Inversion. Bewegungen einer Figur durch Celans Gedichte, in: materialien, 115).

zu sprechen – wer weiß, vielleicht in eines *ganz Anderen* Sache.«[55] In dem manchmal verzweifelten Unterwegssein »auf etwas Offenstehendes, Besetzbares, auf ein ansprechbares Du vielleicht, auf eine ansprechbare Wirklichkeit«[56] liegt für Celan die Hoffnung, dem zu begegnen, was *unverloren* und darum *wirklich* ist.

Der Ganz »Andere«

Im Zusammenhang des *unverloren* stellt sich bei Paul Celan die Frage nach dem *Du*.
 Wer ist der Andere, der »ganz Andere«?

»Wege im Schatten-Gebräch
deiner Hand. Aus der Vier-Finger-Furche
wühl ich mir den
versteinerten Segen.«[57]

»Wessen Hand ist es?« fragt Hans-Georg Gadamer und spricht die Versuchung an: »Es scheint schwer, in der Segenshand, die nicht mehr segnet, etwas anderes als die Hand des verborgenen Gottes zu sehen, dessen Segensfülle unkenntlich wurde und uns nur noch wie in Versteinerungen überkommen ist«. Aber der Lesende wird sich eingestehen müssen, »dass das Gedicht darüber nichts entscheidet, wer hier ›Du‹ ist. Seine alleinige Aussage ist die inständige Not dessen, der in ›deiner‹ Hand – wessen Hand es auch sei – nach Segen sucht.«[58] Diese Mahnung entspricht dem Selbstverständnis des Dichters: Denn »(w)ir sind, wenn wir so mit den Dingen sprechen, immer auch bei der Frage nach ihrem Woher und Wohin.« Wir sind also bei »einer ›offenbleibenden‹, ›zu keinem Ende kommenden‹, ins Offene und Leere und Freie weisenden Frage – wir sind weit draußen. Das Gedicht sucht, glaube ich, auch diesen Ort.«[59]
 In Richtung auf diesen Ort ist auch die Bedeutung des Wortes »niemand« als Adressat eines Gedichtes zu suchen. Als Leser des russischen und unter dem Stalinregime verfolgten und getöteten Dichters Ossip Mandelstam und vor allem seiner Schrift »Über den Gesprächspartner«[60] ist auch für Celan der Leser

---

55. Celan, Werke 3, 196. Vgl. hierzu auch Broda, 215: »Die Distanz zwischen dem Subjekt und der Alterität, auf die hin es geöffnet ist, ist bei Celan unendlich: darum der Bezug auf Gott oder das Nichts, auf das Andere.«
56. Celan, Werke 3, 186.
57. Celan, zit. in: Hans-Georg Gadamer, Wer bin Ich und wer bist Du? Kommentar zu Celans ›Atemkristall‹ (1973), 3. Aufl., Frankfurt a. M. 1995, 54.
58. Ebd., 56.
59. Celan, Werke 3, 199.
60. Ossip Mandelstam, Über den Gesprächspartner, in: Ossip Mandelstam, Über den Ge-

des Gedichtes kein bestimmtes Gegenüber.⁶¹ Aber er geht noch einen Schritt weiter. Bei Mandelstam ging es um einen unbestimmten, fernen, den nachgeborenen Leser, der aber dennoch *existiert*. Was aber Mandelstam »noch nicht zu denken gewagt« hat, ist von Celan konsequent wahrgenommen: »Wenn das adressierte – und das ist für ihn immer auch das gerichtete, bestimmte, geschickte – Gedicht nicht ›eine bestimmte Person‹ angeht, dann ist der Platz des Gegenüber leer. Diese Leere benennt das Wort ›niemand‹.«⁶²

Aber was *heißt* niemand?

Celan lebte in Frankreich und hat infolgedessen möglicherweise das deutsche Wort »niemand« bearbeitet, »als ob es sich um das französische *personne* handelte, (das zugleich niemand und die menschliche Person, jemand, bedeutet).«⁶³ Dann mag auf diese Weise einem negativen Ausdruck ein positiver entrissen worden sein, was als eine der Linien in der dem »*Andenken Ossip Mandelstams*« gewidmeten »*Niemandsrose*«⁶⁴ zu finden ist:⁶⁵ In den Gedichten des ersten Abschnitts der *Niemandsrose* »bezeichnet Niemand (negativ) Gott oder auch das Nichts«⁶⁶. »Deus absconditus, unnennbar und ungenannt, trotzdem aber angerufen. ... Niemand wird antworten, wenn man ihn fragt, warum er ›alles dies wollte und wusste‹«.⁶⁷

Aber die »negative Mystik wagt die Anrufung«⁶⁸:

»O einer, o keiner, o niemand, o du:
Wohin ging's, da's nirgendhin ging?
O du gräbst und ich grab, und ich grab mich dir zu«.⁶⁹

sprächspartner. Gesammelte Essays I, 1913-1924, aus dem Russischen übertragen und herausgegeben von Ralph Dutli, Zürich 1991, 7-16.

61. Das »Gedicht ... ist an niemand Bestimmten gerichtet« (ebd., 9). Das Gedicht ist gleich dem Brief, der in einer »Flaschenpost« in die Hände eines zufälligen Adressaten gerät, an »den ›Leser in der Nachwelt‹« gerichtet« (ebd., 9 f.). Poesie ist adressiert »an den mehr oder minder fernen, unbekannten Adressaten, an dessen Existenz der Dichter nicht zweifeln kann, ohne an sich selber zu zweifeln« (ebd., 15). Ein Gedicht hat einen Menschen erreicht, wo dieser »zusammenzuckt in freudiger und banger Erregung, als riefe man ihn unerwartet bei seinem Namen« (ebd., 10).
62. Broda, 210.
63. Ebd., 212.
64. Paul Celan, Gesammelte Werke, Bd. 1, Gedichte 1, hrsg. von Beda Allemann und Stefan Reichert unter Mitwirkung von Rudolf Bücher (1983), 2. Aufl., Frankfurt a. M. 1992, 205-291.
65. Vgl. hierzu Broda 212 ff. »*Niemand* ist der abwesende, fehlende Name Gottes, zugleich aber auch der Name seiner Abwesenheit – Celan lässt diese Frage offen« (ebd., 215).
66. Ebd., 213. Broda sieht hier nicht nur jüdische Mystik, sondern auch Meister Eckhart und Heidegger »gleichfalls gegenwärtig« (ebd.). Ähnlich vgl. John Felstiner, Paul Celan. Eine Biographie, deutsch von Holger Fliessbach (New Haven, London 1995), München 1997, 236.
67. Broda, 213.
68. Ebd.
69. Celan, zit. ebd. Ob damit, wie Broda schreibt, »diese Bewegung ... als sinnlos und zum

Im vierten Abschnitt wird »die letzte Botschaft, die zugleich die Vollendung eines Wegs ist, unmerklich erhört.«[70] Im ersten Gedicht wird die Beziehung der Gesprächspartner konstituiert, für Celan ist diese vor allem auch seine geistige Beziehung zu Mandelstam, der mit »dem Stein«[71] angesprochen ist.

»Was geschah? Der Stein trat aus dem Berge.
Wer erwachte? Du und ich.
Sprache, Sprache. Mit-Stern. Neben-Erde.
Ärmer. Offen. Heimatlich.

Wohin gings? Gen Unverklungen.«[72]

Eben dieses »Unverklungen« deutet den »Schimmer Hoffnung« an, »den das getauschte Wort erweckt, dasjenige, das nicht tot ist, einen Klang, der unendlich widerhallt«.[73] So ist das Gedicht ein »Händedruck«, wie Celan in einem Brief an Hans Bender schreibt.[74]

Damit aber wird nicht die Distanz aufgelöst, die Mandelstam aufgezeigt hat. Im Gegenteil, sie ist erst eigentlich »die Bedingung ... für das, was Celan ›Begegnung‹ nennt.[75] So »stünde« »›Niemand‹ ... für die irreduzible Transzendenz des Du«.[76]

Scheitern verurteilt« (ebd.) dargestellt wird, sei doch von seinem eigenen Ansatz her, Celans Anrede in der Spannung bis in die Abgründigkeit eines niemand zu verstehen, in dieser Einseitigkeit angefragt. Vgl. auch die Worte Celans aus jenem bekannten Psalm: »Gelobt seist du, Niemand. / Dir zulieb wollen/ wir blühn. Dir/ entgegen.« (Celan, Werke 1, 225).

70. Broda, 213.
71. *Der Stein* ist der Titel der ersten Gedichtsammlung Mandelstams, die von Celan übersetzt wurde, vgl. Paul Celan, Gesammelte Werke, Bd. 5, Übertragungen II, hrsg. von Beda Allemann und Stefan Reichert unter Mitwirkung von Rudolf Bücher (1983), 2. Aufl., Frankfurt a. M. 1992, 47-161.
72. Celan, Werke 1, 269. »Der *Stein* (russisch ›kamen‹ und ein Anagramm des Gruppennamens ›Akme‹ – ›Spitze, Blüte, Reife‹, ist das *Wort*. Das Wort, das geweckt werden will. Nicht der von den Symbolisten gehätschelte geschliffene Edelstein, sondern die schlichteste Materie, der zum Bauen bestimmte Stein« (Ralph Dutli, Nachwort zu Ossip Mandelstam, Der Stein. Frühe Gedichte 1908-1915. Aus dem Russischen übertragen und herausgegeben von Ralph Dutli (1988), 2. Aufl., Zürich 2000, 247).
73. Broda, 214.
74. Celan, Werke 3, 177f. Vgl. Broda, 216: Das Bild des Händedrucks kann als die »grundlegende Geste der Dichtung Celans« verstanden werden.
75. Broda, 215. »Wir finden hier die ›Distanz von ungeheurem Ausmaß‹ wieder, die Mandelstamm aufgezeigt hat« (ebd). Man mag allerdings fragen, und Broda mahnt, dass man sich dieser Frage »nicht entziehen« dürfe, ob »eine Begegnung, die eine solche absolute Dissymetrie ... voraussetzt, noch ein Dialog« (ebd.) ist.
76. Ebd.

Die »unverlorene« Sprache in der Dichtung

»Ich gewann, ich verlor ...
ich stürzte
alles in niemandes Hand.«[77]

Dem entspricht die Wahrnehmung des Dichters, dass auch »das Angesprochene und durch Nennung gleichsam zum Du Gewordene« sich »(e)rst im Raum des Gesprächs« »konstituiert« und in diese Gegenwart »auch sein Anderssein« mitbringt:[78]

»Noch im Hier und Jetzt des Gedichts – das Gedicht selbst hat ja immer nur diese eine, einmalige, punktuelle Gegenwart –, noch in dieser Unmittelbarkeit und Nähe lässt es das ihm, dem Anderen, Eigenste mitsprechen: dessen Zeit.«[79]

»Etwas, das gehn kann, grußlos
wie Herzgewordenes,
kommt.«[80]

Was kommt, schreibend, lesend, im Schauen, im Gehen, kommt – *frei*.[81] Denn nur was frei ist, kann gefunden werden, nur was frei ist, kann unverloren sein und ein Kommendes unverfügbar in sich bergen.[82]

So sind »Gedichte ... auch Geschenke – Geschenke an die Aufmerksamen. Schicksal mitführende Geschenke.«[83] Und so ist die Aufmerksamkeit zugleich, wie Celan im Anschluss an Kafka[84] formuliert, »›das natürliche Gebet der Seele‹«.[85]

So kann erfahrbar werden:

»Verloren war Unverloren,
das Herz ein befestigter Ort.«[86]

---

77. Celan, Werke 1, 179.
78. Celan, Werke 3, 198.
79. Ebd., 198 f.
80. Zit. materialien, 119.
81. Vgl. ebd., 120.
82. »Auslegung ist Freilegung, Lesen ist nicht so sehr ein Sammeln und Aufheben als vielmehr ein Öffnen der Sprache auf das, was in ihr ungesagt blieb, was sich in ihr von ... Vergangenem bloß andeutet, von Kommendem bloß ankündigt. ... Das Lesen des Gedichts gibt ... nicht eine vorgegebene Wirklichkeit wieder, holt keinen verborgenen oder ferngerückten Sinn wieder in das Haus der Sprache zurück, sondern öffnet sich auf ein Kommen, das durch keinen intentionalen Akt herbeigeführt werden kann« (ebd., 119).
83. Celan, Werke 3, 178.
84. »Schreiben als Form des Gebetes«, Franz Kafka, Fragmente, in: Max Brod (Hrsg.), Hochzeitsvorbereitungen auf dem Lande, Frankfurt a. M. 1966, 348.
85. Celan, Werke 3, 198.
86. Celan, Werke 1, 261.

So markiert das Zugleich und Nebeneinander von *verloren* und *unverloren* einen lyrischen Topos, der durch das Verloren hindurch – vielleicht – Hoffnung finden lässt.

Von hierher ist noch einmal zu fragen: Ist das Gedicht ein Gespräch mit dem Unverlorenen? Und könnte das Gott sein? Und könnte das – zusammen mit dem Anderen – begegnen als das »ganz Andere?« Vielleicht.[87]

Dir, »auch dir«, aber ist aufgegeben zu sprechen.

»Sprich auch du,
sprich als letzter,
sag deinen Spruch.«

Dieser Spruch aber darf »das Nein nicht vom Ja« scheiden. Aufgegeben ist vielmehr, seiner Rede »den Schatten« zu geben –

»so viel,
als du um dich verteilt weißt zwischen
Mittnacht und Mittag und Mittnacht«

und also »*wahr*« zu sprechen.
   Denn wo das geschieht, wird der Sprechende erfahren,

»wie's lebendig wird rings –
Beim Tode! Lebendig!
Wahr spricht, wer Schatten spricht.«[88]

---

87. Ein Gedicht aus der *Niemandsrose* weist in diese Richtung:
»*Bei Wein und Verlorenheit*, bei
beider Neige:
ich ritt durch den Schnee, hörst du,
ich ritt Gott in die Ferne – die Nähe, er sang,
es war
unser letzter Ritt über
die Menschen-Hürden.
Sie duckten sich, wenn
sie uns über sich hörten, sie
schrieben, sie
logen unser Gewieher
um in eine
ihrer bebilderten Sprachen« (Celan Werke 1, 213). Vgl. auch Labarthe, Katastrophe, 31.
88. Celan Werke 1, 135.

Denn er wird erfahren und zur Erfahrung bringen, dass noch »Tempel« »stehen« und »(e)in Stern« »noch Licht« hat:[89]

»Nun aber schrumpft der Ort, wo du stehst:
Wohin jetzt, Schattenentblößter, wohin?
Steige. Taste empor.
Dünner wirst du, unkenntlich feiner!
Feiner: ein Faden, an dem er herabwill, der Stern:
um unten zu schwimmen, unten,
wo er sich schimmern sieht: in der Dünung
wandernder Worte.«[90]

In dieser Dünung aber wird er nicht allein bei den Worten bleiben. Er wird hinausgestoßen ins Leben und in eine Bewegung hineingenommen, in der er vielleicht – wieder – in seiner Gegenwart ankommen kann:

»Lies nicht mehr – schau!
Schau nicht mehr – geh!
Geh, deine Stunde hat keine Schwestern, du bist –
bist zuhause.«[91]

Christa Wolf – Die »Vision« vom »lebendigen Kunstwerk«

Subjektive Authentizität

»Zu schreiben kann erst beginnen, wem die Realität nicht mehr selbstverständlich ist,«[92] zuerst vor allem die Realität der eigenen Identität. Denn der Mensch ist noch nicht zu sich selber gekommen.[93]

Für Wolf ist die Kunst »wohl der einzige Hort« und »das einzige Erprobungsfeld für die Vision vom ganzheitlichen menschlichen Wesen.«[94] Insofern ist Schreiben für sie eine Art »Selbstversuch.« Darum braucht sie für sich selbst, für das eigene Leben »die Verbindung einer anderen Dimension in mir, um nicht das Gefühl von Da-Sein zu verlieren.«[95]

89. Ebd., 204.
90. Ebd., 135.
91. Ebd., 197.
92. Christa Wolf (1987), Die Dimension des Autors. Essays und Aufsätze, Reden und Gespräche 1959-1985, Bd. 2, Frankfurt a. M. 1990, 492.
93. Vgl. Christa Wolf in Bezug auf Johannes Becher in: Christa Wolf (1987), Die Dimension des Autors. Essays und Aufsätze, Reden und Gespräche 1959-1985, Bd. 1, Frankfurt a. M. 1990, 32 f.
94. Christa Wolf, zit. in: Gert Otto, Die Kunst, verantwortlich zu reden. Rhetorik. Ästhetik. Ethik, Gütersloh 1994, 56.
95. Ebd.

Die dieser Vision entsprechende Schreibweise verlangt Authentizität. Und zwar in Bezug auf den Stoff als auch auf den *Prozess* des Schreibens selbst.[96] Das Nebeneinander von Leben und Schreiben wird um der inneren Authentizität willen aufgegeben, und der Prozess von Denken und Leben ist selber mit zur Sprache zu bringen.[97] Das verlangt von der Autorin, sich darauf einzulassen, beim Schreiben etwas *Neues* zu erfahren.[98]

»Tatsächlich wird Schreiben für mich immer mehr der Schlüssel zu dem Tor, hinter dem die unerschöpflichen Bereiche meines Unbewussten verwahrt sind; der Weg zu dem Depot des Verbotenen, von früh an Ausgesonderten, nicht Zugelassenen und Verdrängten; zu den Quellen des Traums, der Imagination und der Subjektivität. Das geistige Abenteuer des Schreibens besteht für mich darin, jene Kräfte in mir wiederzufinden und womöglich zu entfesseln, die im Lauf meines Lebens unter diesen historischen Umständen als unnütz, überflüssig, schädlich, unbrauchbar, unangemessen, belanglos, unvorteilhaft, unbefugt, abträglich, anarchisch, amoralisch, gewissenlos, strafbar, … krankhaft, … albern, verrückt, unsittlich, verantwortungslos … kurz, als subjektivistisch verdächtigt, mit einem Verdikt belegt, zurückgedrängt, narkotisiert, gefesselt und lahmgelegt wurden.«[99]

Diese »Dimension der Tiefe«[100] freizulegen aber ist kein Rückzug in die Innerlichkeit. Es ist vielmehr ein für das Zusammenleben von Menschen, für das *politische* Gemeinwesen höchst wichtiger Vorgang, der nicht nur die Autorin betrifft, sondern ebenso ihre Leser einbeziehen will: Denn »Menschen, die nichts von sich wissen, sind die sichersten Objekte für Demagogie und Massenwahn.«[101] In der Öffnung für die Tiefenschichten des Subjekts, in solchem Wagnis des Sehens gelangt die Schreibende über die untergründigen Verflechtungen von Schreiben und Leben an die Realitäten von Verantwortung und Schuld, welche die Person, »die schreibend lebt, lebend schreibt, hervorbringen

---

96. Stephan Hermlin zitierend, formuliert Wolf erstmals eine Vorstellung vom Prosa-Schreiben, die sich deutlich von traditionellen Auffassungen abhebt: »›Die Zeit der Wunder ist vorbei.‹ Wir lesen Akten, Briefesammlungen, Memoiren, Biographien. Und: Tagebücher. Wir wollen Authentizität. Nicht belehrt – unterrichtet wünscht man zu sein.« (Wolf, Dimension, 1, 14).
97. Man muss nach Wolf »um jeden Preis versuchen …, den Kreis dessen, was wir über uns selbst wissen oder zu wissen glauben, zu durchbrechen und zu überschreiten« (Christa Wolf, Essays/ Gespräche/ Reden/ Briefe 1959-1974, Werke 4, herausgegeben, kommentiert und mit einem Nachwort versehen von Sonja Hilzinger, München 1999, 144). So ist »(S)chreiben nur ein Vorgang in einem verwickelteren Prozess …, für den wir das schöne, einfache Wort ›Leben‹ haben« (Wolf, Dimension 2, 499).
98. Wolf, Werke 4, 142.
99. Wolf, Dimension 1, 75.
100. Hilzinger, Nachwort, in: Wolf, Werke 4, 462.
101. Wolf, Dimension 1, 78.

und im gleichen Arbeitsgang zu zerreißen«[102] drohen. Aber nur so, durch Anteilnehmen am Anderen, durch Erinnerungsarbeit und die Mühe der Fragen schließen sich die lebensschaffenden Möglichkeiten der Sprache auf.[103]

Indem die Prosa »tödliche Vereinfachungen« abbaut, »indem sie die Möglichkeiten vorführt, auf menschliche Weise zu existieren«, unterstützt sie »revolutionär und realistisch« das »Subjektwerden des Menschen,« das heißt für Wolf, sie ermutigt zum Unmöglichen.[104] Dem Vergangenen kommt dabei eine wesentliche Rolle zu, ihm nach-denkend, nachspürend, will Wolf seine »Spuren im Innern, also Erfahrungen« sichern. Deshalb nennt sie Prosa die »authentische Sprache der Erinnerung«.[105] Zu dem Vergangenen gehört auch »die Erinnerung an eine Zukunft ..., von der wir uns bei Strafe unseres Untergangs nicht lossagen«[106] dürfen. Auch die äußerste Verneinung ist genau in dem Augenblick, in dem es ihr gelingt, sich zu äußern und sich »damit aus der die Welt der ›Festung‹ kennzeichnenden Blindheit zu befreien, ›etwas, das nicht verloren gehen darf‹«.[107] So sucht Wolf Vergangenes »neu« auf Zukunft hin zu schaffen. Was sie bewegt, »ist die Hoffnung, dass das, was ist, nicht alles ist.«[108]

Epische Schreibweise

Schreiben und Reden in »subjektiver Authentizität« sind also zugleich mit lebendiger Zeitgenossenschaft verbunden und bedeuten in der Folge unvermeidlich Engagement. Der Autor, die Autorin, die Wolf vor Augen steht, ist in und aufgrund seiner Sympathie, ihrer Liebe zur Welt und zu den »vielen Formen, in denen menschliches Leben sich zeigt«, tief beunruhigt über die Zukunft.[109]

Das galt, und das gilt immer noch, vielleicht gegenwärtig mehr denn je: »(U)nser wissenschaftliches Zeitalter wird nicht sein, was es sein könnte und

102. Wolf, Dimension 2, 611.
103. Vgl. Otto, Die Kunst, 59.
104. Wolf, Dimension 2, 503.
105. »Das Vergangene ist nicht tot; es ist nicht einmal vergangen. Wir trennen es von uns ab und stellen es uns fremd. Frühere Leute erinnerten sich leichter: eine Vermutung, eine höchstens halbrichtige Behauptung. Ein erneuter Versuch, dich zu verschanzen. Allmählich, über Monate hin, stellte sich das Dilemma heraus: sprachlos bleiben oder in der dritten Person leben, das scheint zur Wahl zu stehen« (Christa Wolf [1976], Kindheitsmuster, 7. Aufl., Berlin, Weimar 1982, 9).
106. Wolf, Dimension 2, 503.
107. Anita Raja, Worte gegen die Übel der Welt. Überlegungen zur Sprache von Christa Wolf, in: Christa Wolf (1998), Medea. Voraussetzungen zu einem Text, München 2000, 198.
108. Wolf, zit. in: Ursula Baltz-Otto, Poesie wie Brot, München 1989, 53.
109. »Der Autor, den wir meinen, ist tief beunruhigt über die Zukunft der Menschheit, weil sie ihm sympathisch ist. Er liebt es, auf der Welt zu sein, und er liebt die vielen Formen, in denen menschliches Leben sich zeigt. Er ist nüchtern und optimistisch, sonst würde er zu schreiben aufhören. Sein Optimismus kann wie Ernst und wie Zorn aussehen, aber nicht wie Gleichgültigkeit« (Wolf, Dimension 2, 499).

sein muss – bei Strafe einer unerhörten Katastrophe –, wenn nicht die Kunst sich dazu aufschwingt, dem Zeitgenossen, an den sie sich wendet, große Fragen zu stellen, nicht lockerzulassen in ihren Forderungen an ihn. Ihn zu ermutigen, er selbst zu werden – das heißt, sich dauernd, sein ganzes Leben lang, durch schöpferische Arbeit zu verwandeln.«[110]

Dieses Literaturverständnis setzt die Veränderbarkeit des Menschen voraus. Prosa vermag Menschen zu »schaffen«:[111] Eine »andauernde Wachheit gegenüber Warnsignalen, die uns aus unserer Umgebung oder aus uns selbst kommen«, und »der andauernde Versuch, den schmerzhaften Punkten im Schreiben nicht auszuweichen«, kann die Schreibenden und die Lesenden allmählich zu sich selbst hin verändern. Das schließt niemanden aus. Im Gegenteil: Wenn »wir«, zitiert Wolf J. R. Becher, »dem Menschen« geben, »was des Menschen ist«, »werden wir ... die alle unsere Erwartungen und unsere kühnste Phantasie übertreffende Entdeckung machen, welch eine abgründige und abenteuerliche, welch eine reichhaltige und widerspruchsvolle Geschichte jeder einzelne Mensch hat, und gerade auch der geringe, den wir als unbedeutend und langweilig abzutun gewohnt sind und unter die graue Masse der Namenlosen einzureihen uns anmaßen«. Dabei weiß sie, dass man »nichts erzeugen« kann, »was nicht da ist.« Aber dennoch ist damit zu rechnen, darauf zu vertrauen, dass »in allen Menschen ... mehr ›da‹« ist, als sie selbst und ihre Umgebung wissen.[112]

Aber wer so wahrnimmt, wird in seinem Schreiben und Reden die Erfahrung machen: »Die vorhandene Sprache« ist nicht »gefasst« auf das, was man sagen will. Die Wörter werden »Sprünge« machen, »Risse« werden durch die Sätze gehen, Brüche über die Seiten führen.[113] Wer schreibt, muss Wirklichkeit »um der Wahrheit willen neu erfinden.«[114] Er, sie muss das tun in Anerkennung der »Grenzen des Sagbaren«.[115] Das »Eigentliche« erscheint oft als unsagbar, und doch ist es notwendig, nicht »einen Millimeter unter dem zu bleiben, was du gerade noch ausdrücken kannst, was du mit aller Anstrengung dir noch abzwingen kannst, ohne dass die Anstrengung merkbar wird«.[116] Das schließt ein, »die schwierige Balance zu finden zwischen der Einsamkeit der Selbstauseinandersetzung und dem Lebenselixier der Kommunikation.«[117] Ein »Darunterbleiben« in der Sprache bedeutet zugleich ein *Weniger an Hoffnung*.

Um das dem Leben »Notwendige (...) und Neue (...) hinzu(zu)fügen«,[118]

---

110. Wolf, Dimension 1, 34.
111. Wolf, zit. in: Hörnigk, 155.
112. Wolf, Dimension 1, 18.
113. Vgl. ebd.
114. Vgl. Wolf, Werke 4, 463.
115. Wolf, zit. in: Baltz-Otto, 43.
116. Wolf, zit. in: Hörnigk, 47.
117. Ebd.
118. Wolf, Dimension 1, 34.

Die »unverlorene« Sprache in der Dichtung 115

braucht es nach Wolf die ästhetische Form, darum reicht es nicht, Traktate unter die Leute zu bringen. Nur darin kann Literatur dem Leben der Menschen etwas geben, »was all jene Mächte nicht können, die ihr zu Leibe rücken«,[119] kann sie »ein Gefühl für die Tiefe und den Sinn des Lebens«[120] im Leser wecken, kann sie Menschen »offener, selbständiger, angstfreier, toleranter«[121] und vor allem sensibler werden lassen. So dass wir, wie Wolf es in der *Moskauer Novelle* ausdrückt, »(m)it offenem Visier leben können. Dem anderen nicht misstrauen müssen. Ihm den Erfolg nicht neiden, den Misserfolg tragen helfen.« Dass wir »Schwächen nicht verstecken müssen« und dass »Lebenstüchtigkeit ... nicht mehr: heucheln können (heißt).« Dass Menschen einander die »Wahrheit sagen können.«[122]

Diese Aufgabe kann Literatur aber nur verwirklichen in und mittels der konstitutiven Mitarbeit, der Wahrheitssuche des Lesers. Sie ist Literatur, weil sie wesentlich *Dialog* ist. »Denn nur im Dialog können wir uns gegenseitig erfahren.«[123]

Am Prozess wahrheitsgetreuen Erfindens auf Grund eigener Erfahrung[124] muss der, die Lesende sich beteiligen, um das Geschriebene *selbst* zu vollziehen. Die Rezipierenden sind also selbst »Strukturelement«[125] des literarischen Systems, das nicht mehr, wie zum Beispiel in *Nachdenken über Christa T.*, der Erwartung auf einen Roman, eine Erzählung oder Novelle mit einer linear erzählten Geschichte entspricht, sondern von verschiedenen Erzählschichten getragen ist und in einen durch Traumsequenzen, Rückblenden und inneren Monologen *offenen* Textraum einlädt.[126]

Dabei sucht Literatur insbesondere die »Unruhigen« anzusprechen,[127] weil sie diese zugleich selbst am dringendsten braucht.

In Anlehnung an Brechts *episches Theater* spricht Wolf im Kontext der Spannung von Autor, Stoff und Zeit von der »epischen Prosa«,[128] deren Kraft in der Ermutigung zur Entdeckung einer neuen Wirklichkeit liegt. Dass viele Fragen ohne Antwort bleiben, verweist auf das Unabgeschlossene des Nach-Denkens und der Aufgabe des Menschwerdens. Das aber bedeutet nicht ihre Verlagerung in eine jenseitige Zukünftigkeit, sondern die Herausforderung gegenwärtiger Sinnfindung.

Der auf gegenwartsbezogenes Handeln hin orientierte, auffordernde Frage-

---

119. Wolf, Dimension 2, 472.
120. Wolf, zit. in: Hörnigk, 82.
121. Wolf, zit. ebd., 10.
122. Wolf, zit. ebd., 83 f.
123. Wolf, zit. in: Angela Drescher (Hrsg.), Christa Wolf. Ein Arbeitsbuch, Berlin, Weimar 1989, 453.
124. Vgl. Wolf, Dimension 2, 492.
125. Manfred Naumann, Blickpunkt Leser. Literaturtheoretische Aufsätze, Leipzig 1984, 139.
126. Vgl. Hörnigk, 157, 130 ff.
127. Wolf, Dimension 1, 33.
128. Vgl. Wolf, Dimension 2, 490.

satz aus *Christa T.* »Wann, wenn nicht jetzt?«[129] wird in *Unter den Linden* mit dem Anspruch der Erzählerin auf ein volles Leben wieder aufgenommen.
»Ich kann die Liebe nicht vertagen. Nicht auf ein neues Jahrhundert. Nicht auf das nächste Jahr. Um keinen einzigen Tag.«[130]
Die unverlierbare Heimat, die nach Wolf die Sprache für uns aufbewahrt – die Literatur enthält Quellen, ohne die menschliches Leben versiegt[131] – ist die Hoffnung, den eigenen Namen, das eigene Gesicht zu finden.

»Auch heute noch kommt mir insgeheim mancher Mensch wie verzaubert vor, und ich wünsche mir oft, die Literatur wäre etwas wie ein Zauberstab, ihn, sie alle zu erlösen: Die toten Seelen zum Leben zu erwecken, ihnen Mut zu sich selbst zu machen, zu ihren oft unbewussten Träumen, Sehnsüchten und Fähigkeiten«.[132]

Dass dies in keiner Weise romantisierend zu verstehen ist, zeigt das Beispiel der lebensrettenden Polizistin, das Wolf in ihrer *Stockholmer Rede* anführt:
Aus einer schottischen Zeitung berichtet sie Folgendes: »Eine Polizistin hatte ein ganz junges Mädchen, das sich aus dem 18. Stock eines Wohnhauses hatte hinunterstürzen wollen, so lange am Mantel zwischen Himmel und Erde festgehalten, bis zwei weitere Polizisten ihr zu Hilfe kamen und das Mädchen hereinzogen. Die Gerettete sagte, sie hätte nichts, wofür sie leben könnte.«[133]

Wie diese Polizistin, die das Reißen des Mantels »hörte und spürte«, dennoch nicht losließ, so sieht Wolf die Aufgabe von Literatur darin, am Sinn des Lebens festzuhalten, auch wenn er gegenwärtig nicht zu sehen ist. Sie »muss« »es in diesem Punkt der beharrlichen Polizistin gleichtun. ... Sie darf nicht loslassen.« Denn: »Wer kann wissen, ob das Mädchen nicht im nächsten Jahr, oder in zehn Jahren, seinem Leben einen Sinn gibt?«[134] So zielt Literatur auf Hoffnung, auf Veränderung, aber sie ist doch zugleich »nicht um einer Botschaft willen geschrieben«.[135] Was diese Hoffnung konkret bedeutet, wie sie wirklich wird, hat sich in geschichtlichen Erfahrungen verändert und kann sich immer wieder verändern:

»Die Hoffnung, ... entsprechend dem Konzept der frühen Aufklärung gesellschaftliche Veränderungen mit bewirken zu können«, hat sich in die Erfahrung verwandelt, »dass es längere Perioden in der Geschichte gibt, in denen Literatur nur sehr vermittelt auf Veränderungen einwirkt(e), unterirdisch, indirekt – manchmal ›nur‹, indem sie einfach durch ihr Dasein Menschen hilft, den Mut

---

129. Wolf, zit. in: Hörnigk, 176
130. Zit. ebd., 176f.
131. Vgl. Baltz-Otto, 45. In »Lesen und Schreiben« wagt Wolf ein Gedankenexperiment: Was wäre, wenn jede Wirkung, jede Spur, die Prosaliteratur in ihr hinterlassen hat, ausgelöscht würde? (vgl. Wolf, Dimension 2, 473ff.). Die Antwort: »(I)ch, ohne Bücher, bin nicht ich« (ebd., 478).
132. Wolf, Dimension 1, 12.
133. Wolf, Dimension 2, 507.
134. Ebd., 510.
135. Wolf, zit. in: Hörnigk, 42.

nicht ganz sinken zu lassen«.[136] Die Rolle der Literatur ist aber »mit der Säkularisierung des öffentlichen Lebens« noch verstärkt worden.[137] Literatur hat bleibend gesellschaftliche Verantwortung.

So liegen Nähe und Unterscheidung zu Bachmann dicht beieinander: Deren »tapfere(r), tief anrührende(r) Entwurf eines neuen Menschen« bleibt im Urteil Wolfs einsam und deutet keine »reale(n) Schritte von der Misere ihrer Gegenwart« zu einer anderen Zukunft hin an. In der »Selbstbewegung des Geistes« bleibt sie »umstellt« von diesen Fragen »in einem geschlossenen Kreis«, den die Dichter eben »nicht allein« und auch »nicht nur im Reich der Dichtung durchbrechen« können. Wolf aber will mit Literatur den »›Rahmen des Gegebenen‹« sprengen, weil die »Verteidigung der Poesie« erst auf »neuer gesellschaftlicher Grundlage«[138] wirklich beginnt. Gerade so will sie an der »Zumutung der Wahrheit« weiterschreiben, in der sie sich noch in der Unterscheidung mit Bachmann verbunden fühlt.

Nach Wolf kann Bachmanns Literatur gerade so »eine Dimension« gewinnen, »die die Autorin selbst nicht voraussehen konnte«. Daran zeigt sich nur einmal mehr, was es heißt, dass der Leser an dem Buch, das er liest, mitarbeitet, »und Ingeborg Bachmann gehört zu den Autoren, die sich ausdrücklich von der Mitarbeit ihrer Leser abhängig machen.«[139]

Worte wie Brot – Predigt als Rede von Wahrheit

Das stärkere Leben

Wenn ich von dem her, was Bachmann, Celan, Wolf über Dichtung schreiben, frage, was Predigt ist, worin ihr Auftrag, ihr Sinn, ihre Hoffnung liegt, so ist mir vor allem eines grundlegend wichtig: Das ist die Sensibilität für die Sprache und das Vertrauen zu ihr, dass sie eine wesentliche Verbindung in sich trage zu dem, was wahr und lebenswichtig, was lebenschaffend ist. *Sprache als Geist der Wahrheit* – möchte ich interpretierend formulieren. Ein Geist, der aber doch so leiblich, so für das Leben notwendig ist wie ein Stück Brot oder wie ein Heimatboden.

Sprache ist also nicht bloß äußere Form eines festgestellten Inhalts und einer jeweils nur neu nachzusprechenden Substanz. Wahrheit selbst ist nicht ohne den Weg, die Suche, den Kampf der Sprache um Wahrheit.

---

136. Wolf, zit. ebd., 83.
137. Vgl. Wolf, zit. ebd., 45.
138. Wolf, Dimension 1, 99. Vgl. hierzu auch Hörnigk, 176.
139. Ebd., 100.

Darin liegt ihre schöpferische, widerständige Lebenskraft. Aber darin liegt zugleich ihre Gefährdung. Beides ist zutiefst verbunden.

Man kann mit Worten die Sprache selbst verraten. Aber anders als in dieser Verletzbarkeit wäre die »zumutbare Wahrheit« nicht.

Sprache als Geist einer verwundbaren Wahrheit trägt die schöpferische, widerständige, lebendige Kraft in sich, Menschen zu stärken, zu begleiten, sie in ihrer Angst und ihrer Hoffnung, in ihren Brüchen und ihrer Sehnsucht nach Leben aufnehmen und bergen zu können. Die Kraft, selbst noch ihr Gegenteil zu durchwandern, ohne in ihm unterzugehen, vielmehr »angereichert« noch durch das Verstummen, lebensstärker, wahrheitsmächtiger, daraus hervorzugehen.

Diese Kraft der Sprache liegt somit für die Dichter in ihrer unverfügbaren und zugleich in Hoffnung vorausgesetzten *Gemeinsamkeit eines in der Sprache lebendigen Sinns* begründet. Sie ist darum wesentlich Gespräch und wagt noch an der Grenze des Sagbaren Sprechen hin auf eine unverlorene und darum »ansprechbare Wirklichkeit«. Von hierher ist in der Sprache die Wirklichkeit eines stärkeren Lebens gegründet: Stärker als jeder Tod – auch der innere Tod – wird die in der Sprache im Letzten unverlierbare Gemeinsamkeit von Sprechen und Hören geglaubt.

Hier liegt für mich begründet, was ich homiletisch im Folgenden zu entfalten suche. Ich möchte das in kritischer Auseinandersetzung mit dem homiletischen Programm Gert Ottos tun.

Eine Theologie der Sprache

Was mir im Gespräch mit den Dichtern im Blick auf die Predigt wesentlich ist, lässt sich auf den ersten Blick auch bei Otto finden. In seinem Arbeitsbuch *Predigt als Rede*[140] entfaltet er vor seinen programmatischen Thesen den Ausgangspunkt seines homiletischen Denkansatzes:

»*Wahrheit* ist nicht zu haben ohne den Prozess der *Wahrheitsfindung*«. »Was wahr ist, ist nicht per se wahr, sondern in Auseinandersetzung mit dem, was unwahr ist«.[141] So ist nach Otto von Celan zu lernen: »Sprache ist ... *immer* Sprache ›im Angesicht des Todes‹, *immer*, insofern sie auf ›Entwurf‹ aus ist ... . Dass nur solche Sprache »trag-fähig ist«, umschreibe »genau das ..., was wir in einer gefallenen Welt mit der Predigt als Proklamation des Heils wollen. Denn weniger wollen wir ja nicht«.[142] Gegen jede »instrumentell-technisch(e)« Herabwürdigung der Sprache stehe »Celans Sprachverständnis« »als Existenzgrund, anthropologisches und insofern auch hermeneutisches primum, dem alles andere« nur folgen könne. »Der sogenannte Inhalt ist *in* Sprache. Das ist der

---

140. Gert Otto, Predigt als Rede, Stuttgart, Berlin, Köln, Mainz 1976.
141. Predigt als Rede, 9.
142. Gert Otto, Predigt als rhetorische Aufgabe. Homiletische Perspektiven, Neukirchen-Vluyn 1987, 141.

Punkt«, konkludiert Otto und fragt: »Sollte dies alles einer Theologie, einer Kirche nicht einleuchten, für die Sätze gelten wie jene: *Das Wort ward Fleisch; Jesus Christus ist das lebendige Wort Gottes?*«[143] Keinesfalls aber darf »solches Sprachverständnis des Dichters« in eine »Theologie der Sprache« umgemünzt »oder auf flache Weise« theologisiert werden.[144]

Es kommt vielmehr darauf an, so Otto, »bei Sprache als dem anthropologischen primum zu bleiben, weil alle Theologie auf eben solchen anthropologischen Grundlagen« beruhe, »sofern sie Menschen« meine und Menschen gelte.[145]

Hier unterscheide ich mich.

In der Konsequenz des Wirklichkeits- und Sprachverstehens der Dichter liegt für mich theologisch die Frage nach Gott begriffen: Ich sehe in der Sprache als Geist der Wahrheit die Predigt und so auch die Homiletik in einer *Theologie der Sprache* grundgelegt.

Das ist keine »Theologisierung« eines »anthropologischen primum«, kein »Ummünzen« in ein Fremdes. Das ist ein Verstehen der Sprache im Horizont der Wahrheit, und das heißt theologisch – und damit in ausdrücklicher Achtung des Selbstverständnisses der Dichter und in Unterscheidung von diesem formuliert – im Horizont der Einheit Gottes mit Jesus von Nazareth als dem lebendigen Wort Gottes.

Das bedeutet konsequent: Der Prozess von Sprachwerdung, von *Sprechen und Hören*, der Kampf um Sprache auch durch Schweigen hindurch um das, was unverloren ist, ist theologisch zu verstehen als Prozess, in dem Gott *selbst* je neu, je anders als Wahrheit für Menschen zur Sprache kommen kann und kommt. So ist das Gotteswort *im* Menschenwort lebendig gegenwärtig. In der Verwundbarkeit für ein Sprechen und Hören, in dem Menschen – »im Grunde« – nicht verloren sind, liegt die Wahrheit der Sprache Gottes *selbst*. Der gemeinsame Sinn ist *selbst* nicht anders als in zerbrechlichen Gefäßen bewahrt.

Theologie der Sprache, das bedeutet: Gott selber ist nicht ohne die Sprachgestalten zu verstehen, in denen Menschen nach Wahrheit suchen und das Wort zum Leben finden.[146]

Oder wie Traugott Koch in seinen »Thesen zu Aufgabe und Zweck der Predigt« formuliert: »Die Wahrheit, die Gott selber ist und also lebendig ist und

---

143. Ebd., 142.
144. Ebd.
145. Ebd.
146. Darum kann ich den Prozess von Wahrheitsfindung nicht mehr wie Otto als Mitteilung bloß begründen. In seiner Formulierung »Der Weg der Mitteilung entscheidet über die Mitteilung selbst« begründet Otto selber, wogegen er sich doch wendet. In der Reduzierung der Wahrheitssuche auf den Weg und die Weise, einen Inhalt anderen mitzuteilen, bleibt Wahrheit Substanz und Sprache nur Form. Eine »Homiletik als Rhetorik« droht bloß umzukehren, was Otto als »gängige (…) Homiletik« und ihre Argumentation bezeichnet und insofern dem Anspruch der Zumutung der Dichter, dass Sprachfindung im Horizont von Wahrheit anderes als nur ein Suchen nach neuer Sprache ist, nicht gerecht zu werden. (Otto, Predigt als Rede, 22).

um die es in der Predigt entscheidend allein zu tun ist, ist kein fertig vorliegender Sachverhalt, ist kein feststellbar Seiendes, das nun einmal ist und besteht. Sondern sie ist eine *zu verstehende* – und auch sich selbst verstehende – Wahrheit, und so ist sie nur im Prozess des Verstehens ... Das Sein der Wahrheit ist kein objektiv zu ermittelndes Sein; sondern es ist Wirklichkeit als Wirklichkeit des mich und alle Einzelnen mit umfangenden Geistes. Bei der Wahrheit und ihrer Erkenntnis bin ich nie ›draußen‹ vor. Die Wahrheit ist lebendig und *selbst* etwas – nämlich Gott selbst: im Unterschied zu allem objektiv Seienden, das immer ein Totes und von mir weg Distanziertes ist.«[147]

Der Weg führt in die Weiterentwicklung dessen, was Otto als Prozess der Wahrheitsfindung *in* der Sprache formuliert.

Rede von Wahrheit

Mit dem eigenen Leben

Erstens und grundlegend gilt: Die Predigt ist *Rede von Wahrheit*.

Als solche fordert sie zunächst das Ich des Predigers, der Predigerin heraus, im Glauben »ohne Gewähr« mit seinem, mit ihrem Leben »zur Sprache zu gehen.« Sie nötigt zur »subjektiven Authentizität.«

Predigt als Rede von Wahrheit ist immer Wahrheitsausdruck eines, einer *Einzelnen*. Das nötigt zur Auseinandersetzung. Das nötigt dazu, *in* der Predigtvorbereitung der Fragen gewärtig zu sein: Was bedeutet das? Wie ist das erfahrbar? Wie ist das zu leben?[148]

Was so selbstverständlich klingt, scheint es mir in der Praxis nicht zu sein.

Es bedeutet zuerst, sehr viel mehr als Predigende sich dies oft gestatten, den eigenen *ersten* Assoziationen und vor allem Bildern Raum zu geben. Das heißt, den eigenen Bildern, Gedanken, den Fragen, den Widerständen auch, die ein Text auslösen mag, nachzugehen, sie ernst zu nehmen. Die Begegnung mit einem Text bedeutet Nähe dem eigenen Leben gegenüber und von daher auch dem Leben der anderen. Viele Predigten sind so sprachlos, weil sie die Fülle dessen, was im Raum eines Textes aufleuchten kann, überhaupt nie zugelassen haben. Die Gefahr bei der Predigtvorbereitung liegt darin, zu früh zu filtern und dadurch das »Sagbare« zu schnell zu erschöpfen. So kann weder der Text als ein Gegenüber gefunden, noch ein Du angesprochen werden.

Sich einem Text wirklich auszusetzen, ist ein Wagnis. Die Auseinandersetzung mit der Frage: Was bedeutet das? Wie ist das erfahrbar? Wie ist das zu leben?[149] führt auf einen Weg, auf dem ich nicht im Vorhinein weiß, wohin er

---

147. Traugott Koch, Thesen zu Aufgabe und Zweck der Predigt, in: Friedemann Green, Gisela Groß, Ralf Meister, Torsten Schweda (Hrsg.), um der Hoffnung willen. Praktische Theologie mit Leidenschaft, Hamburg 2000, 194.
148. Vgl. Koch, Eins ist not, 137.
149. Vgl. ebd.

führt. Das Wort, das satt macht wie ein Stück Brot, in dem Menschen aufatmen können, das vielleicht stellvertretend am Sinn wie am Mantel eines Abstürzenden festhält, wird nicht gefunden, ohne dass einer den Hunger spürt, ohne dass eine die Risse wahrnimmt. Ohne den Mut, sich ins Offene zu wagen, wird einer kaum Sprache finden für das, was lebendige und zuzumutende Wahrheit sein kann, wird er nicht wahrhaft trösten können.

Aber lassen wir uns darauf ein? Lassen wir uns ein auf das, was Bachmann die »Erschütterungen« zwischen den Dingen und der Sprache nennt? Nehmen wir, die Predigenden, die Risse überhaupt wahr? Die Risse, die ja gegenwärtig immer tiefer werden?

Die oben zitierte Wahrnehmung G. M. Martins ist doch nur dadurch zu erklären, dass die Predigenden, ich schließe mich nicht aus, sich oft – aus welchen Gründen auch immer – auf diese Art Fragen gar nicht erst einlassen, vielleicht in der Angst, ich könnte am Ende gar nichts mehr sagen. Das Bedürfnis, das zusammenzuhalten, was immer mehr sich aufzulösen droht, ist nicht zu übersehen. Bei jungen Theologinnen und Theologen, bei Studierenden schon, ist zum Teil, offen oder verdeckt, eine Haltung zu beobachten, die beinahe einer Gefangenschaft gleicht. Sie laufen manchmal in den biblischen Texten hin und her wie in einem Käfig. In aller Bemühung zu veranschaulichen, was »da« steht und was sich doch mit bloßer Veranschaulichung, Bebilderung keinen Millimeter öffnet,[150] verlassen sie kaum das ohnehin Gewusste, ihre Sprache bleibt »binnenkirchlich«, unverständlich nicht nur für den, der aus Anlass einer Taufe zum Beispiel oder einer Abkündigung eines Familienangehörigen »von ferne« gekommen sein mag. Da hört man viel zu selten eine Aussage mit Risiko, einen Gedanken, der das »Wagnis des Lebens«[151] in sich trüge; kaum eine offen gehaltene Frage, die über den bloßen »Anknüpfungspunkt« am Anfang einer Predigt durchgetragen wird.

Das kann Menschen enttäuscht zurücklassen und nicht nur diejenigen, die sich vielleicht einmal zufällig eingefunden haben, sondern auch die, die allsonntäglich kommen oder ab und an, weil sie nur erneut das Gefühl bestätigt finden, dort rede einer, der immer zu antworten verstehe auf etwas, was nicht *wirklich* zur Frage steht.

Das wird besonders dann schmerzlich erfahrbar, wenn ein Prediger von Hoffnung spricht oder zu trösten sucht und die Predigthörer sehr genau merken, ohne es vielleicht belegen, an Aussagen festmachen zu können, dass er mit seinen Worten eigene Ängste überdeckt, oder sich gar nicht in das hineinwagt,

---

150. Dass sich in der Vorstellung, ich müsste als Predigerin oder Prediger nur das richtige mediale Hilfsmittel finden, es ginge bloß um Vereinfachung und Veranschaulichung, darum, das, was ohnehin klar ist, nur noch »herüberzubringen«, auch Herrschaftsphantasien verbergen können, sei an dieser Stelle wenigstens angemerkt. Was hier formuliert ist, will gegen jeden letztlich pädagogisierenden Versuch sprechen, es ginge im Predigen nur um den Versuch, eine in sich klare Sache zu transportieren.
151. Tillich, Theologie I, 127.

wovon er spricht. Diese Verführung, Worte – Licht zum Beispiel – zu versprechen, deren lebendigen Ort in der Dunkelheit wir vielleicht nur bannen wollen, ist groß.[152]

Menschen, die diese Orte kennen, aus diesen Orten vielleicht gerade heute in den Gottesdienst gekommen sind, sind dafür empfindsam und sehr verletzbar.

Von den Dichtern zu lernen bedeutet, das Wagnis einzugehen, sich auf die *eigenen* Wahrnehmungen, auf die mit einem Text aufgeworfenen Fragen und die damit verbundenen Unsicherheiten wirklich einzulassen.

Wenn ein Predigender, eine Predigende sich auf die elementaren Fragen, die ja zugleich die in der »furchtbaren Einfachheit« sind, wirklich selbst einlässt, wird er, wird sie die Erfahrung machen, wie schwer es ist und wie manches leicht Dahingesagte sich so leicht nicht mehr sagt. Wer es versucht, wird merken, wieviel Stützen, wieviel Hilfen er selber braucht, um sich an einen Satz heranzutasten, »haltbar zu machen, auszuhalten in dem Bimbam von Worten«, einen Satz, den er, den sie selbst »unterschreibt«. Eine Pfarrerin benennt ihre Sprachlosigkeit angesichts von Ostern: »Ich komme über Karfreitag nicht hinaus.« Dieses wird seltener ausgesprochen, als es wirklich empfunden wird. Zur Sprache kommt es manchmal in Supervisionsgruppen. Aber wie ist darüber hinauszukommen?

Eine Predigerin in einer Dorfgemeinde in Westfalen erzählt an einem Sonntagmorgen in ihrer Predigt über das Vaterunser davon, wie sie bis in die frühen Morgenstunden um eine Auslegung des »Dein Wille geschehe« gerungen habe, aber nicht weitergekommen sei, nicht über ihre Fragen und Anfragen, nicht über ihren Widerstand hinaus. »Ich möchte Gott Fragen stellen«, sagt sie und lässt damit die ihr Zuhörenden an ihrem Prozess der Wahrheitssuche teilhaben. Und gibt vielleicht gerade so Antwort. Denn die Menschen fühlten sich als Hörer und Hörerinnen ernst genommen, indem sie im Hören an dem gesprochenen Wort teilhatten und in eigenes Nachdenken, in ihre eigenen Fragen und Antworten einstimmen konnten.

Dialog

Wo einer anfängt, auch und gerade die *offenen* Fragen selbst zu unterschreiben, wird er auch einen Satz finden, der haltbar ist, ist ein Prediger, eine Predigerin auf dem Weg, »dem Menschen zu geben, was des Menschen ist«, auf dem Weg zu einer Predigt, in der andere finden können, was *für sie* wirklich ist, in der

---

152. Vgl. Koch, Eins ist not, 136: »Da wird zu Weihnachten behauptet: ›Das Licht scheint in der Finsternis.‹ Wer doch einigermaßen bei Trost ist, wird fragen: ›Wo, wo um alles, ich würde es nur zu gerne, brennend gerne sehen.‹ Gemeinhin wird geantwortet: ›In Jesus Christus, in der Krippe zu Bethlehem, scheint es.‹ Ich frage: Heißt das nicht die Antwort verweigern? Würden Sie auch so reden im Unfallkrankenhaus, in einer Abteilung mit Querschnittgelähmten?«

Menschen spüren können: »(D)as könnte für mich, für mein Leben wahr sein – vielleicht sogar die Wahrheit sein, die frei macht, Leben öffnet.«[153]

Darum ist das eigene Wort nicht nur auf sich selbst bezogen. Es erwächst aus dem Dialog und ist auf den Dialog gerichtet. Predigt will darum nicht nur, wie Otto sagt, »(t)endenziell« »einen Dialog eröffnen«.[154] Predigt als Rede von Wahrheit *ist* Dialog.

Und das nicht nur, wie Otto interpretiert, im »Selbstverständnis des Predigers ... als eines Menschen, der nur reden kann, weil und wenn er mit anderen redet und andere mit ihm reden.«[155] Dialog – das ist nicht nur gemeint im aufklärerisch-emanzipatorischen Interesse, eine monologische Form aufzubrechen im Rahmen der Konsenstheorie des Wahrheitsverständnisses von Habermas. Das ist Dialog auch, aber das ist er eben nicht nur.

Predigt ist Dialog vielmehr im Sinne eines Hineinnehmens der Hörer mit in die Auseinandersetzung um das, was Bachmann als »zumutbare Wahrheit« bezeichnet. Wenn Otto den Inhalt der Predigt »durch die Hörer *mitkonstituiert*« sieht und als »eine der wichtigsten Fragen« »hinter jeder (Predigt-)Vorbereitung« begreift, »(w)as man im Blick auf *diese* Hörer, in *dieser* Situation, innerhalb *dieser* Begrenztheit *erreichen* und *bewirken* will – z. B. an Ermutigung oder Trost, ... Kritik oder Aufklärung«[156], so gerät diese Frage nur dann nicht zu einer bloß äußerlichen, einer der bloßen Wirkung, wenn die Hörer in ihrer *Zeugenschaft für die Wahrheit* ernst- und wahrgenommen werden. Predigt als Dialog, das heißt dann nicht weniger als dies: ein *eigener* Sprachausdruck geglaubter Wahrheit, in dem zugleich gegenwärtig ist und also konstitutiv hinzugehört, was *andere* an Wahrheitseinsicht bewegt. Ein eigener Sprachausdruck des Glaubens, der im Hören anderer spricht.

Predigt als Dialog ist also kein bloßer Meinungsaustausch. Predigt als Dialog *ereignet* sich, wenn spürbar wird, da braucht der Prediger, die Predigerin für *sich selbst* und für die *eigene Suchbewegung des Glaubens* die Wahrheitseinsicht der Anderen, die Gedanken der Menschen in ihrer Gemeinde, ihre Fragen, ihre Zweifel, ihre Einsichten, nicht zuletzt ihre Hoffnung. In diesem Sinne ist subjektive Authentizität mit engagierter Zeitgenossenschaft zu verbinden.

Das wird die Form der Predigt verändern. Das braucht das Wagnis, sich in einen *offenen* Sprachraum einzulasssen, der verschiedene Assoziationen und Gedankenstränge, unterschiedliche Stimmen nicht zu einem linearen Ganzen glättet, sondern nebeneinander belässt und darin anderen Zeit und Raum gibt, den eigenen Gedanken und Bildern nachzugehen, so dass die Hörenden erleben, selber »Strukturelement« in dieser Rede zu sein. Das bedeutet nicht, die Predigt im Vorläufigen zu belassen, im Gegenteil, das fordert zu einer besonderen Arbeit an der Form heraus.

153. Koch, ebd., 138.
154. Otto, Predigt als Rede, 23.
155. Ebd., 24.
156. Ebd., 27.

Rede für das Unverlorene

Darin setzt Predigt als Dialog im Horizont der Wahrheit großen Respekt voraus – vor allem vor der Verletzlichkeit derer, die hören, aber auch vor der eigenen. Nur wo Menschen spüren, dass sie in ihrer Verletzlichkeit wahrgenommen sind, können Worte aufleuchten, die Leben bringen, kann im menschlichen Wort ein Gotteswort, ein Wort befreiender Wahrheit hörbar werden und *ankommen*.

Wenn Bachmann den Kriegsblinden gegenüber als zumutbare Wahrheit begreift, »dass unsere Kraft weiter reicht als unser Unglück« und »man ... ohne Täuschung zu leben vermag«, dann sind für sie die Hörer zu Zeugen der Wahrheit geworden. Theologisch und in Bezug auf die Predigt bedeutet der Dialog mit den Hörern und Hörerinnen um die zumutbare Wahrheit den Mut und das Wagnis, das eigene und das Erleben anderer im Horizont der Wirklichkeit Gottes zu verstehen. Zur Sprache und ins Gespräch zu bringen, was lebendig, was *da* ist an Gottes-Wahrheit, Gottes-Kraft in Menschen-Leben und in Menschen-Kraft.

Predigt als Dialog um die Wahrheit ist darum auf der Suche und manchmal auch im Kampf darum, dass nicht verloren geht, was oft verloren scheint, und wenn es so erfahren wird, im Erleben auch verloren *ist*. Predigt ist das Wagnis eines Sprachausdrucks des Glaubens, eines »Ichs ohne Gewähr«, dass Sinn *wirklich* ist.

Predigt ist *lebendiger Mut zum Sinn*. Oder Entwurf der Sprache auf Sprache hin. Denn um nicht weniger als dies geht es: Zur Sprache zu bringen, wie menschliches Leben zu leben und das heißt immer auch zu bestehen ist mit seiner Angst, aber auch mit seinem Glück – denn auch das Gute will bestanden sein – wie das Dunkle zu erhellen, wie Gott im Leben von Menschen lebendig und erfahrbar sein kann.

Dieses kann in »aktiver Zeitgenossenschaft« auch eine »eingreifende Redeweise« sein.

Predigen heißt so auch: konkret werden, kann eine *Mahnrede* bedeuten, ein deutliches, erkennbares Wort in »aktiver Zeitgenossenschaft« im Kontext eines konkreten Ortes und einer bestimmten Zeit. Predigt kann und muss manchmal parteiisch werden. Denn Sinn ist nicht ohne die Wirklichkeit, in der Menschen ihr alltägliches Leben im Kontext auch eines politischen Gemeinwesens leben. Auch in diesem Sinne ist Predigt *Widerstandsrede* für das Leben gegen die Kräfte der Gewalt, der Zerstörung.

Die Stimmen der Vielen

Daran schließt sich noch ein Weiteres an. Wenn die Predigt wesentlich Dialog ist, warum muss sie immer nur von einem Einzelnen verantwortet werden? Im Anschluss an Bachmanns Zeugenschaft der Hörenden für die Wahrheit ist zu fragen, warum die Zeugen nicht auch in ihrer Zeugenschaft für die Wahrheit *selbst* gehört werden können. Sicherlich nicht immer, aber doch auch immer wieder, um wirklich *ihre* Stimme zu hören. Das Priestertum aller Getauften darf das Wort der Verkündigung nicht ausschließen.

Es gibt ja bereits solche Erfahrungen, zum Beispiel in den Dekadegottesdiensten. Warum ist es so schwer, diese Formen zu verstärken? Wenn der Dialog ernst genommen werden soll, dann muss ab und an hörbar werden, was die *Verschiedenen* denken, was ihr Glaubenszeugnis ist. Dadurch wird das Amt des Pfarrers nicht verringert, im Gegenteil, er wird vielmehr sein Wort mit anderen und vor anderen bedenken und sprechen. Er, sie wird das eigene Wort vielleicht sogar im erlebten Miteinander einer Predigtgruppe ganz neu und auf eine unerwartete Weise anders, möglicherweise ehrlicher und authentischer, aber auch mutiger finden.

Die Fülle der Erfahrungen, der Gedanken im Austausch mit einem biblischen Text kann – vielleicht gerade für Menschen, die der Kirche ferner stehen – noch ganz anders hörbar werden, wenn einzelne Stimmen auch losgelöst von einem unisonen Chor, den manch einer in der Glaubenstradition vermutet, zu Worte kommen. Dabei muss Widerstreitendes nebeneinander stehen bleiben können. Der Ausdruck der unterschiedlichen Perspektiven und Erfahrungsweisen kann zur Sprache kommen in den Texten, die einander begegnen, antwortend, widersprechend möglicherweise. Zweifel, Angst und Hoffnung bekommen ihr Recht, und vielleicht fühlen Menschen sich in dem, was sie erleben, in den verschiedenen Stimmen ganz anders aufgenommen und verstanden als im Wort nur eines Einzelnen.

Allein von dieser Verbindlichkeit des Lebendigen, die »Identität in Differenz zu anderer Identität« und damit »bewusste Pluralität« bedeutet, kann der Angst vor dem »Gespenst« subjektivistischer Beliebigkeit in der Diskussion um die »Predigt als offenes Kunstwerk«[157] begegnet werden.

Denn wo in der Predigt, ob von einem, dem Pfarrer, der Pfarrerin, oder ob von mehreren gesprochen, Menschen ein Wort hören, das »mich unbedingt angeht«, wo einer vielleicht nur *ein* Wort, *eine* Zeile hört, in der er »aufatmen« kann und zu ganz anderen, neuen Gedanken aufbricht, zu verändernden Fragen und darin vielleicht in ein neues Hoffen findet, kann *im* menschlichen Erleben ein Licht der Gotteswirklichkeit aufleuchten, kann Predigt *Gewissheit* stiften: Dass inmitten aller Ungewissheit und trotz mancher Brüche ein Mann, eine Frau für sich glaubt, im lebendigen Guten Gottes als er, als sie *selbst* behütet und bewahrt zu sein. Dann kann Predigt ein Wort werden, das Verschlossenes neu aufschließt und Hörende selber und miteinander, wieder neu vielleicht, sprechen lehrt.

So liegt im Dialog um die Wahrheit die *seelsorgliche* Kraft der Predigt begründet, Menschen zum Leben, zu ihrem Leben zu ermutigen. Gerade darin

---

157. Martin, Zwischen Eco und Bibliodrama, 58. Zur Diskussion vgl. den bereits mehrfach genannten, von Garhammer und Schöttler herausgegebenen Tagungsband der Arbeitsgemeinschaft für Homiletik, Predigt als offenes Kunstwerk.

ist mit Martin Luther in der Interpretation Eberhard Winklers die »Predigt als fundamentales und elementares Geschehen«[158] zu verstehen, die »das ›pro me‹ des von Christus erworbenen Schatzes« »aktualisiert« »und in dieser Hinsicht nicht von der Seelsorge unterschieden ist«:[159] Denn der Dialog bezieht die »Hörer in die Auseinandersetzung zwischen dem siegenden Christus und dem besiegten Teufel ein und ermutigt« sie, ihren »Platz auf der Seite des Siegers zu finden.«[160]

Die Sprache des Symbols

Eine solche Predigt braucht die *Kraft* und die *Schätze der Bilder*. Nicht nur der eigenen, sondern auch der fremden. Eine solche Predigt wird immer auch *erzählen*. Denn eine Erzählung kommt nahe und wahrt schützende Distanz zugleich. Darum kann sie Menschen ermutigen, *ihre* Geschichten zu entdecken und in ihnen Neues und sich selbst und einander wieder und neu zu finden: in dem, was sie als »unbedeutend und langweilig« abtun mögen, »mehr« zu glauben und zu entdecken, als ihnen selbst und anderen »vor Augen ist«.

Um »Leben an(zu)sagen« brauchen wir nach Gert Otto »die transzendierende, d.h. den Hörer *weiter-bringende* Sprachkraft der Poesie,«[161] wobei Poesie aus unterschiedlichem sprachlichen Material stammen kann – ob in der Bildungssprache, der Alltags- oder auch Umgangssprache: »Poesie ... schließt ein, dass die Muster und Denkschablonen des Vorhandenen ... durchkreuzt, durchbrochen, ... überstiegen werden.« Poesie bedeutet nach Otto »ein spezifischer Umgang mit Sprache, der Wirklichkeit neu erschließt.«[162] Und das heißt doch potentiell nicht nur für die anderen Hörer, sondern auch für den predigenden Hörer selbst. Dem stimme ich zu. Und doch möchte ich zugleich etwas hinzufügen.

Im Verstehenshorizont der Predigt als Rede von Wahrheit spreche ich im Unterschied zu Otto nicht von poetischer, sondern von symbolischer Sprache. Diese Unterscheidung ist nicht nur eine der Bezeichnung. Die Transzendierung durch das Poetische im Sinne Ottos trägt die Gefahr des flüchtigen und in diesem Sinne illusionären Transzendierens über das Vorgegebene in sich. Im Symbol aber ist das Einstimmen in das *Ambivalente* alles Lebendigen erfasst. Es gibt keine ins Eindeutige geschützten Räume, des Lebens nicht und der Sprache nicht. In der Sprache bringt weiter, zum Leben weiter, was in der Ambivalenz

---

158. Eberhard Winkler, Aus der Geschichte der Predigt und der Homiletik, in: Handbuch der Predigt, Berlin 1990, 584.
159. Ebd.
160. Ebd., 585.
161. Otto, Predigt als Rede, 25.
162. Gert Otto, Rhetorisch predigen. Wahrheit als Mitteilung. Beispiele zur Predigtpraxis, Gütersloh 1981, 13.

des Lebendigen aufnehmen kann und gerade darin seine transzendierende Kraft erweist.[163]

Was ich für die Seelsorge versucht habe deutlich zu machen, sei hier noch einmal verstärkend aufgenommen: Eine Predigt, die Kraft haben, die trösten, ermutigen und auch zum Leben mahnen kann, braucht eine Sprache, in der Menschen durch das Tor der Frage *Glaube ich das selbst?* hindurch begleitet werden. Das bedeutet, seelsorgliche Predigt ist auch ein Durchgang durch zerfallene Bilder, auch und gerade derer, die versprachen, »das Leben anzusagen«.[164] Ihre Kraft, ihre Sprachfähigkeit wird sich darin bewähren müssen, ob sie zu *neuen* Gestalten, Bildern, symbolischen Gestalten leiten kann, Gestalten, die uns selbst voraus sind und in denen wir uns doch selbst schöpferisch empfangen, in denen Menschen ihre Angst und Hoffnung nicht nur ausdrücken, sondern bergen können.[165]

Bachmann spricht von der Utopie der Literatur und der vor uns geahnten Sprache. Die Sprache ist größer als ich selbst, als alle Worte, die ein »Ich« sagen kann. Darum – aber das ist erst jetzt zu sagen, weil der Weg vorausgesetzt ist –, darf einer, der predigt, sich selber und die eigenen Zweifel loslassen und sich den Glaubensausdruck einer anderen borgen aus Texten, die eine Hoffnung aussprechen, in die sich doch auch ein zweifelnder Prediger und eine sich verbraucht fühlende Predigerin aufnehmen und ein Stück des Weges tragen lassen kann. Solche »guten Worte« mögen vielleicht auch gerade die der Dichter sein. Die Lebenskraft der Sprache liegt darin, dass sie das Geheimnis des Lebendigen wahrt, »das erkannt sein will gerade in seiner Unausdenkbarkeit«.[166] Darauf dürfen gerade auch die Predigenden vertrauen.

Der Widerstand des Textes

Von daher kann ich schließlich Exegese und Homiletik nicht in der Weise gegeneinander stellen, wie Otto dies tut. Ein biblischer Text kann nicht nur »Material« sein, »das bei der Bewältigung der Predigtaufgabe helfen kann«[167] – oder eben auch nicht, wie man konsequent weiter formulieren könnte. Der Text ist vielmehr als fremdes, auch abständiges, jedenfalls als eigenes Gegenüber wahrzunehmen. Wir brauchen auch den Schatz des Fremden, Schwierigen, nicht sofort Eingängigen. Mit Wolf wäre auf die Predigt zu übertragen: Wir sind nicht ohne den Schatz der Überlieferung in der biblischen Botschaft. Diese ist nie einzuebnen, was im Versuch, unter allen Umständen zu vergegenwärtigen, geschehen kann. In Konsequenz der oben bedachten Frage *Was bedeutet das?* wird

---

163. Vgl. o. in 2 *Die Feier der Geschichte Gottes unter uns* und vor allem u. in 5 *Eine Sprache wie Hände.*
164. Vgl. Otto, Rhetorisch predigen, 59.
165. Vgl. Steinmeier, Wiedergeboren, 59.
166. Koch, Mit Gott leben, 59.
167. Otto, Predigt als Rede, 29. Hervorhebung A. S.

vielleicht manches Mal auch das Unverständliche, das Fremde ausgehalten und eigens zur Sprache gebracht werden müssen.[168]

Predigt ist Sprachfindung in diesem Spannungsfeld. Sie ist auch und gerade darin der *Prozess der Aneignung* eines biblischen Textes.

Gebet

Im Enstehen und *in* der sprachlichen Gestaltung dessen, was dem Prediger, der Predigerin zur eigenen Wahrheit wird, kann die Wahrheit der Schrift *selbst* zur Sprache kommen. In seinem, in ihrem Wort kann sich das Wort offenbaren, das *Gottes* ist. Aber das ist nicht verfügbar und kann niemals verfügbar sein.

Predigt ist immer auch *Gebet*. Im Ausdruck ihres als wahr Erkannten wahrt sie darin einen letztinnigen Respekt vor Gott als Geist des Lebendigen und darin vor dem Geist, dem Verstehen, dem Glauben, dem Leben der je anderen. Predigt als Gebet wahrt *Predigt als Gespräch der Unterschiedenen* und hält die Wunden des Lebendigen offen.

Predigt ist darin – im Sprechen und Hören – Teilhabe an der *Sprache der Wahrheit Gottes im Endlichen*, die ohne Ende ist. In der Einheit Gottes mit dem Menschen Jesus von Nazareth – und von daher mit jedem menschlichen Leben – wurzelt die Erzählung der Geschichte Gottes mit den Menschen, in der Menschen eingeladen sind, als sie selbst »und Gott-erfüllt ins Menschlich-Lebendige (zu) wachsen.«[169] Predigt ist Einladung, diese Geschichte Gottes unter uns weiterzuerzählen.

Zum Leben stärken

Sie ist darum nicht nur eine unter anderen Mitteilungsformen, wie Otto sagt. Sondern eine, die *not* ist.

Worte, die zum Leben verhelfen, zum Leben stärken, sind nötiger denn je. Predigt als Wort, das in und aus seiner Verletzbarkeit für das Leben aufmerksam dafür ist und darum davon zeugen kann, dass das Leben stärker ist als der Tod: Das ist not.

Denn die »Wahrheit ist dem Menschen zumutbar«, weil der, der »wirklichkeitswund und Wirklichkeit suchend mit seinem Dasein zur Sprache geht«, ihr begegnen wird: der »Sprache, die unverloren« blieb, »ja, trotz allem.« Dieses Vertrauen teilt der Prediger, die Predigerin mit den Dichtern und mit allen, die hören. Manchmal scheint es mir neu zu lernen zu sein.

168. Vgl. Koch, Thesen, 191: »Wenn jedoch ein vorliegender Text, trotz vieler ›Exegese‹, fremd und fern bleibt, so sagen nicht wenige, sie könnten mit diesem Text ›nichts anfangen‹ ... Warum hält man in der Theologie diese Fremdheit nicht aus und bedenkt sie nicht als das, was sie ist?«
169. Steinmeier, Wiedergeboren, 200.

Um immer wieder so zur Sprache zu finden, dass Predigt sein kann, was sie in ihrem Wesen doch ist: ein Wort, »das schenkt, was es sagt, und austeilt, wovon es erzählt.«[170] Ein Wort, das leiblich ist, wie Brot und Wein. Ein Sakrament.

---

170. Manfred Josuttis, Rhetorik und Theologie in der Predigtarbeit. Homiletische Studien, München 1985, 28.

4 Musik und Gebet

Gegenreden

Und doch lebt die Kirche des Wortes nicht vom Wort allein. Sie ist wesentlich auch Raum des Gebets. Aber über das Gebet zu sprechen, ist schwer. Es ist ein Geheimnis, das in der Sprache so leicht in Gefahr gerät, verloren zu gehen. Dass Worte die Sprache selbst verraten können, wird hier in ganz besonderer Weise erfahrbar. Und doch brauchen wir ein Sprechen über das Gebet, um diesen Urakt der Religion nicht zu verlieren.

Das Gebet ist der *Pulsschlag* gelebter Religion. Ein Pulsschlag aber, den wir kaum noch vernehmen. »Für viele Zeitgenossen«, schreibt Johann B. Metz schon 1977, »ist Beten nicht einmal mehr Privatsache. Es wirkt fremd und befremdlich, bleibt unzugänglich und ungefragt auch dann, wenn es für unsere Erfahrungen eigentlich keine andere Sprache mehr gäbe als die des Gebets. Wer unter Christen wird schon bestreiten, dass es in dieser Zeit der Ermutigung zum Gebet bedarf?«[1]

Das Gebet ist vielfachen Angriffen ausgesetzt. Angriffen von außen und von innen. Angriffen, denen sich auch und gerade ein Betender nicht immer entziehen kann. Wer betet, wird leicht bestenfalls »entschuldig(t)«,[2] sich regressiv-infantil in eine weltfremde Innerlichkeit zurückzuziehen und, archaischen Ängsten ausgeliefert, »die Schwere des Lebens«[3] nicht tragen zu können. Wer betet, wird oftmals grundsätzlich angefragt, von einer erdachten, erwünschten und in diesem Sinne illusionären »Güte oder Gnade Gottes« »Milderung«[4] zu erwarten, statt den Blick auf die *eigenen* Füße zu richten[5] und alle »Kräfte auf das irdische Leben (zu) konzentrie(ren).«[6]

Sigmund Freuds »Plädoyer für das Diesseits«,[7] das eines der letzten Kapitel seiner *Zukunft einer Illusion*[8] beschließt, hat geprägt.

Das sind ja nicht nur Anfragen vom Schreibtisch, jenem, wie Metz schonungslos formuliert, »Stammplatz der Apathie ... (und) der Dauerreflexion«,

---

1. Johann Baptist Metz, Ermutigung zum Gebet, in: Johann Baptist Metz, Karl Rahner, Ermutigung zum Gebet, Freiburg i. Br., Basel, Wien 1977, 11.
2. Metz, 14.
3. Sigmund Freud, Die Zukunft einer Illusion, 1927, in: Sigmund Freud, GW XIV (1948), 7. Aufl., London, Stuttgart 1991, 372.
4. Sigmund Freud, Eine Kindheitserinnerung des Leonardo da Vinci, 1910, in: Sigmund Freud, GW VIII, 8. Aufl., London, Stuttgart 1990, 197.
5. Vgl. Freud, GW XIV, 443 Anm.
6. Freud, GW XIV, 373.
7. Paul Ricœur, Die Interpretation. Ein Versuch über Freud. Übersetzt von Eva Moldenhauer, Frankfurt a. M. 1969, Tb.-Ausgabe 1974, 335.
8. Freud, GW XIV, 323-380.

der »nichts fremd und unerklärt bleibt«.[9] Diese Anfragen treffen vielmehr gerade den, der betet und in seiner Hoffnung verletzbar ist. Verletzbar durch *Erfahrungen* eines Lebens, in dem das Gebet als ohnmächtig erfahren worden ist. Erfahrungen, wie sie sich literarisch verdichtet finden in Bertolt Brechts *Mutter Courage und ihre Kinder*: in der Gestalt der stummen Kattrin, die aufhört das *Vaterunser* zu beten und statt dessen wie eine Besessene trommelt und so die Stadt Halle vor den herannahenden kaiserlichen Truppen warnt.

»Die Bäuerin: Jesus, was macht die?
Der Bauer: Sie hat den Verstand verloren?
Die Bäuerin: Hol sie runter schnell! […] Sie bringt uns ins Unglück.
Der Bauer: Hör auf der Stell auf mit Schlagen, du Krüppel!«[10]

Sie aber schlägt weiter, bis die Soldaten sie niederschießen – aber die Stadt ist gerettet:

»Der Fähnrich: (…) Zum allerletzten Mal: Hör auf mit Schlagen! *Kattrin trommelt weinend so laut sie kann.* Gebt Feuer!
  Die Soldaten feuern. Kattrin, getroffen, schlägt noch einige Schläge und sinkt dann langsam zusammen.
  Schluß ist mit'm Lärm! *Aber die letzten Schläge Kattrins werden von den Kanonen der Stadt abgelöst. Man hört von weitem verwirrtes Sturmglockenläuten und Kanonendonner.*
  Erster Soldat: Sie hats geschafft.«[11]

Und doch haben Menschen nicht aufgehört und hören Menschen nicht auf zu beten und Gott anzurufen. Auch noch in tiefster Nacht. Und darum sei gegen alle Gegenrede noch einmal sehr grundsätzlich gefragt: Was ist das – Beten? Ein Sprechen – wohin? Warum? Und – gibt es auch dann wieder Zugänge zum Gebet, zu diesem *offenen Raum des Gesprächs mit Gott*, wenn die Wirklichkeit, die wir mit Gott bezeichnen, fremd geworden ist? Wo das Gebet verloren geht oder verloren gegangen ist, bleibt das Herz der Religion stehen.
  Ich suche hier das Gespräch mit der Musik. Vielleicht kann sie in der Eigenart *ihrer* Sprachen eigene Wege auch – wieder und neu – für das Gebet eröffnen. Denn die, die sie sprechen, haben ein ganz eigenes Verhältnis zur Welt: ein *Innenverhältnis* des *Hörens*. Die Räume, die in je eigener Weise der Dirigent, Komponist und Pianist Leonard Bernstein, der Jazz-Bassist Charles Mingus und der Tänzer und Choreograf John Neumeier eröffnen, führen weit hinaus und – vielleicht gerade dadurch, dass sie auf je eigene Weise Wortsprache suchen für

---

9. Metz, 15.
10. Bertolt Brecht, Mutter Courage und ihre Kinder. Eine Chronik aus dem Dreißigjährigen Krieg, 18. Auf., Berlin 1972, 102.
11. Brecht, Mutter Courage, 105.

das Geheimnis der Musik und einen »›Streifzug ins Unsagbare‹«[12] wagen – wieder neu *in die Mitte*.

Das Geheimnis der Musik

Leonard Bernstein – The poetry of earth

Mit-teilen

»STILLE ist unsere innerlichste Art
des Tuns.
In unseren Augenblicken tiefer Ruhe
entstehen alle Gedanken,
Gefühle und Kräfte, die wir schließlich
mit dem Namen des Tuns beehren.

Unser gefühlvollstes aktives Leben
wird in unseren Träumen gelebt,
unsere Zellen erneuern sich
am eifrigsten in unserem Schlaf.
Wir erreichen das Höchste in Meditation,
das Weiteste im Gebet.

In Stille ist jedes menschliche Wesen
fähig der Größe;
frei von der Erfahrung
von Feindseligkeit, ein Dichter
und am ähnlichsten einem Engel.

Doch Stille verlangt eine tiefgründige
Disziplin, man muss sie sich erarbeiten,
und sie gilt uns um so mehr darum
als kostbarer Schatz.«[13]

12. Bernstein zitiert ein Gedicht von T. S. Eliot, der für sich selber und »für alle schöpferischen Künstler dieses apokalyptischen Jahrhunderts« spricht (Leonard Bernstein (1976), Musik – die offene Frage. Vorlesungen an der Harvard-Universität. Neue durchgesehene Ausgabe, München 1982, 360. Vgl. Motto dieses Buches).
13. Leonard Bernstein 1977, zit. in: Peter Gradenwitz (1984), (Leonard Bernstein 1918-1990. Unendliche Vielfalt eines Musikers, Zürich, Mainz 1995, 368f.

Seine »erste bewusste Begegnung mit Musik«, erinnnert sich Bernstein, fand statt, als er acht Jahre alt war. Es war Orgelmusik in der Synagoge der jüdischen Gemeinde Mishkan Tefila,[14] eine Musik, die ihn so bewegt, dass er das Gefühl hat, es sei »Gott selbst«,[15] der an der Orgel sitzt und spielt. In der Einsamkeit seiner Kindheit und der »kargen Umgebung, die dem Leben Grenzen zu setzen schien«, findet Bernstein in der Musik schon als Junge Trost und neue Kraft: »So oft ich mich in die Arme dieser Musik flüchtete, ... fühlte ich mich wie neu geboren.«[16]

Diese Lebenskraft der Musik will sich nach Bernstein *jedem* Menschen mitteilen. Sie kann sich aber nur mitteilen, wenn wir lernen, wirklich zu hören und aktiv an der Musik teilzuhaben und ihr zu folgen.[17]

Das ist nicht leicht. Das ist »Arbeit.«[18] Das braucht die Aufmerksamkeit einer neuen Wanderung – denn der Weg ist unbekannt, alles begegnet zum ersten Mal, nichts ist selbstverständlich.[19]

Als Kunstwerk beantwortet Musik keine Fragen, sondern fordert sie erst eigens heraus. Was sie zu sagen hat, und sie hat nach Bernstein »etwas zu sagen« – eine Musik, die nichts zu sagen hat, ist keine Musik –, liegt »in der Spannung zwischen den sich widersprechenden Antworten.«[20] Sprache dieser Spannung ist die *kontrapunktische Satzlehre*.[21]

Es ist die »endlose Reihe von Fragen und Antworten«, durch die der Dirigent den *Geist*, die »*lebendige(n) Wahrheiten*« der Musik anderen, den Zuhörenden, mitteilt. Mit-teilt, das heißt, er teilt mit ihnen Wahrheiten, über die er nicht verfügt, sondern die er *findet* und die auch der Komponist nicht erfunden, sondern »schon vor ihm *entdeckt* hat.«[22]

So liegt die »Bedeutung von Musik ... in der Musik und nirgendwo anders«[23] und weist doch gerade *darin* über sich hinaus. Kraft eines »unaufhörlichen

---

14. Enrico Castiglione (1989), Leonard Bernstein, Ein Leben für die Musik. Gespräche mit Leonard Bernstein, Berlin 1993, 18.
15. Ebd. An der Orgel saß Solomon Braslavsky, dessen Kompositionen den Geist Mahlers atmeten, der später für Bernstein wesentlich wird.
16. Ebd. Vgl die Schilderung seines frühen Verhälderung zum Vater, der für seine Leidenschaft zunächst gar kein Verständnis zeigt. Die Anschaffung eines Klaviers in der Familie und der beginnende Klavierunterricht führen ihn endgültig in die Welt der Musik.
17. Leonard Bernstein, Von der unendlichen Vielfalt der Musik (1967), Stuttgart 1968, 21.
18. Ebd., 22.
19. Castiglione, 64. »Warum dieses Crescendo? Und welchen Sinn hat dieses Forte? Warum muss man hier einen raschen Takt schlagen?« (ebd.).
20. Bernstein, Unendliche Vielfalt, 142.
21. Darunter versteht Bernstein »bloß das Wunder«, »in der Lage zu sein, gleichzeitig zwei verschiedene syntaktische Verwandlungen ein und desselben Einfalles wahrnehmen zu können. Dieses Wunder wird durch den Kontrapunkt zustande gebracht, durch das Verweben zweier oder mehrerer melodischer Linien- oder musikalischer Gefügeteile, wie der Sprachwissenschaftler sagen würde« (Bernstein, Harvard, 117).
22. Castiglione, 64. Hervorhebung A. S.
23. Zit. in: Gradenwitz, 302.

Fluss(es) von Metaphern«[24] kann sie »das Unnennbare nennen und das Unerfahrbare mitteilen.«[25] Musik ist *unendlich*.

Diese »Unendlichkeit der Musik« veranschaulicht Bernstein am Variationsreichtum eines einzigen melodischen Motivs von vier Noten. Bernstein zeigt nicht nur am Beispiel von Musikstücken, deren Hauptmelodie mit diesen Noten beginnt – dem französischen Volkslied *Il était une Bergère*, dem *Moldau*-Thema von Smetana, der *Wassermusik* von Händel –, wie viel »verschiedene musikalische Formen« sie »annehmen können und welche Fülle musikalischer Bedeutungen in ihnen liegen kann.«[26] In der Geschichte des russischen Komponisten Dmitri Schostakowitsch, der in der äußerlichen Unterwerfung unter das Stalin-Regime diese Noten benutzte und sie zugleich in ihrer »Banalität« »überwinden und ihnen neuen künstlerischen Ausdruck ... verleihen« konnte, erzählen sie zugleich von der »unendliche(n) Vielseitigkeit des Menschen« und seinem nicht zu unterdrückenden »Willen (...), Neues zu schaffen und sich als Individuum zu behaupten.«[27]

Diese einfachen vier Noten erzählen von der Freiheit, sich zu *ändern*. Einer Fähigkeit, in der der Irrtum nicht ausgeschlossen, sondern bewusst als Möglichkeit angenommen wird. Der darum »edelste(n) Gabe des Menschen«, in der er »gott-ähnlich«[28] ist.

So ist der Geist der Musik ein Geist der Freude.[29] Ganz konkret und anschaulich fordert Bernstein seine Zuhörer und Leser auf: »Hängen Sie dieses Bild über Ihrem Schreibtisch auf.« Es erinnert an das, was möglich ist. »Es ist ein Motto, das sagt: ›Freue Dich!‹«[30]

---

24. Bernstein, Harvard, 138. Dabei will Bernstein den Begriff Metapher (Metapher: meta – über, darüber, pherein – tragen: »das Tragen einer Bedeutung über das Buchstäbliche, über das Fassbare, über das grob Semantische hinaus« [ebd., 143] auf drei bestimmte Arten angewendet wissen: »Die erste Form ist die der inneren, der Musik innewohnenden Metaphern, die ausschließlich musikalischer Natur sind«. Als zweite Form definiert er eine »*äußerliche* Metapher ..., die nicht der Musik innewohnt, weil hier der musikalische Sinn auf eine außermusikalische Bedeutung bezogen ist.« Schließlich haben wir es nach Bernstein mit der »*analogen* Metapher« zu tun, wenn wir die »der Musik innewohnenden Metaphern mit ihren sprachlichen Gegenstücken, den rein verbalen, vergleichen« (ebd., 138 f.).
25. Ebd., 144.
26. Bernstein, Unendliche Vielfalt, 34.
27. Ebd., 47.
28. Leonard Bernstein (1982), Erkenntnisse. Beobachtungen aus fünfzig Jahren, Hamburg 1983, 76.
29. Leonard Bernstein, Freude an der Musik (1959), Frankfurt a. M. 1976.
30. Bernstein, Unendliche Vielfalt, 48.

Unendliche Vielfalt und die offene Frage

Aber gerade weil Bernstein die Unendlichkeit der Musik preist, ist er in seinem Nachdenken über Musik und in seinem eigenen musikalischen Schaffen zugleich von der anderen Frage umgetrieben, die aus seiner Perpektive nicht eigentlich als Grenze, sondern als Begründung und Verwurzelung dieser Unendlichkeit zu verstehen ist: Wie viel »Wachstum, wie viel chromatische Zweideutigkeit, wie viel semantische Überfütterung kann man verkraften, ohne unter seinem eigenen Gewicht zusammenzubrechen?« Wann sind es »ganz einfach zu viele Noten, zu viele innere Stimmen, zu viele Bedeutungen?«[31] Hier setzt nach Bernstein ein, was er in Bezug auf die 1908 entstandene Komposition *The Unanswered Question* von Charles Ives die »*offene Frage*« nennt. Diesen Titel, von Ives als »die ewige Frage des Seins«[32] verstanden, interpretiert Bernstein musikalisch: *Offen* ist für ihn, wohin Musik im zwanzigsten Jahrhundert[33] führt. Seine Harvard-Vorlesungen setzen sich unter dieser Fragestellung mit der Musikgeschichte auseinander.

---

31. Bernstein, Harvard, 259.
32. Es gibt »drei Elemente« im Orchester: die Streicher, die Solotrompete und ein Holzbläser-Quartett. Die Streicher spielen »ohne Tempowechsel durchlaufend pianissimo.« Sie stellen nach Ives das »Schweigen der Druiden« dar. Die Trompete intoniert »die ewige Frage des Seins« und stellt sie »jedes Mal im selben Ton, mit gleicher Stimme. Aber die Jagd nach der ›unsichtbaren Antwort‹ wird von Flöten und anderen Menschenwesen ... bestritten ... (Diese) kämpfenden Beantworter spüren allmählich ... eine Sinnlosigkeit heraus und fangen an, ›die Frage‹ zu verspotten – der Kampf ist vorläufig beendet. Nach ihrem Verschwinden wird ›die Frage‹ ein letztes Mal gestellt, und darüber ist das ›Schweigen‹ in ›regungsloser Einsamkeit‹ zu hören« (Ives, zit. ebd., 260).
33. Wichtiger aber als »alles über die Druiden« ist nach Bernstein, dass die Streicher »in reinen *tonalen Dreiklängen* spielen. Und vor diesem langsamen, gehaltenen, rein diatonischen Hintergrund stellt die Trompete von Zeit zu Zeit ihre Frage – eine unbestimmte, nicht-tonale Phrase; und jedes Mal antwortet die Holzbläser-Gruppe in ähnlich unbe-

Das Geheimnis der Musik

Wohin führt Musik – nach Wagners *Tristan und Isolde*, jenem »Krisen-Werk des 19. Jahrhunderts«, das die musikalische Entwicklung auf den »Gipfelpunkt der Vieldeutigkeit«, an einen »Wendepunkt« getrieben hat, nach dem Musik »nie wieder dieselbe sein« konnte?[34] Wohin führt Musik – nachdem Arnold Schönberg »den Kampf um die Bändigung der nach-wagnerischen Chromatik« aufgegeben und mit seiner offenen »Absage an die Tonalität« die Musikgeschichte einem »Gezeitenwechsel unterworfen«[35] hat?

Mag das Zwölftonsystem »tatsächlich ein lebensfähiger Ersatz für tonale Komposition« sein, für Bernstein leitet sich dieser Aufbau doch »von *denselben* zwölf Tönen der Obertonreihe her, die uns allen als Allgemeingut eigen ist.«[36] Er hört eine »Art *tonaler* Fühlbarkeit«, die Schönbergs Musik »bis zu seinem Lebensende heim(suchte).«[37]

Die beabsichtigte »anti-tonale (...) Aufgabe der Zwölfton-Reihe« und die »unvermeidlich tonalen harmonischen Unterstellungen«, die ihr nach Bernstein »innewohnen, ob man nun will oder nicht«,[38] führen zu »Zurückweisung *und* Umarmung«, zu »Ableugnung *und* Bekenntnis« »*zur selben Zeit*«. Dieser Konflikt hat die dramatischste und semantisch kritischste Zweideutigkeit her-

---

stimmter, gestaltloser Art. Die Wiederholung der Frage ist mehr oder weniger stets gleich, aber die Antworten werden immer vieldeutiger und hektischer.... Aber die Streicher haben durchlaufend und unbeirrbar ihre diatonische Gelassenheit beibehalten; und wenn die Trompete ihre Frage ›Musik – wohin?‹ zum letzten Mal stellt, erklingt keine weitere Antwort, nur die Streicher verlängern in aller Ruhe ihren G-Dur-Dreiklang in die Ewigkeit. Ist dieser strahlende Schluss-Dreiklang die Antwort? Ist Tonalität ewig, unsterblich?« Die Frage der Trompete »hängt ... in der Luft, unaufgelöst« (ebd., 260 f.).

34. Ebd., 225. »Es ist, als könnte die äußerste Chromatik ... mit ihrem ungestüm unbesänftigten, sinnlichen Sehnen nicht länger durch ein tonales Rahmengeflecht in Schranken gehalten werden« (ebd., 227).

35. Ebd., 259. Im letzten Satz des zweiten Streichquartetts singt eine Sopranstimme Stefan Georges »prophetische Worte ... : ›Ich fühle Luft von anderen Planeten.‹« »Das ist Atonalität (um dieses grässliche und häufig missverstandene Wort zu verwenden), »keine Schranken mehr« kennt, »weder diatonische noch andere« (ebd.). Für die »krisengeschüttelten Komponisten des zwanzigsten Jahrhunderts« war dies nach Bernstein wie ein »Geschenk«, das »die Phantasie so bedeutender Komponisten wie Alban Berg und Anton von Webern ... gefangennahm und ... bis heute in der Musik von Komponisten wie Stockhausen, Boulez, Wuorinen, Kirchner, Babbitt, Foss und Berio fortdauert«, sogar »manchmal«, wie Bernstein einräumt, »wenn auch äußerst selten, ... in meiner« (ebd., 271).

36. Ebd., 274 f. Hervorhebung A. S. Die zwölf Töne Schönbergs sind »dieselben alten zwölf Töne ..., die jeder andere benützt hat, in derselben Art und Weise von derselben Obertonreihe abgeleitet. Es sind dieselben wohltemperierten Töne, die auch Bach benützte, nur ist ihre allgemeine Rangordnung zerstört worden; zumindest der Versuch wurde dazu unternommen. Schönberg selbst war der erste, der diese Grundwahrheit erkannte; und auch der erste, der dem Wort ›Atonalität‹ abschwor, ja sogar die Möglichkeit einer Atonalität leugnete« (ebd., 279).

37. Ebd., 275. Hervorhebung A. S.

38. Ebd., 285.

vorgebracht, die Bernstein bis in seine Zeit in der ganzen Musik gefunden hat.[39]

Bei Alban Berg ist diese Zweideutigkeit letzter Verwurzelung dramatisiert:[40]

Im *Wozzeck*, im ersten Akt, Szene 3, sitzt Marie allein in ihrem Zimmer und singt ihrem unehelichen Kind ein Schlaflied, das »äußerst einfach und tonal« ist und sich »in den üblichen zweitaktigen Phrasen« bewegt, einem Volkslied vergleichbar. »(E)rstaunlich« aber ist, interpretiert Bernstein, »dass im Verlauf der ersten zwei Phrasen alle zwölf Töne verwendet werden, dass also Bergs Tonreihe in dieses Schlaflied irgendwie eingebettet ist – alle zwölf Töne bis auf einen, den er sich für den unmittelbar darauffolgenden Höhepunkt aufhebt. Das ist Zwölfton-Musik – und doch zart, bewegend und völlig verständlich.«[41]

Die folgenden, in entgegengesetzte Richtungen arbeitenden Komponisten sind nach Bernstein von einer »gemeinsame(n) Triebkraft« motiviert: Ob unter der Führung Strawinskys, im Versuch, durch immer neue Umwandlungsformen die musikalischen Vieldeutigkeiten innerhalb der Grenzen des tonalen Systems so stark wie möglich auszuweiten,[42] oder im Gefolge Schönbergs auf dem Weg zu einer neuen »und andersartige(n) poetische(n) Sprache« – alle schreiben nach Bernstein ihre Musik aus dem Bedürfnis, »die metaphorische Sprache der Musik auszuweiten.«[43] Denn für Bernstein steht ganz grundsätzlich zur Frage, ob im »Jahrhundert des Todes« »große Kunst« überhaupt noch möglich ist.[44]

---

39. Ebd., 287.
40. Er hatte die »fast unheimliche Gabe, diese Zweideutigkeit zu dramatisieren, eine dramatische Handlung aus dodekaphonischen Vorgängen, die in allgemeingültigen tonalen Beziehungen eingebettet sind«, zu entwickeln (ebd., 289). Aber es waren nach Bernstein nicht nur Bergs Opern, die ihm solchen Erfolg und Gehör verschafften. »Sein Sinn für Handlung, sein … Ausbalancieren dieser unvereinbaren tonalen und nicht-tonalen Elemente übertrug sich auf alle seine Kompositionen« (ebd., 293). Vgl. hier vor allem Bernsteins Analyse des Violinenkonzertes von 1935, ebd., 293 ff.).
41. Ebd., 289 f.
42. Strawinskys Form der Tonalität hat »eine neue dissonantische Freiheit« erworben. Das heißt, »so kurz«, wie Bernstein es nur sagen kann: »Es gibt zwei Arten, diese neue Dissonanz zu begreifen. Zuerst als eine Erweiterung der Dreiklangs-Idee …, so dass ein Dreiklang nun zum Beispiel auch als Septakkord gedacht werden kann oder als ein Nonenakkord, als eine Undezim, ja sogar als eine Tredezim – welche allesamt neue *tonale* Dissonanzen ergeben« (Harvard, 323). Der »zweite … Schlüssel … findet sich in der neuen Vorstellung einer *Polytonalität* – worunter die gleichzeitige Verwendung von mehr als einer Tonart zu verstehen ist« (ebd., 325).
43. Harvard, 261. Bernstein äußert sich damit kritisch gegen Adorno, für den in seiner *Philosophie der modernen Musik* Schönberg »alles Wahre und Schöne, Strawinsky alles Schlechte« verkörpere. Aber Bernstein fühlt sich wiederum durch Adorno bestätigt, wenn er »darauf hinweist, dass der große Bruch dialektisch … als logischer Widerspruch ein und derselben Krise« begriffen werden muss (ebd., 263). Zur Analyse der Musik von Schönberg und Strawinsky vgl. ebd., 263 ff.
44. Ebd., 363. Sicher ist die gesamte Menschheitsgeschichte ein Kampf ums Überleben, aber

Das Geheimnis der Musik 139

[39] Langsame ♩. (=56-60) aber nicht schleppen

Marie
Mä-del, was fangst Du jetzt an? _____ Hast ein klein Kind und kein

tone 12 (climax)
Mann! _____ Ei, was frag' ich dar-nach, _____

Mahlers Botschaft

Diese Frage führt Bernstein noch einmal zurück in die Auseinandersetzung mit Gustav Mahler. In Mahler sieht er den »musikalischen Propheten« eines »Jahrhunderts des Todes«.[45] Mahlers *Neunte* ist für ihn »ein großes Fragezeichen«, aber zugleich Offenbarung einer »tiefschürfende(n) Antwort«,[46] die er vor al-

---

niemals zuvor hat »das Menschengeschlecht vor dem Problem gestanden, den globalen Tod überleben zu müssen, ... das Auslöschen der menschlichen Rasse« (ebd., 303).

45. Ebd., 303. »Unser ist das Jahrhundert des Todes, und Mahler ist sein musikalischer Prophet« (ebd., 303). Mahler hat nach Bernstein drei Arten des Todes gesehen: seinen eigenen bevorstehenden Tod, dessen Nähe er sich durchaus bewusst war, den Tod der Tonalität (alle seine letzten Stücke sind nach Bernstein Arten eines letzten Lebewohls an die Musik und an das Leben; vgl. z. B. das ›Lied von der Erde‹ mit seinem Schluss »Abschied«), schließlich den Tod der Gesellschaft, den Tod »unserer faustischen Kultur« (ebd., 306). Aber Mahler hatte diese Vision nicht allein. Bernstein sieht »(a)lle großen Werke« des zwanzigsten Jahrhunderts – (wie z. B. Sartres *Ekel*, Camus' *Der Fremde*, Gides *Falschmünzer*, Hemingways *Siesta*, Thomas Manns *Zauberberg* und *Dr. Faustus*, Picassos *Guernica*, Audens *Age of Anxiety*, Beckets *Warten auf Godot*, Bergs *Wozzek*, Schönbergs *Moses und Aaron*, Brechts *Mutter Courage*) – »eigentlich aus einer Verzweiflung oder aus einer Auflehnung ... oder aus einer Zuflucht vor beiden« heraus entstanden (ebd., 304).

46. Ebd., 302.

lem im vierten und letzten Satz findet. Hier hört er »das endgültige Lebewohl« in der »Form eines Gebetes«:[47]

So »kommen wir zur letzten, unglaublichen Seite der Partitur«, der nach Bernstein wohl »größte(n) Annäherung, die je in irgendeinem Kunstwerk an die Erfahrung des tatsächlichen Vorgangs des Sterbens, des Alles-Aufgebens erreicht worden ist. Die Langsamkeit in dieser Seite ist erschreckend: *Adagissimo*, schreibt Mahler, die langsamst mögliche musikalische Bezeichnung, und dann: *langsam, ersterbend, zögernd:* und als ob das noch nicht genügte, um den nahenden Stillstand der Zeit anzudeuten, fügt er den allerletzten Takten *äußerst langsam* hinzu. Es ist furchterregend und lähmend, wie die Klangfasern sich auflösen. Wir halten uns an ihnen fest, schwankend zwischen Hoffnung und Ergebung ins Unvermeidliche. Diese spinnwebdünnen Fasern, die uns ans Leben binden, lösen sich auf, eine nach der andern, entschwinden unseren Fingern, noch während wir sie halten. Wir klammern uns an sie, während sie sich verflüchtigen; wir halten noch zwei – dann eine. Eine, dann plötzlich keine. Einen lähmenden Augenblick lang ist nur Stille. Dann wieder eine Faser, eine gebrochene Faser, eine ... keine. ... Wenn wir aufgeben, verlieren wir alles. Wenn wir nachgeben, haben wir alles gewonnen.«[48]

Eine solche Botschaft aber, in der der Tod gesehen und hörbar wird, kann zu wahr sein.[49] Und doch spricht nach Bernstein allein aus der schöpferischen Kraft, im *Gebet der Musik* in diese letzte Zweideutigkeit hineinzugehen, wie Bernstein ausdrücklich formuliert, die Hoffnung und der Glaube, die uns »noch immer hier sein«, uns darum »ringen« lässt, »dass es weitergehe«, auch wenn wir wissen, »dass alles vergänglich, sogar, dass alles vorüber ist«.[50]

Die Poesie der Erde

So findet Bernstein zur Beantwortung der *offenen Frage*. Die schöpferische Kraft der Musik kann sich nur mitteilen, wenn nicht vergessen wird, »dass dieser Erde eine musikalische Poesie entspringt, die durch die Natur ihrer Quellen tonal ist«,[51] eine Poesie, die nicht enden

---

47. Ebd., 307.
48. Ebd., 308 f.
49. Nach Bernstein ist diese Wahrnehmung des Todes allein der Grund, warum die Musik Mahlers so lange vernachlässigt wurde. Die »üblichen Entschuldigungen«, diese Musik sei »zu lang ..., zu schwierig, zu bombastisch«, entlarvt er als »erlogen« (ebd., 305).
50. Ebd., 306.
51. Vgl. ebd., 400. Die Quellen sind für Bernstein »der Ursprung einer Phonologie der Musik«, die sich aus der »Allgemeingültigkeit, die wir Obertonreihe nennen, entfaltet.« Es können »durch metaphorische Verfahren besondere musikalische Sprachen ersonnen werden«, die, weit von ihrem Ursprung entfernt, doch »ihre Wurzeln in der Erde behalten«

kann.⁵² Ein Geheimnis, vor dem unsere Worte versagen müssen, sie sind allenfalls »ein ›Streifzug ins Unsagbare‹«⁵³ Damit ist Bernstein »gewiss nicht der Ansicht, dass Tonalität die einzige Lösung der musikalischen Probleme darstellt.« Aber er sieht nichttonale Musik »immer in irgendeiner Verbindung zu Tonalität«:⁵⁴ Wie »seriell oder stochastisch oder intellektualisiert« sie auch sein mag, sie wird als der »gesamten Menschheit zugänglich(e)« und heilende Dichtung gelten können, »solange sie in der Erde wurzelt.«⁵⁵ »Solange einer von uns noch versucht, den andern zu erreichen, solange wird es den heilenden Beistand tonaler Empfänglichkeit geben.«⁵⁶ So »glaubt« Bernstein – und das ist die Schluss›kadenz‹ der Harvard-Vorlesungen – »dass es auf Ives' ›Offene Frage‹ eine Antwort gibt. ... (D)ie Antwort ist Ja.«⁵⁷

Dieses *Ja* kommt einem Glaubensbekenntnis gleich. Denn die Verwurzelung der Musik und der Glaube an Gott sind für Bernstein verbunden: »Ich kann nicht umhin, zwischen dem häufig verkündeten Tod der Tonalität und dem gleichfalls ausposaunten Gottesuntergang eine Parallele zu ziehen. Ist es nicht merkwürdig, dass Nietzsche jene Botschaft gerade im Jahr 1883 verkündete, im selben Jahr, in dem Wagner starb, der, wie man annimmt, die Tonalität mit ins Grab nahm?«⁵⁸ Zu Bernsteins *Ja* führen aber keine »abgenutzten Begriffe«, weder solche der Musik noch jene von Gott. Zu einem *Ja* auf die *offene Frage* werden wir nur mit »neuen, freieren Ideen« finden, »vielleicht mit persönlichen – oder sogar weniger persönlichen – Vorstellungen, wer kann das sagen? Aber auf jeden Fall mit einer neuen Auffassung von Gott und einem neuen Begriff von Tonalität.« Gewiss aber ist, dass die Musik überleben wird.«⁵⁹

       und »unerhört ausdrucksvoll« sein können. Allen Menschen ist die Gabe gefühlsmäßiger Rezeption verschiedenster Sprachen angeboren, die einander immer wieder neu befruchten und zu Idiomen letztlich einer Sprache sich vereinigen können, »die allgemeingültig genug ist, um der gesamten Menschheit zugänglich zu sein.« Die Verschiedenheiten des Ausdrucks dieser Idiome hängen »letztlich vom Rang und von der Leidenschaft der einzelnen schöpferischen Stimme« ab (ebd.).
52. Im Anschluss an das Gedicht von John Keats (vgl. Harvard, 310) heißt es bei Bernstein: Die Poesie der Erde endet nie, solange auf den Winter Frühling folgt und Menschen dessen gewahr werden (ebd., 400).
53. Ebd., 360.
54. Bernstein, zit. in: Reinhold Dusella, Helmut Loos (Hrsg.), Leonard Bernstein. Der Komponist, Bonn 1989, 15.
55. Bernstein, Harvard, 400.
56. Bernstein, Unendliche Vielfalt, 17. Hervorhebung A. S.
57. Bernstein, Harvard, 400.
58. Bernstein, Unendliche Vielfalt, 17.
59. Ebd.

»Alle Komponisten beten«

So ist die Musik für Bernstein ein »beinahe mystische(s) Geschehen«[60] und selbstverständlich, dass »alle Komponisten beten.«[61] Ihr Gebet aber ist zugleich Geheimnis. Ein Geheimnis, das gewahrt werden muss.

Es sind die Künstler, die uns nach Bernstein erretten werden, weil sie in der Lage sind, die großen Träume auszudrücken, zu lehren, herauszufordern, festzuhalten, vorzusingen, herauszuschreien. Nur Künstler können das *Noch-Nicht*[62] Wirklichkeit werden lassen, können »Horizonte abtasten, die wir nicht wahrnehmen können«, und uns vermitteln, »dass wir irgendwo draußen Schutzengel haben«.[63] Das bedeutet in seiner »härteste(n)« Schlussfolgerung, »*dass Krieg ein Unding ist*«.[64]

Die Künstler vermitteln eine Gabe, die keineswegs ausschließlich ihr Besitz ist, sondern derer wir alle teilhaftig sind und werden können: die Gabe der Phantasie, der nicht bloße »Träume, sondern Wahrheiten« entspringen, weil sie unsere schöpferischen Fähigkeiten »ebenso beflügel(t) und beeinfluss(t)« wie unsere »Reaktionen auf das, was sich um (uns) ereignet«.[65] In seiner Promotionsrede an der John-Hopkins-Universität[66] fragt Bernstein die Studierenden: »Seid ihr bereit, ... – wie die Künstler – anzuerkennen, dass das Leben des Geistes Vorrang vor dem tätigen Leben hat und dieses bestimmt«[67] – ein Leben des schöpferischen Geistes, das doch ganz und gar leiblich real und aktiv ist?

Mass

Auf die Frage aber, ob er ein religiöser Komponist sei, entgegnet Bernstein entschieden: »auf gar keinen Fall«, noch nie habe er auch nur eine Note aufgrund eines vorformulierten Glaubensbekenntnisses oder etwas Ähnlichem geschrieben.[68] Der Verbindung von Musik und Religion im Werk Bernsteins kommt

---

60. Ebd., 269.
61. Ebd., 273.
62. Hier bezieht sich Bernstein auf Ernst Blochs Prinzip Hoffnung, vgl. Bernstein, Erkenntnisse, 194 f.
63. Bernstein, Erkenntnisse, 258 f.
64. Ebd., 265. Hervorhebung A. S. Bernstein ist durchaus damit einverstanden, als »ein politischer Musiker« bezeichnet zu werden, »aber nicht umgekehrt« (Castiglione, 91).
65. Jeder Künstler »ringt mit der Wirklichkeit« mittels seiner Phantasie als seinem »größten Schatz«: »Vielleicht ist es dieser Umstand, der die Künstler von den gewöhnlichen Leuten unterscheidet: dass die Antriebskräfte ihrer Phantasie nicht eingedämmt wurden, dass sie sich im erwachsenen Zustand mehr von ihren Kinderphantasien bewahren konnten als ›normale‹ Menschen« (Bernstein, Erkenntnisse, 259). Dieser Kraft entspricht bei Bernstein der Glaube »an das Unbewusste im Menschen, an diesen tiefen Quell, der der Ursprung seiner Macht ist, sich mitzuteilen «und in der Musik »eine Verbindung zwischen dem, der das Kunstwerk schuf, und dem, der es wahrnimmt, herzustellen« (ebd., 77).
66. Gehalten am 30. Mai 1980, vgl. Bernstein, Erkenntnisse, 256 ff.
67. Ebd., 264.
68. Bernstein, Castiglione, 95.

nur der nahe, der sich auf das Dramatische einlässt, das wie sein schöpferisches Denken seine Kompositionen prägt und nach Bernsteins eigenem Verstehen in all seinen Werken präsent ist.[69] In der Dramatik hat letztlich auch die komplexe

69. Vgl. Der Komponist, 13. Für Bernsteins Denken sind seine drei Sinfonien signifikant. Was diese charakterisiert, sind eben die über den Aufbau und die Struktur der klassischen Sinfonie hinausgehenden zusätzlichen musikalischen Elemente, die ihr den dramatischen, oft ans »Theatralische« grenzenden Charakter geben.
Das Werk *Jeremiah*, die Sinfonie Nr. 1, wird durch den schon 1939 fertiggestellten dritten und letzten Satz, der trotz seiner Rückbezüge auf die ersten beiden Sätze gleichsam »exterritorial« erscheint, charakterisiert. Bernstein vertont unter Verwendung der hebräischen Sprache und Übernahmen aus dem jüdischen liturgischen Gesang Verse der »Klagelieder Jeremias« (vgl. ebd., 79 f.). In *The Age of Anxiety*. Sinfonie Nr. 2 für Klavier und Orchester war die »persönliche Identifizierung« des Komponisten mit der poetischen Vorlage, dem Gedicht Hugh Audens, ausschlaggebend für die Wahl eines Solisten, in diesem Fall des Klaviers: »In diesem Sinne«, erläutert der Komponist, »stellt der Pianist beinahe einen autobiographischen Hauptdarsteller dar, dem das Orchester wie ein Spiegel gegenübersteht« (zit. in: ebd., 62; zum genauen Aufbau der Sinfonie vgl. ebd., 62 ff.). Während das Orchester in der hymnischen Schlusspartie des Werkes den Glauben als Lösung der aufgeworfenen Probleme vorstellt, sieht der Pianist zunächst schweigend zu und gibt erst im vorletzten Takt mit einem einzelnen Sixte ajoutée-Akkord (intoniert im ¼-Takt) seine Einverständniserklärung. Wie Malin sich in Audens Dichtung die Lösungsmöglichkeit lediglich vor Augen hält, steht auch der Pianist jenseits der aktiven Annahme des Glaubens. Er erkennt den Ausweg, aber es bleibt offen, ob er den Weg auch tatsächlich gehen wird.
Die Entstehung der Sinfonie Nr. 3, *Kaddish*, fällt in die Endphase des Kalten Krieges. Sie ist 1963 vollendet worden. Dass für Leonard Bernstein dieses Werk aktuell bleibt, solange die Menschheit mit der Bombe zu leben hat, zeigte sein umstrittenes Friedenskonzert 1985 in Hiroshima, bei dem *Kaddish* im Mittelpunkt stand. *Kaddish* ist ein jüdischer Gebetstext, ein Lobpreis und darüber hinaus das Totengebet: Ein Einzelner spricht im Schatten des Todes »sein eigenes« *Kaddish* »für alle, die ich liebe, hier in diesem geheiligten Haus« (ebd., 89).
Die Sinfonien bilden mit *Mass* und *Chichester Psalms* eine Einheit. Geistlicher Thematik in christlicher Tradition wendet sich Bernstein erst zu, nachdem er in den Sinfonien jüdisches religiöses Gedankengut verarbeitet hatte. Der Übergang geschieht durch die *Chichester Psalms*, bevor *Mass* den ältesten, zentralen Gegenstand des christlichen Kultus thematisch aufnimmt. Die Anregung zu dieser Psalmkomposition erhielt Bernstein aus der alten südenglischen Bischofsstadt Chichester (Sussex), die nach dem Vorbild der Städte Gloucester, Worcester und Hereford gemeinsam mit Winchester und Salisbury jährlich kirchenmusikalische Feste gestaltet, auf denen gerade auch die zeitgenössische geistliche Musik gepflegt und angeregt wird. Die Textgrundlage bilden alttestamentliche Psalmen, die der Komponist in Gemeinschaftsarbeit mit Cyril Solomon zusammenstellte. Sie werden, wie Bernstein ausdrücklich fordert, in hebräischer Sprache gesungen. Somit kommt zwar der Kompositionsauftrag von christlicher Seite, von der Textgrundlage aber fällt »ein besonderer Akzent auf die gemeinsamen Grundlagen von Judentum und Christentum« (ebd., 93 f.). Der Kompositionsauftrag entstand in Bernsteins Sabbatical Year. Sein Ringen um die *offene Frage* der Musik findet hier für ihn selbst eine eindeutige Antwort: »Damals habe ich fast das ganze Jahr lang nur Zwölftonmusik und noch experimentellere Sachen geschrieben. Ich war glücklich, dass all diese neuen Klänge zum Vorschein kamen; doch nach etwa sechs Monaten habe ich alles weggeworfen. Das war eben nicht meine Musik … .Und als Folge davon entstanden die *Chichester Psalms* – sicher das eingängigste B-dur-artig tonale Stück, das ich je geschrieben habe« (zit., ebd., 94).

Vielfältigkeit seiner Musik ihre entscheidende Wurzel. Bernsteins Äußerung im »Young people's concert« – »Ihr könnt ... nicht das Wort ›gut‹ benutzen, um eine einzige Art von Musik zu beschreiben. Es gibt guten Händel und guten Bob Dylan«[70] – hebt nicht, wie manchmal interpretiert, die Grenze zwischen ernster und Unterhaltungsmusik auf. Hier ist vielmehr ein »andere(r) Maßstab im Umgang mit Musik«[71] gesetzt. Diesen Maßstab hat Bernstein in seiner Musik »auskomponiert.«[72] Während aber in der überwiegenden Zahl seiner Werke eine stilistische Ebene und ein musikalisches Idiom vorherrschen, auch wenn andere anklingen und nicht nur gestreift werden, gibt es nur wenige Werke, in denen unterschiedliche Stile – nicht gemessen an Taktzahlen, aber an dramaturgischer Bedeutung – gleichberechtigt nebeneinanderstehen. Eines dieser Beispiele ist *West Side Story*.

Aber nur einmal hat Bernstein das komplette Arsenal an Ausdrucksmöglichkeiten, die sein Œuvre insgesamt kennzeichnen, innerhalb einer einzigen Partitur konzentriert: Schlager und großen sinfonischen Ausbruch, Choral und Blues, Jazz und Broadway-Show-Klänge, zirkusartige Marschmusik und polytonale A-capella-Passagen. Das Werk, das all diese heterogenen Elemente in sich vereinigt, trägt den Titel *Mass. A Theatre Piece for singers, Players and Dancers*. Dieses Stück ist nicht, wie Bernstein ausdrücklich erklärt, selbst als Handlung einer Messe misszuverstehen, sondern als ein Theaterstück komponiert, das den Titel *Mass* trägt[73] und das Ritual der katholischen Messe thematisiert.

Das Theaterstück beginnt mit dem Vollzug des Rituals der Messe, das in seinen traditionellen Teilen von einem »klassischen« Chor gesungen wird. Der sogenannte Celebrant, nach Bernstein »ein junger Mann von geradezu mysteriöser Naivität,«[74] wird nach und nach von seinen Messdienern mit immer prunkvolleren Gewändern ausgestattet, als Zeichen für »den zunehmenden Formalismus

---

70. Zit. in: Philharmonisches Staatsorchester Hamburg, Generalmusikdirektor Ingo Metzmacher, Progammheft Mass, Hamburg 2002, 2.
71. Ebd., 2 f.
72. Ebd., 3. Seine Musik kennzeichnet eine Vielfältigkeit wie die weniger anderer Komponisten des zwanzigsten (oder irgendeines anderen) Jahrhunderts. Entscheidend ist vor allem die thematische Integration vermöge motivisch-thematischer Kompositionstechniken, die das Kontrastierende zusammenhält. Der Bernstein-Exeget Jack Gottlieb spricht von ›Melodic Concatenation‹, melodischer Verkettung, die aber nach Thomas Röder und Klaus Meyer »prinzipiell« auch mit den »Verfahrensweisen« korrespondiert, die von Schönberg »mit den Begriffen ›Entwickelnde Variation‹, ›Kontrapunktisches Denken‹ und ›Kontrapunktische Kunst‹ angesprochen wurden.« (Der Komponist, 76 f.).
73. Viele Kritiker haben nicht verstanden, wie Bernstein erklärt, »dass ich eben keine Messe geschrieben habe. ... Es ist ein Theaterstück mit dem Titel ›Mass‹. Das zu wissen, ist sehr wichtig. Es würde mir im Traum nicht einfallen, ein solches Stück zu schreiben, um es als Messe in der Kirche aufzuführen« (zit. in: Progammheft Mass, 4).
74. Bernstein, zit. ebd.

seiner Pflichten und die immer größer werdende Last, die er trägt«.[75] Gleichzeitig aber wächst während der Messe in der Gemeinde ein immer heftigerer Widerstand. Reaktionen und Anfragen, gesungen von einem »modernen« Ensemble, bestehend aus einem »Street chorus«, einer »Street Band« und mehreren Rock- und Blues-Sängern, verschärfen sich zunehmend. Ein Geschehen, in das auch der Celebrant immer tiefer hineingezogen wird.

So wird die Messe zum Beispiel unterbrochen von der Bekundung verlorenen Glaubens in der sogenannten 4th trope:

»Thank you«: »There once were days so bright,/ ... And I sang Gloria/ Then I sang Gratias Deo/ I knew a glorious feeling of thank you .../ And now it's strange/ Somehow, though nothing much has really changed/ I miss the Gloria/ I don't sing Gratias deo/ I can't say quite when it happened/ But gone is the thank you« –
oder in der massiven Anfrage im *Non Credo*:
»I'll never say credo/ How can anybody say credo?/ I want to say credo/ ... You said you'd come again/ When?/ When things got really rough/ So you made us all suffer/ While they got a bit rougher,/ Tougher and tougher/ Well, things are tough enough/ ... Hurry/ Hurry and come again«
oder in der 5th trope: »I believe in God/ But does God believe in me?/... Who created my life?/ Made it come to be?/ Who accepts this awful/ Responibility?/ Is there someone out there?/ If there is, then who?/ Are you listening to this song/ I'm just singing for you?«

Auf dem Höhepunkt der Kommunion zerbricht die Zeremonie. Im *Agnus Dei*, das sich zwar am traditionellen Text orientiert, musikalisch aber Welten davon entfernt hat, eskaliert die Stimmung. Die ›Dona nobis pacem‹-Rufe der Gemeinde im dreifachen und vierfachen forte sind eher Verzweiflungsschreie als Friedensbitten, und der Text erreicht an dieser Stelle ein Höchstmaß an Aggressivität:»›We're fed up with your heavenly silence,/ And we only get action with violence,/ So if we can't have the world we desire,/ Lord, we'll have to set this one on fire!« Der Celebrant ist der Situation nicht mehr gewachsen. In der nun folgenden knapp fünfzehnminütigen Soloszene »Things get broken« »reißt er sich in Wut und Verzweiflung sein Messgewand vom Leib, springt auf den Altar, wirft Kelche und Hostien zu Boden, sinkt am Ende erschöpft nieder und verschwindet von der Bühne.«[76]

---

75. Bernstein, zit. ebd.
76. Ebd., 7. Bernstein hat sich dem Vorwurf der Blasphemie bewusst ausgesetzt, aber wer ihn in dieser Weise kritisierte, waren nicht diejenigen, von denen es vielleicht zu erwarten gewesen wäre. Von einigen Ausnahmen abgesehen, war »die Mehrheit der katholischen Presse ... nicht nur wohlwollend«, sondern übertraf Bernsteins »kühnste Erwartungen – es ist mir geradezu unangenehm, sie zu zitieren« (ebd., 4).
Vgl. auch Gradenwitz in seiner von Bernstein selbst noch gelesenen und autorisierten Biographie: »Die hier ausgesprochene Auflehnung gegen gedankenlose Übernahme liturgi-

An dieser Stelle, die den Herzschlag des Credos Bernsteins hören lässt – als eines Credos, das selber dieser Kampf ist –, hören »alle Personen auf der Bühne und auch alle anderen, Musiker und Sänger«, auf zu atmen. »(N)icht das leiseste Geräusch« darf zu hören sein, schärft Bernstein ein: »Dieser Moment stellt die Krise des Glaubens dar, ein Moment, in dem jeder versucht, sich selbst zu verstehen, und in seine eigene Seele blickt, um herauszufinden, was dort zerstört wurde. ... Jeder versucht, das Heilige wiederzufinden, das ihn emporheben könnte, das Wesentliche, das uns erst zu Menschen macht und zu den Ursprüngen und grundlegenden Werten des Lebens zurückfinden lässt.«[77]

Nach dieser Stille spielt eine Soloflöte eine Zwölfton-Melodie, bevor ein einzelner Knabensopran mit einem leicht veränderten Abschnitt aus der Anfangshymne »A simple song« einen Neuanfang einleitet: »Sing God a secret song lauda, Laude ... Laude Deum, Laudate Eum.« Alle Beteiligten finden schließlich in einem Choral und in der gemeinsamen Bitte um Gottes Segen wieder zueinander: »Almighty Father, incline thine ear: Bless us and all those who have gathered here / Thine angel send us /Who shall defend us all; And fill with grace /All who dwell in this place.

Amen.«

Dann verkündet eine Stimme: »The Mass is ended; go in peace.«

Charles Mingus – The Talking bass[78]

»Gibt's Landkarten in den Himmel?«

Ein Gespräch zwischen dem Trompeter Fats Navarro und Charles Mingus, aufgezeichnet in Mingus' Autobiographie *Beneath the underdog*:

(Fats:) »Gibt's Landkarten in den Himmel?«

»Ich habe eine, aber du musst dir deine eigene machen. Solange du dir nicht einen Bleistift schnappst und dir die Fahrroute raussuchst, die du für die beste hältst, wirst du nicht hinkommen; es reicht einfach nicht, dir New York City anzusehen und dann einfach auf der Karte mit den Augen nach Californien zu springen; egal, was für eine tolle Phantasie du hast. Und was den Platz, von dem

---

scher Texte ... und gegen ein Zeremoniell, das wenigen Menschen in seiner wahren Bedeutung etwas zu sagen hat, verliert den Charakter einer ›Blasphemie‹, wenn die Hoffnung auf eine neue Vertiefung des Glaubens Ausdruck gewinnt« (Gradenwitz, 257). Dieses Argument der Vertiefung des Glaubens aber findet erst im eskalierenden Gespräch mit Gott seine eigentliche Begründung. Die Sänger befragen gerade das Zeremoniell nicht nur als Form, sondern befragen *Gott* auf seine Versprechungen und sein Kommen.

77. Bernstein, zit. in Progammheft Mass, 6.
78. So lautet die für Mingus sehr sprechende und von mir deshalb übernommene Überschrift des ihm gewidmeten Heftes der Zeitschrift »du« zum 80. Geburtstag im Februar 2002 (du, Februar 2002, Heft Nr. 723). »Der Bass, sagte Johann Sebastian Bach, gebe der Musik die Schwerkraft. Der Bass als Erdung. Das mag eine Lebensform sein.« (ebd., 9).

Das Geheimnis der Musik

du sprichst, angeht, die paar Landkarten, die zu haben sind, sind so alt und so komisch übersetzt, dass man von einem intelligenten menschlichen Wesen einfach nicht erwarten kann, dass er die verwendet.«

»Du meinst wohl Bibeln, Pergamente, Felsen, und so'n Zeug?«

»Ja, ... Er hat gesagt: ›Suchet und ihr werdet finden ... Es steht auch in eurer Macht, Söhne Gottes zu werden.‹ Sind diese Worte nicht der Beweis dafür, dass wir Gott nicht der Kirche ... allein überlassen dürfen?«[79]

»Du meinst also immer noch, dass ich glaube, selbst wenn ich nicht glaube?«

»Ja, und ich behaupte, dass du mehr glaubst als die Gläubigen, die den Gedanken, dass es vielleicht *keinen* Gott gibt, nicht ertragen können.«[80]

(Fats:) »Ich bekomme auch immer mehr das Gefühl, dass auf der Erde mehr Platz für den Menschen wäre, als er braucht, wenn er seinen Bruder lieben würde. ... Ich liebe dich.«

»Ich liebe dich, Fats. Bis später.«

»Kann sein, kann sein. Im Augenblick sieht's eher nach Lebewohl aus.«

»Davon habe ich gesprochen. Also ... bis später, hast du verstanden?«

»Ich hab' verstanden.«[81]

Von der Notwendigkeit, die eigene Geschichte zu erzählen

»Für mich bedeutet Jazz meine Erfahrungen, und ich spiele sie«, sagt Mingus.[82]

»Meine Musik ist so verschieden wie meine Gefühle, oder wie die Welt ist, und eine Komposition ... drückt nur einen Teil der Gesamtwelt meiner Musik aus.« Die Wahrheit dieser »Kunst des Augenblicks«[83] verlangt Aufrichtigkeit sich selbst gegenüber, so weit, wie es geht wenigstens, denn Gefühle ändern sich, neue Erfahrungen kommen hinzu.[84] Die Wahrheit des Augenblicks bedeu-

---

79. Charles Mingus (1971), Beneath the underdog, Aus dem Amerikanischen übersetzt von Günther Pfeiffer, Hamburg 1980, 301 f.
80. Ebd., 303.
81. Ebd., 309.
82. Charles Mingus, Birthday celebration, CD-Begleitheft, 14.
83. Charles Mingus, Passions of a man. The complete atlantic recordings 1956-1961, CD-Begleitheft, 98. Übersetzung A. S.
84. »Seine ständige Zwiesprache mit der Welt um ihn herum – Mingus' Musik – bezog ein ganzes Panorama menschlicher Gefühle ein, ... die alle dem nie versiegenden inneren Dialog zwischen seinen verschiedenen Persönlichkeiten entstammten« (Gene Santoro, Myself when I'm real. The life and music of Charles Mingus, Oxford 2000, zit. und übersetzt in du, Februar 2002, Heft Nr. 723, 28 in Bezug auf Mingus' Selbstbeschreibung seines inneren Lebens). »Mit anderen Worten: ich bin drei« – und alle drei sind »echt«: »Der Eine steht immer in der Mitte, unbekümmert und unbeteiligt. Er beobachtet darauf, den anderen beiden sagen zu können, was er sieht. Der Zweite ist wie ein ängstliches Tier, das angreift aus Angst, selbst angegriffen zu werden. Und dann ist da noch ein liebevolles, sanftes Wesen, das jeden in die entlegenste Kammer seines Innern lässt. Es wird beleidigt, unterschreibt vertrauensvoll Verträge, ohne sie zu lesen, und lässt sich überreden, umsonst zu arbeiten. Wenn es jedoch merkt, was mit ihm gemacht wird, dann möchte es alles

tet, sich auf einen Prozess ständiger Veränderung einzulassen, und die Herausforderung, auf jeder neuen Entwicklungsstufe alles neu zu geben. Was Mingus mit seiner Musik intendiert, ist, diese Lebendigkeit fühlbar, für andere mit erlebbar werden zu lassen. So wie der Altsaxophonist Charlie Parker, genannt Bird, »manchmal den ganzen Raum fühlen lassen (konnte), wie er fühlte.«[85]

Was so ganz und gar eigen ist, ist zugleich gewachsen aus und gebunden an den kulturellen und geschichtlichen Kontext, aus dem sie stammen – Mingus wie all die anderen afrikanisch-amerikanischen Jazz-Komponisten von Duke Ellington bis William Grant Still. Es ist ein Kontext, für den Mingus aber im Besonderen sich zugleich *selbst* entschieden hat. Der von der Hautfarbe her nicht dunkle Mingus – die Mutter war halb Chinesin und halb Engländerin, der Vater ein halber Afro-Amerikaner und halber Schwede und suggerierte ihm, weiß zu sein – eignet sich bereits als Junge eine schwarze Identität an, das heißt, er entscheidet sich dafür, zur Gruppe der Schwarzen zu gehören.[86]

Seine Musik ist seine Autobiographie, sie ist sein *Leben* – in ihrer Vielfalt, in ihrer unerschöpflichen Stärke, die noch aus den Grenzen und Bedingtheiten genährt wird: »Ich bin Charles Mingus. Halb Schwarzer, halb gelb, nicht einmal gelb, nicht einmal weiß genug, um für irgend etwas anderes als für schwarz gehalten zu werden, und nicht hell genug, um weiß genannt zu werden. Ich nehme für mich in Anspruch, ein Neger zu sein. Charles Mingus ist ein Musiker, ein Mischlingsmusiker, der schön spielt, der grässlich spielt, der herrlich spielt, der männlich spielt, der weiblich spielt, der Musik spielt, der mit schrägen Klängen spielt, mit Klängen, mit starken Klängen, mit Klängen, Klängen, Klängen«.[87] Er macht sich nichts vor: »Wäre ich in einem anderen Land oder als Weißer geboren, hätte ich – da bin ich mir sicher – schon lange meine Ideen ausgedrückt.« Aber er ahnt auch, dass sie »vielleicht nicht so gut gewesen wären«, weil der »Kampf und die Initiative« eines Menschen, dessen Wege sich leichter bahnen, vielleicht »nicht so stark sind wie für jemanden, der kämpfen muss und damit mehr zu sagen hat.«[88]

---

und jeden in seiner Umgebung umbringen, auch sich selbst, für seine Dummheit. Doch es kann nicht – es zieht sich wieder in sich selbst zurück« (Mingus. Beneath the underdog, 5).
85. Mingus, Passions, 100. Übersetzung A. S.
86. Vgl. Mingus' Schilderung der demütigenden Erfahrungen von Diskriminierung in *Beneath the underdog*, 40 ff. Vgl. auch das reale oder fiktive »Gespräch« Mingus' mit seinem Vater: »Daddy, kannst du dich nicht mehr erinnern, dass du mir immer eingeredet hast, dass ich besser als die anderen bin, weil meine Haut etwas heller ist? Ich habe es nie geglaubt.... Irgendwer – der Gott der Liebe oder wer – scheint zu glauben, dass die Welt es mit den verschiedenen Rassen schaffen kann.... Der einzige Vater, den ich habe, ist Gott« (Mingus, Beneath the underdog, 110 f.).
87. Zit. in: du, Februar 2002, Heft Nr. 723, 31.
88. Mingus in den für die Grammy-Auszeichnung nominierten »Liner notes« to »*Let My Children Hear Music*«, »What is a Jazz composer?« www.mingusmingusmingus.com/ownwords/childliner.html, 2 (Übersetzung A. S.). Dass Jazz »die Tradition der schwarzen Amerikaner« ist, heißt für Mingus aber auch: »Weiße haben kein Recht, sie zu spielen, es ist farbige Volksmusik«, eine Sicht, die wiederum in seiner Geschichte ihre Wurzeln hat:

Aus seinem Leben erwächst seine unverwechelbare Stimme, sein Schrei – »(d)ie Leute sagen, ich schreie. Mensch, ich *fühle* mich wie schreiend.«[89] Aus seinem Leben muss er seine Geschichte erzählen, versucht er »zu sagen, warum verdammt noch einmal ich hier bin.«[90]

In einem offenen Brief an Miles Davis schreibt er: »Ich bin ein Mann, ich wiege 215; ich denke auf meine *eigene Weise*. Ich denke nicht wie Sie, und meine Musik ist nicht nur dafür da, ... dass sie einem den Rücken herunterrieselt. Wenn ich mich froh und sorgenfrei fühle, schreibe oder spiele ich auch so, – oder selbst wenn ich ... *deprimiert* bin. Eben weil ich Jazz spiele, vergesse ich *mich* nicht. Ich spiele oder komponiere *mich*, das, was ich fühle, durch den Jazz. Musik ist oder war eine Sprache der Emotionen. Wenn jemand vor der Wirklichkeit flieht, dann erwarte ich nicht, dass er meine Musik toll findet, und wenn jemand so anfangen würde, sie wirklich zu mögen, dann würde ich anfangen, mir um meine Stücke Sorgen zu machen. Meine Musik ist lebendig, und sie erzählt von den Lebenden und den Toten, über das Gute und das Böse. Sie ist zornig, und doch ist sie real, denn sie *weiß*, dass sie zornig ist.«[91]

Sie ist aufrüttelnd, wie zum Beispiel im *Haitan fight song*, der »genauso gut Afro-Amerikanisches Kampflied« genannt werden könnte. Es ist »diese Art Volksmusik«, und das heißt vor allem, es sind diese »Gefühle« und diese »Energie«, an die sich Mingus aus jenen Tagen seiner Kindheit in der Holiness Church erinnert und die in seine Musik »hineingekommen«[92] sind.

»Als ich bei Rheinschagen Bass gelernt habe, hat er mich in Klassischer Musik unterrichtet. Er sagte, dass ich nahe dran war, dass ich es aber nie wirklich schaffen würde. Deshalb habe ich dann ein paar Platten von Paul Robeson und Marian Anderson in die nächste Stunde mitgebracht und ihn gefragt, ob er glaubt, dass *diese* Künstler es geschafft hätten. Er sagte, dass sie Neger seien, die *versuchten*, eine ihnen fremde Musik zu singen.« Mingus akzeptiert diese »eigene Tradition« der »weiße(n) Gesellschaft«, fordert aber entsprechend, »dann soll sie uns aber auch die unsere überlassen« (Mingus, Beneath the underdog, 296).
Mit dieser Sicht steht Mingus nicht allein. Vgl. die Äußerung eines unbekannt gebliebenen schwarzen Musikers, der die einzigartige Rolle der Musik für die unverwechelbare eigene Stimme heraushebt: »Wir brauchen Musik. Wir haben schon immer unsere Musik gebraucht. ... Unsere Schriftsteller schreiben wie die Weißen, unsere Maler malen wie die Weißen. Nur unsere Musiker spielen nicht wie wie. So haben wir uns unsere eigene Musik geschaffen. Als wir sie hatten – damals den Jazz im alten Stil –, kamen die Weißen, fanden Gefallen daran und ahmten sie nach. ... Was können wir machen? Wir müssen pausenlos weiter Neues erfinden« (zit. in: Michael Jacobs, All that Jazz. Die Geschichte einer Musik, Stuttgart 1996, 279).

89. Mingus, Passions, 13, Übersetzung A. S.
90. Mingus, »What is a Jazz composer?«, 2.
91. Charles Mingus, An Open Letter to Miles Davis, www.mingusmingusmingus.com/ownwords/miles.html, 1, Übersetzung A. S. Zur Auseinandersetzung zwischen beiden vgl. auch Ian Carr, Rivalität mit Zuneigung. Der Stilist Miles Davis und der Choleriker Charles Mingus, in: du, Februar 2002, Heft Nr. 723, 77-79.
92. Mingus, Passions, 93. *Wednesday Night Prayer Meeting* wird von Mingus direkt als Kirchenmusik bezeichnet (vgl. ebd., 98). Es ist die Musik, die ihn geprägt hat: »Alle Musik, die ich hörte, als ich sehr klein war, war Kirchenmusik. Meine Familie ging zur der Methodis-

»Mein Solo darin ist zutiefst konzentriert. Ich kann es nur richtig spielen, wenn ich über Vorurteile nachdenke und Hass und Verfolgung, und wie ungerecht das ist. Da ist Traurigkeit und Weinen drin, aber ebenso Entschlossenheit. Und es endet gewöhnlich mit meinem Gefühl. ›Ich habe es ihnen erzählt! Ich hoffe, jemand hat mich gehört.‹«[93]

Viele seiner Stücke hatten eine politische Botschaft.[94] Ein Beispiel ist das dem Gouverneur von Arkansas, Orval Faubus, ›gewidmete‹ *Fables of Faubus*, der 1958 gegen die Anstrengungen der Bundesregierung – Präsident Eisenhower hatte Truppen nach Little Rock in Arkansas zur Unterstützung entsandt – alle öffentlichen Schulen seines Bundesstaates hatte schließen lassen, um zu verhindern, dass schwarze Kinder und Jugendliche »weiße« Schulen besuchen konnten.[95]

mental score paper

Wie wird eine Geschichte *musikalisch* erzählt? Und wer erzählt sie?

Eine Jazz-Komposition, wie Mingus sie in seinem »geistigen Ohr« hört, kann nur auf einem *mental score paper*, einer geistigen Partitur, erarbeitet werden.[96]

»In meinem Konzept für die gegenwärtige Jazz-Workshop-Gruppe kommt nichts Niedergeschriebenes vor. Ich ›schreibe‹ Kompositionen – allerdings nur auf geistigem Notenpapier –, dann bringe ich die Komposition den Musikern Stimme für Stimme bei. Ich spiele ihnen den Rahmen auf dem Klavier vor, so

---

ten-Kirche; meine Stiefmutter nahm mich außerdem zu der Holiness-Kirche und in andere Kirchen mit. Der Blues war in den Kirchen – Stöhnen und Riffs und diese Art Verbindung zwischen Hörern und Prediger.« Es ist diese Energie, die seine Musik durchprägt. »*Ecclusiastics*«, sagt er, »basiert auf meinem Kampf in mir selbst, um freizukommen von Gefängnisketten, den unsichtbaren und den sichtbaren« (ebd., 102, Übersetzung A. S.).

93. Mingus, Passions, 93, Übersetzung A. S.
94. Dabei sind die Titel (vgl. auch: *Oh Lord, Don't Let Them Drop That Atomic Bomb on Me, Free Cell Block F, 'Tis Nazi USA, Remember Rockefeller at Attica*) allerdings eindeutiger als die Musik. Ich stimme W. Knauer in seinem Urteil zu: Wer »rebellierende, mit den Werten brechende Musik erwartet, wird enttäuscht. … Die Musik selbst ist intensiv und aufrüttelnd, aber immer auch schön, zum Beispiel in den Soundwirkungen, wenn Mingus der Posaune singende Partien zuweist oder den Saxophonen atemlose Riffs, wenn sich der Pianist als stilistischer Potpourrimeister durch die Jazzgeschichte zu kämpfen hat und wenn der Schlagzeuger das alles hart antreibend zusammenhalten muss, während Mingus selbst mit diesen vollen, satten Kontrabassklängen unterlegt – nicht pling-pling-pling, ein Viertel nach dem anderen, exakt notierbar und das Metronom ersetzend, sondern jeder Ton anders, jeder Schwerpunkt leicht versetzt, anziehend, treibend, verlangsamend, hart und schlagend, sanft und streichelnd, leidend, leidenschaftlich« (du, Februar 2002, Heft Nr. 723, 34, vgl. auch u. zu *rotary perception*).
95. Vgl. Jacobs, All that Jazz, 277.
96. Zum Verhältnis seines Bassspiels und seiner Kompositionen vgl. Dave Holland, Wie ein flatternder Vogel. Ein kongenialer Erbe – Bassist Dave Holland. Im Gespräch mit Brian Priestley, in: du, Februar 2002, Heft Nr. 723, 39.

dass sie eine Vorstellung von meiner Interpretation und meinem Feeling bekommen und die Skalen- und Akkordprogressionen kennen, die benutzt werden.«[97] Mingus' Musiker sollen die Musik so lernen, dass sie sie hören und nicht nur auf dem Papier lesen und infolgedessen die »kompositorischen Teile mit derselben Spontaneität spielen, wie sie ein Solo spielen« würden. Dabei ist es Mingus wichtig, den besonderen Stil eines jeden zu berücksichtigen, sei es im Ensemble oder in den Solos. Auf diese Weise entwickelt er seine Sprache und kann trotzdem den Musikern individuelle Freiheit in der Schöpfung ihres Ausdrucks gewähren.

Dazu gehört auch, dass er in seinen Kompositionen aus der klassischen Kompositionslehre den Kontrapunkt beibehält. Denn wie keine andere Technik gibt dieser der Vielzahl von Stimmen »Atem«.[98] Er bietet Musikern, Charakteren und Emotionen gleichermaßen die Möglichkeit, sich gleichzeitig und auf verschiedene Weise auszudrücken, und stellt so eine Balance her zwischen Gruppe und Individuum, zwischen Form und Spontaneität, zwischen Ordnung und Chaos.[99]

Eine Balance im Hin und Her der Energien vielleicht wie damals zwischen schwarzem Prediger und Gemeinde, ohne dass aber Mingus in die Tage des »kleinen Jungen« zurückfällt, der »mit dem Swing geboren (ist) und ... mit den Händen in der Kirche« klatschte. »Aber ich wurde erwachsen, und ich möchte anderes tun als nur zu swingen.«[100] Das schließt für Mingus ein, »den beengenden Druck des ›Systems‹« »nicht mehr nur als eine Frage der Hautfarbe« wahrzunehmen. »Es ist mehr als das. Ich empfinde, es wird immer schwieriger für Menschen, einfach zu lieben. Und immer weniger Menschen strengen sich wirklich an herauszufinden, wer sie wirklich sind, und auf dies Wissen zu vertrauen. Die meisten Menschen sind gezwungen, Dinge zu tun, die sie nicht die ganze Zeit tun möchten, und sie gelangen an den Punkt, an dem sie fühlen, dass sie keine Chance mehr haben. Wir schaffen unsere eigene Sklaverei, aber

---

97. Zit. ebd., 34.
98. Mingus, Passions, 54. In der Kritik wird auch von einer bisweilen »aggressiven Polyphonie« als Folge des Verzichts auf geschriebene, das Zusammenspiel regelnde Arrangements gesprochen (Jacobs, All that Jazz, 277).
99. Vgl. Mingus, Passions, 54. »Ich achte auf den Personalstil eines jeden Musikers. Zum Beispiel biete ich ihnen verschiedene Tonfolgen für jeden Akkord an, und sie treffen ihre eigene Wahl für Skalen- und Akkordgrundlage, ganz nach Stimmung – außer wenn ich eine bestimmte Atmosphäre erwarte. So finde ich überall meine eigene kompositorische Farbe und kann doch den Musikern mehr individuellen Freiraum geben« (zit. in: du, Februar 2002, Heft Nr. 723, 34). Vgl. aber die unterschiedlichen Musikkritiken in du: »Die von ihm gewährte Freiheit ist eine Illusion.« (ebd.) Hier liege eine entscheidende Parallele zu Duke Ellington, »der am Piano immer eine Hand im Geschehen behielt« (ebd.). Dave Holland: »Mingus war in mancher Hinsicht (der Ensemble-Improvisation) ein Teil meiner Bildung – wie er Form schaffen und doch eine gewisse Ungebundenheit und Spontaneität bewahren konnte« (ebd., 39).
100. Mingus, Passions, 98. Übersetzung A. S.

ich werde da durchkommen und herausfinden, was für ein Mensch ich bin – oder ich sterbe.«[101]

Darum lebt seine Musik, die in ihrem Rohmaterial aus Popmusik, Blues, europäischer, afrikanischer, indischer und spanischer Musik besteht,[102] auch ›*a little beyond the elementary*‹, wie er beschreibt, was andere »als ›atonal‹ oder als merkwürdige Musik« klassifizieren, die doch von ihm selbst »so tonal wie möglich« geschrieben ist, aber die man eben nur hören kann, wenn man bereit ist, »sich ein bisschen mehr in die sogenannte Dissonanz der *free form Improvisation* zu vertiefen, die man dann als atonal kennzeichnen mag.« Mingus selbst möchte darüber denken, »wie ich fühle, oder lieber, wie wir fühlen – nicht seltsam, anders oder atonal –, sondern einfach als Musik, die ich höre und von der ich gerne hätte, dass sie ein Publikum hört.«[103]

Jenes »wie ich oder lieber wie wir« führt musikalisch in eine andere Erfahrung von Zeit und Raum.

Rotary perception

Mingus charakterisiert die Musik, die er »jetzt«[104] spielt, folgendermaßen: »Früher wurde einmal ein Wort verwendet – Swing. Swing ging in eine Richtung, es war linear, und alles musste mit einem eindeutigen Beat gespielt werden, und das ist sehr einengend. Aber ich verwende den Begriff ›Kreisende Wahrnehmung‹. Wenn du dir den Beat in einem Kreis vorstellst, hast du mehr Freiheit zu improvisieren. Die Leute dachten, dass die Töne in den Takten genau auf den Schlag kommen müssten, dass man Intervalle spielt wie ein Metronom. Das ist wie Marschmusik oder Tanzmusik. Aber stell dir vor, dass jeder Beat von einem Kreis umgeben ist – jeder Typ kann seine Töne irgendwo in diesem Kreis spielen, und er bekommt ein Gefühl von mehr Raum. Die Töne fallen auf irgendeinen Punkt innerhalb des Kreises, aber das ursprüngliche Gefühl für den Beat bleibt das gleiche. Wenn einer in der Gruppe das Zutrauen verliert, forciert

---

101. Ebd., 100, Übersetzung A. S. So verbindet Mingus z. B. in *Oh Lord Don't let them Drop That Atomic Bomb on Me* Kirchen- und säkulare Blues-Texturen und Phrasen.
102. Vgl. du, Februar 2002, Heft Nr. 723, 28.
103. Mingus, Passions, 109, Übersetzung A. S. Das *Savoy album* entfachte einige Auseinandersetzungen als ein frühes Beispiel des sogenannten ›atonalen‹ Jazz (vgl. Mingus, Passions, 109).
104. Das eigentlich Neue der Atlantic-Aufnahmen liegt in einer »kreisenden Wahrnehmung«, wie Mingus diese selbst bezeichnet. Diese kreisende Wahrnehmung war schon in verschiedenen Stücken evident geworden wie z. B. in *Sombre Intrusion* (1954), in welchem Melodie und Harmonie sich umeinander zu drehen scheinen. Die Einstellung von Zeitwahrnehmung führte zu erhöhten Wechseln von Zeit und Metrum (so in *Pithecanthropus Erectus*, vgl. Mingus, Passions, 51 ff.). So entwickelte er zusammen mit seinem Schlagzeuger, Dannie Richmond, eine zuvor noch nicht dagewesene rhythmische Beweglichkeit.

ein anderer wieder den Beat. Der Puls ist *in* dir. Wenn du mit Musikern spielst, die so denken, dann kannst du alles machen.«[105]

Es ist also nicht mehr die Erfahrung von Zeit als einer linearen Kette von rhythmischen Schlägen. Es ist vielmehr eine Erfahrung von Zeit, die sich selbst als Raumerfahrung[106] fassen lässt, eines Raumes, der sich »immer wieder, in kleinsten Zählzeiten oder in großen musikalischen Bögen, in den Zwischenräumen der linearen Strecken«[107] aufbaut.

Es geht um eine »Zeit-Raum-Erfahrung als Zwischen-Raum zwischen den zählbaren und messbaren, berechenbaren Ketten der linearen Schläge. ... genau hier spielt die Musik. Es gibt in diesen Zwischenräumen nur eine virtuelle, keine exakt berechenbare Präsenz des Zeitpunktes, eine musikalische Äußerung zu artikulieren, aber es gibt auch keine Beliebigkeit. ... Was richtig ist, entscheidet sich jeweils im Augenblick, ... in der gelingenden Kommunikation der Musiker mit sich selber und untereinander.«[108]

Wo es *gelingt* – ein solches Gelingen ist nie verfügbar, und doch lebt daraufhin alles![109] – eröffnet sich im Raum eine *andere* Dimension: Zwischen »bahnbrechendem Solistentum und feinfühligem Zusammenspiel«, »(z)wischen radikalem Individualismus und dialogischem Zuhören«[110] kann sich der Raum für die Musik öffnen, die »anderswo« herkommt, »auf den Klaviertasten« auf ihn »warte(t)«, für die »Melodie«, die »von Gott« kommt.[111]

Von dieser Zwischen-Raumerfahrung her wird verstehbar, was es heißen kann, dass Gott für Mingus nicht länger ein »einziges einsames Wesen« ist, »wie man versucht hat, mir mein ganzes Leben lang beizubringen«, sondern »diese große unsichtbare Quelle«, die »wir«, unfrei und in Abhängigkeiten und in ständigem Kampf, »sind«: »Jeder ist Er.«[112]

---

105. Mingus, Beneath the underdog, 295.
106. Vgl. Hans-Martin Gutmann, der aus seiner eigenen Erfahrung als Jazzmusiker »von einer dreidimensionalen Raumerfahrung« spricht (Hans-Martin Gutmann, Jazz und Theologie, in: Gotthard Fermor, Hans-Martin Gutmann, Harald Schroeter (Hrsg.), Theophonie. Grenzgänge zwischen Musik und Theologie, Rheinbach 2000, 87).
107. Gutmann, 88.
108. Ebd. Man kann darum auch sagen, dass sein eigentliches Instrument das Ensemble war (vgl. Mingus, Passions, 14): Mingus sprach von seinen Gruppen als Jazz-Workshops, »was für ihn genau dasselbe war wie ein Theater-Workshop: eine spontane Probevorstellung.... Workshop-Konzerte präsentierten kein fertiges Produkt, sondern einen Entwicklungsprozess« (Santoro, zit. in du, Februar 2002, Heft Nr. 723, 29).
109. Vgl. Gutmann, 97.
110. du, Februar 2002, Heft Nr. 723, 9.
111. Zit. ebd., 28.
112. »Wenn, wie mir Leute mein ganzes Leben versucht haben beizubringen, Gott ein einziges einsames Wesen ist, dann, denke ich, hätte er sich selbst aufteilen und eine Menge Leute mit einer Menge Ideen schaffen müssen. Jeder ist er. Die große unsichtbare Quelle sind wir.« Und Mingus fügt zugleich hinzu: »Wir sind noch Marionetten« (zit. in: Mingus, Passions, 102, Übersetzung A. S.).

Improvisation und die große Erzählung

Mingus denkt »in Bezug auf ein Ganzes« und fordert eben dies von seinen Musikern:

Ihn beschäftigt nicht zuletzt die große Form der klassischen Sinfonie.[113] Er möchte die alte Form der großen Erzählung von innen her erneuern, thematische Darlegungen und Jazz-, Solo- und Gruppenimprovisationen miteinander verbinden und eine Jazz-Sinfonie schaffen, die »wie ein Buch« erzählen könnte.[114] Aber dazu braucht es Jazzer, »die tatsächlich komponieren, wenn sie improvisieren«, die wirklich schöpferisch sind und nicht, »wie die Durchschnitts-Jazzer«, nachdem sie »die ersten Takte (ihres) Solo gespielt haben« »in vertraute Riffs und Muster« zurückfallen und nur »die Zeit ... füllen.« So hat Mingus neue Arten von Tonfolgen entwickelt – »Fundamente für Improvisation innerhalb einer Komposition«.[115] Wer Mingus' Musik spielt, soll fähig

---

113. So schreibt er im Begleitheft zu »*Let my Children Hear Music*«, dass er als Junge ein Buch von Debussy gelesen habe: Die Erfahrung Debussys, dass er, »sobald er eine Komposition beendet habe, sie vergessen müsse, weil sie etwas Neues und anderes werde,« versteht er sehr gut. Dann erzählt er, wie »Bird« eines Tages anrief und am Telefon zu Stravinskys *Feuervogel-Suite* improvisierte und er eine Vorstellung davon bekommt, was an zeitgenössischen Sinfonien nicht stimme: »Sie haben nichts Weitergehendes, was das Eigene der Sinfonie beinhaltet, nachdem sie geschrieben ist.« In Mingus wächst der Wunsch, »selbst eine Sinfonie zu schreiben, diese alte westliche Form klassischer Musik – eine Suite von drei oder vier Stunden zu schreiben und ein Solo in Momenten zu haben wie Charlie Parker, ... wie er improvisiert« (ebd., 3 f., Übersetzung A. S.).

114. Santoro, 301. *Adagio non troppo* sollte der erste Teil einer großen Sinfonie sein, über die er nachdachte, einer Sinfonie, die sich bei jeder Aufführung eben durch die improvisierten Teile ändern würde, und »›Adagio‹ war wirklich ›ich selbst, wenn ich wirklich bin‹« (Santoro. 301, Übersetzung A. S.).
Wie sehr ihn die Faszination durch die »klassische Musik« im Grunde nie losgelassen hat, zeigt auch der folgende Brief: »Ich habe gerade Quartette von Bartok gehört und peng! Der Anstoß zu diesem Brief kommt nicht so sehr vom Komponisten als von den Musikern – den Spielern, wie Rheinschagen zu sagen pflegte. Der Sprecher hat ihre Namen nicht angesagt, einfach nur ›Das Juillard String Quartett.‹ ... Sie sind sehr, sehr gute Spieler, und ihre Namen sind unwichtig, außer ... dass man sie erreichen können muss, um sie zu bitten, eines Tages die Musik eines anderen Komponisten zu spielen, – meine vielleicht, wenn ich etwas Angemessenes hätte. ... Sie haben die Fähigkeit, die Seele eines Hörers in einer Sekunde zu verwandeln... – einfach indem sie dem Gekritzel eines Stiftes auf einem Stück Pergament folgen.« Dieses Hörerlebnis erinnert ihn an sein »ursprüngliches Ziel«, von dem ihn »aber ein Etwas mit dem Namen ›Jazz‹ ... abgebracht« hat: »(I)ch weiß nicht, ob ich jemals zurückfinden werde. Ich bin ein guter Komponist mit großen Möglichkeiten, und der Jazz hat mir einen Erfolg ohne Anstrengung beschert, aber es war kein wirklicher Erfolg – der Jazz hat zu viele beschränkende Eigenschaften für einen Komponisten. ... Ich frage mich, ob es überhaupt Jazzmusiker gibt, die so gut sind wie diese Typen. Irgendwas läuft völlig falsch, und das ist schade. ... Ich selbst und die anderen Jazzbassisten *sollten* eigentlich fähig sein, Cello- und sogar Violinparts in den kompliziertesten Kammerkonzerten zu spielen. ... Wenn ich es wirklich will, Nat, dann werde ich wahrscheinlich den Jazz aufgeben müssen – mit diesem Wort lässt sich zu leicht Unsinn treiben.« (Mingus, Beneath the underdog, 286 f.).

115. Mingus, zit. in: Santoro, 301. In dem Begleitheft zu »*Let my Children Hear Music*«

sein, »kompositorisch zu improvisieren, so dass es schwer wird zu sagen, wo das Geschriebene endet und die Improvisation beginnt.«[116] Eine Musik, die man nicht als Jazz oder als klassisch bezeichnen oder überhaupt irgendwie einordnen sollte. Von der er vielmehr wollte, dass sie einfach und unverkennbar seine, eben »Mingus' Musik,«[117] war und ist.

> heißt es: »Nun, in dieser Aufnahme ist eine Melodie, die einzeln improvisiert ist und auf die ich sehr stolz bin. Ich bin stolz darauf, weil es für mich das ausdrückt, was ich fühle, und es zeigt Wechsel in Tempo und Weise, und doch passen die Variationen über das Thema noch in die Komposition. (Es ist nicht wie manche Musik, die ich höre, da die Musiker acht Takte spielen, und dann die nächsten Takte klingen, als wenn sie eine andere Melodie spielen würden.) Ich würde sagen, die Komposition ist als Ganze so wie ein geschriebenes Stück Musik strukturiert. Während der sechs oder sieben Minuten, die sie (original auf dem Klavier) gespielt wurde, war das Solo innerhalb des Bereiches eines Gefühls oder mehrerer Gefühle, die als eines ausgedrückt wurden. Ich bin mir nicht sicher, ob jeder Musiker, der improvisiert, das kann« (Mingus, »What is a Jazz composer?«, 2, Übersetzung A. S.).

116. Mingus, zit. in: Santoro, 302. Santoro erläutert: »Er fand eine einmalige Art zu komponieren, Gruppenimprovisation neu zu formulieren. Ellington schrieb Stücke, die er aus Phrasen seiner Solisten entwickelte. Mingus ging weiter. Er entwickelte ein ganzes Arrangement aus dem, was er seinen Musikern zu spielen gab. Sie mussten sich auseinander setzen. Niemand sonst hat Komposition auf diese Art neu konzipiert. Er formte die Perfomance auf der Bühne, und er redigierte sie dann im Studio« (zit. in: du, Februar 2002, Heft Nr. 723, 92). Nach einem missglückten Versuch 1962 in der New Yorker Town Hall ist es doch in einigen Fällen gelungen, z. B. *Let my Children Hear Music* von 1972. Sein magnum opus, von dem Teile in jenem Townhall-Debakel untergingen, fand sich erst in seinem Nachlass als ein Packen von acht Kilogramm Manuskript, »den er als Sinfonie sah und sprechend *Epitaph* nannte (›ich schrieb es für meinen Grabstein‹) ... *Epitaph* ist das musikalische Pendant zu *Beneath the Underdog*, eine Suite mehr als eine Sinfonie.« (ebd., Übersetzung A. S.). Die Partitur enthält berühmte Mingus-Kompositionen (*Better get it in Your Soul, Chill of Death, O.P., Peggy's Blue Skylight*). Gunther Schuller kommentiert das Stück *Self Portait/Chill of Death:* »Das Stück ist Mingus' originalste Erfindung auf *Epitaph*. Die grundsätzliche Voraussetzung ist, dass im Lauf des kleinteilig variierten Verlaufs – zum Teil auf der äußeren Grenze dessen, was man Jazz nennen kann – jeder ... der 30 Musiker mehrere Gelegenheiten zu solistischer Erfahrung bekommt .... Wirklich ungewöhnlich ist allerdings die Idee, dass die meisten dieser Soli sehr kurz sind: vier Takte, sechs Takte, dreieinhalb. Die Einzigartigkeit dieser Konzeption liegt darin, dass durch die breite Streuung kleiner Soli über die elf Minuten dieses Stücks ein sich stets veränderndes Kaleidoskop instrumentaler Farben entsteht. Mehr noch, diese Soli überschneiden sich, es gibt alles von Einzellinien bis zur gleichzeitigen Improvisation von nicht weniger als neun Musikern. Es ist, als ob Mingus von der Improvisation nicht nur ... ein Gefühl der Spontaneität erwartet hätte, sondern ... Improvisation regelrecht einarbeitete in die Architektur und das strukturelle Geflecht des Werks. Wie komplex strukturell die Planung der Soli insgesamt ist, das zugrundeliegende harmonische Schema ist mehr als einfach; es besteht zumeist aus gehaltenen Pedaltönen und statischen Harmonien. Der Kontrast zwischen diesen lang ausgedehnten Harmonien und dem ständig bewegten variablen Netz von epigrammatischen Soli ist ein Geniestreich. Er macht aus diesem Stück eine der visionärsten und waghalsigsten Konzeptionen im Jazz insgesamt.« (zit. in: du, Februar 2002, Heft Nr. 723, 92). Das gilt auch angesichts der Tatsache, dass Mingus sie nur in seinem geistigen Ohr gehört hat.

117. Mingus verwehrte sich gegen Kritiker, die seine stilistische Unruhe nicht verstehen

John Neumeier – »Shall we dance?«[118]

»gestische Bilder vom Geheimnis der Musik«

»(O)hne Musik kann ich mich nicht bewegen«, sagt John Neumeier, dessen »ganzes Leben, Denken und Fühlen« Tanz, dessen »eigentliche Sprache« die Choreographie ist.[119] Eine Sprache, die in der »Synthese von Literatur, Musik und Tanz«[120] je neu versucht, »*gestische Bilder vom Geheimnis der Musik* zu erzeugen«.[121] Was entsteht, ist keinem Gedanken bloß nacherzählt, sondern »im Augenblick«, in emotionalen »Kräfteverhältnisse(n)« und »Spannungsfelder(n)«[122] entstanden: Bilder in Bewegung, die Menschen in ihrer »Ganzheit« ansprechen wollen, in ihrem Verstand, in ihrer erotischen Empfindsamkeit, in ihrer Sehnsucht nach Spiritualität.[123]

---

konnten und ihn einordnen wollten: »Ich will überhaupt nicht in irgendwelchen Bahnen gefangen sein. Alles, was ich tue, ist Mingus. Darum mag ich das Wort Jazz nicht für meine Arbeit.« Sie ist für Mingus »klassische Musik«, in der aber »immer Improvisation« sein muss (zit. in: Santoro, 301. Übersetzung A. S.).

118. Wenige Monate nach *Othello* choreographierte Neumeier in der Hamburger Kampnagelfabrik einen Ballettabend, dessen Titel »als Frage schließlich am Ende jeder Lektüre stehen« sollte, die sich mit Neumeier und seinen Balletten beschäftigt: »*Shall we dance?*« (Rolf Liebermann, An John Neumeier, in: Wolfgang Willaschek, Zwanzig Jahre John Neumeier und das Hamburg Ballett 1973-1993. Aspekte. Themen. Variationen. Das zweite Jahrzehnt, Hamburg 1993, 7).

119. Neumeier, Ich bin Christ und Tänzer, in: www.hamburgballett.de/d/rep/passion.htm, 1.

120. John Neumeier, Standortbestimmungen. Ein Gespräch, 1988, zit. in: Zwanzig Jahre, 81.

121. »Tanz ist Gott sei Dank eine so vehement auf Gegenwärtiges und unmittelbar Auszudrückendes angewiesene Kunstform, dass ich bei jedem Detail einer Vorlage – sei sie nun literarischer, sinfonischer oder abstrakter Art – sofort den Offenbarungseid leisten muss. ... Über welche Mittel als Choreograph verfügst du, Sprache und/oder Musik durch Gesten und Bewegungen zu versinnbildlichen? ... Welche Spannungen ergeben sich zwischen Zeit und Raum, und wie finde ich ein Fundament, solche Spannungsverhältnisse sichtbar zu machen?« (Ebd., 76 f.).

122. Neumeier, Nijinsky, www.hamburgballett.de/d/rep/nijinsky.htm, 2.

123. John Neumeier im Gespräch mit Wolfgang Willaschek, in: Zwanzig Jahre, 264. Entscheidendes Vorbild für Neumeier ist »der Mensch, der Tänzer« Nijinsky. (John Neumeier, Nijinsky. Eine Faszination und ihre Facetten, in: www.hamburgballett.de/d/nijiinsky-jn.htm, 1). »Da stieß ich auf Nijinskys Tagebuch.... Ich war ... davon tief davon beeindruckt und geriet immer mehr in den Bann dieser einfachen, schlichten, sehr direkten und zutiefst geistigen Beobachtungen über Kunst, Leben und Religion. ... Seine Philosophie des ›Fühlens‹ im Gegensatz zum ›Denken‹ rührte eine wichtige Schicht in mir an. ... Und seine natürliche, naive Spiritualität bestärkte mich in dem Empfinden, dass Metaphysisches, dass die geistige Suche des Menschen, selbst in ihren religiösen und theologischen Aspekten, durchaus ein Sujet für Tanz ist. ... Wer diese Ebene dem Tanz nicht zutraut (oder negativ davon berührt ist), kommt mir vor wie jemand, der prüde das Erotische von Tanz nicht sehen will und leugnet. Erotik und Spiritualität gehören zum Menschen. Und Kunst spricht vom ganzen Menschen« (ebd., 3).

Diese Arbeit stellt Neumeier in eine ständige Entwicklung hinein, die er genährt sieht von der »Sehnsucht nach der Ewigkeit.«[124]

Dabei ist die »gemeinsame Arbeit am *Raum*« für den Tänzer, was für den Dichter der leere Bogen Papier, für den Maler die leere Leinwand ist. Seine Größe wird nicht durch äußeres Ermessen erfasst, sondern kann nur durch *innere Bewegtheit* des Tänzers gefunden und gestaltet werden. Das schließt die Herausforderung ein, sich den *eigenen* Raum erfinden zu müssen,[125] eine Arbeit, die für Neumeier nur unter Voraussetzung eines »besonder(en) Kräfteverhältnis(ses)« und im Vertrauen auf eine »besondere Energie« möglich ist, die niemals Gewohnheit werden kann, sondern von einer »sehr lebendigen Beziehung« zeugt: »(D)enn mit jeder neuen Choreographie begeben sich die Tänzer und ich auf Glatteis.«[126]

Das ist nicht ohne Schmerz. Das ist eine Verpflichtung und Berufung, die nur ein Künstler, »absolut ernst nehmen« kann, der »an seine Biographie glaub(t)«: »Ich bin John Neumeier und Choreograph.«[127]

Das sinfonische Ballett

Sinfonisches Ballett ist für Neumeier ein Ballett, in dem die Musik »den Ausgangspunkt und die maßgebende Instanz für Thema, Technik und Struktur des Tanzes« darstellt. Eine Auffassung, in der sich Neumeier auf Isadora Duncan bezieht, die Geschichte nicht im Sinne eines traditionellen Handlungsballetts, sondern als eine »körperliche Verbildlichung dessen, was in der Musik enthalten war«[128], erzählt. Die Rolle der Musik ist dabei mit der des Steines für den

---

124. Neumeier, Gespräch Willaschek, in: Zwanzig Jahre, 264.
125. Zwanzig Jahre, 227. Vgl. hierzu Jürgen Rose, Räume für Tänzer – Meine Zusammenarbeit mit John Neumeier von 1972-1992, in: Zwanzig Jahre, 238. »Der ›geschlossene Raum‹: mich reizt im Theater eine zu bauende, während der gesamten Aufführung unweigerlich vorhandene ›Be-Grenzung‹. Innerhalb dieser Begrenzung ereignen sich Fülle und Einsamkeit. Gewaltige Freiheiten sind gegeben; in ein- und demselben Raum sind die unterschiedlichsten Konflikte von Figuren genau und scharf ablesbar; Ideal eines Licht-Raums, vergleichbar einem Bogen weißen Papiers, in den ein Stück ›hineingezeichnet‹ wird.« So wird der »faszinierendste ›Augen-Blick‹« erlebbar, wie aus der »Vorgabe« eines äußeren Raumes die Darsteller einen Raum entstehen lassen, »der zu meinem Raum wird.«
126. Neumeier, Gespräch Willaschek, in: Zwanzig Jahre, 263. Auch und gerade darin weiß er sich mit Nijinskij verbunden: »Jedes Mal, wenn ich selbst zum ersten Mal vor einer neuen Compagnie stehe … denke ich an Nijinskij und diesen Moment des Probenbeginns. Immer hat man Hemmungen. Immer zweifelt man. Ich frage mich jedes Mal, wie weit kann ich gehen, kann ich vertrauen, kann ich mich trauen?« (Neumeier, Nijinsky, Faszination, 4).
127. Neumeier, Gespräch Willaschek, in: Zwanzig Jahre, 262.
128. John Neumeier, Ein körperliches Bild vom Geheimnis der Musik, 1984, in: Zwanzig Jahre, 53.

Bildhauer zu vergleichen. So wie Michelangelo nichts aus dem »Stein herauszwingen (kann), was nicht in ihm angelegt ist«, so kann auch der Choreograph nach Neumeier »bei aller Freiheit der Subjektivität« nichts »empfinden«, was nicht in der Musik »enthalten ist.«[129] Darum kennt er die Thematik des Balletts nicht, bevor er nicht mit der Musik choreographisch arbeitet. »(I)ch studiere die Partitur, die Werkgeschichte, den Komponisten – aber erst durch eine Bewegung und durch meine Tänzer beginne ich die Sinfonie richtig zu verstehen.«[130] Stil und Thema kommen aus der Musik selbst.[131]

»Was mir die Sechste erzählt«

Das Thema, das aus der Musik kommt, kann »sehr ›heutig‹«[132] sein.

Die *Sechste Sinfonie* von Mahler – oft mit dem Zusatz »Die Tragische« versehen – ist für Neumeier »die pessimistischste«. Diese Grundstimmung von Angst, Einsamkeit und illusionärer Hoffnung sieht Neumeier bei Mahler »nie wieder in dieser Intensität zum Ausdruck gebracht. Vielleicht hat mich das dazu gezwungen« – und damit meint Neumeier nicht nur ein »subjektives«, sondern auch ein »objektives« Müssen –, »diese Sinfonie gerade jetzt zu choreographieren.«[133]

Die besondere Entsprechung, die Neumeier zwischen der Stimmung der Sinfonie und der »unserer Welt in diesen Tagen« empfindet, hat den Plan, »ein rein ›formales‹ Ballett« zu choreographieren, das heißt, absolute Musik lediglich in Bewegung umzusetzen, verunmöglicht. Wohin führt das Hören auf das, »*was mir die Sechste erzählt*«?

»Wege ins Niemandsland?« fragt Neumeier. Er weiß, dass Kunst die Welt nicht verändern kann. Und trotzdem widmen er und seine Tänzer dieses Ballett der Friedensbewegung in der ganzen Welt.[134] Nicht weil das Ballett eine Bot-

---

129. Ebd., 53 f.
130. Ebd., 54. Zur *Dritten Sinfonie* von Gustav Mahler schreibt Neumeier: »Das Thema meines Balletts ist die Musik selbst – Mahlers erste und seine letzte Sinfonie. Ich habe versucht ..., in der Struktur und der ganz eigenen emotionalen Welt dieser Musik eine Handlung zu finden, dieser Handlung dann im Tanz Leben, Logik und Entwicklung zu geben« (Neumeier, zit. in: John Percival, Das sinfonische Ballett, in: Zwanzig Jahre, 51).
131. Ebd., 54. Vgl. Gustav Mahler: »Ich weiß für mich, dass ich, solange ich mein Erlebnis in Worten zusammenfassen kann, gewiss keine Musik hierüber machen würde. Mein Bedürfnis, mich musikalisch – sinfonisch – auszusprechen, beginnt erst da, wo die dunklen Empfindungen walten, an der Pforte, die in die ›andere Welt‹ hinüberführt; die Welt, in der die Dinge nicht mehr durch Zeit und Ort auseinanderfallen« (zit. in: Zwanzig Jahre, 57).
132. John Neumeier, *Sechste Sinfonie* von Gustav Mahler, 1984, zit. in: Zwanzig Jahre, 56.
133. Ebd.
134. Vgl. ebd., 55.
    Vgl. den Zeitungsartikel aus der NY-Post: »Diese Mahler-Sinfonie ist als die ›Tragische‹ bekannt, und wie wir sie auch immer empfinden, sie hat, wie alle musikalischen Werke Mahlers – der Komponist selbst bekennt dies – ein ›inneres Programm‹, wie er es nannte.

schaft des Choreographen tanzt, sondern weil bei der Auseinandersetzung mit der *Sechsten* von Mahler für Neumeier »ganz überraschende Dinge herausgekommen« sind: »Handlungsfragmente ..., Konflikte, Situationen zwischen Menschen,«[135] »die ich, bevor ich die Musik choreographierte, nicht hätte erdenken können.«[136]

Bewegung lesen

Dem Frieden dient, Bewegung »zu ›lesen‹, im Leben wie auf der Bühne«.[137] Das bedeutet eine Enttäuschung für all diejenigen, die nur »vertraute Schrittfolgen«[138] sehen wollen.

Neumeiers frühere Lehrerin Sybil Shearer schreibt in der »Ballet Review« 1984: »Die meisten Choreographen machen es dem Zuschauer leicht, einem Tänzer auf der Bühne zu folgen, indem sie ihm Soli geben oder um der Eindeutigkeit der Aussage willen Duos mit sekundären Figuren oder Unisono-Figuren. Aber John Neumeier weiß, dass Bewegung sich von innen her entwickeln muss und dass der Tänzer sich in ihr – wenn sie echt ist – vollkommen hingeben kann. Wir zelebrieren unsere existentielle Bedrängnis mit jeder unserer Bewegungen, von denen es eine unendliche Vielfalt gibt«.[139]

In Neumeiers Interpretation ist dieses ›innere Programm‹ abgrundtiefer Pessimismus. Er sieht den großen kontrapunktischen Schlusssatz als Ausdruck für den Nihilismus und die Anarchie des Chaos. Dennoch ist Mahler ein von Grund auf gefühlvoller, subjektiver Komponist, und seine Musik ist stets vom Geist seiner Sehnsucht durchtränkt, was sowohl ihre Stärke als auch ihre Grenzen ausmacht. Und Neumeier, ein Mahlerianer durch und durch, versteht dies. ... Der zweite Satz ist ein befremdender marionettenartiger Todestanz, wohingegen uns das Ballett im dritten Satz in ein altes Filmtheater entführt, in dem die Szene des brennenden Atlanta aus *Vom Winde verweht* gezeigt wird. Trotzdem sind die Bildwelten nicht spezifisch, sondern allgemeingültig. Die Choreographie (steht) in stürmischem Einklang mit Mahlers apokalyptischer Vision und künftiger Verzweiflung« (New York Post, 26. März 1985, zit. in: Zwanzig Jahre, 95).

135. Neumeier, Sechste Sinfonie, zit. in: Zwanzig Jahre, 54.
136. Ebd., 55.
137. Sybil Shearer, John Neumeier in Amerika, zit. in: Zwanzig Jahre, 133.
138. Ebd.
139. Ebd., 131.

Matthäus-Passion – »Ich bin Christ und Tänzer«

Eine choreographische Form für Bachs Musik

1981 choreographiert Neumeier Johann Sebastian Bachs Matthäus-Passion.[140] Dieses Ballett ist besonderer Art, in einem langen Prozess und durch »permanente Zweifel«[141] hindurch entstanden. Die Idee, Bachs Matthäus-Passion zu choreographieren, wurzelt in Neumeiers Faszination durch diese Musik, die er von Anfang an, »(g)anz intuitiv«,[142] aufgrund ihrer Gestaltungsmittel und Ausdrucksmöglichkeiten, in ihrer epischen Dramatik, ihren musikalisch autonomen Arien- und Chormeditationen als »zutiefst tänzerisch«[143] empfindet. In ihrer Einheit von bildhaft-sinnlichen und zugleich abstrakt musikalischen Formulierungen, in der Bachs Matthäus-Passion das historische Geschehen »mit einem sehr diekten, persönlichen Glaubensbekenntnis« verbindet und »ganz unhistorisch und aktuell, Zeugnis von menschlicher Leidens- und Lebenserfahrung«[144] gibt, ist sie einem Tanz verwandt, der nicht einfach einen literarischen Stoff in Bilder umsetzt, sondern »reine Tanzelemente und theatralische Erzäh-

---

140. Zu Vorbildern vgl. John Neumeier, Johann Sebastian Bach. Matthäus-Passion. Photographien und Texte zum Ballett von Neumeier. Ein Arbeitsbuch, Hamburg 1983, 9.
141. Die innere Notwendigkeit, »den eigenen Ansatz immer wieder zu überprüfen und das, was gefunden wurde, zu überdenken,« ist nach Neumeier für diese in mehreren Etappen entstandene Choreographie symptomatisch: »Die ›Skizzen zur Matthäus-Passion‹ waren sozusagen ein Forschungsprojekt, und ich habe mir lange offengehalten, ob sie überhaupt gezeigt werden sollten. Bei der Entscheidung für die Aufführung in der Kirche während der Hamburger Bach-Tage 1980 war für mich wiederum nicht das endgültige Moment der Aufführung wichtig, sondern der Wunsch stand im Vordergrund, das in der Abgeschiedenheit des Ballettsaals Entwickelte im sakralen Kirchenraum mit den Zuschauern zu überprüfen: Konnte das bisher Geschaffene bestehen, musste ich korrigieren, durfte ich weitermachen, war eine Choreographie der ganzen Passion möglich und, als letzte Konsequenz, ließ sie sich aus dem sakralen in den profanen Raum des Theaters übertragen? Die folgende Ballett-Werkstatt auf der Bühne der Staatsoper, in der ich über die Choreographie sprach und zur Erläuterung Teile aus den ›Skizzen‹ tanzen ließ, brachte dann die Entscheidung, den Versuch fortzusetzen und an einer Gesamtfassung fürs Theater zu arbeiten.«
Für seine Überlegungen und Entscheidungen ist das »unbewusst schicksalhafte (…) Zusammentreffen« mit dem Bachspezialisten und damaligen Kantor an der Hamburger St. Michaelis-Kirche, Günter Jena (vgl. Günter Jena, Das gehet meiner Seele nah. Die Matthäuspassion von Johann Sebastian Bach [1999], 2. Aufl., Basel, Wien 2001; Günter Jena, Ich lebe mein Leben in wachsenden Ringen. Die Kunst der Fuge von Johann Sebastian Bach. Gedanken und Erfahrungen eines Interpreten. Eschbach/Markgräflerland 2000), entscheidend. Am Ende eines ersten Gespräches fragt der Choreograph den Kantor, »ob er sich die Matthäus-Passion getanzt vorstellen könnte. Er antwortete zu meiner Überraschung spontan, davon habe er immer geträumt!« (Neumeier, Matthäus-Passion, 11).
142. Ebd., 10.
143. John Neumeier, Ich bin Christ und Tänzer, 1.
144. Ebd.

lung nebeneinanderstellt und das innere und äußere Geschehen auf verschiedenen Ebenen und mit unterschiedlichen Mitteln gestaltet.«[145]

Es geht Neumeier also nicht darum, wie man zunächst vermuten könnte, einen »religiös-philosophische(n) Gehalt« in Bilder umzusetzen. Es geht nicht um ein »religiöses Unterfangen,« einen »Ersatzgottesdienst« oder ein »Mysterienspiel«.[146]

Die Tänzer, die aus verschiedenen Ländern kommen und ganz unterschiedlichen Glaubensrichtungen anhängen, sollen weder bekehrt noch selber zu Missionaren werden. Was Neumeier interessiert, was ihn »bewegt«, dieses »Wagnis Matthäus-Passion«[147] einzugehen, ist »die Form«.[148] »Es ist Bachs Matthäus-Passion, die ich tänzerisch umzusetzen versuchte, nicht die Leidensgeschichte Christi aus dem Neuen Testament. Die Musik war unser gemeinsamer Bezugspunkt in der Arbeit: Intensiv zuhören und sich dieser tief religiösen Musik – religiös, weil der, der sie schrieb, selbst glaubte – zu öffnen, das verband uns zur Gruppe, nicht ein gemeinsamer Glaube.«[149]

Nicht im Widerspruch dazu, sondern von diesen wegweisenden Gedanken aus seinem, die Arbeit begleitenden und im Nachhinein reflektierenden Tagebuch ist zu verstehen, was Neumeier zwanzig Jahre später, 2002, auf der Homepage zur Matthäus-Passion schreibt: »Ich bin Christ und Tänzer. ... Sollte ich nicht versuchen, meine eigenen religiösen Überzeugungen und Erlebnisse in ihr auszudrücken und künstlerisch zu gestalten?«[150]

Im Tanz, der »ganz konkret, ganz körperlich« ist und »(g)leichzeitig ... zum Heraustreten aus Zeit und Geschichte, zur inneren Reflexion und (zum) seelischen Zustand (wird): ein Ritual, um dem Geheimnis des Übersinnlichen näherzukommen«,[151] hat »ein kultischer Kern überlebt.« Das heißt – Gestus ist nicht ein bloßes Instrument, dessen sich der Kultus bedient, sondern *in* der Geste kann der Kultus sich ereignen. Darum kann für Neumeier aus dem Reichtum der symbolischen Gesten im Geist des klassischen Tanzes das Geheimnis von Kultus und Liturgie wieder erstehen.

So kann aus der »ursprüngliche(n) Einheit von Tanz und Kultus« eine »verschollene (...) Sprache«[152] wiedergefunden werden. Neumeier sucht sie auf den Spuren einer »vielschichtige(n), Bachs Komposition entsprechende(n) tänzerische(n) Wiedergabe des biblischen Geschehens in seiner religiösen und menschlichen Bedeutung«,[153] einer Choreographie, die wie die Musik mehrere

---

145. Neumeier, Matthäus-Passion, 10.
146. Ebd., 10, 12.
147. Vgl. ebd., 10.
148. Ebd.
149. Ebd.,12.
150. Neumeier, Ich bin Christ und Tänzer, 1.
151. Ebd.
152. Ebd., 2.
153. Ebd., 2.

Ebenen hat und von der Gleichzeitigkeit und Gegenüberstellung verschiedener Elemente lebt.[154]

Was entsteht, ist eine Erzählung der Handlung, die sich mit einer »gestischen Symbolsprache von beinahe liturgischem Charakter« verbindet: »(H)öchst ›kunstfertige‹, auf klassischen wie modernen Tanztechniken aufbauende Passagen wechseln mit Situationen, in denen ... ›rohe‹ Emotion sich körperlichen Ausdruck schafft und auch Momente von Improvisation und ganz persönlicher Reaktion des einzelnen Tänzers Platz haben.«[155] Geschehnisse und Bilder sind nicht in chronologischer Ordnung, sondern zu einem aus Wort, Musik und Bewegung vielschichtigen Gewebe zusammengefügt.[156] So sind »völlig verschiedene Interpretationen des Geschehens simultan in einem Bild«[157] zu sehen.

Neumeiers anfängliche Angst, »durch Tanz von der Musik abzulenken« und deshalb »ihr so wörtlich wie möglich bis ins kleinste kompositorische Detail zu folgen«, löst sich auf in der Erfahrung, dass »die Verdoppelung durch die Bewegung« eine Arie »›lang-weiliger‹«[158] macht, während Musik in Verbindung mit dem Tanz sich weit mehr entfalten kann, »wenn das Optische auch eine eigene Dimension hat, wenn die Bewegung Eigenleben« hat. »Wir hören und wir sehen mehr, wenn wir nicht das, was wir hören, auch noch zur gleichen Zeit sehen.«[159]

Für die Tänzer bedeutet das eine gewaltige Herausforderung, in der das eigentlich Besondere dieser Choreographie liegt: Sie lebt von der »menschliche(n) Einheit«, die Neumeier als die »überwältigendste Erfahrung« bei der Arbeit an der Matthäus-Passion beschreibt. Nicht nur gilt hier, wie auch in anderen Choreographien, dass ein choreographischer Gedanke »nicht im Kopf eines einzel-

---

154. Was bedeutet das für den Raum? Die Aufführungen fanden in der Michaelis-Kirche in Hamburg und in der Oper statt. Der sakrale Raum wird als Raum mit bestimmten Handlungen und Inhalten verbunden. Durch den einen breiten Mittelgang sind Zuschauer, Gemeinde leicht einzubeziehen. Wesentlich ist die starke Zentralperspektive. Die räumlichen Schwerpunkte im Theater sind »völlig andere«. Nichts lenkt von dem szenischen Bild auf der Bühne ab. Die Tänzer kommen nicht in einen bereits vorgeprägten Raum, sondern müssen sich erst den Sakralraum schaffen. Der Raum aber verändert auch das Verhältnis von Tänzern und Publikum: Das Gegenüber der zwei Zuschauergruppen, der zwei Gemeinden im Zuschauerraum und auf der Bühne wird im Opernraum deutlicher als in der Kirche. Zudem sind die verschiedenen räumlichen Spannungen zwischen den Darstellern auf der Bühne sichtbarer. Da das Auge nicht durch »die ganze Bühne«, sondern durch Ausschnitte gelenkt wird, sind »selbst kleinste Veränderungen oder Aktionen ... zu sehen, während sie in der Kirche untergehen« (Neumeier, Matthäus-Passion, 75). Das bedeutet für Neumeier konsequent: »Die Graphik des Werks kommt eigentlich nur in der Oper wirklich zur Geltung. Sie ist mir wichtig, denn in ihr liegt die entscheidende Eigenleistung der Choreographie« (ebd.).
155. Neumeier, Ich bin Christ und Tänzer, 2.
156. Vgl. Neumeier, Matthäus-Passion, 30.
157. Ebd., 78.
158. Ebd., 39.
159. Ebd.

nen vollendet« wird, sondern »durch den Tänzer realisiert werden« muss und erst durch dessen »physische Präsenz verwandelt« wird. Die choreographische Arbeit an der Matthäus-Passion braucht zudem noch »eine andere Konfrontation«, durch die sich die bisherige Arbeitsweise verändert hat: Neumeier ist auf die »völlige Öffnung, den ganzen persönlichen Einsatz und die aktive Mitarbeit der Tänzer angewiesen. ... Die Tänzer hatten nicht mehr Rollen zu gestalten; sie hatten zunächst sie selbst zu sein.«[160]

Die 41 Tänzer[161] sind Darsteller *und* Zeugen. Das verlangt eine kreative Mitarbeit der Tänzer und Tänzerinnen, die Neumeier bis dahin noch nie gewagt hatte.

Nicht nur während der Proben, sondern auch noch in der endgültigen Fassung haben sie Improvisations-Spielräume, in denen sie sich selbst einbringen und als eigene Personen gefordert sind. Sie verkörpern also die Rollen des Petrus, Judas, Jesus, der Frau in Simons Haus und bringen sich zugleich immer wieder persönlich und kreativ ein. Darin bauen sie in ihren Bildern Brücken »zu den Menschen, die ihrerseits Zeugen sind, die gekommen sind, um die Matthäus-Passion zu hören und zu sehen.«[162]

Das gilt von Anfang an:

»Als ich während einer der Anfangsproben«, berichtet Neumeier in seinem Tagebuch zur Matthäus-Passion, »das erste Mal das ganze am Stück beteiligte Ensemble vor mir hatte, habe ich deshalb auf etwas bestanden, was ich, seit ich choreographiere, noch nie bei einer Probe verlangt hatte: Es durften nur die Tänzer im Ballettsaal bleiben, die als Erstbesetzung für das Stück eingeteilt waren, aber keiner der ... normalerweise hinten im Raum mitlernenden Ersatzleute. Nur der, der wirklich etwas zu tun hatte, sollte da, sollte körperlich anwesend sein, um von vornherein jedes Gefühl von halbem Beteiligtsein, von halbherzigem Mitmachen oder bloßes Zuschauen im Keim zu ersticken.«[163]

In dieser Atmosphäre, aus diesem geistigen Klima, in dem »Tänzer ... konzentriert einer Musik zuhören,«[164] sind der Eingangschoral und von hier aus weiter die *Skizzen*, schließlich die Gesamtfassung der Matthäuspassion entstanden.

---

160. Neumeier, Ich bin Christ und Tänzer, 3.
161. Auf die Zahl 41 ist Neumeier zunächst zufällig gestoßen, aus Platzgründen in der Michaelis-Kirche musste er die Zahl der Tänzer auf die für seine choreographische Konzeption notwendige Zahl reduzieren. Das waren 41 Tänzer. »Ich habe das bewusst beibehalten. Zahlen sind von mir nicht als mystische Symbole oder magische Beschwörungen gedacht, sondern als flüchtige Erinnerungen an früheres Wissen und Anknüpfen an alte, sakrale Traditionen. So können die beiden Zahlen 1 und 4 am Anfang Bachs Namen bedeuten, oder die Vier ist ein Hinweis auf die vier Evangelisten oder symbolisiert ein Viereck, das uns als Sinnbild der Erde von frühen Sakraltänzen überliefert wurde« (Neumeier, Matthäus-Passion, 21).
162. Neumeier, Ich bin Christ und Tänzer, 3.
163. Neumeier, Matthäus-Passion, 12.
164. Ebd.

Im Folgenden seien exemplarisch Szenen und Neumeiers choreographische Gedanken dargestellt.[165]

Gebet

»Es beginnt ganz schlicht. Die Tänzer setzen sich, um der Musik zuzuhören. Einer kommt nach vorne – der Tänzer entscheidet selbst, wann er losgeht –, die Musik setzt ein, und er kniet sich hin. Vier andere stehen nacheinander auf, fangen langsam zu gehen an, fassen die Hände und sinken in ein tiefes Demiplié – eine körperliche Geste für ein innerliches Entrücken, ein In-Meditation-Fallen. Andere kommen dazu, reihen sich ein, aus dem ruhig schreitenden Kreis wird eine lange Menschenkette.«[166]

Das Gehen als »eine der allereinfachsten und ursprünglichsten menschlichen Bewegungen« spiegelt stärker noch als die Geste des Kniens für Neumeier wider, was »Glauben oder Gebet bedeutet: ein Moment der Stille«.[167] Nach dieser Vorbereitung kommt es mit dem Einsatz des ersten Chors »zum eigentlichen Gebet«, das zugleich eine »Anrufung« ist, wie sie »in allen Religionen vorkommt«[168].

Aber was geschieht im Gebet? Was kann geschehen, wenn Menschen sich auf die Suche machen, »um in einem gewissen Sinn erleuchtet zu werden?«[169] Das Beten ist »ein individueller Weg«, und die gesuchte Einheit kann in eine Vielfalt möglicher religiöser Erfahrungen zersplittern. Es ist auch nicht jede Stunde eine Stunde des Gebets, und »(n)icht für jeden ... bringt Gebet Läuterung«.[170] Der Tanz zeigt, dass, wo ein Mensch sich öffnet, auch die Angst eintreten kann. Ein Mensch kann »in Ekstase« fallen, ein anderer aber auch »wegrennen«, gar krank werden oder verrückt, er kann »innerlich leer« werden oder überhaupt erst merken, dass er »wie abgestorben« ist.[171]

Wenn der zweite Chorus mit seinen Fragen einsetzt und durch die musikalische Komposition eine weitere Dimension eingeführt wird, bricht auch die Choreographie in eine Vielzahl menschlicher Verhaltens- und Bewegungsweisen auf, sekundenweise tauchen Bilder auf – »wie Gedanken, Gefühle und Vorstellungen, die einem durch den Kopf gehen, wenn man über etwas nachsinnt« – kaum wahrgenommen, verschwinden sie wieder. Durch diese »Intensivierung

---

165. Die Photos sind aus Neumeier, Matthäus-Passion entnommen.
166. Neumeier, Matthäus-Passion, 19.
167. Ebd. So anzufangen, einfach nur zu gehen, ist für einen Tänzer, der gewohnt ist, sich selbst durch höchst artifizielle und artistische Bewegungen zu präsentieren, wie eine »rituelle Reinigung« (ebd.). Die Matthäus-Passion beginnt also damit, dass die Tänzer »vergessen«, dass sie angeschaut werden.
168. Ebd.
169. Ebd.
170. Ebd.
171. Vgl. ebd.

Das Geheimnis der Musik   165

der individuellen Äußerungen kommt bei der Wiederholung der Eingangsworte eine Gemeinsamkeit«[172] aller Tänzer zustande. Historische Personen und Zeugen finden sich in einer *gemeinsamen* Geste, einer Gebärde, die zum *Leitmotiv* in der Matthäus-Passion wird: Sie »reichen« »nach etwas«, versuchen, es anzufassen, und verlieren es doch wieder. »Im Augenblick der engsten Kommunion erscheint jemand, der Christus sein könnte, und verschwindet gleich wieder. In diesem entscheidenden Moment zerbricht die gemeinsame Geste, und die Hände öffnen sich zitternd, so wie später in der Passionserzählung auch im entscheidenden Augenblick die Gemeinschaft der Gläubigen ... auseinanderbricht.«[173]

172. Ebd., 19 f.
173. Ebd., 20. Diese Geste aus dem Eingangschor wiederholt zum Beispiel Pilatus, als würde er etwas halten und es dann doch noch verlieren; sie wird »nachträglich dem Judas gegeben«, (ebd., 119). Es ist schließlich dieselbe Geste, mit der die Frau im Hause Simons das Wasser über die Bühne trägt (ebd., 146).

Christus

»Kommt, ihr Töchter, helft mir klagen/ Sehet! Wen? Den Bräutigam./ Seht ihn! Wie? Als wie ein Lamm./ Sehet! Was? Seht die Geduld.«[174]

Das Hemd des Christus liegt am Anfang auf der Bühne, ausgebreitet »fast wie ein Kreuz.« Wenn die Tänzer hereinkommen, nimmt der Darsteller des Christus dieses Hemd auf und übernimmt damit seine Rolle. Er geht wieder hinaus, zieht das Hemd an und kommt am Ende des Eingangschores auf die Bühne zurück – für alle sichtbar »hat er sein Kreuz angenommen: Auf den Schultern trägt er Judas herein.«[175]

An einer Stelle aber wird dieser Tänzer seine Rolle verlassen – oder anders formuliert – werden er und die Rolle eins: Wenn er während des Rezitativs Nr. 30[176] und des Chorals Nr. 31[177] Gethsemane verlässt, ist nicht nur die Angst und Einsamkeit des Menschen Jesus angesichts dessen, was ihm aufgetragen ist, sichtbar, sondern hier »wacht auch der Tänzer Max Midinet aus seiner Rolle auf.« Nicht nur die drei Apostel sind eingeschlafen, »sondern das ganze Ensemble«, es ist dieser Moment der Verlassenheit, der »die Grenzen verschwimmen« lässt. In diesem Moment ist nicht mehr auszumachen: Ist »er Christus, der von den Menschen verlassen wurde«, oder Max Midinet, der von den anderen Tänzern verlassen wurde, »oder ist er beides, er selbst und seine Rolle?«[178] Max

---

174. Anfang Nr. 1 Chor, zit. ebd., 18.
175. Ebd., 28.
176. »Evangelist. Und er kam zu seinen Jüngern und fand
    Sie schlafend, und sprach zu ihnen:
    Jesus. Könnt ihr denn nicht eine Stunde mit mir
    Wachen? Wachet und betet, dass ihr nicht in Anfechtung
    Fallet. Der Geist ist willig, aber das Fleisch ist schwach.
    Evangelist. Zum andern Mal ging er hin, betete und sprach:
    Jesus. Mein Vater, ist's nicht möglich, dass dieser
    Kelch von mir gehe, ich trinke ihn denn; so geschehe
    Dein Wille« (zit. ebd., 64).
177. »Was mein Gott will, das g'scheh allzeit,
    Sein Will, der ist der beste;
    Zu helfen den'n er ist bereit,
    Die an ihn glauben feste;
    Er hilft aus Not,
    Der fromme Gott,
    Und züchtiget mit Maßen.
    Wer Gott vertraut,
    Fest auf ihn baut,
    Den will er nicht verlassen« (zit. ebd.).
178. Neumeier, Matthäus-Passion, 67. Vgl. Neumeiers Nachruf für Max Midinet: Max Midinet »war ein Tänzer, der nicht aussah wie ein Tänzer, sondern ein Mensch, der diese Menschlichkeit als Tänzer auf die Bühne bringen konnte.« Neumeier würdigt ihn als einen Menschen, »der eine große Skala von emotionalen Möglichkeiten verstand, ohne viel darüber zu reden, ohne intellektuell zu werden« (Neumeier, Nachruf Max Midinet, www.hamburgballett.de/d/max.htm, 1).

Das Geheimnis der Musik   167

Midinet geht langsam von einem Tänzer zum anderen; keiner reagiert. In diesem Moment der absoluten Einsamkeit gibt es keine Tanzbewegung mehr.[179]

Körperbild Abendmahl

Aus Körpergesten werden plastische Bilder. Für die Probe des Abendmahls hatte Neumeier mit den Tänzern zunächst »damit experimentiert, eine der Bänke als Tisch zu verwenden und dadurch eine relativ reale Ausgangssituation zu schaffen; Jesus setzt sich mit seinen Jüngern zu Tisch.« Aber es wirkte »gekünstelt, um nicht zu sagen kunstgewerblich«. Neumeier begrenzt »die Darstellung der Szene allein auf die Körper.... Die Tänzer werden selbst zum Tisch. Sie bilden einen dichten Kreis, Körper an Körper; Christus wird darüber gehoben und darin aufgenommen.« In diesem Bild findet für Neumeier »das Mysterium des Abendmahls« choreographische Gestalt. Dieser Kreis ist eine Weiterführung und Verdichtung der Jüngerkette im Eingangschor. Die »bewegte Körperskulptur« ist hier Sinnbild für die Einheit von Jesus mit seinen Jüngern, Sinnbild damit auch für die Einheit im »Abendmahl und in der Eucharistie, wie wir sie noch heute feiern«.[180]

»Ich will dir mein Herze schenken«[181]

Es beginnt wieder mit dem Gehen im Kreis, der Form, zu der die Choreographie immer wieder zurückfindet. Der Tanz ist in verschiedene Soli aufgeteilt, die aus dem Kreis ausbrechen und in ihn zurückkehren. Die Soli aber sind »hektisch, abgebrochen und hysterisch in der Bewegung; jeder will etwas äußern und kann es nicht.«[182] Hier wird nach Neumeier die Distanz zu Bach deutlich: Was Bach noch »in schön klingenden Tönen« ausdrücken konnte, können wir heute nur noch mit Stottern versuchen. Das Bekenntnis »*Ich will dir mein Herze schenken*« ist heute eine Musik »mit vielen psychologischen Ober- und Untertönen und Schattierungen«. Choreographisch ist für Neumeier dieser Kreistanz mit seiner »*Gleichzeitigkeit* von Ruhe und Hektik, von Vollkommenheit und Unfähigkeit« eines der wichtigsten und auch gelungensten Stücke der gesamten Passion: »Christus als ruhender Pol in einem langsam um ihn kreisenden Jünger-

---

179. Neumeier, Matthäus-Passion, 68.
180. Ebd., 43.
181. Nr. 19 Arie (Sopran): »Ich will dir mein Herze schenken.
    Senke dich, mein Heil, hinein.
    Ich will mich in dir versenken;
    Ist dir gleich die Welt zu klein,
    Ei so sollst du mir allein
    Mehr als Welt und Himmel sein« (zit. ebd., 48).
182. Ebd., 50.

ring, in dem immer größer werdende Löcher entstehen, während die Menschen, weil sie das Einfachste auf der Welt sagen wollen, in immer größere Hysterie fallen.« So wird vor dem *Auge* das Gegenteil dessen sichtbar, was der Text aussagt, darum kann das *Ohr* »den Frieden und die Musik doppelt« hören.[183]

Judaskuss

Eine besondere, im Prozess der Arbeit zunehmende Herausforderung sieht Neumeier in der Figur des Judas. Die Choreographie fordert die theologische Auseinandersetzung heraus, zugleich wird theologische Deutung durch die improvisatorische Arbeit mit den Tänzern auf neue Wege geführt. So *passiert* es, dass der Darsteller des Judas, Ivan Liska, wegläuft, er verweigert sich. Neumeier kommt auf den Gedanken, die Handlung umzudrehen und choreographisch auf die biblischen Worte mit einer theologischen Ausdeutung zu antworten. Die Situation aber bleibt die gleiche: »Der Judasdarsteller will nicht ausführen, was er tun soll, er kann sich nicht zu Jesus drehen und ihn küssen, sondern bricht, nun als Ivan Liska, zusammen«, aber da »geht Christus, das heißt eigentlich Max Midinet, ... zu ihm, hebt ihn auf, als wollte er sagen, ›es muss sein‹, und küsst ihn.«[184] Das Hauptthema *Aus Liebe wird Christus sterben* ist choreo-

---

183. Ebd.
184. Ebd., 71.

graphisch formuliert. »Während er noch Judas' Gesicht in seinen Händen hält, wird er festgenommen; eigentlich sind beide gefangen.«[185]

Von diesem Augenblick an gibt es auf der Bühne »nur noch zwei Parteien, die Gruppe um Jesus, und die, die ihn gefangennehmen oder dabei zuschauen.«[186]

Alle Tänzer nehmen Rollen an, auch die bisherigen Zeugen verlassen die Bänke auf dem Oberen Niveau und kommen herunter auf die Spielebene. Jetzt gibt es keine Unbeteiligten mehr, auch nicht unter den Zuschauenden: Eingesperrt in einem Gefängnis aus hochgehaltenen Bänken, die in einer bestimmten, vom Grafischen her wichtigen, von Neumeier »als sehr suggestiv« empfundenen Neigung von den Tänzern getragen werden, wird der verhaftete Jesus durch den Kirchenraum geführt. Mit diesem Gang nimmt der Katholik Neumeier frühe Erinnerungen auf: Er knüpft an Prozessionen in Festgottesdiensten an, bei denen durch den Mittelgang »die Monstranz mit der geweihten Hostie ... langsam durch den ganzen Kirchenraum« getragen wird und so die Gläubigen »an der heiligen Handlung« teilhaben konnten, die für alle die Einheit zwischen dem Leib Christi und seiner Gemeinde symbolisierte.[187]

»Geduld, Ein schweigender Schrei«[188]

»Mein Jesus schweigt zu falschen Lügen stille/ Um uns damit zu zeigen,/ Dass sein erbarmensvoller Wille/ Vor uns zum Leiden sei geneigt,/ Und dass wir in der gleichen Pein/ Ihm sollen ähnlich sein,/ Und in Verfolgung stille schweigen.«[189]

»Geduld, Geduld/ Wenn mich falsche Zungen stechen./ Leid ich wider meine Schuld/ Schimpf und Spott,/ Ei! So mag der liebe Gott/ Meines Herzens Unschuld rächen.«[190]

Neumeier hält mit dem Tänzer Kevin Haigen seinen ursprünglichen Gedanken, »inspiriert durch Christi Schweigen ebenfalls zu schweigen«, nur während des Rezitativs durch, das sich »tänzerisch in behutsamen, klaren Posen« ausdrückt, »die einen gewissen mystischen oder visionären Charakter haben.« In der folgenden Arie aber bricht »ein innerer Kampf« aus: Der Wunsch, mit Christus schweigen zu können, kann sich nicht durchhalten gegen die »Verzweiflung, in einer Welt der Ungerechtigkeit und Gewalt nicht schweigen zu können.«[191] Daraus entsteht eine Choreographie, die Neumeier »hektischer und hysterischer« empfindet als alles, was er je vorher formuliert hat, für sich selbst und auch für den Tänzer. In seinem Tagebuch zur Matthäus-Passion

---

185. Ebd.
186. Ebd., 72.
187. Ebd., 73.
188. Zit. ebd. 94.
189. Nr. 4c Rezitativ (Tenor), zit. ebd.
190. Nr. 41 Arie (Tenor), zit. ebd.
191. Ebd.

schreibt er, dass dieser Kampf zugleich »wohl ein ehrlicher Spiegel der versteckten, menschlichen Spannungen« ist, unter denen beide damals standen. Was als Form dann endgültig entsteht, ist »ein Sprung aus der Zeit der Passion in unsere Gegenwart und ein Zeichen unserer Unsicherheit und unsres Zweifels«.[192]

»Wahrlich«

Am Ende der Passion, während der Chorphrase »*Wahrlich, dieser ist Gottes Sohn gewesen*«, ist jedem Tänzer überlassen, wie er reagiert. Das Bild, das Neumeier an dieser Stelle der Musik findet, ist die »gleiche umarmende Geste« wie zur Arie *Jesus hat die Hand uns zu fassen ausgespannt*[193], mit der Jesus sich geopfert hat und die jetzt nach der Lösung Christi von dem Balken des Kreuzes eine »Andeutung der Auferstehung und Himmelfahrt«[194] wird.

Ob ein Tänzer wegsieht oder auf dieses Bild schaut, ist und bleibt jeweils offen. Während sich viele Situationen in einem rein säkularen Horizont verstehen, sich durch »analoge menschliche Erfahrungen« auch ersetzen lassen, ist das jetzt nicht möglich. »Innerhalb der ganzen Matthäus-Passion sind die Worte ›Wahrlich, dieser ist Gottes Sohn gewesen‹ sicher die religiös eindeutigsten.... Sie formulieren den christlichen Glaubensgrundsatz«, mit dem Bach sich identifiziert hat, wie Neumeier, Günter Jena zitierend, weiß: »›Bach selbst jedenfalls hat das Bekenntnis des Hauptmanns zu seinem eigenen gemacht. Die Bassstimme des Chors, jene Stimme, die wohl Bach gesungen haben würde, wenn er sich unter den Ausführenden befunden hätte, umfasst vierzehn Noten. Sie ist mit Bachs Namen gesiegelt.‹«[195] Zu dieser Identifikation aber will Neumeier niemanden zwingen. Nur der Darsteller des Hauptmanns kniet stellvertretend für alle Christen, »für den Evangelisten Matthäus, für Bach, für mich«, wie Neumeier sagt, mit dem Wort »*wahrlich*« nieder. »Es ist derselbe Tänzer, der auch Judas und Pilatus spielte und im letzten Chor des ersten Passionsteiles Adam war; er ist der ›Mensch‹, das Gegenstück zum Gottmenschen Christus.«[196]

192. Ebd., 94 f.
193. »Sehet, Jesus hat die Hand,
    Uns zu fassen ausgespannt;
    Kommt! In Jesu Armen
    Sucht Erlösung, nehmt Erbarmen,
    Suchet! In Jesu Armen.
    Lebet, sterbet, ruhet hier,
    Ihr verlassnen Küchlein ihr,
    Bleibet
    In Jesu Armen« (zit. ebd., 134).
194. Ebd., 141 f.
195. Ebd., 142.
196. Ebd.

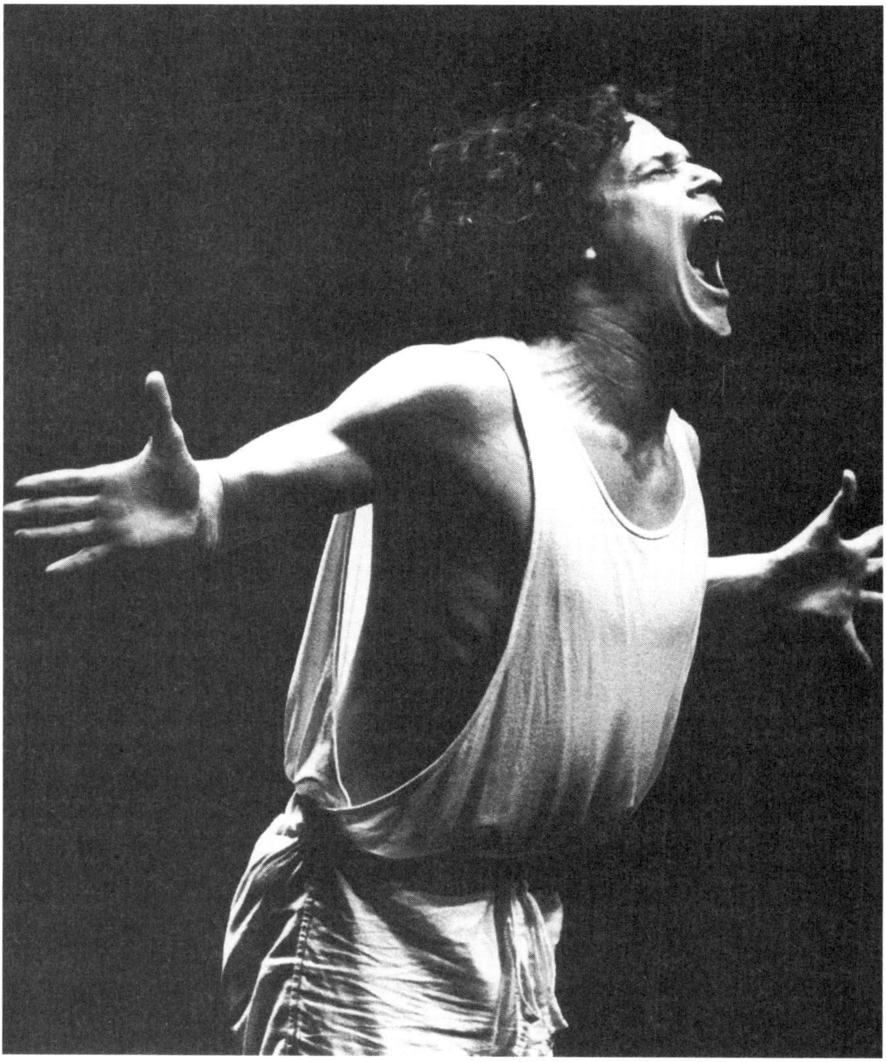

Was *allen* bleibt, was die Zuschauenden auf ihrem Weg aus der Passion begleitet, ist noch einmal ein Gebet, ein »Gebet um Reinheit«[197], wie Neumeier die Arie Nr. 75 *Mache dich mein Herze rein*[198] versteht, choreographisch formuliert als Kreis mit den Hauptmotiven des raschen Rennens und vor allem jener leitmotivischen Geste der Hände. Einer der Tänzer versucht, all die »suchenden und bittenden Hände in seiner Hand aufzunehmen und zu tragen, ganz vorsichtig, als würde er die zerbrechlichen Seelen all der Menschen halten. Es ist dieselbe Geste, mit der die Frau bei der Episode im Hause Simons zu Anfang der Passion Wasser über die Bühne getragen hat.«[199] Diese Geste ist für Neumeier »wirklich die Quintessenz der Bitte«, denn sie zeigt »die Suche nach Reinheit, nach Reinigung im Gebet, und ihren Verlust. Die Arie endet als Frage; es gibt keine Antwort, es gibt nur das Gebet und die Suche.«[200]

So wird gerade hier deutlich, was Neumeiers gesamte Arbeit eröffnen will: Zu einem Denken anzuregen, das man »nicht vorformulieren« kann, sich auf ein Gefühl einzulassen, das einen Menschen »überwältigt ..., ohne dass er von diesem Gefühl zuvor eine Ahnung hatte«, bereit zu sein für »das Wunder«.[201]

»Das Wunder der Kunst ist, dass sie im Innern entsteht. Da kann es geschehen, dass die Arbeit selbst gewisse Antworten liefert, denen man sich öffnen muss.« Darum ist das »Wesentliche ... das, was man nicht weiß.« Darum versteht man das »Wesentliche erst im Nachhinein.«[202] Auch wenn das, was »wirklich geschieht«, sich dem Wort »entzieht«[203].

Die unendliche Kunst des Betens

Hören

In die Schule des Betens zu gehen, heißt zuerst und vor allem, sich der Herausforderung des Hörens zu stellen. Eines Hörens als dem Ort, aus dem alles Spre-

---

197. Ebd., 145.
198. »Mache dich, mein Herze, rein.
    Ich will Jesum selbst begraben,
    Denn er soll nunmehr in mir
    Für und Für
    Seine süße Ruhe haben.
    Welt, geh aus, lass Jesum ein« (zit. ebd., 144).
199. Ebd., 146.
200. Ebd.
201. Neumeier, Gespräch Willaschek, in: Zwanzig Jahre, 264.
202. www.hamburgballett,de/d/rep/nijinsky.htm, 2; Neumeier, Gespräch Willaschek, in: Zwanzig Jahre, 264.
203. Neumeier, Nijinsky, Faszination, 5.

chen kommt. Eines Hörens, das nicht passiv ist und sich nicht nur auf ein Geräusch im Hintergrund bezieht. Hören ist höchst aktiv. Es verlangt wie Mingus' *Kontrabass* Präsenz und den Atem für eine »lange Strecke«. Es bedeutet, wie Bernstein weiß, konzentrierte Arbeit, eine Offenheit, die den ganzen Menschen meint, für einen *unbekannten* Weg, für einen Raum, der sich erschließen will: innen und außen, in Leib und Seele, für sich selbst und mit anderen.

Ein Mensch, der hört, gerät *in Beziehung*. Natürlich kann ein Mensch auch im Hören zerstreut sein, nur im Hintergrund »nebenher laufen lassen«, nur kurz aufmerken, um möglichst schnell wieder selbst den eigenen Monolog fortzusetzen. Auch im Hören kann einer abwehren. Aber wesentlich beschreibt Hören ein *Innenverhältnis*, in dem Menschen körperlich wach und »weltempfindlich«[204], *ganz Ohr* werden für das, was sich *neu* erschließen will. Hören ist körperlich. Ich kann mich nicht einfach distanzieren. Hören setzt mit einem Energiefeld eigener und der Gefühle anderer in Verbindung, macht den pulsierenden Geist von Leben und Lebendigkeit im Miteinander und in mir selbst spürbar. Hören ist immer auch Grenz- und Schwellenerfahrung. Es ist der erste und der letzte Sinn.

Das ist ein Unterschied zum bloßen Sehen, das immer auch in Distanz bleiben und damit ein Verhältnis des potentiellen Zugriffs und der Beherrschung zur Welt schaffen kann.

Von dem, was ich höre, aber kann ich mich nicht – jedenfalls nicht unmittelbar – distanzieren. Ein Hörender steht nicht am Rand dessen, was er hört. Das Ohr hat Gegenstände nur in dem Maß, wie es inmitten des Geschehens, das es vernimmt, *ist*. Hören kann nicht anders zustande kommen als im »Modus des Im-Klang-Seins«.[205] Auch die Ballette Neumeiers erschließen sich nicht aus der »Fernrückung« des Beobachters. Sie sind nicht mit dem bloßen, einem gleichsam »welt- und körperlose(n) Auge«,[206] sondern nur, wie die Musik, aus der sie entstanden sind, von innen her, gleichsam hörend, zu sehen. Aus dieser Aufmerksamkeit, dieser inneren Wachsamkeit des *besonderen* Weltverhältnisses, in der die Grenze zwischen dem Innen und dem Außen, zwischen dem Eigenen und dem Fremden, zwischen mir selbst und dem anderen transzendiert werden kann, erwächst auch die Sprache des Gebetes: Ich muss mich öffnen, um die Stimme des anderen zu hören, die Stimme eines anderen Menschen, die Stimme Gottes und auch die eigene Stimme.

---

204. Peter Sloterdijk, Wo sind wir, wenn wir Musik hören? In: Peter Sloterdijk, Weltfremdheit, Frankfurt a. M. 1993, 296.
205. Ebd.
206. Ebd.

Mit der Musik beten

Die Musik steht in großer Nähe zum Gebet. Sie ist Erinnerung und Verheißung zugleich an Lebendigkeit und Leben. Wer Musik hört, wirklich hört, erlebt, dass das Leben, das eigene Leben, nicht im Sichtbaren aufgeht. Er hört Höhen und Tiefen und die Spannungen dazwischen. Er hört die *offene Frage*, die er selber ist, und empfindet gestaltet, was in den eigenen Gefühlen und in der Wortsprache kaum zusammengeht: Abbrüche, Disharmonien, das Glück der Gelöstheit, und auch, das ist bei Mingus am stärksten zum Ausdruck gebracht, den Schrei, den eigenen und damit vielleicht auch neu den eines anderen, kann spüren, dass die eigene Lebendigkeit, dass die Freiheit von sichtbaren und unsichtbaren Ketten bleibend erkämpft werden muss. Wer hört, hört auch das Nichtgehörte, kann das *Unerhörte* hören. Es kann ein Neues eintreten, eine noch-nicht-gewusste Wahrheit schöpferischer Möglichkeiten begegnen. Musik führt in das Kraftfeld der Polyphonie von Leben und Lebendigkeit, die einen Menschen sich selbst begegnen lässt.

Darin kann sich ein *Raum des Gebets eröffnen*, weil ein Sinn sich offenbaren kann, der nicht verloren geht, wenn ich ihn *einmal* erlebt habe, auch wenn ich ihn bewusst wieder vergesse. Ein Sinn, wie er eindrücklich formuliert ist in dem, was Bernstein über Mahlers *Neunte* schreibt: In *allem* bin ich gehalten, in *wirklich allem* darf ich loslassen. Musik, die wir hören, die wir menschlich singen und spielen, in tiefster Verzweiflung und in alles sprengender Freude und Lust, in Klage und Dank, in Schweigen und in Lob, nimmt uns in einen

Raum hinein, den wir nicht gemacht haben und ohne den wir doch nicht leben können. Einen Grund, den wir nicht gebaut haben und der doch zutiefst zu uns gehört und uns trägt. Musik kann so einen Raum eröffnen, in dem erfahrbar wird, was christlich unter Gott gedacht wird und was in unser aller Leben gegenwärtig ist, in unserem Suchen, in unseren Sehnsüchten und auch in den Antwortversuchen unseres Lebens, auch wenn wir vielleicht aufgehört haben, diese Wirklichkeit als Gott zu benennen. Musik kann die Sprache solcher Verbindung sein. Aber das ist nicht verfügbar.

Denn Berührung kann Angst machen. Stille – die Pause in der Musik – kann sehr laut sein und Unruhe spürbar werden lassen. Was einer hört, kann zu mancher Zeit zuviel sein, kann einen Menschen auch so ängstigen, dass er das Gefühl hat, auseinander zu reißen. Was ich höre, kann wie Mahlers Botschaft *zu wahr* sein. Von Neumeier ist zu lernen, dass nicht immer Zeit des Gebets ist. Zum Gebet selbst gehört seine Zeit *und* seine Nichtzeit. Aber auch der, der gehört, der gefunden hat, bleibt ein Suchender. Er kann nichts festhalten. Auch ein Musiker kann dieselbe Phrase nie zweimal in derselben Weise spielen. Sie wird jedes Mal eine andere Gestalt annehmen. Was er gehört hat, stellt ihn je neu auf den Weg. Eine Wahrheit, die wohl kaum ein ausdrucksstärkeres Bild als in Neumeiers leitmotivischer Geste der *suchenden Hände* in der Matthäus-Passion finden kann.

Musik als Hüterin der Freiheit

»Wenn du aber betest, so geh in dein Kämmerlein«, heißt es im Matthäusevangelium (Mt 6,6). Es suchen mehr Menschen diese Kammer, als manche Klage aus leeren Kirchenräumen vermuten lässt. Viele suchen sie in der Musik. Menschen gehen in Konzerte, zum Beispiel in die Matthäus-Passion, immer noch und auch in säkularen Umfeldern. Menschen sind fasziniert von Balletten Neumeiers.

Was Thomas Erne im Anschluss an Hans Blumenberg über die »theologische Großzügigkeit der Musik«[207] schreibt, gilt nicht nur für die Matthäus-Passion. Die theologische »Großzügigkeit« der Musik gilt für jede »gute Musik« im Bernsteinschen Sinne, und vielleicht gerade auch für die Musik, in der Bernstein noch die Sehnsucht nach Wurzeln wahrnimmt, in der nicht-tonalen Musik unserer Zeit.

Was Bernstein über die »faszinierende Zweideutigkeit« zwischen der beabsichtigten »anti-tonalen Aufgabe der Zwölfton-Reihe« und den »unvermeidlich tonalen harmonischen Unterstellungen« schreibt, klingt wie ein Spiegelbild auch der Menschen unseres, des 21. Jahrhunderts, die nicht nur, wie Erne

---

207. Thomas Erne, Die theologische Großzügigkeit der Musik. Ästhetische und religiöse Erfahrung am Beispiel von Hans Blumenbergs »Matthäuspassion« (Hans Blumenberg, Matthäuspassion, Frankfurt a. M. 1988), in: Musik und Kirche 67, 1997, Heft 4, 223-229.

schreibt, glaubensarm und traditionslos,[208] sondern auch Menschen auf der Suche sind, und in denen deshalb trotz ihrer Distanz zu dogmatischen Positionen »die Bereitschaft« wachsen kann, »sich diesen Gott als den (ihren) gefallen zu lassen, wenn auch nur für die Dauer der Musik.«[209] Die Menschen der Gegenwart sind nicht gänzlich unbestimmt, sondern viele von ihnen sind in ihrem Verhältnis zu ihrem Leben, ihren Beziehungen, zur Religion in eine zerreißende Zweideutigkeit gespannt: die Zweideutigkeit einer »versuchten Nähe«[210] in »Zurückweisung *und* Umarmung«, in »Ableugnung *und* Bekenntnis« »zur selben Zeit«, sie sind Menschen im Widerspruch, Menschen »dazwischen«. Darum ist jene *offene Frage* der Musik, die Frage nach einer letzten Tonalität, wie Bernstein sie in seinen Werken und Schriften umtreibt, zugleich die Frage, die Menschen mit und in ihrer Existenz, ihrem Leben *sind*.[211] Es ist jene Zerrissenheit, die auch in den Bildern Neumeiers so deutlich wird, lieben zu wollen und sich doch immer wieder zu verlieren.

Weil Musik als Kunstwerk keine Fragen beantwortet, sondern sie herausfordert, weil das, was sie zu sagen hat, »in der Spannung zwischen den sich widersprechenden Antworten« liegt, weil sie *darin* das Unnennbare mitteilen kann, ist Musik – und das heißt nicht nur die Matthäus-Passion, überhaupt nicht nur sogenannte geistliche, sondern jede im Sinne Bernsteins gute Musik – selbst *Verkündigung*. Darum muss ihr im Gottesdienst eine *eigene* Rolle zukommen, darum darf sie nicht nur neben der Predigt stehen, nicht diese bloß unterstützen oder gar dieser nur als Umrankung dienen. »Sic Deus praedicavit euangelium etiam per musicam,«[212] sagt Martin Luther. Die »Unendlichkeit« der Musik liegt auch darin. Die Verkündigung der Musik aber ist *eigener* Art, nicht eine, die mit Wortsprache zu fassen oder gar zu erklären, sondern die nur hörend zu durchschreiten ist. Sie ist eine Verkündigung, die Menschen als Hörende in ihrer Individualität, ihrer Einzelheit einlädt, die Mehrdeutigkeit in sich trägt, und die Begrenzung der Zeit, eben der Zeit, diese Musik zu hören. Und die doch, wie Bernstein schreibt, eine *verbindende* Kraft in sich trägt. Einzelne hören *gemeinsam*. Sie sprechen nicht miteinander, sie gehen auch wieder auseinander, aber sie finden sich gemeinsam mit anderen in einem Raum, der sich öffnen kann. Die »theologische Großzügigkeit der Musik« liegt auch in dieser verbindenden Kraft, die nicht an sichtbaren Bändern einer Gemeinschaft festhält, die überhaupt nichts außerhalb ihrer selbst Verzweckendes hat, sondern Menschen berühren kann gerade auch in einer Einsamkeit, die nicht immer

---

208. »Im Gegensatz zum gläubigen Hörer, den Bach als den seinigen voraussetzen durfte, ist der glaubensarme, moderne Hörer durch nichts festgelegt als durch seinen Abstand zur Tradition« (Erne, 225).
209. Erne, 224.
210. Vgl. Hans Joachim Schädlich, Versuchte Nähe, Hamburg 1980.
211. Dies verstehe ich als eine Konkretion der Frage, die der Mensch nach Tillich als die Frage nach sich selbst und nach Gott ist (vgl. Paul Tillich, Systematische Theologie II (1951), Berlin, New York 1987, 20).
212. Martin Luther: Werke. Kritische Gesamtausgabe. Tischreden, 2. Bd., Weimar 1913, 11.

aufzuheben ist, die noch anderes meint als nur Individualismus und auch nicht nur ein Phänomen unserer Gegenwart ist, aber die vielleicht doch gerade in diesem Jahrhundert individualisierter Lebensweise stärker erfahren wird. Die *Botschaft* der Musik, wenn ich nach dem Gesagten dies so formulieren kann, ohne dass es verengend missverstanden würde, liegt darin, Freiheit zu *gestalten* und in ihrer Kraft, Freiheit zu *behüten*.

So schreibt Reiner Kunze in seinen Aufzeichnungen *Die wunderbaren Jahre*, lange noch vor der Wende:

»*Orgelkonzert (Toccata und Fuge). Die Schulbehörde in N. wies die Direktoren an zu verhindern, dass Fach- und Oberschüler die Mittwochabend-Orgelkonzerte besuchen. Lehrer fingen Schüler vor dem Kirchenportal ab und sagten den Eltern: Entweder oder. Eltern sagten ihren Kindern: Entweder oder. Bald reichten die Sitzplätze im Schiff und auf den Emporen nicht mehr aus. (Meldung, die in keiner Zeitung stand).*

Hier müssen sie nicht sagen, was sie nicht denken. Hier empfängt sie das Nichtalltägliche, und sie müssen mit keinem Kompromiss dafür zahlen. ... Hier ist der Ruhepunkt der Woche. Sie sind sich einig im Hiersein. Hier herrscht die Orgel.«[213]

Kirche des Menschensohnes

Aber darin ist die Frage nach der Bedeutung der Musik im Gottesdienst zugleich die Frage nach dem Herzen der Kirche. Was nimmt Kirche, wen nehmen wir, Menschen in der Kirche, wirklich wahr? Wessen Kirche will die Kirche sein?

In Saint Peter's in New York[214] findet jeden Sonntag Nachmittag eine Jazzvesper statt, in der keine eigentliche Predigt gehalten, sehr wohl aber ein Psalm, ein Gebet und auch der Segen gesprochen wird.[215] Dieser Gottesdienst ist gefüllt mit verschiedensten Menschen, und es ist bezeichnend, was »Jazzpfarrer« Gensel antwortete, als er gefragt wurde, ob er nicht darüber beunruhigt sei, dass der Jazz eine sehr eigenwillige, durch die Nachtklubs ziehende Menge zu Saint Peter's anziehen würde.»Das sind genau die Leute, die wir wollen. Die Guten

---

213. Reiner Kunze, Die wunderbaren Jahre, Frankfurt a. M. 1976, 76.
214. In der Saint Peter's Kirche wurde 1965 von Reverend John Garcia Gensel ein eigenes Jazz-Pfarramt gegründet. Er entwickelte die ganz eigene Form der Jazz-Vesper, die bis heute jeden Sonntag um 17.00 stattfindet und ein breites Spektrum von Jazz-Stilen aufweist: www. saintpeters. org/jazz/first.html, 1.
215. Schließlich kann die Musik dazu ermutigen, auch den Worten mehr Raum zu geben, nicht nur den eigenen Auslegungsversuchen, sondern vor allem auch den Texten der Bibel selbst. Wenn in einer Jazzvesper ein Psalm gesprochen – und das heißt auch eingeübt (!) gelesen – wird, können sich Musik und Gebet gegenseitig aufnehmen, verstärken, zu Gehör bringen. Wenn die Musik eine eigene Stimme hat, kann auch das Wort eigens, ohne Auslegung, tastend und fragend neu *gehört* werden, kann erfahrbar werden, wieviel Kraft in den Worten eines Psalms z. B. liegen kann.

können zu Hause bleiben.«[216] Nach Gensel ist der Jazz »wahrscheinlich die beste Musik für den Gottesdienst und für das Gebet, weil er in die existentielle Situation von Menschen hinein spricht.«[217]

Lässt sich, was Gensel an Horizont eröffnet, für jede Kirche wünschen? Oder ist Saint Peter's eine »Sonderkirche« für Besondere? Aber ist Kirche nicht wesentlich Kirche der *Verschiedenen*? Kirche der Traurigen, der Fröhlichen, der Übermütigen? Ort für die Lebendigen, für all die, die ihre *Lebensstimme* suchen, die danach fragen, »warum verdammt noch einmal ich hier bin«? Aber will Kirche auch Kirche der Zornigen sein?

Ort für die, die »sich schreiend fühlen«?

Kirche als Ort des Gebets kann nicht nur ein Ort beruhigender Stille sein. Sie wird auch ein Ort der aufregenden, der lauten Stille sein, in der auch das Nicht- und Noch-Nicht-Gehörte Raum bekommen kann. Denn, wer hört, erfährt Neues. Erlebt mitten im Jetzt, gegenwärtig, dass die Vielfalt und Unendlichkeit der Musik das eigene Leben berührt, kann spüren, dass der Puls, wie Mingus sagt, »in dir ist«. Und kann einstimmen, die eigene Stimme finden in Freude und Zorn, in Glück und Trauer, in Glauben und Zweifel, im Widerstand für das Lebendige. Mingus' Musik schöpft ihre Energie aus den Erfahrungen der Kirche. Vielleicht ist es bei uns heute – zumindest manchmal und mancherorts – umgekehrt.

Jenes Wort Jesu (Lk 9, 57.58) an den, der ihm kompromisslos folgen will, mag für die Kirche in diesen Zeiten mahnend sein, jenes Wort des *Menschensohnes*, der im Gegensatz zu den Füchsen und Vögeln, die ihren Unterschlupf haben, nichts hat, wo »*er sein Haupt hinlegen kann*«. Die Kirche ist kein Fuchsbau und kann sich nicht wartend wie in ein Nest zurückziehen. Die Tage der Kindheit, die Tage einer Geborgenheit, in der sie Schutz gesucht haben mag in ihren Innenräumen, sind vorbei. Sie wird sich auf den Weg machen, sich dem Weg aussetzen müssen, und das heißt möglicherweise auch einem Weg, den sie nicht kennt, will sie Kirche des Menschensohnes sein. Auf dem Weg »draußen« kann Neues, Fremdes widerfahren und werden Fremde begegnen, Fremde ohne Obdach.

Aber die kein Obdach haben, sind nicht immer sofort zu erkennen, können durchaus in Häusern wohnen. Und doch leben sie auf den Straßen ihres Lebens, die zu verschlungen geworden sind, zu vielschichtig, zu komplex, als dass sie noch Antworten erreichen könnten, die in Nestern ausgebrütet und in einem Bau gesammelt worden sind.

Spüren Menschen, dass Kirche Menschenwege teilt? Dass hier Unsicherheit und Ungeborgenheit, Ambivalenz und Einsamkeit nicht nur gebannt, sondern geborgen werden? Das meint keine bloße Anpassung, keine Profillosigkeit, sondern das ist eine Erinnerung an den Auftrag der Kirche, eine Erinnerung an ihre Hoffnung.

216. www. saintpeters.org/jazz/first.html, 3. Übersetzung A. S.
217. Ebd., 2. Übersetzung A. S.

Denn nur eine Kirche, die den Weg teilt, nur eine Kirche, in deren Räumen Fragen hörbar werden und in der auch Zweifel und Anfechtung Raum bekommen, kann Menschen trösten und auf ihren Wegen begleiten, kann ein Raum der Hoffnung sein. Nur eine Kirche, in der Menschen *spüren*, dass sie mit ihrem Leben, mit der Energie von Freude und Lust, mit ihrer Angst und ihrer Traurigkeit, mit Zweifel und Aggression, wahrgenommen werden, wird das Reich Gottes verkündigen können.

Das Credo des Lebens[218]

Die »Sammlung« in den »Augenblick«

Mingus' »Landkarte in den Himmel« ist seine Musik: »Wenn ich Jazz spiele, vergesse ich mich nicht.« Und wenn ich bete?

Wer betet, redet nicht mehr über Gott, sondern mit Gott – unmittelbar und selbstverständlich über das, was ihn im Innersten bewegt. Wer betet, geht aus sich heraus, nimmt eine Beziehung auf, bittet um Hilfe, klopft an, aufdringlich, rücksichtslos; er ist auf der Suche, klagt und dankt, lobt und flucht. Er wagt, sein Leben dem Himmel entgegenzuhalten.

»Beten erinnert«, sagt Johann B. Metz, »*an uns selbst.*«[219] Eine Erinnerung, die wir immer wieder neu brauchen, weil wir sonst in Gefahr sind, wie Emanuel Hirsch in seinem Büchlein über den »Sinn des Gebets« formuliert, unserer »selbst und damit auch Gottes wieder zu vergessen.«[220] Wir vergessen gerade das, was uns unmittelbar betrifft. Darum ist Beten die »Sammlung« in den »Augenblick«.[221] Wenn das Gebet ein Gebet sein soll, schreibt Hisch »so kann's nur unter *einer* Regel stehen: dass es wahrhaftig sei, d. h. wirklich mich, samt allem, was in mir mächtig ist, vor Gott bringe. Nur dann ist es ein Sichsammeln, Sicherinnern vor Gott.«[222] Das bedeutet weiter: Beten ist immer *Improvisation* oder mit den Worten Hirschs: »(W)er nicht auch mit eignen Worten betet«, als »der lebendige Mensch«, der er in Wahrheit ist, »der betet nicht.«[223] Wenn diese Sprache verloren geht, verlieren wir die Verbindung zu den Erfahrungen unseres Lebens[224] und verlieren zugleich die Verbindung zu Gott. So wie Musik erst lebt, wenn sie gespielt und gehört wird, so ist Gott nicht zu

---

218. Der Ausdruck stammt von Stanislaw Szczepanowski, vgl. Janusz Korczak, Allein mit Gott. Gebete eines Menschen, der nicht betet. Aus dem Polnischen übersetzt von Wolfgang Grycz, Gütersloh 1994, 79f.
219. Metz, 33.
220. Vgl. Emanuel Hirsch, Der Sinn des Gebets. Fragen und Antworten, 2. neugestaltete Auflage, Göttingen 1928, 10.
221. Vgl. Hirsch, 24.
222. Hirsch, 40.
223. Ebd., 29.
224. Vgl. Metz, 27.

kennen ohne diese lebendige Beziehung im Hören und Sprechen, wenn man also »seine Erfahrungen mit Gott« »*lebt*«[225] und so aufmerksam auf sich selbst sich über sich selbst erhebt.[226]

»Gott ist uns nicht Gott, wo er uns nicht *unser* Gott ist.«[227]

Die eigene Melodie finden

Kann man das lernen, kann man diese Sprache wiederfinden? Es gibt keinen anderen Boden, schreibt Hirsch, als das »Wagnis des zu Gott sich erhebenden Herzens«. »(N)ie davor oder daneben«, sondern nur, indem ich mich »hineinlebe (...)«,[228] kann ich »Gottes und seiner Gnade gewiss« werden.[229] Wie Musik nur in einem Leben mit der Musik lebendig sein kann, erschließt sich auch die Kraft, die Energie des Gebets nur in einem Leben mit dem Beten.

Eigene Worte finden sich vielleicht, wenn ich gleich der Musik – täglich – zu *üben* anfange und über kleine Versuche, meditativ-wiederholend, beginne, in die Sprache des Gebets hinein und in Verbindung mit ihr zu kommen. Wenn ich wage, mir andere Worte zu leihen, die vielleicht zuerst und lange schon fremd sind, sie selbst zu sprechen, nachzusprechen, vielleicht trotz vielem, was in mir Widerspruch erheben mag. Wenn ich versuche, ihren Tönen wirklich zuzuhören, immer wieder, und in diesem Sinne beten zu üben – wie Musik. Einen Psalm zu sprechen, einmal am Tag, vielleicht anzufangen, eine Zeile oder zwei – vielleicht wie bei Neumeier im Gehen – auswendig zu lernen oder eine Bitte aus dem Vaterunser zu sprechen, eine, die mir am nächsten ist, die einen Ton in mir selbst zum Klingen bringt – das kann die verschollene Sprache neu entdecken, so dass vielleicht eines Tages von selbst eigene, neue Töne hinzukommen.

Wer sich aber auf dieses Sprechen und Hören einlässt, wird vielleicht überhaupt erst seiner selbst gewahr, neu oder wieder. Wird sich seiner Zeit als Zeit *seines Lebens* bewusst. Als Zeit, die er nicht nach ein paar Takten wieder ins Gewohnte verfallen lassen darf, sondern die ihn herausfordert, je neu im *gegenwärtigen Moment* zu »komponieren«. Wer betet, hört und spricht die Musik aus, die »in mir« pulsiert, und die zugleich »von Gott kommt« und auf mich

---

225. Hirsch, 15. Hervorhebung A. S. An dieser Stelle möchte ich noch einmal auf das Buch »Mit Gott leben« von Traugott Koch hinweisen, aus dem ich bereits mehrfach zitiert habe.
226. Vgl. Hirsch, 8.
227. Hirsch, 45. Hervorhebung A. S. »Wer seinen Kummer, seine Not nie zu ihm getragen hat und nie eine Antwort darauf vernommen hat in seinem Leben innen oder außen, der kennt ihn nicht, ob er gleich noch so gut von ihm wisse. Denn nur wer Gott bittet, empfängt von ihm, und nur wer von ihm empfängt, erfährt ihn als Gott« (ebd., 44 f.).
228. Hirsch, 32 f.
229. Ebd., 32.

»wartet« und und zum Klingen kommen will, im eigenen Leben, im Leben miteinander, in der Welt.

Aber *höre* ich die Musik? Höre ich eine Musik, von der ich sagen kann, das ist *meine* Musik? Diese Frage, die sich von Mingus her stellt, erschließt den »Sinn des Betens«, als Gott »unser *eigen* Wollen« nicht »erstickt«, sondern »in *Bewegung*«[230] setzt. Darum »möchte« »jede Freude, die uns weit macht, ... jede Not, die uns über uns selbst hinaustreibt, von uns als Gruß von Gott, d. h. ... als Ruf ins *wagende Gebet* verstanden werden.«[231] Darum hört der Beter die Frage: Erzähle ich mit meinem Leben die *eigene* Geschichte?[232]

Wer sie sucht, ist aber mit Mingus in die Polyphonie der Frage hineingeworfen, »warum verdammt noch einmal ich hier bin,« jener Frage, die einen Menschen »aus der Kurve schleudern« kann, weil sie ihn an *diesen* Ort, in *diese* Beziehung, in das *Jetzt* seines wirklichen und nicht erdachten Lebens wirft. Eine Frage, die aber eben nur Antwort finden kann, wenn ich immer wieder neu wahrnehme und wage, mich auf Neues und Unbekanntes einzulassen, eben die unendliche Vielfalt der Noten entdecken lerne. Ich werde keine Antwort finden, wenn ich nicht wage, zu leben, was ich höre – nicht nur irgendwann und möglicherweise, sondern *jetzt* und *wirklich*.[233]

---

230. Hirsch, 25. Hervorhebung A. S.
231. Hirsch, 34.
232. Hervorhebung A. S. Schaeffler spricht von der »doppelte(n) Erzählung«: einer Erzählung des eigenen Lebens, »weil Gott in ihr an entscheidenden Stellen vorkommt«, und einer Erzählung von Gott, »weil in dieser Geschichte Gottes der Beter selbst an entscheidenden Stellen vorkommt«. In der offenen Einheit von Leben und Erzählen »findet der Beter seine Identität und seine ›Rettung‹. ›Meine Kraft und mein Lied ist der Herr und mir zur Rettung geworden‹ (Ps 118,14)« (Schaeffler, 62, zit. in: Thomas Dienberg, Ihre Tränen sind wie Gebete. Das Gebet nach Auschwitz in Theologie und Literatur. Studien zur systematischen und spirituellen Theologie, Bd. 20, Würzburg 1997, 414).
233. Das wird z. B. sehr eindrücklich im zweiten Dialog der Nachfolgesprüche in Lk 9, 59, 60. Jesus spricht einen Menschen an, ihm auf dem Weg zu folgen. Der ist durchaus bereit, aber er äußert eine Bitte, eine unbedingt verständliche, legitim erscheinende Bitte, »*zuvor*« noch den Vater begraben zu dürfen. Was Jesus antwortet, scheint die Grenzen zu sprengen. »*Lass die Toten ihre Toten begraben; du aber geh hin und verkündige das Reich Gottes!*« Was heißt das? Für das Wandercharismatikertum war die Relativierung der natürlichen Bindungen, die die »Bereitschaft zum Bruch mit der Familie« (vgl. Gerd Theissen, Annette Merz, Der historische Jesus. Ein Lehrbuch, Göttingen 1996, 330) einschließt, prägend. Aber darum geht es nicht allein. Den Vater zu begraben, fordern nicht nur die Elterngebote. Die Totenbestattung ist in Israel vielmehr eine heilige Pflicht, die »selbst für Priester und Leviten bei Blutsverwandten (besteht), obwohl sie sich an keiner Leiche verunreinigen sollen« (Grundmann, zit. in: Albrecht Grözinger, Okuli – 3.3.1991, Lukas 9,57-62, in: GPM 1990/91, 148). Der Dialog verlangt genaues Hinhören. Denn Jesus stellt hier kein neues Gebot auf, in dem er abstrakt und grundsätzlich verbietet, den Vater zu beerdigen. Sondern er antwortet einem Menschen, den er *jetzt* gerufen hat. Das Jesuswort ist in der direkten Anrede formuliert: »*Lass*« – »*du aber*«. Der Angesprochene aber entzieht sich dem Augenblick des Angerufenseins. Das Entscheidende ist sein »*zuvor*«. Das »*zuvor*« ist das Vorzeichen für alles Folgende. Vielleicht hätte der, der »*zuvor*« seinen Vater beerdigen

Im »Kreis« der Betenden

Darum lässt sich die eigene Musik, die eigene Stimme nicht allein und nicht in einer »›leere(n)‹ Subjektivität«[234] bloßer Gedanken finden. Die eigene Stimme ist körperlich. Sie *ist* nicht ohne das »ensemble«. Sie findet sich nicht ohne das Wagnis, sich in den »Kreis« zu geben, im Vertrauen, dass einer »den Puls schon wieder akzentuieren«[235] wird. Was Hans-Martin Gutmann aus seiner eigenen Erfahrung als Musiker für das improvisierende Spiel im Jazz beschreibt, ist verdichtete Erfahrung von Lebendigkeit überhaupt: das »Zugleich von Mit-mir-Einssein und Die-anderen-unverstellt-Wahrnehmen«.[236] Es ist ein Glück, das durch alle Übung hindurch nicht verfügbar ist und auf das hin »dennoch alles« »lebt«.[237]

Damit ist noch ein Weiteres gesagt. Wer in diesem »Kreis« in der Geschichte vor uns »gespielt« hat, ist zumeist ohne Namen geblieben, den kennen wir oft nicht oder nicht mehr. Aber *dass* Menschen noch in Höllen beten und gebetet haben, auch »noch in der Hölle von Auschwitz«, ist mit Johann Baptist Metz die einzige Antwort auf die Frage, ob überhaupt noch zu beten sei angesichts des

---

will, morgen »*zuvor*« einer anderen Pflicht, einer weniger heiligen, nachzukommen. Er kommt nicht los, er bleibt stecken in seinem »*zuvor*«, obwohl er doch hört und bereit ist. Ohne es sich vielleicht klar zu machen, entzieht er sich und versäumt so das Leben, zu dem er gerufen ist. Denn eben darum – um das *Leben* – geht es hier. Insofern kann dieser Dialog die Augen öffnen für das, was wir tun und nicht tun. Welchen »heiligen Pflichten« kommen wir nach und versäumen dabei das Leben? Wie oft vernehmen wir einen Ruf, wissen sehr genau, was zu tun wäre – und zwar *jetzt* –, und verschieben es, weil es immer ein »*ich muss erst noch*« gibt? Man kann das ganze Leben vertun in solchem »*erlaube mir zuvor*«. Was Leben und was Tod ist, entscheidet sich nicht am Ende des Lebens, nicht an der Grenze und nicht »jenseitig«, sondern in der konzentrierten Gegenwärtigkeit eines Hörens im Jetzt. Es gibt *mitten im Leben* Lebende und Tote. Aus dieser Perspektive kann etwas, das an sich wichtig und wesentlich ist, sich verändern, so dass es nicht mehr dem Leben dient, sondern dem Tod.
Jesu Wort zeichnet eine große Klarheit aus. Was wir zum Leben brauchen, sind solche Klärungen. Klärungen und Entscheidungen aber kommen nicht aus sich selbst, sie kommen aus einem Bild, einer Vision, einer Hoffnung. Jesus verlangt nicht nur, sondern befreit einen Menschen innerlich und äußerlich zu jenem »du aber« – zu jenem *andern Weg* (vgl. François Bovon, Das Evangelium nach Lukas, 2. Teilband, Lk 9,51-14,35, Neukirchen-Vluyn 1996, 36), »*hinzugehen und das Reich Gottes zu verkündigen*«. Das Reich Gottes – das, was kommen wird und zugleich schon angebrochen ist.
Hören wir diesen Ruf, höre ich jenes »*du aber*« als eines, das *zu mir* gesprochen ist? Wo ist der Ort, an dem ich das Reich Gottes verkündigen kann und soll, und welche Orte muss ich dazu verlassen, welche Menschen, vielleicht ich selbst, halten mich zurück? Wer auf dem Weg ist, muss sich trennen können. Aber trennen kann ich mich nur, wenn ich diese eine Aufgabe finde, wenn ich im Gewirr der Ansprüche das höre, was als jenes »*du aber*« an mich gerichtet ist.

234. Gutmann, Jazz und Theologie, 88.
235. Ebd., 87.
236. Ebd., 97.
237. Ebd.

Vielen, das gegen Gott spricht. Die »eigene Landkarte in den Himmel« zu finden, ist darum »Verheißung *und* ... Verpflichtung«[238] in einem.

Kampf um Tonalität

Wer den Wegen dieser Landkarte folgt, wird die verschiedensten Stimmen hören. Er wird aggressive, zornige, stöhnende und schreiende Töne hören, Stimmen wahrnehmen, die »beyond the elementary« klingen, bei sich selbst und bei anderen. Wer hört, wird wachsam beten für die Musik in der Welt.

Es ist nicht gleichgültig, »was aus den schrillen Tönen des Hasses und den verzerrten Stimmen der Gewalt«[239] wird. Lassen sich Töne finden, die noch die »schrillsten Dissonanzen« nicht übertönen, sondern einbeziehen und verwandeln können?[240] Was ist mit den verlorenen Stimmen, den Stimmen derer, die so geängstigt, so verwundet sind, dass sie ohne Hoffnung sind – keine Stimme mehr, den Ton verloren haben? Jeder Ton, jede Melodie ist wichtig. Wenn auch nur ein Ton fehlt, fehlt er im Ganzen.

Mit Bernstein formuliert: Es ist nicht gleichgültig, wie die *offene Frage* in der Musik, die wir in der Welt hören, beantwortet wird. Gebet ist *Kampf um Tonalität*. Wer betet, spricht nicht in »angestrengte(r) Zuversicht«[241], sondern immer auch aus der »Erfahrung des Widerspruchs.«[242]

Wer betet, kann sich in Mingus wiedererkennen: »Die Leute sagen, ich schreie. Mensch, ich fühle mich schreiend« – viele der großen Gebete sind Lieder aus dieser Energie, die Psalmen, die Klagelieder der Propheten, auch Hiob, der Gott gegen Gott herausfordert. Sie sind »Leidenssprache und Krisensprache, Sprache der Klage und der Anklage«[243] als der gleichsam *großen Form*, die nicht beendet war, als sie geschrieben wurde, die nach- und mitzusprechen ist, aber die die je eigene Musik herausfordert und die viele »Improvisationen« kennt aus verschiedensten Gegenwarten und Orten. Auch das Gebet Jesu an den Vater »vollendet sich in seinem Schrei an den Vater, angesichts radikaler Gottverlassenheit.«[244]

Eben hier findet *die offene Frage* der Musik, die wir in der Welt hören, eine Antwort, hier, da durch das Ende der Töne hindurch der Ton gehalten worden und noch im Unerhörten die Wirklichkeit des Hörens und Gehörtwerdens nicht aufgegeben worden ist. Erst von hier aus ist mit Metz zugleich Antwort zu ge-

---

238. Metz, 17.
239. Gerd Theißen, Musik – ein Gleichnis Gottes. Predigt zu einem Musikgottesdienst (1 Korinther 4,1-5), in: Gerd Theißen, Lichtspuren. Predigten und Bibelarbeiten, Gütersloh 1994, 201.
240. Ebd.
241. Metz, 18.
242. Ebd., 17f.
243. Ebd., 18.
244. Ebd., 21.

ben auf die Gegenrede, dass sich ein Mensch im Beten nur wieder infantil »archaischen Ängsten und Zwängen«[245] gegen ein »mühsam erkämpftes Freiheitsbewusstsein« ausliefere. Die gleichsam – mit Bernstein formuliert – wurzellosen »Phantasiebilder«[246] eines jenseitigen Vaters sind von Gott selbst aufgegeben, um in der Gestalt des Christus ansichtig zu werden, der sein Leben aus Barmherzigkeit hingegeben, der den Ton der Liebe »in den Tod hineingenommen« und so »Gott in allem und über alles – unter uns Menschen«[247] hörbar und ansprechbar gemacht hat.

Darum ist Beten gegen alle Vorwürfe von Regression nicht infantil, sondern die Kraft, die Gegensätze, in die jedes wache Leben führt, zusammenzuhalten.[248] In der Freiheit, die, wie Metz es formuliert, »Gott alles sagen« kann, »buchstäblich alles, alles Leid, alle Zweifel und auch alle Verzweiflung, selbst, dass man nicht an ihn glauben kann, dass man ihn für tot hält«,[249] kommen Glauben und Nichtglauben, Credo und Non-Credo kontrapunktisch zum Klingen. Darin weitet das Gebet alles Gesprochene noch ins »Unermessene und Unbesprochene,« letztlich in das Erinnern Gottes an sich selbst. Ein Mensch, der betet, dankt oder schreit darum, dass Gott seiner selbst nicht vergisst als der, der »meines Namens gedacht« (Jesaja, 49,1) hat.[250] Und darin liegt gegen eine vermeintlich erwachsene, aber letzlich resignative Härte des Lebens die Kraft einer Hingabe an das Leben, die sich berühren lässt und die Wunden offen hält und doch im Dunklen nicht untergeht, weil sie gehalten ist in der Verwundbarkeit der Lebendigkeit und der Liebe, die *Gott selbst* ist.

Darum ist Beten »konkret.«[251] Es ist immer zugleich *Nachfolge*, Leben im Horizont dessen, was wir erbeten.

Das mental score paper Gottes

So ist, wer betet, in die Wirklichkeit verwundbarer Liebe Gottes hineingestellt wie in die Musik eines *mental score paper*, die nur im Wagnis lebendigen Lebens, das sich aussetzt und spielt, zu hören ist. Beten ist der Ort eines unendlichen Hörens und einer unendlichen Aufmerksamkeit für die Musik Gottes und deshalb für die Töne in der Welt und in dieser Zeit und für die Menschen,

---

245. Ebd., 31.
246. Vgl. Paul Ricœur, Der Konflikt der Interpretationen, Bd. 2, Hermeneutik und Psychoanalyse. Übersetzt von Johannes Rütsch, München 1974, 315 ff.
247. Koch, Mit Gott leben, 386.
248. »Beten, reifes Beten geschieht immer in der Bereitschaft, Verantwortung zu übernehmen. Und es nährt sich aus jenen widersprüchlichen und leidvollen Erfahrungen, die dem nicht erspart bleiben, der solche risikoreiche Verantwortung übernommen und praktiziert hat« (Metz, 30).
249. Ebd., 20.
250. Ebd., 34.
251. Ebd., 28. Hervorhebung A. S.

so wie sie »in Würde und Elend, in Gefangenschaft und Freiheit, in Kummer und Freude dran sind.«[252] Es ist der Ort eines unendlichen An-, Für- und Mit-Denkens, das die Verbindung nicht aufgibt, zu sich selbst, zu anderen und zu Gott.

Beten ist die *unendliche Kunst* schöpferischer und darin je neu widerständig-tätiger Hoffnung gegen die »vertrauten Riffs«, gegen das Gewohnte, gegen Unaufmerksamkeit und Gleichgültigkeit. Denn schlimmer, so Metz, als der Hass, »schlimmer auch für den Menschen selbst und für seine Zukunft in einer menschlichen Gemeinschaft freier und solidarischer Subjekte« ist die »Apathie, hinter der wir unsere Seelen immer unverletzlicher« machen.[253]

Beten aber heißt, *empfindsam* zu werden für das *mental score paper* Gottes, um es hören und spielen zu lernen, eine Musik, die keine Sicherheit gewährt, weil auch ihr Geschriebenes nur zu hören, zu spüren, zu leben ist, die kein Gelingen verspricht und doch mitten in »widerstreitende(n) Erfahrungen, diffuse(n) Eindrücke(n), fragmentarische(n) Erlebnisse(n), beglückende(n) oder deprimierende(n) Widerfahrnisse(n) mit anderen Menschen und mit dem Geschehen in dieser Zeit«[254] von der Hoffnung auf Gelingen lebt.

Beten heißt auch, *mit* einem anderen Menschen *für* ihn zu beten. Nicht auch, sondern wesentlich. Sonst würden wir unser Leben nicht vor Gott tragen.[255] Mit jemandem für ihn beten, das geschieht aber nicht nur mit Worten und auch nicht nur in der Liturgie der Kirche.

Es bittet einer für einen anderen gerade auch dann, indem er selber lebendig in der Musik bleibt. In dem, was einer lebt, woraufhin eine hoffend handelt, kann ein anderer auch seinen, je anderen Ton wieder neu hören und eigenes Lebendiges wiederfinden, das er vielleicht verloren hat oder das in ihm wie gefangen war.

Das *mental score paper* Gottes findet im *Credo des Lebens* Ausdruck und Gestalt, das im Gedächtnis des anderen Menschen das Geheimnis der schöpferischen *Freiheit* alles Lebendigen bewahrt, in der Menschen allein die Musik finden können, die sie selber sind und in der sie zugleich und miteinander verbunden sein können, weil sie im Pulsschlag der Freiheit gleichsam das Herz Gottes hören. Glauben ist wie eine *kreisende Wahrnehmung* in diesem Raum. Dem Raum des Geistes *Gottes selbst* als der schöpferischen Lebensbewegung, in der Menschen *als Unterschiedene verbunden* sind.[256]

252. Klaus Bannach, Gebete der Stille. 136 Texte durchs Jahr, Stuttgart 1979, Rückseitentext.
253. Metz, 36. »Hier helfen kaum die ›mittleren Gefühle‹ unseres Alltags, hier brauchen wir den Aufruhr der großen, unangepassten, und brauchen ein Beten, das sich nicht als Verdrängen dieser Gefühle vollzieht, sondern als deren Zulassung, als ihre Erweckung und Mobilisierung« (ebd.).
254. Bannach, Gebete, Rückseitentext.
255. »Unter den Lebenserfahrungen, die wir bittend und dankend in die Gemeinschaft mit Gott hineinziehn sollen, ist die einschneidendste unser Verhältnis zu andern Menschen. Es hält uns in unaufhörlicher Unruhe. Die meiste Freude und das meiste Leid unsers Lebens entspringen aus ihm. Es gestaltet die Art unsres Fühlens und Wollens durch mit einer unheimlichen Macht, der sich niemand entziehen kann« (Hirsch, 49).
256. Vgl. Steinmeier, Wiedergeboren, 100 ff.; vgl. u. *Gott erlernen – ein Dialog.*

Hirsch schreibt vom »Geheimnis des Miteinanderbetens, dass jeder für sich, in eigner Verantwortung vor Gott steht und doch *ein* Geist, *ein* Wille die Betenden zusammenschließt«, dass darum keiner den andern »trägt ... und doch ... alle miteinander getragen« werden: »Wir bleiben einzelne und werden doch *ein Herz*«.[257]

Nur aus der Energie des Geistes dieser Musik können Menschen die Kraft finden, auch noch in der Nacht für andere mit und stellvertretend zu hören, zu singen und zu spielen und gleichsam eine Balance zu halten, wenn alles Gleichgewicht schwankt und Chaos und Zerstörung Überhand nehmen. Wenn auch nur eine Stimme nicht aufhört zu singen, auch nur eine Melodie nicht verstummt, ist die Musik, die von Gott kommt, zu hören. Darum ist jede Melodie, jede Stimme im Ganzen so wichtig. Solange einer von uns noch den anderen hört und wahrnimmt, solange wird es den »heilenden Beistand tonaler Empfänglichkeit« geben. Aus vier Noten kann eine Melodie wachsen, ein ganzes Lebenslied auferstehen.

Unio mystica

Darin ist das Gebet nicht nur die Verbindung zu Gott. Es ist ein Sprechen, das alles Leben in Beziehung zu Gott begreift, als *Atmen zu Gott hin*. Es trägt das

---

257. Hirsch, 54 f. Der langjährige Hallenser Pfarrer und theologische Schriftsteller Martin Schellbach schreibt in seinem Predigtband zum *Vaterunser*, in dem Predigten veröffentlicht sind, die er in der Marktkiche zu Halle in der Passionszeit 1950 gehalten hat: Neben dem Wort Vater »aber steht das Wort ›unser‹. Dieses Wort einigt alle Vater-Beter in einer neuen heiligen Gemeinschaft, in einem neuen Leben und Reich« (Martin Schellbach, Vater Unser. Predigten für die Gegenwart. Lieder, Zeugnisse und Gebete zum Vaterunser aus achtzehn Jahrhunderten der Kirche, Berlin, ohne Jahr, 12). Ein Wort, das zeigt, dass der Weg Christi »nicht nur für einzelne bestimmt« ist, sondern »keinen aus seinem Reich und seiner Gemeinschaft« ausschließt, »der sich nicht selbst ausschließt« (ebd., 13). Aber das *unser* beschreibt nicht nur einen inneren, gleichsam binnenkirchlichen Kreis. Schellbach legt das Gebet des *Vaterunser* als die größere Sprache in einem weiteren, auch für die jetzige Gegenwart zukunftsweisenden Sinne aus: »Unser Vater, das bedeutet weiterhin die Gemeinschaft aller Christenmenschen, aller Rassen und Völker, Zeiten und Zonen, bedeutet die Gemeinschaft mit der Christenheit in aller Welt, bedeutet die Gemeinschaft aller Kirchen und Konfessionen trotz aller Spaltung, Zerrissenheit und Trennung. Im ›Vaterunser‹ wird das Bekenntnis des dritten Artikels von der einen heiligen christlichen Kirche erfahrbare Wirklichkeit, und zwar für den einzelnen wie die Haus- und Familiengemeinde, die Orts- und Bekenntnisgemeinde, die Landes- und Weltkirchen. Denn hier ist über alle Schranken von Bekenntnissen hinaus der letzte gemeinsame Boden, das gemeinsame Heiligtum: die Gemeinschaft der Beter« (ebd.). Das bedeutet: Das Gebet ist ein *öffentlicher Sprachort der Vielen*. Es setzt an den Anfang und in das Zentrum des Glaubens Pluralität und lässt so an einer Wahrheit teilhaben, die größer ist als die je individuelle Wahrheitseinsicht. Das lässt die Unterschiedenen noch in Trennungen und über Trennungen hinaus in einer Hoffnung verbunden sein, die größer ist als die Bestimmtheit ihres Glaubensausdrucks. Vgl. hierzu auch u. *Zur Menschlichkeit bilden*.

Geheimnis einer Verbindung von Lebenden *und* Toten in der Wirklichkeit Gottes, einer *unio mystica* jenseits der Grenzen von Zeit und Raum.

Der polnische Kinderarzt jüdischen Glaubens Janusz Korczak, der von sich selbst schreibt, dass er in der Ablehnung von Zeremonien »einem ungläubigen Menschen« gleiche, aber doch »Gott und das Gebet« festhalte, weil der »Mensch ... nicht nur ein blinder Zufall sein«[258] könne, hat »*Gebete eines Menschen, der nicht betet*« ›komponiert‹: »(g)eflüsterte Geheimnisse der Seele, die du mir selber anvertraust, verband ich mit der Klammer des Gebets. Ich weiß, dass jedes Geschöpf mit sich durch Gott und mit Gott durch sich im Leben die riesige Welt vereinigen muss. Ich weiß es. Ich bin sicher – so helfe mir Gott.«[259] Diese Gebete tragen eine Musik in sich, in der »das Flüstern der Toten und Lebenden zu hören«[260] ist. Sie sind als *Credo des Lebens* wie im Hören auf die Musik Gottes komponiert, eine Musik, die Korczak nicht »auf Knien« hört, weil das »Knien erniedrigt« und unseren »Geist« »demütigt« und wir »nicht fähig (sind) zum Protest« und »auch nicht zum Überlegen«. Die Gebete sind Improvisationen aus Augenblicken, die Korczak sich für jeden Menschen »zuweilen« wünscht: »Augenblicke des Aufruhrs gegen den Glauben ..., Augenblicke der Rührung, Augenblicke der Ekstase und gänzlichen Unabhängigkeit von der rationalen Spekulation«.[261]

So hört Korczak zum Beispiel eine Mutter sagen:

»Ich neige mich über dich ... warum, du kleines Ding, bist du mir so lieb? ... Ich verstehe dich ohne Worte, ohne einen Laut weckst du mich aus tiefstem Schlaf – mit einem Blick, einem Wunsch. ... Wehmütige Erinnerung bist du für mich, gefühlvolle Sehnsucht, Hoffnung und Zuversicht. Kind, werde glücklich. Gott, verzeih, dass ich nicht zu dir spreche ... . Verzeih, Gott, dass ich es mehr liebe als dich. Denn ich habe es ins Leben gerufen, aber auch du, Gott, hast das getan: wir tragen gemeinsam Verantwortung ... . Gib ihm Glück, o Gott, damit es nicht bedauert, dass wir ihm das Leben gegeben haben; ich weiß nicht, was Glück ist, aber du weißt es, deine Pflicht ist es, es zu wissen. Also gib es ihm! ... mein liebes Kind ... ich suche so mühsam ... wirst du das begreifen?«[262]

Oder da fragt eine »leichtfertige Frau«, die »so lange« nicht mehr mit Gott »gesprochen« hat und die sich auch jetzt nicht sicher ist, ob Gott hört: »Mir scheint aber, auch die Priester wissen das nicht so recht«. Aber sie möchte doch wissen, ob die »sündige« »rote Rose, die so stark duftet« – »es gibt sündige Blumen« –

---

258. Korczak, zit. von Erich Dauzenroth, Adolf Hampel, in: Janusz Korczak, Allein mit Gott. Gebete eines Menschen, der nicht betet, Gütersloh 1994, Nachwort: Credo des Lebens, 77.
259. Korczak, 5.
260. Korczak, Widmung, 76.
261. Korczak, zit. in: Nachwort: Credo, 78.
262. Ebd., 9 ff.

vielleicht gar nicht von Gott »ausgedacht« ist? »Vielleicht hast nicht du die Rosen geschaffen, sondern der Teufel? Nein, das kann nicht sein: dann hättest du nicht einmal soviel Macht, dass die sündigen Blumen verwelken?«[263]

Wie viele Wege es gibt, »jeder ... anders«, das zeigt vielleicht vor allem die Freude, »weil die Freude unterschiedlich ist«[264], wie es im Gebet desjenigen heißt, der vor Gott »im Festgewand, in der Seide von Sonnenstrahlen« steht, »mit einem Regenbogen, (der)... meine Hüften umgürtet,«[265] und »Gott fragt«, der ihm »Bruder« ist und »nicht Vater«: »Bist du noch nicht glücklich?«[266]

Gegen die »feierlichen Reden, die Traugelübde, die Predigten, sogar die Beerdigungen ... diese Mienen, mein Gott, ich bitte dich, achte nur einmal auf ihre Mienen«, gibt ein junges Mädchen zu: »(I)ch kenne dich nicht Gott. ... Ich ... verstehe mich nicht und versuche mich zu erraten. ... Bin ich gut oder böse? Ja und nein. ... Lass mich vorläufig so, wie ich bin. Warte ab. ... Völlig unerwartet, ... werden wir einander begegnen. Ich weiß nicht, wo, wie, wann; ... mein Herz wird stärker schlagen – und ich werde glauben. Ich werde glauben, ... dass du mich verstehst, dass du mit mir ernst und offen sprechen willst. ... Du wirst sagen: dass du, Gott, einsam ... bist, dass man dir Unrecht getan hat und dass du – so wie ich voller Sehnsucht bist und frei ... . Und wir werden einen Bund eingehen: du und ich ... wir werden uns an den Händen fassen und laufen, so schnell wir können. Sie werden uns empört zurufen, dass sich das nicht gehört. Dann werden wir für einen Augenblick stehen bleiben ... und wir werden uns schief und krumm lachen und ihnen dann aus den Augen schwinden. ... Geliebter, geliebtester Gott, du kannst dir das doch gestatten, einmal, nur ein einziges Mal.«[267]

Diese Gebete sind voller Empfindung für die Polyphonie von Leben und Lebendigkeit. Einer Vielstimmigkeit, aus der »kein ›System‹ zu bauen«,[268] aber in der vielleicht eine »Landkarte in den Himmel« zu finden ist. Was diese Gebete zu hören geben, ist die Fülle von Leben, die der Beter in der mitempfundenen »Sammlung in den Augenblick« stellvertretend vor Gott trägt und sie gerade darin nicht der »Zersplitterung« anheimgibt, sondern »alles in Gott« und »Gott alles in allem« glaubt. Es ist dieser Glaube, der Korczak am Leben der Menschen, die er wahrnimmt und die ihn berühren, festhalten lässt, und es ist das Leben der Menschen, das ihn den Glauben an Gott nicht loslassen lässt. Eines Glaubens, der Gott glaubt, indem er das Leben der anderen nicht verloren gibt.

263. Ebd., 21 ff.
264. Ebd., 68.
265. Ebd., 67.
266. Ebd., 68.
267. Ebd., 70 ff.
268. Dauzenroth, Hampel, in: ebd., Nachwort, 83.

Aus diesem Glauben ist allein das Gebet Korczaks zu verstehen, indem er aufrecht zu Gott hin und gegen Gott seine Kinder nicht allein lässt und verloren gibt im Zug nach Treblinka.

Alle Sprache der Theologie geht diesen Gebeten hinterher.
Und doch ist ihnen nachzudenken, um sie weiterzutragen und nicht zu verlieren.
Dorothee Sölle, die im Gebet, in der Ansprache zu Gott, die Gott entsprechende Weise des theologischen Sprechens sieht,[269] entfaltet eine »(m)ystische Lebenswahrnehmung«, die aus der »Erfahrung der Einheit und der Ganzheit des Lebens« die »unerbittliche Wahrnehmung der Zersplitterung des Lebens« und »das Leiden an der Zersplitterung«[270] einschließt. Sie sieht in dieser mystischen Einheit die »zukünftige Gestalt der Religion«, die »mit der Schöpfung gegeben« sei und im Gebet als »ihre(r) Sprache« »bewusst«[271] werde.

Diesem Gedanken lässt sich die Theologie des Lebens zur Seite stellen, die der Hamburger Liederdichter und lutherische Pfarrer und Theologe Philipp Nicolai in Zeiten der Pest entwickelt hat. In der Wahrnehmung eines Lebens, das »kein Leben solt gennenet werden, sondern ein Todt«[272], in dem die Christen sich »grämen« und »trawrig gleich den Heyden«[273] sind, weil sie nicht in einer zuerst auf Gott bezogenen Frage, sondern durch ein elementares und existentielles Erleben angegriffen sind, sieht Nicolai einen Riss durch Himmel und Erde gehen, der nicht mehr durch die Antworten, die Theologie und Kirche jener Zeit bereithalten, zugedeckt werden kann. Was ihm den Himmel aufreißt, ist das *Liebeslied* der Einheit von Gott und Mensch, das er 1599 in seinem »Frewdenspiegel deß ewigen Lebens« theologisch entfaltet.
Was in jenem bekannten Epiphaniaslied »*Wie schön leuchtet der Morgenstern*« in seinen Texten heute fremd anmuten mag:

»Von Gott kommt mir ein Freudenschein/ wenn du mich mit den Augen dein/ gar freundlich tust anblicken/Herr Jesu, du mein trautes Gut, /dein Wort, dein Geist, dein Leib und Blut/ mich innerlich erqicken./Nimm mich freundlich/in dein Arme und erbarme dich in Gnaden; /auf dein Wort komm ich geladen«[274]

---

269. Dorothee Sölle, Gott denken, Einführung in die Theologie, 2. Aufl., Stuttgart 1990, 42. Vgl. auch Dorothee Sölle, ›Das Christentum setzt voraus, dass alle Menschen Dichter sind, nämlich beten können‹, in: Theo Christiansen, Johannes Thiele (Hrsg.), Dorothee Sölle im Gespräch, Stuttgart 1988, 95 f.
270. Dorothee Sölle, Mystik und Widerstand, »Du stilles Geschrei«, 3. Aufl., Hamburg 1997, 14.
271. Ebd., 370.
272. Philipp Nicolai, Der »FrewdenSpiegel deß ewigen Lebens, Franckfurt am Mayn 1599, Facsimile Neudruck, Soester wissenschaftliche Beiträge, Bd. 23, Soest 1963, 147.
273. Ebd., 12.
274. EG 70, V. 4.

drückt eine *unio mystica* aus, die Nicolai als »*Ringmawre*« der widerständigen Macht der Liebe Gottes vorstellt, in der der Mensch in seiner Identität, und das heißt, in allem, worin er sich lebendig erfährt, also gerade auch in seinen Beziehungen, in seiner Liebe durch alle Angst und Zerstörung hindurch bewahrt ist. Diese Vorstellung der Einheit von Gott und Mensch ist also nicht zeitlich und räumlich jenseitig gedacht, sondern sucht nach *innen* Räume von Leben und Nichtleben, von Identität und Identitätslosigkeit aufzuschließen.

»Der in uns ist/ ist größer denn der in der Welt ist«[275] – dieses Wort beschreibt für Nicolai eine ver-innerte Kraft, die im Menschen nicht zerstört werden kann, und er nicht in ihr. Eine Kraft, die aber nicht nur innerlich ist, sondern in der alle reale, sinnenhafte menschlich-irdische Liebe und alles lebendige menschliche Leben in der Gottesliebe erkannt und von ihr »umarmt« ist. Die *unio mystica* ist gleichsam das *Liebeslied*, das die Welt trägt und birgt. Es ist gleichsam der *Schöpfungsraum Gottes*, in dem Gott selbst, wie Nicolai es vorstellt, als Urmutter das Leben gebärt und liebend hält und umfasst.

Das ist eine Wahrnehmung, die Verborgenes sichtbar machen kann: dass noch im Vergehen Wachsen, noch im Sterben Geborenwerden, noch im Tod Leben ist.[276]

In der Kraft dieser *unio* kann Beten also niemals ein Erlösungsversprechen sein, keiner jener Heilswege, die die Illusion einer Harmonie vorstellen, die aus der grundlegenden Ambivalenz und Komplexität unseres Lebens herauszuführen vorgeben. Auch wenn es immer diese Gefahr gab und noch gibt, wo Unsicherheit nicht ausgehalten und ein Mensch verführbar wird, Spannungen fundamentalistisch auflösen zu wollen. Davor schützt ihn keine Religion, kein Glaube, auch nicht der christliche. Sich dem Gebet zuzuwenden, bietet keine Schutzhülle gegen das Leben, keine Entlastung von Handeln und Verantwortung. Es bedeutet nicht den Versuch, Differenzierung und Ambivalenz, Spannungen und Widersprüche harmonisierend zu glätten, sondern sie bewusst in die Auseinandersetzung um das, was lebendige und gelebte Wahrheit ist, hineinzunehmen. Die Herausforderung des Gebets liegt darin, sich der wesentlichen Offenheit des Lebendigen auszusetzen und gegen alles, was Leben bedroht und zerstört, nach Gott als der widerstandsfähigen Hoffnung einer *größeren* Wirklichkeit zu fragen.

Spüren Menschen davon etwas in den Gebeten, die sie in der Kirche hören? Johann B. Metz wird nicht müde zu betonen, was jede lebendige Theologie betrifft: Die Gefahr, im Klischee zu sprechen, wie sie sich »in der üblichen und eingeübten Gebetssprache unseres kirchlichen Lebens abzeichnet«, eine Gefahr, die nicht nur, wie er vor allem betont, das Leiden und die Widersprüche« trifft,

---

275. FrewdenSpiegel, 213.
276. Vgl. ausführlich meine Untersuchung zu Nicolai, »Von Gott kompt mir ein Frewdenschein«, bes. 130 ff.

die nicht nur »die Sprachlosigkeit in Leidens- und Krisensituationen« verstärkt, sondern die, das ist mir wichtig zu ergänzen, ebenso das Glück nicht mehr schmecken lässt und die Sprache für die Freude zu leben und zu lieben verliert. Das Klischee ist die Zerstörung jeder Sinnlichkeit. Wenn diese verloren geht, versteht keiner mehr, was denn der Sinn des Betens ist, weil keiner mehr Musik hört. Wenn ich aber so die Verbindung zu mir selbst und zu anderen vergesse, nicht mehr erlebe, nicht mehr vermisse, kann ich auch Gott nicht erinnern.

Die »große Form« der Träume

In dieser Wachsamkeit und Verwundbarkeit für Leben und Lebendigkeit erinnert Beten einen Menschen an seine Fähigkeit zu träumen. Beten ist die *Kunst des Träumens*.

Metz schreibt im Anschluss an Ernst Bloch vom »Tagtraum von jener Heimat, deren Licht in unsere Kindheit scheint und in der noch keiner war.«[277] Ein Traum, der nicht im Gegensatz zur Realität steht, sondern sie überhaupt erst eröffnet.[278] Denn was unter Realität zu verstehen ist, ist nicht vorgegeben und erst recht nicht als selbstverständlich vorauszusetzen. Die Betenden verbindet mit Bernstein und überhaupt mit allen Künstlern, wie Metz es ausdrückt, die ›Kinderschwere‹[279], die »die Horizonte nach dem abtastet, was wir noch nicht sehen können« und was uns doch entgegenkommen will. Ein Sinn, der nicht

---

277. Metz, 35.
278. Eines der eindrücklichsten Beispiele ist der bekannte Traum Martin Luther Kings, den er am 28. August 1963 im Rahmen des »Marsches nach Washington« in einer Ansprache vor dem Lincoln Memorial in Washington D.C. mit den Worten ausdrückt: »Heute sage ich euch, meine Freunde, trotz der Schwierigkeiten von heute und morgen habe ich einen Traum. Es ist ein Traum, der tief verwurzelt ist im amerikanischen Traum. Ich habe einen Traum, dass eines Tages diese Nation sich erheben wird und der wahren Bedeutung ihres Credos gemäß leben wird: ›Wir halten diese Wahrheit für selbstverständlich: dass alle Menschen gleich erschaffen sind.‹ Ich habe einen Traum, dass eines Tages auf den roten Hügeln von Georgia die Söhne früherer Sklaven und die Söhne früherer Sklavenhalter miteinander am Tisch der Brüderlichkeit sitzen können. ... Ich habe einen Traum, dass meine vier kleinen Kinder eines Tages in einer Nation leben werden, in der man sie nicht nach ihrer Hautfarbe, sondern nach ihrem Charakter beurteilen wird. ... Ich habe einen Traum, dass eines Tages jedes Tal erhöht und jeder Hügel und Berg erniedrigt wird. ... Und die Herrlichkeit des Herrn wird offenbar werden, und alles Fleisch wird es sehen. Das ist unsere Hoffnung. Mit diesem Glauben ... werde ich fähig sein, aus dem Berg der Verzweiflung einen Stein der Hoffnung zu bauen. ... Wenn wir die Freiheit erschallen lassen, ... dann werden wir den Tag beschleunigen können, an dem alle Kinder Gottes – schwarze und weiße Menschen, Juden und Heiden, Protestanten und Katholiken – sich die Hände reichen und die Worte des alten Negro Spiritual singen können: ›Endlich frei! Endlich frei! Großer allmächtiger Gott, wir sind endlich frei!‹« (Martin Luther King, Testament der Hoffnung. Letzte Reden und Predigten, 1974, 124 f.).
279. Vgl. Metz, 34.

naiv und kein bloßer »Daseinsoptimismus« ist,[280] sondern Sprache gibt für die nicht aufgebbare Sehnsucht nach einem Gelingen, ohne das kein Leben leben kann.

Beten ist die widerständige Kraft einer Sehnsucht, die das Geheimnis des Lebendigen wahrt »in seiner nicht ausdenkbaren *Unerschöpflichkeit*.«[281]

Darum ist Beten die Kunst der Hoffnung, mit Mingus die *ganze Geschichte* zu erzählen und die *große Form* nicht aufzugeben. Eine Form, in der alles, was *wirklich* ist, Atem und Stimme behält, in der alles bewahrt wird und die darum nicht ist ohne die immer neue Improvisation.[282] Ein »Beten ohne Unterlass« (Thess 5, 17), in dem, wie Hirsch formuliert, »Gott der Seele gegenwärtig bleibt bei ihrem Gang durch die Welt.«[283]

Die *große Form der Träume* findet sich vor allem auch in den Choreographien Neumeiers. Eine Erzählung, die nicht in ihrer Geschlossenheit, in der das Fragmentarische aufgegeben wäre,[284] begründet ist, sondern in der Bewegtheit und

---

280. Ebd.
281. Koch, Mit Gott leben, 59. Hervorhebung A. S.
282. In diesem Sinne ist aufzunehmen, was Dorothee Sölle als »Realisation« begreift (vgl. Dienberg, 182).
283. Hirsch, 59.
284. In der Intensität dieser wesentlich offenen Bilder ist eine theologische Rede von Leben, *Identität als Fragment*, die durch Henning Luther begründet worden ist, noch einmal zu überdenken. »Der Begriff des Fragments kontrastiert dem der Totalität, also der in sich geschlossenen Ganzheit, der Einheitlichkeit und dauerhaften Gültigkeit.« (Henning Luther, Identität und Fragment. Praktisch-theologische Überlegungen zur Unabschließbarkeit von Bildungsprozessen, in: Henning Luther, Religion und Alltag. Bausteine zu einer Praktischen Theologie des Subjekts, Stuttgart 1992, 167). In der Wahrhaftigkeit, die mit diesem Gedanken »das Unvollständig-Bleiben«, das »Abgebrochene (...)« (ebd., 161) theologisch ernst nimmt, liegt seine Stärke und seine Lebendigkeit. Dennoch frage ich, ob die Kategorie des Fragments nicht doch letztlich in Gefahr ist, Leben gegen ihre eigene Intention, die von »Angewiesensein auf Vollendung, auf Ergänzung« (ebd., 173) spricht, resignativ zu verfestigen und statisch zu werden. In diesem Zusammenhang möchte ich nur auf eine Stelle hinweisen. Die Kategorie des Fragments entstammt nach Luther einem ästhetischen Vorstellungsrahmen. Eines der entscheidenden Zitate ist die längere Briefpassage Dietrich Bonhoeffers aus einem 1943 im Gefängnis geschriebenen Brief an seine Eltern, in der Bonhoeffer angesichts seiner Grenzerfahrung von Leben vom »Fragmentarische(n) unseres Lebens« (zit. ebd., 166) spricht. Der Gedanke Bonhoeffers aber fokussiert in seinem Gedanken zur »Kunst der Fuge«. Er schreibt: »Unsere geistige Existenz aber bleibt dabei ein Torso. Es kommt wohl nur darauf an, ob man dem Fragment unseres Lebens noch ansieht, wie das Ganze eigentlich angelegt und gedacht war und aus welchem Material es besteht. Es gibt schließlich Fragmente, die nur noch auf den Kehrichthaufen gehören (selbst eine anständige ›Hölle‹ ist noch zu gut für sie), und solche, die bedeutsam sind auf Jahrhunderte hinaus, weil ihre Vollendung nur eine göttliche Sache sein kann, also Fragmente, die Fragmente sein müssen – ich denke z. B. an die Kunst der Fuge. Wenn unser Leben auch nur ein entferntester Abglanz eines solchen Fragments ist, in dem wenigstens eine kurze Zeit lang die sich immer stärker häufenden verschiedenen Themata zusammenstimmen und in dem der große Kontrapunkt vom Anfang bis zum Ende durchgehalten wird, so dass schließlich nach dem Ab-

Bewegung ihrer wesentlich offenen *Menschenbilder*. Diese *suchenden* Bilder zeigen zerreißende Spannungen, Angst, Glück und Liebe, Verlorenheit und Verrat, Vergänglichkeit und Tod. Aber in ihren Fragen gestalten sie Träume, erzählen sie von Hoffnung. Darin können sie Menschen berühren und selbst in einen Tanz hineinnehmen, der neu ins Offene geht. Ein Tanz, der auf der Bühne zu immer neuen Bildern findet und auch mit dem Fallen des Vorhangs nicht aufhört, sondern weitergeht und neu beginnt mit Bildern, die durch ihn entstanden sind.

In der Kunst, in der Seele einer Partitur einen Tanz zu sehen und bewegte Bilder vom Menschen zu lesen, ensteht eine Offenheit, die das Fragmentarische des Lebens aufnimmt und darin zugleich birgt.

In der Bewegung dieser Menschenbilder, in der Neumeier eben nicht bloß nacherzählt, auch und gerade nicht die Passion Jesu, sondern die er in der Musik hört und die sein und seiner Tänzer Tanz gleichsam gebären, werden *Traumbilder* einer großen Erzählung sichtbar, die zugleich ins Herz der ›alten Geschichte‹ führen: Denn gerade in dieser Offenheit enstehen – und nicht nur in der Matthäuspassion – auf der Bühne *Tänze wie Gebete*. Die Menschenbilder in Neumeiers Choreographien wahren die Erinnerung an das Unausdenkbare eines lebendigen Lebens, das er selbst mit Gott verwurzelt und in Verbindung sieht. Durch Risse und Brüche hindurch halten sie die Sehnsucht und den Traum in der Bewegung offen als einem Denken, das man »nicht vorformulieren« kann, in unerahnten Gefühlen, in der Bereitschaft für »das Wunder«. Noch Scherben beginnen zu tanzen. Noch Scherben haben eine Geschichte. Aber sie ist nicht vorwegzuwissen. Und sie ist nur in der Bewegung erlebbar.

Alles Fragmentarische, alles Zerrissene und Verlorene – das ist eines der eindrücklichsten Bilder, nicht nur in der Matthäuspassion, sondern in den Tänzen insgesamt – wird in *suchenden* Händen *geborgen*, ohne Antwort, im Gebet.

Nur in diesen Händen kann verlorene Musik wiedergefunden, können unerhörte Töne zu einem vollen Klang, zu einer »wunderbaren« Musik vollendet werden.[285] Einer Musik, in der das Verlorene nicht vergessen, in der die Trauer

---

brechen – höchstens noch der Choral: ›Vor deinen Thron tret ich allhier‹ – intoniert werden kann, dann wollen wir uns auch über unser fragmentarisches Leben nicht beklagen, sondern daran sogar froh werden« (zit. ebd., 166 f.). Ich sehe in diesem Zitat die Fuge als ein Gleichnis für Leben formuliert, das noch in den äußersten Grenzen von Zeit das Widerstreitende zusammenklingen lässt, also eben eigentlich ein Ganzes noch im Fragment ist. Gerade weil die Fuge »den Kontrapunkt durchhält«, das heißt, weil die Fuge den Kontrast und das wechselseitige In- und Miteinander von Thema, Kontrasubjekt, freien Entfaltungen, Entwicklungen und Motiven vereint, kann sie für Bonhoeffer noch in den Erfahrungen von äußersten Grenzen, von zerreißend Widerstreitendem, von größten Spannungen ein »Lebensbuch« sein. Der Gegensatz zu Ganzheit, Abgeschlossenheit, Einheitlichkeit ist so vielleicht nicht das Fragment, sondern die Kunst des Kontrapunktes. In dieser Kunst ist die Fuge ein »Lehrbuch für unser Leben«, noch für ein Leben, das abgebrochen wird (Jena, Leben in wachsenden Ringen, 9).
285. Vgl. Theißen, 201 f.

Die unendliche Kunst des Betens

nicht einfach aufgehoben, sondern in einen neuen Raum hineingenommen und darin bewahrt ist.

Neumeiers Tanz zeigt, was Sören Kierkegaard über das Gebet sagt: Der »archimedische Punkt außerhalb der Welt ist eine Betkammer, wo der wahre Beter in aller Aufrichtigkeit betet – und er soll die Erde bewegen.«[286] In der Verwundbarkeit und Zerbrechlichkeit der getanzten Musik, in den bewegten Bildern seiner menschlichen Dramen, die nur im Unterwegssein gehört und gesehen werden können, wird der »Himmel« über Dissonanz und Zerstörung »offen« gehalten.[287]

Die Erde wird bewegt durch den Traum, der die Wirklichkeit nach dem Bilde einer großen Musik zu erleben vermag,[288] einer Musik, die unendlich ist, die die leisesten Töne nicht erstickt. Der Traum, der uns »aus Hörern zu Mitspielern« und Mittänzern macht, der »niemanden ... ausschließt«[289], der uns uns noch in den äußersten Spannungen Anteil an einer Wirklichkeit gibt, die *Gottes* ist und uns in den lebendigen Tanz hineinnehmen will, der selbst ein Beten ist. Ein Beten, das im letzten darauf vertraut und daraufhin lebt, dass *Gott selbst* nicht aufhören wird, den Traum der großen Musik seiner Schöpfung zu träumen.

Darum führt die Musik den Beter in eine *unendliche Kunst* – und das ist nicht erst von Neumeier, sondern, so wird es erzählt, schon von Augustin zu lernen: »Mensch, lerne tanzen, sonst wissen die Engel im Himmel nichts mit dir anzufangen.«[290]

---

286. Zit. nach: Schellbach, Vaterunser, 95.
287. Vgl. Schellbach, Vaterunser, 35.
288. Vgl. Theißen, 200 ff.
289. Theißen, 201 f.
290. Zit. in: Sigrid Berg, Mit Engeln durchs Jahr, München, Stuttgart 1998, 23.

5 Leben und Glauben

11. September 2001

Während ich dieses Buch schreibe, geschieht der 11. September mit seinen Akten perfider Zerstörung. *Schöpfungsräume?* Wenn dieses Buches erscheint, wird es den ersten Gedenktag gegeben haben, ohne dass absehbar wäre, ob die Spirale der Gewalt nicht noch viel höher geschraubt worden ist. Was bedeutet angesichts dessen die in diesem Buch immer wieder herausgehobene Hoffnungskraft von Schöpfungsräumen? Was bedeutet es, angesichts dessen einer größeren Wahrheit nachzudenken, die Menschen in ihrem Innersten, im Zentrum ihrer selbst und also in der *Unterschiedenheit* ihrer Lebendigkeit verbinden kann? Wie ist von hierher von *Gott* zu sprechen? Welche Konsequenzen werden diese Ereignisse für das Verstehen und Leben der unterschiedlichen Religionen haben?

2001 wandert zugleich die Retrospektive von Alberto Giacometti[1] durch die Welt. Sie ist zuerst in Paris, dann im *Kunsthaus* in Zürich zu sehen und fliegt danach nach New York. Irgendwann vor oder nach dem 11. September ist sie dort angekommen. Im *Museum of Modern Art* sehen Menschen Skulpturen dieses Künstlers, nachdem sie die Bilder des Schreckens erlebt haben.

In der Ausstellung gibt es eine Skulptur, die Giacometti als Gedenkstein für das Grab seines Vaters entworfen hat. Diese Figur trägt mehrere Namen und steht für Giacometti gleichsam als ein Bote, wie ein Interpret[2] formuliert, am Wendepunkt seiner künstlerischen Existenz. In der Offenheit und Vielschichtigkeit ihrer Deutungsmöglichkeiten, der Überlagerung ihrer Bedeutungen und deren möglichen Vernetzungen können sich vielleicht noch einmal neu Erfahrungen wiederfinden und Denkwege eröffnen.

Ich möchte zunächst diese Skulptur näher ansehen. In der Begegnung mit ihr und in dieser auch über sie hinausführend, werde ich noch einmal konzentriert und grundlegend die Frage nach Gott bedenken, die ja diesem Buch in all seinen Abschnitten zugrunde liegt. In einem letzten Kapitel wird es darum gehen, diese Frage hineinzunehmen in die Auseinandersetzung um die Aufgabe und Bedeutung eines Religionsunterrichts, der sich den gegenwärtigen Herausforderungen stellen will.

1. Die Ausstellung zum hundersten Geburtstag von Alberto Giacometti am 10. Oktober 2001 wurde vom *Kunsthaus* Zürich und dem *Museum of Modern Art*, New York, in Zusammenarbeit mit der Alberto Giacometti-Stiftung veranstaltet, vgl. Christian Klemm, Carolyn Lanchner, Tobia Bezzola, Anne Umland (Hrsg.), Alberto Giacometti, Zürich, Berlin 2001, 7.
2. Vgl. Yves Bonnefoy (1991), Alberto Giacometti. Eine Biographie seines Werkes, Bern 1992, 224.

Alberto Giacometti –
»Mains tenant le vide« – »Maintenant le vide«

Vor dem Betrachter steht eine nackte Frau von »annähernd menschlicher Größe und Erscheinungsform«[3]. Die Gliedmaßen allerdings sind dünn und glatt, und der Kopf besteht aus zwei Flächen, die in der Mitte und im vorderen Bereich des Gesichts in einer harten, fast scharfen Kante aufeinanderstoßen. »Was man für Augen halten könnte, sind zwei Räder, das eine intakt, das andere zerbrochen«.[4] Sie hat die Arme vor der Brust erhoben, sie scheinen sehr behutsam etwas *Unsichtbares* zu halten. Man kann den Eindruck haben, die Figur steige aus dem Abgrund hervor, obwohl sie eher – an eine Art Lehnstuhl gelehnt – sitzt als steht.

Giacometti erzählt, die Skulptur sei ihm »plötzlich fertig eingefallen« und habe in wenigen Stunden in Gips ihre fertige Gestalt[5] gefunden. Als ältester Sohn verantwortlich für den Gedenkstein stellt er sie am Grab des Vaters auf.

Interessant sind ihre *unterschiedlichen* Bezeichnungen. *L'objet invisible (Der unsichtbare Gegenstand)* oder *Mains tenant le vide*. Im Hören des letzteren gibt es eine lautgleiche Äquivalenz. Man hört: *Mains tenant le vide – Hände, die die Leere halten* und gleichzeitig *maintenant le vide – Jetzt die Leere*. Die Bedeutung von *le vide* aber ist vielschichtig: Leere, luftleerer Raum, Zwischenraum, Tiefe, Abgrund.[6]

Kunsthistorisch ist die Figur als die priesterliche, die »Große Frau«[7] interpretiert worden, die den »Kâ« des Vaters »hält und erhöht.«[8] Die waagerechte schlitzartige Öffnung im Sockel kann entsprechend als Grab gesehen werden. Durch sie wird die Finsternis des Grabes erahnbar, gleichsam »die dunkle, untere ›Leere‹ im Gegensatz zu der lichten oberen, die von den Händen gehalten wird«.[9] Der »Kâ« hat Verbindung mit beiden »Sphären«.[10] Der Seelen- oder

---

3. Ebd., 226.
4. Ebd.
5. Dies ist einer Äußerung André Bretons zu entnehmen, der von einem »schöne(n) Samstag« mit Giacometti erzählt, der »uns veranlasste, nach Saint-Quen hinaus auf den Flohmarkt zu gehen ... Giacometti arbeitete gerade an der weiblichen Figur ..., die – obwohl sie ihm einige Zeit vorher plötzlich fertig eingefallen war und in Gips in wenigen Stunden ihre Gestalt gefunden hatte – bei der Ausarbeitung noch einige Veränderungen durchmachte ... Die Länge der Arme, von der die Überschneidung der Brust durch die Hände abhing, und der Gesichtsschnitt waren noch ganz unbestimmt« (zit. in: Reinhold Hohl, Giacometti. Eine Bildbiographie, Ostfildern-Ruit 1998, 77 f.).
6. So übersetzt nach Pons, Großwörterbuch für Experten und Universität. Französisch-Deutsch. Deutsch-Französisch, Stuttgart, Düsseldorf, Leipzig, 1998 (Nachdruck von 1996), 801.
7. Klemm u. a., 111.
8. Ebd.
9. Ebd.
10. Ebd.

Leben und Glauben

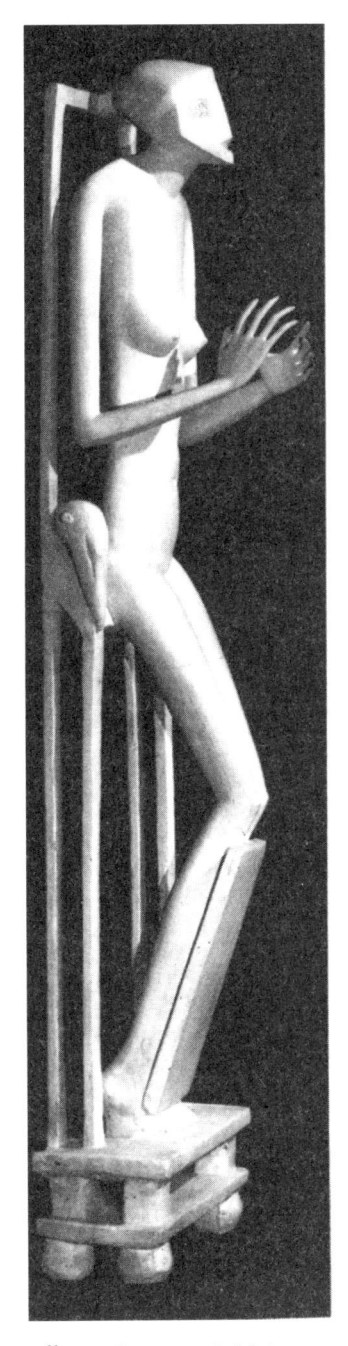

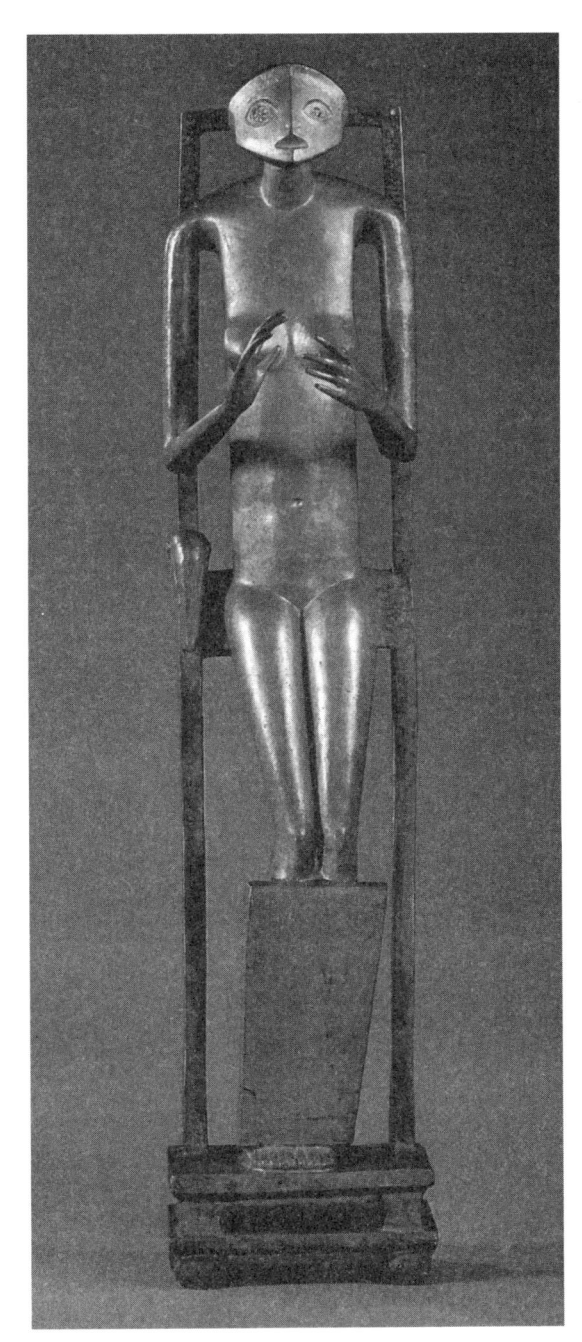

Alberto Giacometti: Mains tenant le vide – Maintenant 1

Totenvogel an der Seitenlehne des Thrones mag diese Deutung bestätigen. Aber die Figur steht nicht nur am Grabmal des Vaters, und es gibt spätere Abgüsse, bei denen der Vogel fehlt.[11]

So bleibt weiter zu fragen: Was halten die Hände?

In den Zeiten, in denen Giacometti in seinem Atelier in Paris arbeitet, besucht er häufig den *Louvre*. Eines der Bilder, das er besonders liebte, war ein Marienbild aus dem Freskenzyklus von Cimabue.[12]

Neben den gewaltigen Farben beeindruckte ihn vor allem »die Dichte, die Wahrheit der Hände«, der Hände des Kindes, der umgebenden Engel, der Jungfrau Maria: »Man kann die Hände nicht echter und dichter gestalten, sie sind echter als die Hände Rembrandts,«[13] sagt Giacometti. *Mains tenant le vide* erinnert an dieses Bild. Die Hände seiner Skulptur sind denen auf dem Marienbild sehr ähnlich. Dass Giacometti im inneren Dialog mit dem Bild Cimabues seine Skulptur geschaffen haben mag, drängt sich auch durch den Vergleich des Thrones der Maria mit jenem der Skulptur auf; er hat den gleichen Sockel und den gleichen unteren Hohlraum. Was fehlt, ist das Kind, der Christus.

Was halten die Hände? Gegen jeden Versuch, hier positiv zu füllen, widersteht die andere Bedeutung: *Jetzt die Leere*.

1934 – maintenant le vide, die Leere, der Abgrund der sich zuspitzenden politischen Verhältnisse.[14] Die Weltwirtschaftskrise hat den Kampf zwischen Kommunisten und Faschisten eskalieren lassen. Ein Kampf, der auch in den Künstlerkreisen nicht ohne Folgen ist.[15] Die politische Auseinandersetzung überlagert sich für Giacometti mit grundsätzlichen künstlerischen Problemen. Diese Skulptur steht für ihn am Wendepunkt. In seiner Suche nach Wahrheit ist es das letzte Mal, dass er surrealistischen Ausdruck sucht.[16] In einer eigenkritischen Äußerung über sein Werk wird das explizit: »Diese Skulptur ... hat

---

11. Klemm u. a., 111.
12. Vgl. Bonnefoy, 229 f.
13. Alberto Giacometti. Was ist ein Kopf? Ein Film von Michel van Zele, Arte 2000 und vgl. Bonnefoy, 228 ff.
14. Vgl. Klemm u. a., 110.
15. Die Forderung nach einem aktiven Einsatz für die Revolution bringt starke Spannungen mit sich. Aragon tritt aus dem Surrealistenzirkel aus, und Giacometti, der Karikaturen für dessen kommunistische Zeitschriften zeichnet, bekundet auf diese Weise Sympathie für seine Haltung. Darüber aber kommt es noch nicht zum Bruch mit Breton, was in Giacomettis besonderer Stellung als einzigem Bildhauer in der Gruppe und neben Salvador Dali als ihrem wichtigstem Künstler begründet sein mag. Die Abwendung Giacomettis von den Surrealisten erfolgt erst 1935 durch seine künstlerische Rückwendung zum Modell (vgl. Klemm u. a., 110).
16. Die Surrealisten aber sind von dieser Figur fasziniert. Vgl. die Interpretation Bretons: André Breton, L'équation de l'objet, in: Documents 34, N.S. 1, Brüssel, Juni 1934, 17-24. Der unsichtbare Gegenstand wird noch 1938 bei der Internationalen Surrealistenausstellung in Paris gezeigt, doch in dem als Katalog dienenden Wörterbuch des Surrealismus ist unter dem Stichwort Giacometti nur noch zu finden: »Ehemaliger surrealistischer Bildhauer (Breton)« (vgl. Hohl, 79 f.).

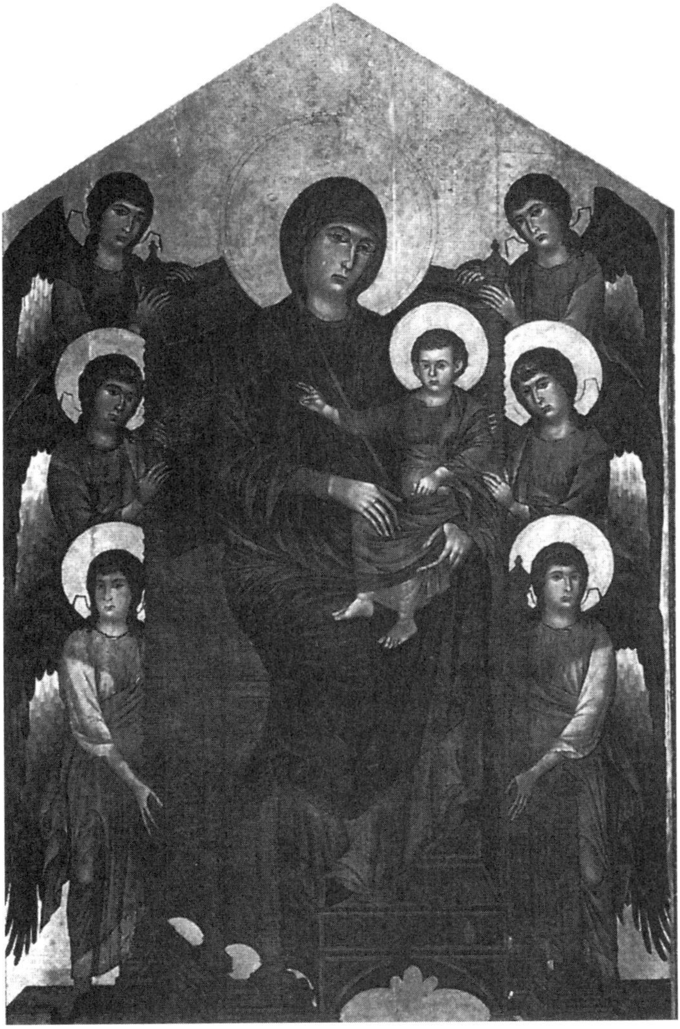

in meinem Leben wieder alles umgestoßen. Mit ihren Händen und mit dem Kopf war ich zufrieden. Doch mit den Beinen, dem Rumpf und den Brüsten... war ich nicht zufrieden. Sie erschienen mir zu akademisch und zu konventionell. Das bewog mich, erneut nach der Natur zu arbeiten.«[17]

Es ist etwas zu Ende. Etwas ganz anderes wird kommen. Was das sein wird, wohin der Weg führen wird, ist noch nicht heraus.

Jetzt ist ein *Schwellenwort*. Nicht gestern mehr, noch nicht morgen. *Jetzt* die Leere, kein Wissen, kein Darüber-Hinweg. In der Unsicherheit über den weiteren Weg.

Manche der Menschen, die von den Türmen des World Trade Center sprangen, fassten sich an den Händen.

Vielleicht sind es die Hände, die das Geheimnis schützen. Das Geheimnis des Unsichtbaren, des Zerbrechlichen *alles* Lebendigen. Das Geheimnis auch des Abgrunds, in den die Menschen sich stürzten.

Die Hände berühren *Unsichtbares*. Ein Neues ist nicht ohne die Wahrnehmung auch des Abgrunds der Leere, und zugleich ist die Leere, all das Zerbrochene, aber auch die unsichtbare Hoffnung überhaupt erst zu fassen, wenn noch sie von Händen gehalten wird.

Giacometti sagt von sich: »Kunst interessiert mich sehr – aber die Wahrheit interessiert mich unendlich viel mehr.«[18] Und die Wahrheit ist für Giacometti »einzig das Leben ... ich schaue, und alles ist mir unfassbar«.[19]

Giacomettis Hände legen sich um die Gestalt und geben ihr Form. Sie arbeiten, um Leben, so die Wahrheit eines Kopfes, von Händen, freizusetzen. Sie halten, was sie nicht halten können: diese *unsichtbare Wahrheit*, die Giacometti in aller Kunst sucht.[20]

Maintenant le vide? »Wenn alles verloren ist«, sagt Giacometti, »und man dann, statt aufzugeben, doch weitermacht, so erlebt man den einzigen Augenblick, wo Aussicht besteht, ein bisschen vorwärts zu kommen. Man hat plötzlich das Gefühl – und wenn es nur eine Illusion ist –, dass sich etwas Neues aufgetan hat.«[21]

Was halten die Hände? Giacometti antwortet, als man ihm diese Frage stellt: »Ich habe es immer gewusst.«[22]

---

17. Bonnefoy, 238.
18. Alberto Giacometti, Écrits, présentés par Michel Leiris et Dupin (1990), Paris 2001, 267. Übersetzung A. S.
19. Giacometti, Écrits, 86, Übersetzung A. S.
20. Zu dieser Deutung vgl. Bonnefoy, 232.
21. Alberto Giacometti. Ein Film von Ernst Scheidegger und Peter Münger, Zürich (Herbst 1965) 1966 und zit. in: Hohl, 5.
22. Klemm u. a., 111.

Mains tenant le vide – maintenant le vide? Was die Skulptur *bewegt* und was sie zu arbeiten aufgibt,[23] ist auch die Frage nach dem *Grund* für menschliches Leben und *darin* die Frage nach Gott. Eine Wahrnehmung, die der Skulptur nichts Fremdes aufdrängen will, sondern nur zu antworten sucht in Entsprechung zu dem, was Giacomettis Werke ausdrücken wollen: »die Begegnung mit dem lebendigen Gegenüber in der eigenen Wahrnehmung erfassen.«[24]

Das Folgende sucht, über Gott nachzudenken. In einem Gespräch angesichts der Skulptur. Einem Gespräch über Giacomettis Hände und über das, was sie – *vielleicht* – halten. Ein Gespräch, das versucht, auch die Spannung aufzunehmen, die in der Mehrschichtigkeit der verschiedenen Titel aufgegeben ist. Neben dem protestantischen Theologen Paul Tillich, auf den ich mich im Vorangegangenen bereits immer wieder bezogen habe, frage ich die jüdischen Religionsphilosophen Martin Buber und Emmanuel Lévinas. Was diese aus unterschiedlichen Lebens-, Denk- und Glaubenssorten Kommenden verbindet, ist, dass sie sich auf das Wagnis lebendigen Denkens einlassen, Gott *in Beziehung* zu denken, zum Anderen, zum erlebten Leben.

Dabei beruht die Auswahl der Gesprächspartner nicht auf der ausdrücklichen Intention eines genuin jüdisch-christlichen Gesprächs. Aus der Radikalität der Fragestellung bin ich vielmehr noch einmal und wieder neu auf die Hoffnungskraft der Gedanken dieser beiden jüdischen Denker gestoßen.

Das gilt ebenso für den vielleicht zunächst ungewöhnlich erscheinenden Dialog mit Hannah Arendt in Bezug auf den Religionsunterricht.

Wenn aber – und das geschieht in jeder Begegnung um eine wirkliche Frage – Antworten entstehen, in denen die miteinander Sprechenden erfahren, dass sie einander brauchen für den eigenen Glauben, und vielleicht gerade auch in ihren Unterschieden, dann ist dieses – und im Hören auf Celan und Bernstein ja nicht nur dieses – Kapitel auch ein Zeugnis dafür, dass auch die Hoffnung christlich nicht zu lernen ist ohne die Verwurzelung, von der Paulus im Römerbrief spricht: »Rühmst du dich aber, so sollst du wissen, dass nicht du die Wurzel trägst, sondern die Wurzel trägt dich« (Röm 11, 18).

Der Raum in diesem Gespräch über Gott führt ins *Offene*. In der radikalen Verwundbarkeit allen Lebens wird Glauben selbst als ein *Schöpfungsraum* sichtbar, in dem die *Kunst der Hoffnung* zugemutet und je neu erlernt werden will.

---

23. Einer seiner Interpreten, M. Leiris, schreibt, eine Skulptur sei im Sinne des französischen *divaguer* zu verstehen als etwas, das auch in seinem fertigen Zustand nicht abgeschlossen ist, sich vielmehr bewegt, das arbeitet (Klemm u. a., 17).
24. Klemm u. a., 112.

Die Geschichte Gottes unter uns ist noch nicht zu Ende erzählt: Gott erlernen – ein Dialog

»Als Levi Jizchak von einer ersten Fahrt zu Rabbi Schnelke von Nikolsbur, die er gegen den Willen seines Schwiegervaters unternommen hatte, zu diesem heimkehrte, herrschte er ihn an: ›Nun, was hast du schon bei ihm gelernt?‹ ›Ich habe gelernt‹, antwortet Levi Jitchak, ›dass es einen Schöpfer der Welt gibt.‹ Der Alte rief einen Diener herbei und fragte den: ›Ist dir bekannt, dass es einen Schöpfer der Welt gibt?‹ ›Ja‹, sagte der Diener. ›Freilich‹, rief Levi Jizchak. ›alle sagen es, aber erlernen sie es auch?‹«[25]

Martin Buber – Apriori der Beziehung

Wer von Gott reden will, muss ihn erlernen. Im offenen Raum, der das lebendige und erlebte Leben ist. Grundlegend für dieses Denken ist Martin Bubers Schrift »Ich und Du«,[26] die er 1923 verfasst hat, aber die er noch 1957 als maßgebend für sein Werk bezeichnet, weil sie den Versuch unternimmt, durch »die Klärung der Existenz, die so alt ist wie der Mensch«,[27] eben die Beziehung *Ich-Du*, neuen Grund für menschliches Lebenkönnen zu legen. In jener Grundbeziehung, die »im Anfang«[28] war und vor allem Anfang ist, ist Gott zu erlernen: »(W)er das Wort Gott spricht und wirklich Du im Sinn hat, spricht ... das wahre Du seines Lebens an«.[29] Und wann immer ich zu einem Menschen »Du« sage, stehe ich »im heiligen Grundwort.«[30] Dieses »Apriori der Beziehung« hält »als Kategorie des Wesens, als Bereitschaft, *fassende Form*«[31] – oder angesichts der Skulptur Giacomettis gesprochen – wie *Hände* alle »erlebten Beziehungen« und alles Erleben in sich: Sie sind »Realisierungen des *eingeborenen* Du am begegnenden.«[32]

Damit ist für Buber die »Bezeichnung Gottes als einer Person ... unentbehrlich«. Denn, »was immer er sonst noch sei« – wenn mit Gott der gemeint ist, der »in schaffenden, offenbarenden, erlösenden Akten zu uns Menschen in eine unmittelbare Beziehung tritt und uns damit ermöglicht, zu ihm in eine unmittelbare Beziehung zu treten,«[33] dann ist in diesem »Grund und Sinn unseres

---

25. Martin Buber, Die Erzählungen der Chassidim, Zürich 1949, 76.
26. Martin Buber (1923), Ich und Du, 10. Aufl., Heidelberg 1979.
27. Ebd., 157.
28. Vgl. ebd., 25.
29. Ebd., 92.
30. Ebd., 16.
31. Ebd., 36. Hervorhebung A. S.
32. Ebd. Hervorhebung A. S.
33. Ebd., 158. In diesem als »Grund unseres Daseins erfassten Ich-Du-Verhältnis liegt nach Emil Brunner der mit dem christlichen Glauben gemeinsame Wurzelboden (vgl. Emil

Daseins« »je und je« eine Wechselhaftigkeit und Gegenseitigkeit konstituiert, »wie sie nur zwischen Personen bestehen kann.«[34]

Emmanuel Lévinas – »Anderheit«

Emmanuel Lévinas nimmt dieses Denken in seiner *Philosophie der Verantwortung* auf und führt es zugleich weiter. In seiner Interpretation liegt die Intention der Buber'schen Philosophie darin zu zeigen, »dass die Wahrheit nicht ein Inhalt ist«, dass sie vielmehr »subjektiver als jede Subjektivität ist, aber dass diese extreme Subjektivität, die von der Subjektivität des idealistischen Subjekts abweicht, der einzige Zugang zu dem ist, was ›objektiver‹ als jede Objektivität ist, was ein Subjekt nie enthält, was ein völlig *Anderes* ist.«[35] Das Verhältnis zwischen »Ich und Du« besteht nach Lévinas also gerade darin, »dass das Ich sich einem äußeren, und das heißt: *radikal anderen* Wesen gegenüberstellt und es als solches anerkennt.«[36] Dieses Anerkennen bedeutet nicht, »sich eine Idee von der *Anderheit*« zu machen. Denn »eine Idee von etwas zu haben, ist das wahre Wesen des Ich-Es«, das nach Buber als Erkenntnis eines anonymen Gegenstandes im Gegensatz zum Ich-Du-Verhältnis steht. Es geht eben nicht darum, »einen Anderen (bloß) zu denken, auch nicht, ihn als Anderen zu denken, sondern sich an ihn zu wenden, Du zu ihm zu sagen.«[37] Die *Anderheit* erfährt erst der, der das Du wagt.

Angesichts der Skulptur Giacomettis formuliert: Was halten die Hände?

Die »*le vide*«, den offenen Raum, die Tiefe, den Abgrund bleibender *Anderheit*.

Das gilt auch für Gott. Gott in Beziehung zur Welt zu denken, führt unausweichlich in die Frage nach dem Sinn. Ohne die Auseinandersetzung mit der Erfahrung dessen, was mit Giacomettis Skulptur als *maintenant le vide* benennbar ist, ist nach Lévinas ein Mensch in der Beziehung zu Gott noch nicht erwachsen.[38]

Brunner, Judentum und Christentum bei Martin Buber, in: Paul Arthur Schilpp, Maurice Friedman [Hrsg.], Martin Buber, Stuttgart 1963, 303-311).
34. Buber, Ich und Du, 158.
35. Emmanuel Lévinas, Martin Buber und die Erkenntnistheorie, in: Schilpp, Friedmann, 120. Hervorhebung A. S.
36. Ebd., 123. Hervorhebung A. S.
37. Ebd. »Der Andere ... gehört nicht zur intelligiblen Sphäre, die zu erforschen ist. Er befindet sich in der Nähe. ... Der *Selbe* hat mit dem *Anderen* zu tun, bevor – in welcher Eigenschaft auch immer – der Andere für ein Bewusstsein erscheint« (Emmanuel Lévinas, Jenseits des Seins oder anders als Sein geschieht (1978), Freiburg, München 1998, 69).
38. Vgl. Emmanuel Lévinas, Schwierige Freiheit. Vesuch über das Judentum, Frankfurt a. M. 1992, 27.

Paul Tillich – Erkenntnis als Wagnis des Lebens

Hier setzt Paul Tillich ein. Seine »Systematische Theologie« steht von vornherein in Spannung von Beziehung, weil in »der Spannung zwischen zwei Polen: der ewigen Wahrheit ihres Fundamentes und der Zeitsituation, in der diese Wahrheit aufgenommen werden soll.«[39] Seine »Methode der Korrelation«[40], mit der er diese Aufgabe, die Rede von Gott und die Situation in Beziehung zu setzen, wahrnimmt, ist kein Koordinatensystem, in das Erfahrungen eingefügt und gleichsam im System erstarren müssten. Seine »Methode« bestimmt Tillich vielmehr als ein »Element der *Wirklichkeit* selbst«.[41] Denn Korrelation – *zu verstehen* »im Sinne gegenseitiger Abhängigkeit zweier unabhängiger Faktoren«[42] – setzt als methodische die Korrelation von existentiellen Fragen und

---

39. Tillich, Theologie I, 9. Vgl. zum Folgenden Steinmeier, Wiedergeboren, 69 ff.
40. Zur »Methode der Korrelation« vgl. z. B.: Joachim Ringleben, Religion und Offenbarung. Überlegungen im kritischen Anschluss an Barth und Tillich, in: Ulrich Barth, Wilhelm Gräb (Hrsg.), Gott im Selbstbewusstsein der Moderne. Zum neuzeitlichen Begriff der Religion, Gütersloh 1993, 111-128; John P. Clayton, The Concept of Correlation. Paul Tillich and the possibility of a mediating theology, Berlin, New York 1980; Matthias von Kriegstein, Paul Tillichs Methode der Korrelation und der Symbolbegriff. Studia Irenica XVII, Hildesheim 1975; Peter Schwanz, Analogia Imaginis. Ein Beitrag zur kritischen Auseinandersetzung mit der philosophischen Theologie Paul Tillichs. Zugleich der Versuch einer Hinführung zu dem Ansatz eines Systems als christologisch-anthropologischem Modell, Göttingen 1980; Joachim Track, Der theologische Ansatz Paul Tillichs. Eine wissenschaftstheoretische Untersuchung seiner »Systematische Theologie«, Göttingen 1975; Otto Schnübbe, Paul Tillich und seine Bedeutung für den Protestantismus heute. Das Prinzip der Rechtfertigung im theologischen, philosophischen und politischen Denken Paul Tillichs, Hannover 1985. Vgl. auch Steinmeier, Wiedergeboren, 69 f.
41. Tillich, Theologie I, 74. Hervorhebung A. S.
42. Paul Tillich, Systematische Theologie II, unveränd. photomechan. Nachdr. d. 8. Aufl. von 1984, Berlin, New York 1987, 19. Unabhängig insofern, als Frage und Antwort nicht voneinander abzuleiten sind. Die Frage kann nicht Quelle der Antwort sein; Antwort kann sich der Mensch nicht selbst sagen, sie muss in die Existenz ›hineingesprochen‹ werden, (vgl. Tillich, Theologie I, 78), wie aber auch umgekehrt diese nur verstanden werden kann, wenn sie denn auch als Antwort, also in Beziehung auf eine Frage erfahren wird (vgl. Tillich, Theologie II, 20). In materieller Hinsicht, ihrer Substanz nach jeweils unabhängig, sind Frage und Antwort formal jedoch abhängig voneinander. Formal steht die Antwort in Beziehung zur Frage, indem sie deren »formale Aussagestruktur und auch ... inhaltliche Intention ... übernimmt« (Klaus Dieter Nörenberg, Analogia Imaginis. Der Symbolbegriff in der Theologie Paul Tillichs, Gütersloh 1966, 71). Umgekehrt ist die Frage immer schon geprägt durch die Antwort, weil auf sie ausgerichtet. »Die in der menschlichen Endlichkeit enthaltene Frage ist schon ausgerichtet auf die Antwort: das Ewige... . Diese Gerichtetheit der Fragen vermindert nicht ihren Ernst, aber sie gibt ihnen ihre Form« (Tillich, Theologie II, 22). In solcher Ausrichtung weist die Frage über sich hinaus, womit aber eine rein formale Abhängigkeit ausgesprengt ist (vgl. Nörenberg, 72). Dabei sind Frage und Antwort nicht einmal endgültig gesetzt und festgelegt, vielmehr stellt die Antwort erneut, das meint auf einer neuen Ebene, vor die Frage, als sie diese gleichsam vor ein neues Verständnis ihrer selbst führt. Die Methode der Korrelation ist mithin nicht einfach als statisch polares Denken, sondern – so ist mit Nörenberg im Anschluss an Rhein (vgl. Christoph Rhein, Paul Tillich. Philosoph und Theologe, Stuttgart 1957, 82) zu interpretieren – im

theologischen Antworten, die »*reale Korrelation*«,[43] voraus, das heißt die reale Beziehung von Gott und Mensch. »Die Gott-Mensch-Beziehung ist eine Korrelation«. Darum bedeutet die »›Begegnung zwischen Gott und dem Menschen‹ (Emil Brunner) … etwas Reales für beide Seiten.«[44]

In der realen Korrelation ist die gegenseitige Abhängigkeit von Gott und Mensch als das essentielle Bezogensein des Menschen auf Gott und Gottes auf den Menschen in der Offenbarung seiner selbst vorausgesetzt. In der Frage, die der Mensch stellt, die er selbst *ist*, fragt er nach Gott, »sein Sein selbst *ist* die Frage.«[45] Dieses bedeutet zum einen: Der Mensch ist *wesentlich* mit *Gott geeint*, gehört ihm in seinem Wesen zu.[46] »Nur weil Gott auch im Menschen ist, kann der Mensch nach Gott fragen und kann Gottes Anwort vom Menschen vernommen werden.«[47] Zum anderen ist eben diese Gott-Mensch-Einheit gebrochen: Der Mensch ist in seiner *Existenz* von Gott, »vom Grund des Seins« und damit »von den anderen Wesen und von sich selbst«[48] *entfremdet*. Nicht die Endlichkeit an sich selbst, sondern die Verwirklichung der »geschöpflichen«, also zur Endlichkeit als zum Wesen des Menschen gehörenden »endlichen Freiheit« begründet die Wirklichkeit existentieller Entfremdung: »Kreatürliche Freiheit ist der Punkt, an dem Schöpfung und Sündenfall zusammenfallen.«[49] Der »Zustand der Existenz« ist darum »der Zustand der Entfremdung.«[50]

Ist dann die Gegenwart des Essentiellen überhaupt unter den Bedingungen der Existenz zu denken? Was heißt *Wirklichkeit* Gottes? Kann die *Wesentlichkeit* des Menschen in der Einheit mit Gott auch in und durch Entfremdung hindurch in ihrer *Wirklichkeit* gedacht und erfahren werden? Gibt es also ein *In-Wahrheit-Verbundensein* Gottes und des Menschen *in der Existenz*?

Diese Frage erhebt Tillich zur »methodische(n) Konsequenz«,[51] die darum also nicht sekundär verschiedene, in sich vorgegebene Größen – Gott und Mensch – aufeinander bezieht, sondern in der je neu die »Überzeugungskraft

Sinne »einer sich dynamisch entwickelnden, sich erneuernden dialektischen Bewegung« (Nörenberg, 72) zu verstehen.
43. Hervorhebung A. S.
44. Tillich, Theologie I, 75.
45. Tillich, Theologie II, 20.
46. Vgl. Tillich, Theologie I, 75 f., 142, 288 ff., 319 ff.; Tillich, Theologie II, 20, 55 f., 87; Tillich, Systematische Theologie III, unveränd. photomechan. Nachdr. d. 4. Aufl. von 1984, Berlin, New York 1987, 150.
47. Tillich, Theologie III, 151.
48. Tillich, Theologie II, 52.
49. Tillich, Theologie I, 295; vgl. auch ebd., 296 f.
50. Tillich, Theologie II, 52; vgl. auch Tillich, Theologie I, 294 ff. In dieser Spannung liegt der Schlüssel zur Tillich'schen Anthropologie: essentiell, in seinem »wahren Sein« (Tillich, Theologie II, 53) mit Gott geeint, »verliert« der Mensch in seiner existentiellen Verwirklichung notwendig durch die endliche Freiheit als dem »Wendepunkt vom Sein zur Existenz« (Tillich, Theologie I, 196) »seine essentielle Einheit mit dem Grunde von Selbst und Welt« (Tillich, Theologie II, 55).
51. Joachim Ringleben, Paul Tillichs Theologie der Methode, in: NZSTh 17, 1975, 258.

und somit die Glaubwürdigkeit, der einsehbare Sinn« dessen, was theologisch als Antwort gegeben wird,[52] zur Frage steht.

Von daher bestimmt Tillich seine »Methode« selbst als eine »theologische Aussage«, auf die sich einzulassen »Leidenschaft und Mut zum Wagnis« erfordert.[53] Es ist das Wagnis, das im Gegensatz zur rein »beherrschenden« Erkenntnis, die auf ihr Objekt schaut »als auf etwas, das den Blick nicht zurückgeben kann«,[54] alle in der Teilhabe wurzelnde und darum offene Erkenntnis begleitet: »(S)ie trägt das radikale *Wagnis des Lebens* in sich.«[55]

Martin Buber – Das »lebendige Wort des Menschengesprächs«

Mit ihr ist die Skulptur Giacomettis in ihrer Offenheit anzusehen: *mains tenant le vide und* maintenant le *vide*. Denn in diesem Wagnis kann allein die Spannung ausgehalten werden, die die Gewissheit des Glaubens mit der Offenheit der Verwundbarkeit zur Leidenschaft der Hoffnung verbindet. Erst auf dem Boden einer in diesem Sinne teilhabenden Erkenntnis können Menschen *in Wahrheit* miteinander sprechen.

Eben dieses »*lebendige Wort des Menschengesprächs*«[56] ist nach Buber verloren gegangen. Die »Krisis des Menschen« in seinem »Verhältnis zu Sprache und Gespräch«[57] zeigt sich nicht nur im »Nichtkrieg«. Der Weg zum Frieden wird nach Buber nur aus der Kraft eines Glaubens gangbar werden, »in dem jeder der Partner den anderen, auch wo er in einem Gegensatz zu ihm steht, als diesen existenten Anderen wahrnimmt, bejaht und bestätigt«. Im Wagnis des nach Buber »potentiellen Glauben(s) eines jeden …, der ihn zu glauben vermag«[58], lassen sich Gegensätze »nicht aus der Welt« schaffen, aber »menschlich aus(…)tragen«.[59] Das schließt die Achtung dessen ein, was letztes *Geheimnis* des Anderen bleibt und bleiben muss.

So ist die Skulptur auch ein Bild für jedes wirkliche Gespräch. Was heißt das

---

52. Traugott Koch, Gott. Die Macht des Seins im Mut zum Sein. Tillichs Gottesverständnis in seiner »Systematischen Theologie«, in: Hermann Fischer (Hrsg.), Paul Tillich. Studien einer Theologie der Moderne, Frankfurt a. M. 1989, 169. Dass ich hier die Zuspitzung der Tillich'schen Theologie sehe, habe ich in *Wiedergeboren zur Freiheit* deutlich gemacht (vgl. ebd., 69 ff.).
53. Tillich, Theologie I, 15.
54. Ebd., 118.
55. Ebd., 127. Vgl. auch ebd., 55. Hervorhebung A. S.
56. Martin Buber, Das echte Gespräch und die Möglichkeiten des Friedens. Rede, gehalten anlässlich der Verleihung des Friedenspreises des Deutschen Buchhandels am 27. September 1953 in der Paulskirche zu Frankfurt a. M., Heidelberg 1953, 11. Hervorhebung A. S.
57. Ebd., 11.
58. Ebd., 13.
59. Ebd., 13 f.

für das Verständnis von Gott, der zu erlernen ist, mit dem eigenen *offenen* Leben?

Ich beginne mit Paul Tillichs »Mut zum Sein«.

Paul Tillich – Der »Mut zum Sein«

Paul Tillichs Rede von Gott wird am deutlichsten in seiner Auseinandersetzung mit der Angst,[60] die, wie er im Anschluss an Sören Kierkegaard schreibt, wesentlich zur Existenz des Menschen hinzugehört. Als »Innenseite der Endlichkeit« ist sie wie diese eine »ontologische Qualität«.[61] In der Angst wird ein Mensch existentiell[62] dessen gewahr, dass das *Nichtsein* Teil des *eigenen Seins* ist.[63] Angst ist so immer Angst vor dem Selbstverlust. Entsprechend den verschiedenen Formen, in denen nach Tillich das Nichtsein das Sein des Menschen in seiner ontischen, geistigen und moralischen Selbstbejahung bedroht, wird die Angst erlebt als die Angst vor Schicksal und Tod, vor Leere und Sinnlosigkeit, vor Schuld und Verdammung.[64]

60. In der Angst erhält die Frage, die der Mensch als die Frage nach sich selbst und darin nach Gott ist, ihre inhaltliche Tiefe durch ihr lebendiges Gesicht: »Nur wer die Erschütterung der Vergänglichkeit erfahren hat, die Angst, in der er seiner Endlichkeit gewahr wurde, die Drohung des Nichtseins, kann verstehen, was der Gottesgedanke meint« (Tillich, Theologie I, 76).
61. Tillich, Theologie I, 224. »Die Angst kann nicht überwunden werden, denn kein endliches Sein kann seine Endlichkeit überwinden« (ebd.). Im Unterschied zur Furcht, die, weil sie auf ein Objekt, auf ein Bestimmtes, zu Fassendes bezogen ist, auch behoben werden kann, ist das einzige Objekt der Angst »die Bedrohung selbst, nicht die Wurzel der Bedrohung, denn die Wurzel der Bedrohung ist das Nichts« (Tillich, GW XI, 36).
62. Tillich, GW XI, 35. Existentiell ist hier als Gegensatz zum abstrakten, sich auf das Universale richtenden, d.h. als philosophisch zu charakterisierenden Wissen bezeichnet. Unter Berufung auf Kierkegaard nennt Tillich die das Bewusstsein ergreifende »Bedrohung durch das Nichtsein« den »ontologischen Schock«, der sich in »Angst« ausdrückt (vgl. Tillich, Theologie I, 137; Tillich, Theologie II, 41-43).
63. Der Mensch ist nicht nur endlich – und d.h. wie jede Kreatur ein mit Nichtsein gemischtes und darum vom Nichtsein bedrohtes Sein. Er ist sich auch seiner Endlichkeit bewusst (vgl. Tillich, Theologie II, 41). Er allein weiß um seine Endlichkeit, »weil er die Fähigkeit hat, sie zu transzendieren (Tillich, Theologie I, 290). Er allein besitzt »echte Endlichkeit«, »weil er das einzige Wesen ist, das potentielle Unendlichkeit besitzt« (Paul Tillich, Die Lehre von der Inkarnation in neuer Deutung, in: Paul Tillich, Offenbarung und Glaube. Schriften zur Theologie II, GW VIII, Stuttgart 1970, 214). Unendlichkeit ist hier als Leitbegriff formuliert, »begründet (also) nicht die Existenz eines unendlichen Seins« (Tillich, Theologie I, 223). Darum sind Endlichkeit und Unendlichkeit keine sich ausschließenden Gegensätze, sondern dialektisch aufeinander bezogen und haben so ihren Gegensatz vielmehr »in der Beschränktheit, im Fertig-Sein, im Nicht-Transzendieren« (Eberhard Rolinck, Geschichte und Reich Gottes. Philosophie und Theologie der Geschichte bei Paul Tillich. Beiträge zur ökumenischen Theologie, Bd. 13, München, Paderborn, Wien 1976, 189).
64. Vgl. Tillich, GW XI, 39. Tillich ordnet diese Grundängste den unterschiedlichen Epochen abendländischer Geschichte zu. Er findet am Ende des Altertums die ontische Angst, am

Le vide – Zufälligkeit und Tod[65]

In der Angst vor Schicksal und Tod erfährt der Mensch seine »ontische«, das heißt »fundamentale Selbstbejahung ... in seinem einfachen Dasein«[66] durch das Nichtsein bedroht. Diese Angst ist darum universal und unausweichlich.

Mit Schicksalsangst ist nicht die Angst bezeichnet, unter einer letzten determinierenden Notwendigkeit zu stehen. Hier ist vielmehr das Bewusstsein der Zufälligkeit und Irrationalität, Nicht-Notwendigkeit dessen, was unsere Existenz bestimmt, gemeint. »Schicksal bedeutet die Herrschaft der *Zufälligkeit,* und die Angst vor dem Schicksal wurzelt in dem Bewusstsein des endlichen Wesens, dass es in jeder Beziehung zufällig *ist* und keine letzte Notwendigkeit«[67] und darum keine letzte Sinnhaftigkeit, weil immer auch mögliches Nichtsein hat.

Diese Erfahrung beschreibt Tillich in ontologischen Begriffen kategorialer Struktur. Zufällig ist das *zeitliche* Sein, »die Tatsache, dass wir in dieser und keiner anderen Zeit leben.«[68] Zufällig ist das *räumliche* Sein, d. h. der Ort, von dem her, und die Wirklichkeit, auf die wir schauen. Zufällig schließlich ist das Gewebe *kausaler* Zusammenhänge, durch das wir bestimmt und in das wir hineingestellt sind.

Die relative Bedrohung des Menschen durch das Schicksal aber wird absolut in der Bedrohung durch den Tod. Aber die Angst vor dem Tod als die Angst vor letztem Nichtsein wird nicht erst am Ende eines Lebens erfahren. Hinter der Erfahrung der Zufälligkeit, der Unsicherheit und Heimatlosigkeit unseres Lebens ist sie inmitten des Lebens, immer und überall, bewusst oder unbewusst, »in jedem einzelnen Augenblick der Existenz«[69] gegenwärtig.

Le vide – Leere und Sinnlosigkeit[70]

Bedroht aber ist der Mensch auch in seiner geistigen Selbstbejahung, das bedeutet in seiner Freiheit, in schöpferischer Teilhabe an geistig sinnhafter Wirklichkeit Sinn für sich selbst zu entdecken und sich darin zu bejahen. Schöpferisch bezeichnet hier für Tillich nicht eine besondere künstlerische Fähigkeit, sondern schlicht die Lebendigkeit des Menschen, in einem im Teilnehmen verwandelnden Austausch mit der geistigen, kulturellen Welt zu stehen. Diese Beziehung ist lebensnotwendig: Der Mensch »ist nur dadurch Mensch, dass er in

---

Ende des Mittelalters die moralische Angst, am Ende der Neuzeit die geistige Angst (vgl. ebd., 50 ff.). Im Folgenden übernehme ich die Reihenfolge der Formen der Ängste aus dem »Mut zum Sein«, die nicht seiner historischen Zuordnung entspricht.

65. Vgl. zum Folgenden Tillich, ebd., 39 ff. und Steinmeier, Wiedergeboren, 74 f.
66. Ebd., 39.
67. Ebd., 41.
68. Ebd.
69. Ebd.
70. Vgl. ebd., 42 ff. und Steinmeier, Wiedergeboren, 75 f.

der Wirklichkeit – in seiner Welt und in sich selbst – Sinngehalte erkennt und gestaltet.«[71] Die Geistigkeit betrifft also nicht bloß einen Teil des Menschen, sondern seine Mitte: »Sein *Sein* ist geistig«.[72]

Das setzt voraus, dass das endliche und als solches bedingte geistige Leben als »*unbedingt angehend*« ernst genommen wird, weil »in ihm und durch es sich letzte Realität manifestiert.«[73] Aber kein Mensch kann Sinn und Erfüllung suchen ohne die Angst, nicht zu finden. Wer sucht, findet nicht notwendig. Es kann misslingen, »wofür wir uns leidenschaftlich eingesetzt haben«[74], ein Glaube kann zusammenbrechen – an eine Idee, einen Menschen, an Gott. Nichts, was uns wirklich angeht, was einen Menschen im Innersten betrifft, ist von der Gefährdung eines *maintenant le vide* ausgeschlossen. Lebendigkeit und Gefährdung haben eine gemeinsame Wurzel.

Das Nichtsein bedroht den Menschen in seiner »geistigen Selbstbejahung« als Leere und Sinnlosigkeit, die sich zueinander verhalten wie Schicksal und Tod. Im »Hintergrund der Leere steht die Sinnlosigkeit, wie im Hintergrund der Unbeständigkeit des Schicksals der Tod steht.«[75] Weil der Mensch frei ist, für sich selbst Sinn zu finden, kann er gerade nicht schaffen, nicht erzwingen, worauf er zutiefst angewiesen ist: »(E)in geistiges Zentrum kann nicht bewusst geschaffen werden«.[76] Aber in der Leere versucht der Mensch eben dies zu tun: Er wird getrieben »aus der Hingabe an den einen Gegenstand zur Hingabe an einen anderen … und wiederum an einen anderen«, um doch nur zu erfahren: »nichts ist befriedigend.«[77]

Und so stürzt er in der Angst vor der Leere in den Abgrund der Sinnlosigkeit, in dem alles verloren ist, »was uns letztlich angeht«, das »allen Sinngehalten Sinn verleiht.«[78] Dann ist der Zweifel, in dem der Mensch als Mensch steht als zwischen Sein und Nichtsein, Haben und Nichthaben, absolut geworden. Das in jeder Frage enthaltene Element des Nichthabens verschlingt das Bewusstsein des Habens und wird »existentielle Verzweiflung.«[79]

Le vide – Schuld und Verdammung[80]

»Das Sein des Menschen, das ontische wie das geistige, ist ihm nicht nur gegeben, sondern ist ihm auch aufgegeben.«[81] Er ist darum für sich selber verant-

---

71. Ebd., 45.
72. Ebd. Hervorhebung A. S.
73. Ebd., 43. Hervorhebung A. S.
74. Ebd.
75. Ebd.
76. Ebd.
77. Ebd.
78. Ebd.
79. Ebd., 44.
80. Vgl. ebd., 46 ff. und Steinmeier, Wiedergeboren, 76 f.
81. Ebd., 46.

wortlich, weil gerufen zu *antworten,* sein Leben zu leben. *Innerhalb* »der Zufälligkeiten seiner Endlichkeit«[82] ist der Mensch »gefordert, dass er sich zu dem macht, was er werden soll, d. h. dass er seine Bestimmung erfüllt.«[83]

In dieser Situation wurzelt die Angst vor Schuld und Verdammung. Denn der Mensch hat gerade in seiner Freiheit die Macht, gegen sich selbst zu handeln, seinem »essentiellen Wesen zu widersprechen.«[84] »Und unter den Bedingungen der Entfremdung des Menschen von sich selbst ist dies eine Aktualität.«[85] Das menschliche Leben ist verflochten in einer tiefen Zweideutigkeit. Das Bewusstsein solcher Zweideutigkeit, die alles, was der Mensch tut – selbst, »was er als seine beste Tat betrachtet«[86] – durchdringt, ist Schuldbewusstsein.

So steht der Mensch sich als sein eigener Richter gegenüber, er *selbst* steht gegen sich. Darum kann die Angst vor der Schuld ihn zu völliger Selbstverurteilung, zum »Gefühl des Verdammtseins« treiben, »nicht durch äußere Bestrafung, sondern durch die Verzweiflung darüber, die eigene Bestimmung verfehlt zu haben.«[87]

Die verschiedenen Formen der Angst sind einander oft in der Erfahrung immanent. So hat die »Bedrohung durch Schicksal und Tod stets Schuldbewusstsein erweckt und es verstärkt,«[88] wurde und wird immer noch als Vollzug des moralischen Urteils über das eigene Leben erfahren und führt darum in noch tiefere Unfreiheit und darum Angst. Ebenso sind das moralische und geistige Nichtsein voneinander abhängig. In der Angst vor Schuld und Verdammung ist zugleich der Sinn bedroht, und wo in der Verzweiflung Sinnlosigkeit herrscht, ist auch der Sinn jeder moralischen Selbstbejahung verloren.

Eine Sprache wie Hände

Angesichts solcher Existenz-Situation der Angst stellt sich die Frage nach dem »*Mut zum Sein*«. Dieser Mut aber, der die Angst vor Schicksal und Tod, vor Leere und Sinnlosigkeit, vor Schuld und Verdammung in sich hineinzunehmen vermag, bedarf der »Macht des Seins-Selbst« als der »Macht, die das Nichtsein transzendiert«, »die größer ist als die Macht des eigenen Selbst und die Macht unserer Welt.«[89]

Nichts Endliches kann die Angst wahrhaft transzendieren, der Mensch verliert sich entweder in einer Gesamtheit oder die Welt in einer leeren Selbst-

---

82. Ebd.
83. Ebd.
84. Ebd.
85. Ebd.
86. Ebd.
87. Ebd., 47.
88. Ebd.
89. Tillich, GW XI, 117.

bezogenheit.[90] Die Frage, die er *ist*, kann er nicht selbst beantworten: Er kann nicht selbst beantworten, wie der Bedrohung des Nichtseins so standzuhalten sei, dass sie in Bejahung aufgenommen, in solchem Aufnehmen überwunden und insofern transzendiert werden könne. Er kann nicht selbst beantworten, wie mit der Angst so zu leben sei, dass darin Entfremdung durchbrochen und er sich selbst, sein eigenes Leben zurückgewinnen könne.

In der Angst fragt der Mensch in der Frage nach sich *selbst* nach *Gott*. In der Frage nach dem »Mut zum Sein« erfragt er ein konkretes Sich-Zeigen Gottes als der »Macht des Seins.«[91]

Um aber zu verstehen, inwiefern die »Macht des Seins« der Grund je eigenen Mutes als »Akt des individuellen Selbst«[92] sein kann, ist die symbolische Rede von Gott als der »Macht des Seins« zu begründen.

Das verlangt nach Tillich, die Grenze von *philosophisch-abstrakten* Begriffen zur als *symbolisch* definierten *theologischen* Sprache zu überschreiten.[93] Der Basissatz aller theologischen Ausführungen Tillichs identifiziert Gott mit dem universalen Begriff philosophischer Erkenntnis: »Das Sein Gottes ist das Sein-

---

90. Die Auflösung der Selbst-Welt-Struktur durch den Verlust einer Seite, in dem der Verlust der anderen notwendig mit gegeben ist und darin der Konflikt der ontologischen Polarität von Individuation und Partizipation (ebenso wie von Dynamik und Form, Freiheit und Schicksal), ist Kennzeichen der Entfremdung (vgl. Tillich, Theologie II, 69 ff.). In Bezug auf den »Mut zum Sein«, in dem der Mensch versucht, die Angst auf sich zu nehmen, bedeutet dies eine Trennung dessen, was wesensmäßig zusammengehört (vgl. Tillich, GW XI, 70 ff.): der Mut, man selbst zu sein, und der Mut, Teil eines Ganzen zu sein. Radikaler Ausdruck solcher isolierten Formen des Mutes, in dem der Mensch entweder in der Macht des Selbst seinen ihm wesentlichen Weltbezug verliert oder in der Macht des Ganzen als Individuum verschlungen wird, so in isolierter Mächtigkeit doch dem Nichtsein erliegt, sind Existentialismus und Kollektivismus. Es stellt sich die Frage also nach dem »Mut zum Sein«, in dem beide Formen vereint und so transzendiert werden können, der nur in »der Macht des Seins« begründet sein kann, die die Mächtigkeit von Selbst und Welt und so die Bedrohung durch das Nichtsein transzendiert.
91. Insofern kann Tillichs Schrift »Der Mut zum Sein« als »ausgearbeitete ›Frage nach Gott‹« (Koch, Macht, 175) verstanden werden.
92. Tillich, GW XI, 117.
93. Vgl. Tillich, Theologie II, 15 f. Ich beziehe mich hier auf meine Nachschrift der Vorlesung von Traugott Koch, »Theologische Positionen der Gegenwart«, Hamburg WS 81/82. Vgl. hierzu außerdem: Wolfgang Trillhaas, Paul Tillich im Lichte seiner Wirkungsgeschichte. Eine Bilanz, in: ZThK 75, 1978, 82-98; Wilhelm Weischedel, Paul Tillichs philosophische Theologie. Ein ehrerbietiger Widerspruch, in: Karl Hennig (Hrsg.), Der Spannungsbogen. Festgabe für Paul Tillich zum 75. Geburtstag, Stuttgart 1961, 25-47; Wilhelm Weischedel, Denker an der Grenze. Paul Tillich zum Gedächtnis. Rede anlässlich der Gedenkfeier in der Kirchlichen Hochschule Berlin am 20.11.1965, Berlin 1966; Erich Schmidt, Gedanken zu P. Tillichs philosophischer Theologie. Eine Apologie, in: NZSTh 5, 1963, 97-118; Robert P. Scharlemann, Der Begriff des Systematik bei Paul Tillich, in: NZSTh 8, 1966, 242-254; Ingeborg C. Henel, Philosophie und Theologie im Werk Paul Tillichs, Frankfurt a.M., Stuttgart 1981. Zum Verhältnis von Philosophie und Theologie bei Tillich vgl. ausführlich Steinmeier, Wiedergeboren, 78 ff.

Selbst«[94] – und ist so im eigentlichen Sinne noch keine theologische Aussage. In der Konfrontation aber mit den höchst *konkreten* Erfahrungen des Nichtseins wird dieser abstrakte philosophische Gedanke des Sein-Selbst, in seiner Widerständigkeit erfragt, zum *Gottesbegriff* als der »Macht des Seins« weitergeführt. Gott ist »das Sein-Selbst ... im Sinne von Seinsmächtigkeit oder der Macht, Nichtsein zu besiegen.«[95]

Eben darin, dass sie »diese Art doppelter Negation« – die »Verneinung des Nichts« – »verkörpern«, unterscheiden sich »(r)eligiöse Symbole ... von ontologischen Begriffen.«[96] Sie wollen nicht nur »das Sein erfassen, sondern die Seinsmächtigkeit ausdrücken.«[97]

Das heißt: Rede von Gott wird erst wahrheitsfähig, wenn es ihr gelingt, das, was sich ihr entgegenstellt, mit in die Rede von Gott einzubeziehen. Der Wahrheitsernst des Gottesbegriffes – im Bild der Skulptur Giacomettis formuliert der *Mains tenant le vide* – erschließt sich erst von der Gegenkraft des *maintenant le vide*.

Die Spannung, die diese Rede von Gott in sich enthält, liegt im Verstehen dessen, was Tillich als »ontische Beziehung«[98] formuliert: Die objektive Aussage kann als objektive nur in Beziehung auf das Subjekt verstanden werden. Die »Erkenntnisform ist bedingt durch den Charakter der Beziehung zwischen Gott und der Welt«.[99]

Die *Sprache der Beziehung* ist die Sprache des Symbols.[100] Denn nur in ihr ist es möglich, konkret und bestimmt und also *subjektiv* in Bezug auf das eigene

---

94. Tillich, Theologie I, 273. Um begrifflich auszusprechen, »was indirekt im religiösen Denken und Ausdruck enthalten ist«, muss Theologie mit diesem »abstraktesten und gänzlich unsymbolischen Satz beginnen, nämlich damit, dass Gott das Sein-Selbst oder das Absolute ist« (ebd., 277).
95. Tillich, Theologie II, 18. Vgl. dagegen etwa: Rolinck, 171, der die »Macht des Seins« ebenso wie das »Sein-Selbst« oder den »Grund des Seins« als begriffliche Aussage versteht; oder vgl. Weischedel, Denker, 12; hier ist die »Macht des Seins« als ontologische Grundkategorie verstanden, die aber auf dem Wege philosophischer Reflexion nicht begründet werden könne und darum in der Interpretation den Seinsbegriff metaphysisch überhöhte.
96. Scharlemann, 242.
97. Ebd.
98. Vgl. Tillich, Theologie I, 27.
99. Vgl. ebd., 157.
100. Im Unterschied zum Zeichen, das »nicht notwendig verbunden ist mit dem, worauf es hindeutet«, mithin willkürlich gesetzt und wieder ausgetauscht werden kann, »partizipiert das Symbol an der Wirklichkeit dessen, für das es Symbol ist« (Tillich, Theologie I, 277). Symbolische Rede ist der Möglichkeit nach begründet in der Partizipation alles endlichen Seins an Gott als dem Sein-Selbst, in der »Einheit von essentieller Beziehung und existentieller Trennung« (Rolinck, 53). Ist so die analogia entis ausdrücklich aufgenommen, ist doch die Wirklichkeit symbolischer Rede gebunden und bedingt durch das Ereignis von Offenbarung, in dem und aufgrund dessen ein Endliches erst transparent wird für das Unendliche, das Sein-Selbst. »Die konkreten Symbole der christlichen Botschaft beruhen der Möglichkeit nach auf der analogia entis, der ontologischen

Leben zu sprechen, ohne darin nur vom Eigenen, nur von sich selbst zu sprechen. Symbolische Sprache vermag *im konkret Eigenen* zugleich über sich hinauszuweisen auf die *Universalität Gottes*.[101] Sie ist eine Sprache wie Giacomettis Hände. Denn ihr allein gelingt es, die Gefahr eines verfügenden Sprechens abzuwehren und damit »das letzte Mysterium der Subjekt-Objekt-Struktur zu unterwerfen, die Gott zu einem Gegenstand machen würde, der analysiert und beschrieben werden kann.«[102] Die Sprache des Symbols »transzendiert« die direkte Bedeutung in ein unaussagbares »Mysterium«,[103] weil sie als inhaltliche endlich ist und doch »das Geheimnis des göttlichen Grundes bewahren«[104] will, »weil sie als endliche unter dem Vorbehalt des unaussprechlichen Geheimnisses«[105] Gottes als des »ganz Andere(n)«[106] steht. In dieser Spannung kann symbolische Sprache *den unsichtbaren Gegenstand* »der absoluten Ernsthaftigkeit des Lebens im Lichte des Ewigen«[107] halten.

Mains tenant: Die »Macht des Seins«

Für Gott selbst ist die Überwindung der Entfremdung des Menschen wesentlich, er treibt »auf Aktualisierung und Essentifikation alles dessen zu, was Sein hat.«[108]

Gott ist der *lebendige* Gott und keine »unabhängige Wesenheit«, »und es gibt kein Leben, wo es keine ›Anderheit‹ gibt.«[109]

Die »Macht des Seins«, »die größer ist als die Macht des eigenen Selbst und die Macht unserer Welt«[110], offenbart sich in ihrer das Nichtsein transzendierenden Macht im »Mut zum Sein«, der die Angst vor Schicksal und Tod, Leere und Sinnlosigkeit und Schuld und Verdammung in sich hineinzunehmen vermag. Der »Mut zum Sein« setzt die Offenbarungsmächtigkeit der »Macht des Seins« voraus: Gottes absolute Mächtigkeit manifestiert sich in einem be-

---

Vermittlung. Ihre Wirklichkeit haben sie aus der realen Vermittlung zwischen Gott und Welt durch die über die Schöpfungskausalität hinausgehende Selbstmitteilung Gottes im Offenbarungsgeschehen als analogia imaginis« (ebd., 54. Vgl. Steinmeier, Wiedergeboren, 82).

101. Tillich begreift als Grundproblem der Lehre von Gott die Verhältnisbestimmung, »das Problem der Einheit zwischen Unbedingtheit und Konkretheit im lebendigen Gott« (Tillich, Theologie I, 265).
102. Tillich, Theologie III, 476.
103. Vgl. Tillich, Theologie I, 185.
104. Ebd., 281.
105. Koch, Macht, 192 in Bezug auf Tillich, besonders Theologie I, 185.
106. Tillich, Theologie II, 15; vgl. Koch, ebd.
107. Tillich, Theologie III, 476.
108. Ebd.
109. Ebd. Diese Aussage kann nur trinitarisch begründet werden (vgl. ebd., 324 ff., 458).
110. Tillich, GW XI, 117.

stimmten endlichen Seienden und offenbart sich so als die dem Nichtsein überlegene Macht.

Offenbarung Gottes ist darum »Manifestation dessen, was uns unbedingt angeht.«[111]

Sie ist Einbruch des Fremden, das doch zugleich »jedes Weges Anfang ist, das ganz Eigene.«[112] Sie ist die Manifestation des Unbedingten *in* der Bedrohung durch das Nichtsein, welche die »negative Seite« dieses »Mysteriums«[113] bezeichnet, ohne die die »positive Seite« nicht denkbar, nicht erfahrbar ist.[114]

Nur wo der Mensch den »Abgrund« seiner Existenz erfahren hat, kann ihm auch der »Grund« begegnen, die eigene wesentliche Beziehung zum Grund des Seins, sein Grund also, offenbar werden.

Das bedeutet: Wo ein Mensch wahrhaft um sich selber weiß, da weiß er um Gott, da ist unbedingt offenbar geworden, dass die Wahrheit seiner selbst nicht in ihm selber, sondern in seiner Beziehung zu Gott begründet liegt. Im Ereignis der Offenbarung aber wird auch die eigene Situation erst bewusst in ihrer Radikalität, kann der Mensch seiner selbst auch erst inne werden, ohne in Schrecken und Verzweiflung zu vergehen, weil er darin Gottes inne wird.

»In der Offenbarung und in der ekstatischen Erfahrung, in der sie empfangen wird, wird der ontologische Schock zugleich wiederholt und überwunden.«[115] Darum hat Offenbarung erschütternde und verwandelnde Kraft zugleich. Wo Gott sich manifestiert, da ist die Angst nicht aufgehoben, da wird sie vielmehr in die Gottesbeziehung, die das eigene Leben ist, mit hineingenommen.[116] In Tillichs Rede von Gott liegt tiefstes Wirklichkeits- und Lebenswissen, ist die Angst nicht nur am Rand geduldet, liegt vielmehr die Verheißung begründet, mit der Angst leben zu können, ohne in ihr zu versinken, und sie so zu transzendieren. Offenbarungserkenntnis ist die Erkenntnis der eigenen *Angst*, aber auch die Erkenntnis ihrer *Überwindung* als der *eigenen Wirklichkeit*, die in

---

111. Tillich, Theologie I, 134. Mit der Formulierung »unbedingt angehen« ist nach Tillich das erste Kriterium theologischer Rede bezeichnet (vgl. Tillich, Theologie I, 19 f.), in Bezug auf welches er darlegt, dass es »zugleich konkret und universal ist« (ebd., 44). In seiner Macht offenbart sich Gott in der Geschichte der Menschheit, letztgültig in Jesus als dem Christus, der »die entscheidende, erfüllende, unüberholbare Offenbarung« (ebd., 159) ist, die Identität zwischen dem absolut Konkreten und dem absolut Universalen darstellt, in dem das »Prinzip der göttlichen Selbstoffenbarung ... manifest geworden ist« (ebd., 24). Die Offenbarungsgeschichte ist notwendiges Korrelat zu dieser letztgültigen Offenbarung, weil Geschichte als deren »Vorbereitung und Aufnahme« (ebd., 164) im Deutungshorizont der letztgültigen Offenbarung begriffen ist (vgl. ebd., 165; vgl. auch Steinmeier, Wiedergeboren, 83 ff.).
112. Paul Tillich, Die Idee der Offenbarung, in: Tillich, GW VIII, 35.
113. In der Theologie I (vgl., 131 ff.) bezeichnet der Begriff des Mysteriums, was in den GW VIII, z. B. 34, als das Unbedingt-Verborgene formuliert wird (vgl. Rolinck, 198).
114. Vgl. Tillich, Theologie I, 133 f.
115. Vgl. ebd., 137.
116. Vgl. ebd., 135 ff.

Gott liegt als der Grund des Menschen, der so als außerhalb seiner selbst doch zutiefst zu ihm gehört.

In dieser Beziehung von Fremdem und Eigenem, von außen und innen, ist »reale Korrelation« im Begriff formuliert.

Darum ist, wo dies erlebt wird, Gott nicht als eine neben anderen, auch noch möglichen, sondern als die einzige und ganze Wirklichkeit des eigenen Lebens erfasst. »Offenbarung ›für uns‹ lässt keine anderen Offenbarungen zu, sie gibt uns für jegliches Denken und Handeln den Maßstab«.[117]

Wie entfaltet Tillich dies in den Konkretionen des »Mutes zum Sein« als Antwort auf die verschiedenen Formen der Angst?

Mains tenant: »dennoch ja«[118]

Der Mut, der der Angst vor Schuld und Verdammung begegnen kann, die Schuld nicht verdrängen und verleugnen muss, wurzelt in der Bejahung des Selbst in und trotz dieser Schuld von einem Anderen her. So bejaht allein ist es möglich, zu sich selbst »*dennoch ja*« zu sagen. »Selbstannahme ist nicht möglich ohne Annahme in einer Ich-Du-Beziehung.«[119] So sehr hiermit zwischenmenschliche Erfahrung beschrieben ist, »die letzte Macht der Selbstbejahung kann nur die Macht des Seins-Selbst sein.«[120] Eine Selbstbejahung, die dem Wissen um die eigene Schuld standhalten kann, bedarf der persönlichen und unmittelbaren Gewissheit *göttlicher* Vergebung.

Diese Annahme durch die »Macht des Seins« im eigenen Ja zu ergreifen, ist nach Tillich der protestantische Mut des Vertrauens, den er so als wesentlich personhaft, nämlich als in der Begegnung mit Gott wurzelnd, charakterisiert.[121] »In Luthers Ausspruch, dass ›der Ungerechte gerecht ist‹ (d. h. in der Sicht der göttlichen Vergebung), oder in moderner Terminologie, dass ›der, der unannehmbar ist, angenommen wird‹, ist der Sieg über die Angst vor Schuld und Verdammung prägnant zum Ausdruck gebracht. Man könnte sagen: der Mut zum Sein ist der Mut, uns anzunehmen als angenommen trotz unserer Unannehmbarkeit.«[122]

---

117. Vgl. Paul Tillich, Natürliche Religion und Offenbarungsreligion, in: Tillich, GW VIII, 55.
118. Vgl. Tillich, GW XI, 122 ff.
119. Ebd., 124. »Eine Wand, der ich beichte, kann mir nicht vergeben« (ebd.).
120. Ebd.
121. Darin liegt der Unterschied zur mystischen Haltung, in der das individuelle Selbst nach Einung mit dem »Grund des Seins« strebt, die als Element der Identität in keiner religiösen Erfahrung fehlt, aber in ihrer Isolierung die Welt gerade nicht in die Begegnung mit Gott hineinnehmen kann, die Bedrohung des Nichtseins nämlich im Abgrund jedes bestimmten Sinnes überwindet (vgl. ebd., 118 ff.).
122. Tillich, GW XI, 123.

Aber auch wo der Mensch »den Zugang zur traditionellen Religion verloren hat«,[123] wo ihm Worte wie *Sünde* und *Gnade* fremd geworden sind, ist doch ihre Wirklichkeit nicht vergangen. Darum kann und darf man sie nicht ersetzen, sondern muss sie in ihrem Sinn wieder neu aufschließen.

Hier ist der Herzschlag der Predigten Tillichs zu hören: in den »gleiche(n) Weg« zu weisen, »der uns in die Tiefe unserer menschlichen Existenz führt«, dorthin, wo die »Worte begriffen« wurden, wo sie »Macht für alle Zeiten«[124] gewannen und wo sie nur je neu wieder gefunden werden können. Erst wer »um die Tiefe weiß, der weiß um Gott.«[125]

Diese Erkenntnis, dass die Wahrheit nur auf dem Weg zur Wahrheit lebendig ist,[126] kann Tillich auch mit der Mahnung verbinden, Erfahrungen *wahrzunehmen*, ihnen gleichsam Raum zu geben, ohne sie sogleich wieder mit »Namen« erklärend abzusichern. Erfahrungen, die nicht verfügbar und erzwingbar sind und die sich ereignen können, wenn wir zulassen, dass »unser Leben ... von der Gnade verwandelt«[127] und darin gehalten wird.

Mains tenant: »*dennoch ja*« – wie mit Händen berühren kann uns die Gnade, wie Tillich in seiner Predigt »*Dennoch bejaht*« ausführt, »wenn wir in großer Qual und Unruhe sind, ... wenn wir fühlen, dass wir ein anderes Leben verletzt haben, ein Leben, das wir liebten oder von dem wir entfremdet waren, ... wenn der Ekel an unserem eigenen Sein, an unserer Gleichgültigkeit, unserer Schwachheit, unserer Feindseligkeit, unserem Mangel an zielbewusstem Leben unerträglich geworden ist.«[128] Wo uns dieses *größere Ja*[129] berührt, erfahren wir seine Kraft »in unserem Verhältnis zu anderen und zu uns selbst«, kann das *Unsichtbare* sichtbar werden, das sich zum Beispiel hinter dem »buchstäblichen Sinn« von Worten, einer panzernden Härte und einem verletzenden Zorn verbirgt, kann die Sehnsucht, »Mauern der Trennung zu durchstoßen«[130], »dennoch« ankommen.

So lässt Gott als die »Quelle der Gnade ..., die annimmt, was unannehmbar ist«, auch »an der Ewigkeit teilhaben ..., was der Zeit angehört.«[131] Von daher sieht Tillich in Luthers »Begegnung mit Gott nicht nur die Grundlage des Mutes, sich trotz Sünde und Schuld zu bejahen, sondern sie ist auch die Quelle der Selbstbejahung trotz Schicksal und Tod.«[132]

123. Paul Tillich, In der Tiefe ist Wahrheit. Religiöse Reden, 1. Folge, 8. Aufl., Stuttgart 1982, 50.
124. Vgl. ebd., 144 f.
125. Ebd., 56.
126. Vgl. ebd., 53.
127. Ebd., 151.
128. Ebd., 152.
129. Vgl. ebd., 153.
130. Ebd., 152.
131. Tillich, GW XI, 126.
132. Ebd.

Das heißt, dass »Gottes Zeit in unsere menschliche Zeit«[133] einbricht, dass in »unserer Zeit« etwas »geschieht«, das nicht aus ihr kommt, »sondern aus der Ewigkeit, und das unsere Zeit bestimmt.«[134] Die Herrschaft der Zufälligkeit ist da gebrochen, wo mit dem Bewegen des Uhrzeigers nicht nur ein nichtiger Augenblick abgelöst, sondern *dieser* Augenblick als etwas wahrgenommen wird, das nicht verloren geht, in dem das »Ewige gegenwärtig« sein will.[135] Durch »unser Zeit-setzen«, durch alles Planen und alle Mühe hindurch »setzt Gott die Zeit für das Kommen seiner Herrschaft«. Durch »unser Zeit-setzen hindurch erhebt er die nichtige Zeit in die erfüllte Zeit.«[136] Das heißt, das Ewige ist uns nahe. Es erschüttert, fordert und verheißt, gegen alle Nichtigkeit und alles Vergehen im Mut zur »unendliche(n) Bedeutung jedes Augenblicks« *dennoch ja* zu sagen.

Mains tenant: – das ist so auch der Mut des Vertrauens, dennoch ja zu sagen »zur Arbeit und zum Handeln«,[137] damit »unsere Zeit ein Gefäß der Ewigkeit«[138] werden kann und nicht sinnlos vergehen muss, sondern den *unsichtbaren Gegenstand* halten und »eine *verborgene Wirklichkeit*« hervorbringen kann – »die *neue Schöpfung*. Es ist die unendliche Bedeutung eines *jeden Augenblicks* der Zeit, dass wir uns in ihr entscheiden und dass in ihr über uns – über unsere ewige Zukunft – entschieden wird.«[139]

So ist in diesen »Mut, sich zu bejahen als bejaht« auch die Angst vor dem Tod als der ›Sünde Sold‹[140] hineingenommen.[141] Der Mut des Vertrauens allein kann nach Tillich die Angst bestehen und nicht der »gewöhnliche Unsterblichkeitsglaube, der ... das christliche Symbol der Auferstehung weitgehend ersetzt hat«,[142] der aber gerade die Endlichkeit, mithin den schließlichen Tod, nicht als

---

133. Paul Tillich, Das Neue Sein. Religiöse Reden, 2. Folge, 5. Aufl., Stuttgart 1980, 156.
134. Ebd.
135. Ebd., 157.
136. Ebd.
137. Ebd., 158.
138. Ebd. »Die Zeit könnte uns keinen Moment geben, in dem wir sein können, wenn sie nicht die Macht hätte, die Ewigkeit in sich aufzunehmen. Es gibt keine Gegenwart im bloßen Strom der Zeit, aber die Gegenwart ist etwas Wirkliches, wie unsere Erfahrung es uns bezeugt. Und sie ist wirklich, weil die Ewigkeit in die Zeit einbricht und ihr wahre Gegenwart verleiht. Wir könnten nicht einmal ›Jetzt‹ sagen, wenn nicht die Ewigkeit *diesen* Augenblick über die immer schwindende Zeit hinausheben würde. Die Ewigkeit ist immer gegenwärtig, und ihr Gegenwärtigsein ist die Ursache, dass wir überhaupt Gegenwart haben« (Tillich, In der Tiefe, 36 f.).
139. Ebd., 38. Hervorhebung A. S.
140. Nach Tillich gehört der Tod zur Endlichkeit und ist keine Folge der Entfremdung (vgl. Tillich, Theologie I, 227). In der Entfremdung aber ist der Mensch seiner endlichen Natur und seinem Sterbenmüssen, das er zugleich als Schuld erfährt, ausgeliefert (vgl. Tillich, Theologie II, 77).
141. Tillich, GW XI, 126.
142. Ebd.

Tod ernst nimmt, weil in die Unendlichkeit[143] erhebt. Der Mut des Vertrauens kann die Angst vor dem Tod in sich hineinnehmen, weil er in der Gewissheit gründet, dass die »Macht des Seins« auch die Macht über den Tod ist.

Diese wurzelt nach Tillich in der Geschichte des Christus als der Macht des Neuen Seins, der »über die existentielle Entfremdung und ihre letzte Konsequenz, den Tod, triumphiert.«[144]

»Das Neue Sein ist im Christus offenbar«, weil »seine Einheit mit Gott« und »seine Einheit mit der Menschheit und seine Einheit mit sich selbst« nicht »durch Trennung zerstört worden« ist.[145] Wer an diesem Sein teilhat, hat an der »Neuen Schöpfung« teil,[146] die heilend[147] ist, weil sie »eine Wiedervereinigung mit dem Selbst« und »mit den anderen« bewirkt, zugleich aber auch nur von dieser her erkennbar wird: Wir sind nach Tillich »nur dann aus der Wahrheit«, und die Wahrheit hat uns »nur dann ergriffen«, wenn uns »auch die Liebe ergriffen«[148] hat: »Auferstehung wird *heute* Ereignis oder überhaupt nicht.«[149]

Ich möchte an dieser Stelle innehalten. In der Beziehung von Endlichem und Unendlichem, in dem Versuch, Gottes Wirklichkeit und Macht nicht abstrakt, sondern in Konkretion, in lebendiger Wirklichkeit zu suchen und wahrzunehmen, sehe ich eine große Nähe im Denken Tillichs und Bubers. Eine Nähe, in der dann auch die Unterscheidung um so deutlicher wird, aber von der aus sich auch weitertragende Hoffnungsperspektiven entwickeln können.

Ich setze darum das Gespräch zunächst mit Martin Buber fort.

Martin Buber – »Wer auf Gott harrt, wird Kraft eintauschen«[150]

Offenbarung: Begegnende Hände

Auch für Buber ist Reden von Gott nur existentiell[151], das heißt in der Verpflichtung zur Welt, in der wir leben, nicht nur denkbar, sondern allein legitim: Der Gott Abrahams ist keine – bloße – Idee, er ist das ewige Du, das größer ist

---

143. Der Begriff Unendlichkeit ist hier als der Endlichkeit gegenübergestellte Größe formuliert.
144. Tillich, Theologie II, 167.
145. Tillich, Neues Sein, 29.
146. Ebd., 30; vgl. Tilllich, Theologie II, 130.
147. Tillich, Neues Sein, 30. Vgl. auch Tillichs Predigt zu Mk. 14, 3-9, in der er die Salbung in Bethanien als »heilige Verschwendung« interpretiert. Ohne solchen Überfluss, der nicht danach fragt, wozu etwas nützlich sei, gibt es »keine Schöpferkraft, keine göttliche und keine menschliche« (ebd., 54).
148. Tillich, Neues Sein, 77.
149. Ebd., 31.
150. Vgl. Buber, Ich und Du, 129f.
151. »(V)on nichts anderem« »rede(t)« Buber »als von dem wirklichen Menschen, dir und

als Ich und das alles andere Du umfasst. »Gott umfasst das All und ist es nicht, so aber umfasst Gott mein Selbst und ist es nicht. Um dieses Unbesprechbaren willen kann ich in meiner Sprache, wie jegliches in seiner, ›Du‹ sagen«.[152] Seine Absolutheit nimmt er »in die Beziehung mit auf, in die er zum Menschen tritt. Der Mensch, der sich ihm zuwendet, braucht sich daher von keiner andern Ich-Du-Beziehung abzuwenden«[153], er trägt Gott alles »Weltwesen« zu[154] und lässt alles »›in Gottes Angesicht‹ verklären.«[155]

Reden von Gott erwächst so aus dem *Gespräch mit Gott*, das heißt, Gottes Sprache zu vernehmen in *allem*, was uns umgibt. Sie durchdringt alles Geschehen, ist zu hören »in eines jeden von uns eigenem Leben und alle(m) Geschehen in der Welt um uns her, alle(m) biographische(n) und alle(m) geschichtliche(n)«.[156]

Darum, so Buber im Anschluss an die chassidische Tradition, kann von Gott nur reden, wer »wahrhaft zur Welt ausgeht«, »wer an die Welt glaubt« und es so mit ihr selbst »zu tun« bekommt und »sich dran« gibt.[157] Denn nur wer »wahrhaft zur Welt ausgeht, geht zu Gott aus«[158] – wahrhaft, nicht bloß im »Erleben« seiner Haltung, nicht nur inwendig in seiner Seele. Denn die »Struktur des Ich-Du-Verhältnisses … ist nicht mystischer Natur«.[159] In der Rede von Gott geht es vielmehr um *Wirklichkeit*, die dort am »stärkste(n) und tiefste(n) … ist, wo alles ins *Wirken* eingeht, der ganze Mensch ohne Rückhalt und der allumfassende Gott, das geeinte Ich und das schrankenlose Du.«[160]

So ist Reden von Gott Zeugnis geben von einem Glauben an die Wirklichkeit, das heißt »an die reale Verbundenheit der realen Zweiheit Ich und Du«,[161] in der ein Glaubender den, »den man nicht suchen kann«, findet – als das »(g)ewiss« »›ganz Andere‹«, aber auch als das »ganz Selbe«, als das »Geheimnis des Selbstverständlichen, das mir näher ist als mein Ich.«[162] Wer es so mit der Welt, wie sie wirklich ist, in all ihren Abgründen auch, zu tun bekommt, der kann nach Buber »nicht gottlos bleiben«: »(W)agen wir es nur, die Arme unse-

---

     mir, von unserem Leben und unserer Welt, nicht von einem Ich an sich und nicht von einem Sein an sich« (ebd., 20).
152. Ebd., 113.
153. Ebd., 159.
154. Ebd., 95.
155. Ebd., 159. »›Hier Welt, dort Gott‹ – das ist Es-Rede; und ›Gott in der Welt‹ – das ist andre Es-Rede, aber nichts ausschalten, … nichts neben Gott, aber auch alles in ihm fassen, das ist vollkommne Beziehung« (ebd., 95), das heißt eine Beziehung, in der »unbedingte Ausschließlichkeit und unbedingte Einschließlichkeit eins« sind (ebd.).
156. Ebd., 159f.
157. Ebd., 113.
158. Ebd.
159. Ebd., 153.
160. Ebd., 107. Hervorhebung A. S.
161. Ebd., 72.
162. Ebd., 95f.

res Geistes« um die Welt »zu legen«, werden »*unsre Hände*« »*den Händen*« »*begegnen, ... die sie halten.*«[163]

Von dieser Erfahrung zu sprechen, heißt, von der im Hier und Jetzt sich ereignenden Offenbarung zu sprechen, die nach Buber *keine besondere* ist. »Ich weiß von keiner, die nicht im Urphänomen die gleiche wäre, ich glaube an keine. Ich glaube nicht an eine Selbstbenennung Gottes, eine Selbstbestimmung Gottes vor den Menschen.«[164]

Grenzen: Symbol des Christus

Bevor ich den Gedanken Bubers weiter entfalte, ist dies hervorzuheben: In aller gemeinsamen Betonung der Beziehungswirklichkeit als Wurzel des Verstehens von Gott und Welt, des Begreifens von sinnenhafter Weltwirklichkeit im Horizont »realer Korrelation«, »realer Verbundenheit« von Gott und Mensch, die alles umgreift und in der alles zu seiner Wesentlichkeit erfüllt wird, ist die Unterscheidung in ihrer Begründung unmissverständlich: Gottes Sprache ist bei Tillich durch Endliches hindurch nur aufgrund der besonderen Sprachwerdung Gottes vernehmbar, die Buber ablehnt: Bedingung jeder »wirklichen Symbolkräftigkeit«,[165] in der ja die Stärke des Tillich'schen Gedankens liegt, Bedingung also dessen, dass *in* und *durch* ein Endliches hindurch sich Unendliches ausdrückt,[166] so dass dieses Endliche zum Symbol wird – als zu etwas, was *in* der Bestimmtheit seiner Endlichkeit über sich hinausweist und zum ›Medium‹ der Offenbarung wird[167] –, ist allein die »subjektive Lebensbewegung« Gottes,[168] ist allein das »Mysterium des sich gnadenvoll hingebenden Gottes,«[169] dass »der göttliche *logos* – das göttliche Offenbarungswort und die Wurzel alles menschlichen *logos* – Fleisch geworden«[170] ist.[171]

Im *Symbol des Christus* »wird ausdrücklich, dass Selbstaufhebung des Bedingten an sich schon die Selbstvergegenwärtigung des Unbedingten«[172] ist. Von hier ist allein zu denken, was die lebendige Wirklichkeit *jeden* Symbols begründet: Dass Gott *selbst* in seiner »wirkliche(n) Subjektivität« keine »leere Indifferenz oder abstrakt-jenseitige Transzendenz« ist, »sondern ein lebendiges sich selbst Setzen *als Selbst*.«[173]

163. Ebd., 113. Hervorhebung A. S.
164. Ebd., 132.
165. Ringleben, Symbol, 171.
166. Tillich, Theologie I, 254.
167. Vgl. ebd., 20 f., 142, 145, 146 f., 252 und vgl. Koch, Macht, 194.
168. Ringleben, Symbol, 171.
169. Ebd.
170. Tillich, Theologie I, 23.
171. »(D)as Prinzip der göttlichen Selbstoffenbarung (ist) in dem Ereignis ›Jesus als der Christus‹ manifest geworden.« (ebd., 23 f.).
172. Ringleben, Symbol, 170.
173. Ebd., 175.

Zu Gott *wesentlich* gehört, dass seine Liebe realisiert *ist*. Was Gott *in* Beziehung zum Endlichen, zum Menschen und zur Welt ist, ist er *in sich selbst*. Alle Bestimmung Gottes ist die Bestimmung seiner *selbst*, sich selbst Bestimmen als *Selbst*.[174]

Ob durch diese radikale Unterscheidung hindurch dennoch ein Nachdenken im Dialog über Wege der Hoffnung möglich ist, wird sich daran entscheiden, welche Konsequenzen jeweils in den Unterschieden beschlossen sind.

Mains tenant: Gegenwärtigwerden

Für Buber bedeutet Offenbarung, sich einer Begegnung auszusetzen, in der ein Mensch keinen Inhalt, sondern eine *Gegenwart* empfängt.[175] Eine Gegenwart, die Kraft in sich birgt: »Die auf Gott harren, werden Kraft eintauschen.«[176] Es kann sie einer nur finden, der »(g)ewärtig, nicht suchend ... seines Wegs« geht, der daher »die Gelassenheit zu allen Dingen und die Berührung (hat), die ihnen hilft.«[177]

Diese Kraft in sich bergende Gegenwart schließt die Fülle wirklicher *Gegenseitigkeit* ein – zwischen Menschen und mittels dieser Gegenseitigkeit – zwischen Gott und Mensch.[178]

In diesem Verbundensein wird Leben *sinnschwer*. Das heißt, es wird mit einem Sinn beschwert, der nicht zuerst gedeutet, sondern gelebt, getan werden will. In der Kraft der Verbundenheit ruft Leben nach Sinn, nicht »eines ›anderen‹ Lebens, sondern dieses, hier und jetzt selbst gelebten Lebens. Sinn, der »bewährt« sein will, nicht verschlossen im Innern der Gläubigen, sondern nur wirklich, indem er durch Menschen in die Welt »geboren«[179] wird. Denn die »Gottesbegegnung widerfährt dem Menschen nicht, auf dass er sich mit Gott befasse, sondern auf dass er den Sinn an der Welt bewähre.«[180]

Das bedeutet, es gibt in der Welt keine »Ordnung«. Geordnet werden kann nur das »Es«. Das Du »kennt kein Koordinatensystem.«[181] Aber wo in »Augenblicke(n) des verschwiegenen Grundes«, in Begegnungen, aus denen »kein Inhalt ... bewahrt werden«[182] kann, die sich nicht »zur Welt« »ordnen«, aber von denen jede doch »dir deine Verbundenheit mit der Welt« »verbürgt«[183] und

---

174. Vgl. Koch, Macht, 192.
175. Buber, Ich und Du, 19. »Gegenwart« meint »nicht das Flüchtige und Vorübergleitende, sondern das Gegenwartende und Gegenwährende« (ebd., 20).
176. Ebd., 129f.
177. Ebd., 96.
178. »Beziehung ist Gegenseitigkeit« (ebd., 23).
179. Ebd., 131.
180. Ebd., 136.
181. Ebd., 39.
182. Ebd., 40.
183. Ebd., 41.

deren »Kraft ... in die Schöpfung« eingeht, können wir »im Flug« den Ton vernehmen und »Weltordnung« wahrnehmen »als Gegenwart.«[184]

Mains tenant: Gottes Menschen

In der Konsequenz solchen Offenbarungsverständnisses liegt die Bedeutung und Wertung von *Subjektivität*. Nach Buber vermag jeder den empfangenen Sinn – Sinn kann nur *empfangen* werden – allein mit und in der Einzigkeit seines Lebens zu bewähren. Die Weisung Gottes, seine Sprache in allem zu vernehmen, bedeutet für jeden Menschen, die Einzigkeit seines Wesens, seiner Lebendigkeit als Aufgabe zu begreifen und so auf Gott zu antworten. »(N)icht in gedachten Welten«, sondern allein »in der Wirklichkeit meines Vor-Gott-Stehens, wenn ich weiß: ›Ich bin anheimgegeben‹ und zugleich weiß: ›Es kommt auf mich an‹«,[185] »umfangen« »Freiheit und Schicksal ... einander zum Sinn«.[186] Ein Sinn, der in seinem Paradox in »keinem theologischen Kunstgriff« begrifflich versöhnt werden kann. Das Gegensätzliche wird nur im Leben eins.[187]

Oder wie Buber konkret und bezogen auf das Du jedes Einzelnen hin formuliert: »Dass Du Gott brauchst mehr als alles, weißt Du allzeit in deinem Herzen; aber nicht auch, *dass Gott Dich braucht, in der Fülle seiner Ewigkeit Dich*?«[188]

Damit ist in der Aufnahme der chassidischen Tradition der Glaube ausgedrückt, dass »(m)it jedem Menschen ... etwas Neues in die Welt gesetzt (ist), was es noch nicht gegeben hat, etwas Erstes und Einziges.«[189] Das zu wissen und zu bedenken ist »Pflicht« für »jedermann in Israel«, »denn wäre schon ein ihm Gleiches auf der Welt gewesen, er brauchte nicht auf der Welt zu sein.«[190] Das Neue, das jeder und jede mitbringt, soll in der Welt »vollwerden«. Und es kann nur vollwerden, wenn einer sich selbst ganz einbringt. Buber erzählt dazu die eindrückliche Geschichte von Rabbi Sussja, der kurz vor seinem Tode sagte: »*In der kommenden Welt wird man nicht fragen: ›Warum bist du nicht Mose gewesen?‹ Man wird mich fragen: ›Warum bist du nicht Sussja gewesen?‹*«[191]

Die Hände der Skulptur Giacomettis können auch diese Frage stellen. – Habe ich sie gefüllt? Lassen wir »Schöpfung« an uns geschehen, »nehmen (wir) an

---

184. Ebd., 40.
185. Ebd., 114.
186. Ebd., 72.
187. Ebd., 115.
188. Ebd., 99. Hervorhebung A. S.
189. Martin Buber, Der Weg des Menschen nach der chassidischen Lehre, 6. Aufl., Heidelberg 1972, 15.
190. Ebd.
191. Ebd., 16. Hervorhebung A. S.

ihr teil, begegnen (wir) dem Schaffenden, reichen uns ihm hin, Helfer und Gefährten?«[192]

Erst in der Wahrnehmung des je Eigenen kann ein Mensch sinnvoll in das Sein eingehen, verantwortlich in dieser Welt leben und darin tätig Gott glauben.

Was ich oben über die »Ich-Du-Beziehung« gesagt habe, ist hier noch einmal zu präzisieren: Gerade im Leben des Eigenen, des Subjektiv-Bestimmten liegt der Zugang zur Andersheit des Du. Das gilt auch für das Verstehen Gottes, für das Verständnis seiner Offenbarung. Buber schreibt: »(D)ie Offenbarung schüttet sich ja nicht durch ihren Empfänger wie durch einen Trichter in die Welt, sie tut sich ihm an, sie ergreift sein ganzes Element in all seinem Sosein und verschmilzt damit. Auch der Mensch, der ›Mund‹ ist, ist eben dies, nicht Sprachrohr, – nicht Werkzeug, sondern Organ, eigengesetzlich lautendes Organ, und lauten heißt umlauten.«[193]

Nicht um seiner selbst willen, sondern um der Wahrheit des Du willen ist das Ich zum Eigenen gerufen. Eines Eigenen, das es nicht schon substanzhaft in sich hätte, sondern das Umkehr fordert. Verantwortung schließt eine Umkehr ein, die sich eben nicht mit einem vermeintlichen Verhängnis[194] abfindet, sondern in schöpferischer Bewegung auf Hoffnung hin zu verändern sucht.

Umkehr betrifft nicht nur die Seele. Es geht nicht nur um die Erlaubnis, wie sie das »Dogma des Ablaufs« immerhin gewährt, »die Bedingtheit mit dem Leben zu vollstrecken«, aber »in der Seele ›frei zu bleiben‹«. Das ist eine Freiheit, die »der Umkehrende für ... schmählichste Knechtschaft« hält.[195]

So wie nur im Eigenen das Andere gewahrt wird, so ist nach Buber der Mensch nur frei und damit schöpferisch, solange er in Beziehung ist. Nur dann kann er zu einer Verantwortung umkehren, die den Ruf, die Aufgabe erwartet, ohne zu wissen, wohin der Weg führt: »Der freie Mensch ... glaubt an die Wirklichkeit ... der realen Zweieinheit Ich und Du. Er glaubt an die Bestimmung und daran, dass sie seiner bedarf; ... er muss auf sie zugehen und weiß doch nicht, wo sie steht ... . Es wird nicht so kommen, wie sein Entschluss es meint; aber was kommen will, wird nur kommen, wenn er sich zu dem ent-

---

192. Buber, Ich und Du, 99.
193. Ebd., 138.
194. »Schicksal ist keine Glocke, die über die Menschenwelt gestülpt ist; keiner begegnet ihm, als der von der Freiheit ausging. Das Dogma des Ablaufs aber kennt keinen Raum für die Freiheit, keinen für ihre allerrealste Offenbarung, deren gelassene Kraft das Angesicht der Erde ändert: die Umkehr. ... Das einzige, was dem Menschen zum Verhängnis werden kann, ist der Glaube an das Verhängnis: er hält die Bewegung der Umkehr nieder« (ebd., 69 f.).
195. Ebd., 70.

schließt, was er wollen kann.«[196] So »vom Glauben an die Unfreiheit frei« kann einer erst seinen je besonderen Weg gehen.[197]

Dieser Gedanke ist für Buber von höchster Wichtigkeit, weil er ihn in messianischer Perspektive begreift. Denn dass eben dies nicht – nicht genug – geschieht, »das ist's, was das Kommen des Messias verzögert.«[198]
Mains tenant le vide? Die Offenbarung gibt sich also in die Hände und damit in das Offene des Menschen und ist doch erst *darin*. Es sind also *menschliche Hände*, die das Unsichtbare halten. In der realen Verbundenheit mit der Welt halten sie die Hoffnung, unsichtbar und zerbrechlich, sind sie bereit, das Kommen des Messias zu empfangen.

Der »in meiner Wirklichkeit Gute«

Kann es an dieser Stelle einen Dialog geben? Ich denke ja, und ich denke, er ist nicht nur möglich, sondern notwendig. Zuerst wird sich von Tillich her ein entscheidendener Einwand erheben: Muss nicht das Verständnis des in seinen Worten »unannehmbaren«, des sündigen Menschen Bubers Gedanken widersprechen, wenn nicht gefährdet werden soll, was nach protestantischem Verständnis die Unterscheidung Gottes und des Menschen wahrt und das Verständnis des Heils aus dem Wort Gottes *extra nos* begründet?

Was ich in meiner Auseinandersetzung mit Tillich immer wieder deutlich zu machen versucht habe, sei hier noch einmal explizit ausgeführt: Tillichs Theologie der Beziehung enthält in sich die Sprengkraft, alle substanzhafte Zweipoligkeit hinter sich zu lassen und Gott und Mensch – in Unterscheidung und wesentlicher Bezogenheit – in der Kraft des Geistes zu begreifen, der Gott ist.

Wenn ich mit Tillich den »Mut zum Sein« als die Kraft verstehe, die widerständig, mächtig gegen die Macht des Zerstörerischen ist, die im Glauben an Gott wirklich ist, kann ich dies konsequent nur denken und glauben, wenn in der Gott-Mensch-Beziehung Subjektivität *jenseits* der *Negativität*[199] zu denken und zu glauben ist.

Wenn also verstehbar auszusagen ist, was der Glaube an Gott *im Leben* eines Menschen *positiv* bedeutet. Anders formuliert, die *Aneignung* des Wortes *extra nos*, die Vermittlung des Fremden ins Eigene muss thematisiert werden, wenn mit Tillich der »Mut, sich zu bejahen als bejaht« zu glauben, zu verstehen und vor allem auch zu leben sein will.[200]

196. Ebd., 72.
197. Ebd., 71.
198. Buber, Weg des Menschen, 15 f.
199. Vgl. Steinmeier, Wiedergeboren, 94 ff.
200. Diese Argumentation aber setzt implizit etwas voraus, was klarzustellen in Bezug auf

In der Konsequenz der Einheit Gottes und des Menschen in Jesus Christus, in der Konsequenz des »Mysteriums des sich gnadenvoll hingebenden Gottes«[201] ist deutlich zu machen: Gott ist im Menschlichen, in der kontingenten Subjektivität von Menschen gegenwärtig, ohne in der Bestimmtheit des Menschlichen aufzugehen. Darum kann Menschliches in der Beziehung zu Gott verstanden werden, ohne dass es als Menschliches unterginge, sondern als es *selbst* lebendig sein und *gott*erfüllt ins Menschlich-Lebendige wachsen.

Darin wird erfahrbar, wie Tillich in seiner Predigt »Von der Freude« formuliert, »dass das Leben Gott gehört und Gott der *schöpferische Grund des Lebens* ist«, der »durch alle Lebensprozesse hindurch ... *schöpferisch*« »wirkt«.[202]

So verstanden muss die unterscheidende christologische Begründung nicht trennen. Die Nähe Tillich'schen Redens von Gott zu dem, was Buber als schöpferische, zur Verantwortung umkehrende Freiheit entfaltet, ist unübersehbar: In der Kraft der »Macht des Seins« sich als bejaht zu bejahen, bedeutet, durch Auseinandersetzung mit der eigenen Schuld hindurch, durch die Kraft der Vergebung, auf den Ruf Gottes zu *antworten* und *innerhalb* der Zufälligkeiten seiner Endlichkeit[203] die eigene »Bestimmung (zu) erfüll(en)«.[204]

Der Wahrheitsernst eines in diesem »Mut zum Sein« begriffenen Gottesverständnisses schließt ein, dass ein Mensch, obwohl schuldig geworden, dennoch angenommen ist, und in der Kraft dieser Annahme erfährt und mit seinem Leben darauf *antwortet*, dass Gott *wirklich* ist. Dass ein Mensch *erfährt*, dass über das eigene Verfehlen hinaus das Gute Gottes im eigenen Leben dennoch mächtig sein und wachsen kann, dass also »jenseits« der Schuld, »aber ihrer eingedenk die Freiheit« zu einem neuen Leben »gewährt und eröffnet« werden und durch alle Brüchigkeit hindurch die Kraft der »Liebe in der Gemeinsamkeit mit anderen Gestalt gewinnen«[205] kann.

Wenn mit Tillich die »reale Korrelation« der Gott-Mensch-Beziehung, die für beide Seiten etwas bedeutet, wahr- und ernstgenommen werden soll, ist Gott nicht die abstrakte Annahme eines In-sich-verschlossen-Unannehmbaren, sondern *in* diesen Erfahrungen von Sich-Verlieren und Gewinnen. Als »Inbegriff des Guten« ist er der »*in der Wirklichkeit* des Menschen Gute ..., das heißt

---

Tillich und auf die reformatorische Theologie, auf die er sich beruft, herauszustellen wichtig ist. Tillichs Formulierung der Unannehmbarkeit des Selbst setzt die Identität von Eigenem und Schuld voraus. Eigene Kraft, eigene Lebendigkeit steht Gott und seiner Kraft als sie selbst bereits entgegen. Dieses Denken wurzelt nach meinem Verstehen darin, dass in der reformatorischen Begründung des Heils *extra nos* die Frage der Aneignung offen geblieben ist. In der Konkretion aber dessen, was der »Mut sich zu bejahen als bejaht« bedeutet, ist diese mit Tillich über Tillich hinaus zu beschreiben. Vgl. auch meine Untersuchung zu Nicolai, Frewdenschein, 100 ff.

201. Ringleben, Symbol, 171.
202. Tillich, Neues Sein, 137. Hervorhebung A. S.
203. Tillich, GW XI, 46.
204. Ebd.
205. Koch, Mit Gott leben, 92.

mit zwingender Konsequenz: der in *meiner*«, je meiner, »Wirklichkeit Gute.«[206] Gott *selbst* eröffnet Neues *in* dem, was vertan, verloren und verschuldet ist, – lebendig und konkret. Gott *selbst* ist das Lebendige und Leben Schaffende *in* allem Lebendigen und darin der *schöpferische* Gott.

Damit ist für mich im Gespräch mit Buber und Tillich und mit ihnen im Gespräch der Traditionen, die sie in der je eigenen Weise vertreten, bei bleibender Unterscheidung in der Wurzel das *Gemeinsame* herauszuheben und nicht nur zu würdigen, sondern auch zu entfalten, ihm nachzudenken: Die Bindung der Hoffnung an die Wirklichkeit Gottes im Leben von Menschen, die in ihrer je *eigenen,* je *besonderen* Gestalt ihrer Lebendigkeit, ihrer Einzigkeit das ihnen Aufgetragene, von Gott Zugerufene je neu im Beziehungszusammenhang der Welt hören und tun. Die Bindung der Hoffnung an den ganz besonderen *Schöpfungsraum*, der jedes eigene Leben ist.

Im Zentrum der Stärke dieses Gedankens aber liegt zugleich auch seine Angreifbarkeit und seine Gefährdung. Die gemeinsame Hoffnung auf Gott als »Einheit von Macht und Sinn«,[207] um es mit Tillich zu formulieren, führt unweigerlich in die Auseinandersetzung mit der Frage, was wirklich ist, wenn Erfahrungen von Sinn ausbleiben, Dunkelheit und Verzweiflung übermächtig werden. Das ist die Frage, in der sich für Tillich alles fokussiert, was er an Angst, an Erfahrung von *le vide* formuliert.

Paul Tillich – le vide und der absolute Glaube

Wenn »das Leben so sinnlos wie der Tod ist und ... das Sein nicht sinnvoller als das Nichtsein ist, worauf kann sich dann der Mut zum Sein gründen?«[208] Dieser Frage gilt Tillichs eigentliches Interesse, sie ist für ihn »die wichtigste und beunruhigendste Frage«[209] in der Suche nach Gott als der »Macht des Seins«. Denn hier ist erschüttert, das heißt »vom Nichtsein verschlungen«,[210] was in der Angst vor Schicksal und Tod und Schuld und Verdammung noch an Sinn und Gewissheit bestehen bleibt.

Unter der Bedingung, über diesen »Zustand« theologisch nicht hinwegzureden, sondern »als gegeben voraus(zu)setzen«, was nicht aufzuheben ist,[211] antwortet Tillich so: Der »Mut, der Verzweiflung standzuhalten,« drückt »Mut

---

206. Michael Sebald, Schuld – nur wegzuarbeitende Last? Eine Frage – zwei Antworten, in: Radius, 1978, Heft 4, 15.
207. Tillich, Theologie I, 288.
208. Tillich, GW XI, 129.
209. Ebd.
210. Ebd.
211. Ebd., 130.

zum Sein gleichsam an seiner äußersten Grenze« aus,[212] ein Mut, für den Tillich zum ersten Mal den Begriff des Glaubens benutzt. Denn er ist »das Ergriffensein von der Macht des Seins trotz der überwältigenden Erfahrung des Nichtseins. Selbst in den Augenblicken, in denen wir am Sinn verzweifeln, bejaht sich der Sinn durch uns. Der Akt, in dem wir Sinnlosigkeit auf uns nehmen, ist ein sinnvoller Akt: er ist ein Akt des Glaubens.«[213] Solcher Glaube ist unbestimmt, hat keinen besonderen Inhalt mehr. Er ist »absoluter Glaube.«[214] In ihm ist die theistische Gottesidee in all ihren Formen überwunden. Der »absolute Glaube« ist das »Bejahen des Bejahtseins ohne jemanden oder etwas, das uns bejaht.«[215] Die Quelle dieser Selbstbejahung ist der »Gott über Gott«. Er ist der »*Gott, der erscheint, wenn Gott in der Angst des Zweifels untergegangen ist.*«[216]

Ist das eine Antwort? Die Frage ist existentiell. Ich gehe darum auch existentiell mit ihr um.[217]

Zunächst: Man kann sich nicht klar genug vor Augen halten, was Tillich hier bezeichnet: Alles, was von Gott bisher gesagt ist, Gott als schöpferischer Geist, der Neues schafft, Lebendiges neu eröffnet, ist hier nicht nur in Frage gestellt, sondern verloren gegangen. Ich kann das nicht deutlich genug betonen: Gott ist im Erleben der Verzweiflung *tot*. Gott, das Gute im Leben, was das Leben bejahen lässt, was froh macht, überraschen, beglücken, tröstlich sein kann, ist nicht mehr da. Tillich sagt das selbst an anderer Stelle: »(D)as Ganze der menschlichen Wirklichkeit, die Struktur, de(r) Sinn und das Ziel der menschlichen Existenz drohen zu entschwinden … und entschwinden in der Verzweiflung tatsächlich.«[218]

212. Ebd. Tillich gebraucht hier zum ersten Mal den Begriff des Glaubens. Denn was bisher beschrieben wurde als »Mut zum Sein«, erfüllt in seinem Verständnis den Sinn des Glaubens noch nicht, wenn es auch ohne Glauben nicht zu verstehen ist. »Aber im Begriff des Glaubens ist noch mehr enthalten. Glaube ist Ergriffensein von dem, was uns unbedingt angeht«, »von der Macht des Seins-Selbst, die alles transzendiert und an der alles partizipiert. Wer von dieser Macht ergriffen ist, kann sich bejahen, weil er weiß, daß er bejaht ist. Das ist der Punkt, in der der mystisch und der personal begründete Mut zum Sein eins sind« (ebd., 128).
213. Ebd., 130.
214. Ebd.
215. Ebd., 136.
216. Tillich, GW XI, 139. Diese Gedanken werden von Tillich als zeitgemäße Interpretation der Rechtfertigungslehre verstanden. Vgl. auch Paul Tillich, Rechtfertigung und Zweifel, in Tillich, GW VIII, 85-100. Vgl. auch Track, 126 ff.
217. Vgl. Steinmeier, Wiedergeboren, 103 ff.
218. Tillich, zit. in: Koch, Macht, 183. Vgl. Kochs Interpretation: »Man könnte, denke ich, diese Angst vor der Sinnlosigkeit, vor der Sinnleere, auch so umschreiben: Sie ist die Angst rat- und aussichtsloser Ungewissheit, völliger Erschütterung jeder Sinngewissheit und jedes Selbstzutrauens; sie ist die Angst, die entsteht, wenn Gott, die Antwort auf die Frage nach dem Sinn der Existenz, ausbleibt, mir entgeht; sie ist die Angst, die aufbricht, wenn mir der Glaube an Gott und damit das Zentrum meiner selbst verloren gegangen, zerbrochen sind« (Koch, ebd., 176).

Verzweiflung ist eine »letzte Situation«,[219] aus der kein Ausweg sichtbar ist.

Tillich selber charakterisiert seine Formulierung des Gottes »über dem Gott des Theismus« »als zunächst einmal keine dogmatische, sondern eine apologetische Aussage.«[220]

Zu fragen ist, ob er sich nicht in Apologetik verloren hat und in dieser Argumentation gegen seine eigene Intention allein lässt. Das bestätigt sich auch durch das, was sich in der »Systematischen Theologie« als mögliche Begründung finden lässt: Dass der Mensch niemals vom Grund seines Seins abgetrennt ist, »nicht einmal im Zustand der Verdammnis«,[221] ist eine theoretische Einsicht, die sogar tröstlich sein kann, solange Verzweiflung ein Gedanke bleibt, aber keine Erfahrung wird. In diese Richtung weisen auch Aussagen, die die logische Priorität des Seins vor dem Nichtsein formulieren und so begründen sollen, dass es »ein sinnvoller Akt« sei, wenn wir »Sinnlosigkeit auf uns nehmen«.[222] Oder selbst noch das Empfinden, dass das Nichtsein gesiegt hat, »setzt Sein voraus. Es ist genug Sein geblieben, um die unwiderstehliche Macht des Nichtseins zu empfinden.«[223]

Wo aber ein Mensch Verzweiflung erfährt, erfährt er »keine logische Situation, sondern eine widersinnige, eine der Verwirrung, ja zuweilen des Wahnsinns«, in der er »sich total selbst verlieren« kann.[224] *In* dieser Situation ist Tillichs Rede vom sinnvollen Akt des Auf-sich-nehmens der Verzweiflung schlicht zynisch. Wer im Dunkel absoluten Zweifels ist, »nimmt« nicht mehr auf sich, der ist eingeschlossen, erdrückt, gelähmt.

Gibt Tillich nicht gerade in seinem Versuch, eine Antwort zu geben, die »den Zustand der Sinnlosigkeit als gegeben voraussetzt«, entgegen seiner Absicht das Verlorene wirklich verloren – und damit auch Gott preis? Seine Stärke liegt darin, das *maintenant le vide* wirklich stehen zu lassen. Aber mit dem »absoluten Glauben« gibt er die *theologische* Bestimmung der »Macht des Seins« und entsprechend des »Mutes zum Sein« auf. Gott war in seiner *Widerständigkeit*, in seiner Macht, Bedrohung und Zerstörung zu überwinden, in seiner »*Einheit von Seinsmächtigkeit und Seinssinn*«[225] ausgesagt. Aufgrund dieser Bestimmung aber kann der Glaube nicht »undefinierbar«,[226] nicht »absoluter Glaube« sein.

---

219. Tillich, GW XI, 48; vgl.Tillich, Theologie II, 84.
220. Tillich, Theologie II, 19.
221. Tillich, Theologie II, 87.
222. Tillich, GW XI, 130.
223. Ebd., 48.
224. Koch, Macht, 180; vgl. auch Wilhelm Weischedel, Der Gott der Philosophen. Grundlegung einer Philosophischen Theologie im Zeitalter des Nihilismus, Bd. 2, München 1985, 101.
225. Tillich, Theologie I, 288. Hervorhebung A. S.
226. Tillich, GW XI, 130.

Tillich gelingt es hier nicht, dem Verlorenen einen Ort zu geben. Darum aber geht es. *Mains tenant le vide?*

Ich möchte an dieser Stelle noch einmal an eine Äußerung Tillichs erinnern, die ich schon an anderer Stelle[227] zitiert habe: Es ist jener Gedanke der Einheit aus der Stellvertretung, den er in der »Systematischen Theologie« formuliert und der vielleicht weiterführt als seine Argumentation an dieser Stelle im »Mut zum Sein«.

Wir »müssen ... den Punkt suchen, an dem das Schicksal anderer zu unserem eigenen Schicksal wird. Und dieser Punkt ist nicht schwer zu finden. Es ist die Partizipation ihres Seins an unserem Sein. ... Das Schicksal des Einzelnen kann nicht vom Schicksal des Ganzen, an dem es teilhat, getrennt werden. Man könnte von einer stellvertretenden Erfüllung oder Nicht-erfüllung sprechen«.[228]

In dieser Bindung und Teilhabe des Einzelnen und seiner Erfahrungen am Ganzen, in dieser *realen Beziehung* aller Menschen untereinander, *Gott* neu zu *suchen* – und dieses im Begriff der Stellvertretung auszudrücken, kann eine Spur weisen, die zunächst weiterführt zu dem, was E. Lévinas in Fortführung der Buber'schen Philosophie im Zentrum seines Denkens beschreibt: In seinem Versuch, von der Ausgesetztheit des Menschen an die Sinnlosigkeit das Verhältnis zwischen Gott und Mensch neu auszuhandeln, wird *Stellvertretung* zum Schlüsselbegriff.

Emmanuel Lévinas – Stellvertretung[229]

Stellvertretung setzt die Sensibilität und Verletzlichkeit eines mündigen, erwachsenen Menschen voraus, der für sich verstanden hat, dass er sich im Leben so wenig vertreten lassen kann wie im Sterben. Wo immer ein Mensch das vergisst und seine Subjektivität aufgibt, verfällt das Sein dem Vergessen. Seine Subjektivität ist auch da aufgegeben und das Sein dem Vergessen ausgeliefert, wo Religiosität sich in fraglose »Meta-Ontologie« flüchtet, religiöse Hinter- und Sonderwelten über-baut, statt im Hier und Jetzt dieser Welt und ihrer Wirklichkeit den Raum zu begreifen, in dem Religion gelebt und bewährt werden muss.

Was so auch Buber sagen könnte, erfährt bei Lévinas eine besondere Zuspitzung: Die Mündigkeit des Menschen, seine Subjektivität, in der er einzig und

227. Vgl. o. *Das »alte Thema der Teilhabe«.*
228. Tillich, Theologie I, 310.
229. »Stellvertretung« ist der Titel des vierten Kapitels von »Jenseits des Seins oder anders als Sein geschieht« (ebd., 219-288), das Lévinas selbst als die Urzelle seines Werkes bezeichnet hat (vgl. Susanne Sandherr, Die heimliche Geburt des Subjekts. Das Subjekt und sein Werden im Denken Emmanuel Lévinas', Stuttgart, Berlin, Köln 1998, 160).

unersetzbar ist, liegt im »Empfinden der *Verantwortung*« für den Anderen, »(i)n der Ausgesetztheit« an seine »Verletzungen«.[230] Einzig und unersetzbar ist das Subjekt, »herausgerufen, als einer, der den Anderen geweiht ist, ohne sich entziehen zu können, und der so inkarniert ist zum ›Sich-Anbieten‹«.[231] In seiner Antwort auf den Anderen, im Leben dieser Antwort wird ein Mensch nach Lévinas überhaupt erst als Subjekt *geboren*.[232] Für diese Verantwortung findet Lévinas den Begriff der *Stellvertretung*.

Mains tenant: messianische Sensibilität

Subjektsein heißt, mit dem eigenen Leib und Leben den Anderen tragen, ist »*Schwangerschaft des Anderen im Selben*«[233] und also im Öffnen des eigenen Innern dem Anderen Raum geben für sein Leben, das aber immer schlechthin *außen* bleibt.

Denn im Bergen des Anderen bürgt einer für die Freiheit des Anderen.[234] Für seine Güte.[235] So wird die Frage nach dem Sinn für Lévinas nur beantwortbar in einem Leben, das sich der Erfahrung des Anderen aussetzt. Einer Erfahrung, die niemals zur Kongruenz, zu einem differenzlosen »Wir« vereinnahmen darf. In der Anerkennung des Anderen scheitert das Vermögen des Subjekts, das ihm Begegnende zu objektivieren und zu identifizieren.[236]

In der Aufmerksamkeit für den Anspruch des Anderen liegt so die Umkehrung jeglicher Intentionalität. Im Motiv so verstandener Stellvertretung kulminiert zugleich, was für Lévinas den Gegensatz zur eindeutigen Rätsellosigkeit jeden Dogmatismus konstituiert. Statt der Hoffnung auf einen wie auch immer in die Geschichte eingreifenden Gott sind alle als Einzelne zu sogenannter »messianischer Sensibilität« verpflichtet: »Der Mensch hat als Ich göttliche Verantwortung«. Hier liegt der Schlüssel zum Subjektdenken und das Zentrum

---

230. Lévinas, Jenseits des Seins, 234. »Nichts, was dem Selbstbewusstsein gleicht, etwas, das nur Sinn hat als überraschendes Auftauchen einer Verantwortung in mir, dem Engagement zuvor, das heißt einer Verantwortung für den Anderen. Darin bin ich Einer und unersetzbar – Einer als unersetzbar in der Verantwortung« (ebd., 229).
231. Ebd. 234.
232. »Der Andere begegnet nicht einem bereits fertigen Subjekt oder stößt ihm zu, das Subjekt entspringt vielmehr erst aus der Beziehung der Hingabe. Die mütterliche Stellvertretung des Menschen ist Ort der ›heimlichen Geburt des Subjekts.‹« Damit ist Moralität nicht in wechselseitiger Beziehung »unter Gleichen..., sondern in einer nicht-umkehrbaren Beziehung mit dem Anderen« verwurzelt (Sandherr, 162; vgl. Lévinas, Jenseits des Seins, 306).
233. Lévinas, Jenseits des Seins, 234.
234. Ebd., 243. »Stellvertretung für den Nächsten bedeutet eben dies: ›Être responsable de son frère jusqu'à être responsable de sa liberté!‹ (Emmanuel Lévinas, Sur la justice, 124 f., zit. in: Sandherr, 165)
235. Vgl. Sandherr, 165.
236. Vgl. ebd. 166.

einer Erwachsenenreligion.[237] Ein Anspruch, den kein Atheismus erfüllt, der vielmehr nach Lévinas regrediert, weil er ausweicht vor dem Anspruch, eben diese schwierige Dialektik zwischen Gott und dem mündigen Menschen, der durch die Erfahrung von Sinnlosigkeit gegangen ist und noch hindurchgeht, zu durchdenken.

Denn gerade in der Wahrung der »messianischen Sensibilität« – in der offenen Bewegung ethischen Ausgesetztseins des einen an den anderen – »fällt Gott ein«: Ein Anderer tritt nicht nur »aus dem Kontext« entgegen, sondern »das Phänomen, das die Erscheinung des Anderen ist«, ist »*lebendig*«. Es ist ein »Antlitz«, das *spricht*,[238] das *heimsucht*.[239] Darum kann sich in der Begegnung von »Einzigkeit zu Einzigkeit« »Transzendenz« eröffnen.[240] Der unendlich ferne Gott lässt sich aufspüren auf einer dem »Ich eingeschriebenen *Spur*, die es hinausführt zum anderen Menschen.«[241]

Es gibt so ein vor-ursprüngliches Ausgesetztsein in der ethischen Dimension. Die ethische Wahrheit ist darum für Lévinas eine *gemeinsame*. Könnte sich von hier aus Neues eröffnen? Es gibt genug kritische Anfragen. Reduziert Lévinas die Gottesbeziehung nicht einseitig auf *Gehorsam*? Ist der Gegenstand der Offenbarung ausschließlich der für den Anderen *verantwortliche Mensch*?[242]

Ich komme nicht weiter, wenn ich bei den Antworten stehen bleibe, statt in die Bewegungen des Denkens hineinzugehen.

Was Lévinas bewegt, ist die unentrinnbare Erinnerung daran, dass Menschen Menschen hilflos ausgeliefert waren und dies ja auch bis auf den heutigen Tag immer noch und wieder sind.[243] Dabei wird das christliche Bekenntnis von der Inkarnation Gottes in Jesus als dem Christus vehement zurückgewiesen. »Für den Juden ist die Inkarnation weder möglich noch notwendig. Die Formulierung

---

237. Peter Engelmann (Hrsg.), Emmanuel Lévinas. Ethik und Unendliches. Gespräche mit Philippe Nemo (1982), 3. Aufl., Wien 1996, 72 ff.
238. »Sprechen ist vor allem anderen diese Weise, hinter seiner Erscheinung, hinter seiner Form hervorzukommen, eine Eröffnung in der Eröffnung« (Emmanuel Lévinas, Die Spur des Anderen. Untersuchungen zur Phänomenologie und Sozialphilosophie (1983), 2., unveränd. Aufl., Freiburg i.Br., München 1987, 221).
239. Ebd., 220 f.
240. Emmanuel Lévinas, Totalität und Unendlichkeit. Versuch über die Exteriorität, Freiburg i. Br., München 1987, 10, zit. in: Sandherr, 179. Offenbarung geschieht »durch denjenigen, der sie empfängt« (Lévinas, Jenseits des Seins, 341).
241. Sandherr, 219. Hervorhebung A. S. Der Begriff der *Spur* ist ein Herzstück im Denken Lévinas': »In ihm verbindet sich der Gedanke der aller Erfahrung vorgängigen Beauftragung des Subjekts mit dem Gedanken der subjektbildenden Erfahrung des anderen Menschen zu einem unlösbaren Knoten« (ebd., 187).
242. Vgl. Sandherr, 81, 212 ff.
243. »Weil er jener nicht aus der Banalität des Bösen, sondern aus der Normalität der Indifferenz gemachten Katastrophe eingedenk ist, der Schoa, schreckt Lévinas nicht davor zurück, Subjektivität als Erkranken des Ich, ein Erkranken am Anderen, zu denken« (Sandherr, 88 f.). »Doch dieser nächtliche Hintergrund der Forderung der Erwachsenenreligion ist Lévinas zufolge nicht von der Zeugenschaft des verantwortlichen Subjekts für das Unendliche zu trennen« (ebd., 89).

stammt ... von Jeremia: ›Dem Schwachen und Unglücklichen Recht sprechen, heißt das nicht, mich wirklich erkennen?‹«[244]

Die Stellvertretung Christi kann dem einzelnen Menschen seine Verantwortung nicht abnehmen. Im Gegenteil: Sie würde nach Lévinas gleichsam »die Last menschlicher Verantwortung Gott zurück(geben)« und damit die Möglichkeit von Subjektivität zerstören. »Die ethische Unersetzlichkeit des Subjekts würde vor der Bedeutung des göttlichen Heilswerks hinfällig«.[245]

Glaube als schöpferischer Mut zum Sinn

Maintenant le vide? Hier könnte das Gespräch enden.

Es ist nicht nur die Frage, warum mangelnde Sensibilität für Menschliches und menschliche Not dem christlichen Verständnis von Inkarnation inhärent sein sollte. Dies zu bestreiten, würde nicht antworten. Im Anschluss an Tillichs Theologie der »Lebensbewegung Gottes« ist vielleicht einen Schritt weiter und näher zu kommen. Weiter über das hinaus, was Tillich im »Mut zum Sein« formuliert, und ein Stück näher vielleicht in den auseinander führenden Antworten auf Fragen, die verbinden.

Was ich im Vorigen bereits entfaltet habe, sei hier noch einmal ausdrücklich betont: Eine christologisch begründete Theologie der Beziehung lässt Gott im Menschlichen gegenwärtig begreifen, ohne dass er in der Bestimmtheit des Endlichen aufginge. Subjektivität ist in der Beziehung zu Gott lebendig, wächst in ihrer Lebendigkeit, statt unterzugehen oder zurückgenommen zu werden.[246]

Gerade weil Rede von Gott als der »Macht des Seins« Rede von dem bedeu-

---

244. Lévinas, Schwierige Freiheit, 116, zit. in: Sandherr, 97.
245. Sandherr, 100.
246. »Wenn Gott selbst in einem Augenblick der Zeit erscheint, wenn er sich im Christus der Vergänglichkeit der Zeit unterwirft, dann ist damit die Vergänglichkeit der Zeit überwunden. Und wenn das in *einem* Augenblick geschieht, so bekommen *alle* Augenblicke der Zeit eine andere Bedeutung« (Tillich, Neues Sein, 157). In seiner Größe wendet Gott sich »voll Liebe, doch drängend und wie Schutz suchend an uns«, ruft er nach »unserer Liebesfähigkeit, nach unserer Menschlichkeit« (Koch, Mit Gott leben, Anhang). Auf die Frage »Ist der Messias gekommen?«, angesichts derer »nicht nur die Juden« entgegnen »›Wir haben den Heiland nicht gesehen, wir warten auf ihn‹«, sondern auch »unzählige Christen und Nichtchristen, unsere Freunde und unsere Kinder und etwas in uns selbst« (Tillich, Neues Sein, 94) die Gegenfragen der unerlösten Welt stellen, antwortet Tillich in seiner Predigt: »Das Geheimnis der Erlösung ist das Geheimnis des Kindes. ... Ein Kind ist zugleich etwas Wirkliches und noch *nicht* Wirkliches, es ist *in* der Geschichte und doch nichts Geschichtliches. Sein Wesen ist zugleich sichtbar und unsichtbar, es ist hier und doch nicht hier. ... Wer von einer nur sichtbaren Erlösung träumt, vermag das göttliche Kind in der Krippe nicht zu sehen, wie er auch die Göttlichkeit des Mannes am Kreuz und die paradoxe Weise, in der alles göttliche Handeln geschieht, nicht begreifen kann. Nur wer die Macht unter der Schwachheit, das Ganze unter dem Fragment, den Sieg unter der Niederlage, die Herrlichkeit unter dem Leiden, die Unschuld unter der

tet, was standhält, was widerständige Kraft gegen das Nichts, gegen die Macht der Zerstörung ist, bedeutet Subjektivität im Glauben auch und gerade den »Mut zum Sein«, der im Hindurchgehen durch die Angst für das Leben, für das eigene und das der anderen, für das *fremde* Leben – und darin für *Gott* – wachsam ist und eintritt.

Der Glaube ist so nicht anders als Mut. Er ist riskant, verwundbar und zerbrechlich. Er kann auch verloren gehen. Das Wagnis auszuhalten, ist schwer, aber ohne dies ist kein Glaube erwachsen. Im Gespräch mit Lévinas ist mir dieses im Versuch christlicher Rede von Gott und dem Glauben wichtig: In der Konsequenz einer Rede von Gott als der »Macht des Seins« liegt in den Händen des Glaubens immer auch *le vide* der Angst. Der Glaube hat Angst – um Gott, um sich selbst, um die Welt. Aber keine Kinderangst, keine bloße Sorge um sich selbst, sondern eine Angst, die in *erwachsener* Wahrnehmung des Lebendigen gründet. Und in der darum eine Stärke liegt, die erst angesichts der Tiefen wachsen kann. Im Hindurchgehen durch die Angst kann ein Glaube wachsen, der Mut ist: Mut zu suchen und zu kämpfen, dass nicht verloren ist, was oft verloren scheint und im Erleben verloren war und ist.

Wer durch jenes *maintenant le vide* hindurchgegangen ist, kennt es nicht nur für sich allein. Vielleicht wird aus jenem das Verstehen und die Sensibilität einer Hoffnungskraft geboren, die die Wunden offen hält. Angesichts von *maintenant le vide* wachsen und verbinden sich vielleicht *mains tenant le vide*, von Menschen, von Gott, wie Buber sagt.

Die andere Hoffnung

So ist Glaube an Gott als die »Macht des Seins« ein lebendiger und darin verwundbarer Glaube, dass Sinn *wirklich* ist, ein *schöpferischer Mut zum Sinn*. Und so könnte in diesem Mut eine gemeinsame Wahrheit liegen und eine Hoffnung wachgehalten werden, die verbindet: eine Hoffnung, dass über alle Vorstellungen hinaus im je Bedingten des je eigenen Gottesglaubens ein *Unbedingtes* verborgen ist.[247] Was *in Wahrheit* verbinden kann, sind offene Hände, die sich im »Mehr-Erwarten von Gott«[248] über alle Unterschiede hinaus begegnen.

Das gilt nach Tillich für alle »Akte des Mutes, in denen wir die Macht des Seins bejahen, ob wir es wissen oder nicht.«[249] Denn der »Mut hat *offenbarende* Kraft, der Mut zum Sein ist der Schlüssel zum Sein-Selbst.« Auch wenn es

---

     Schuld, die Heiligkeit unter der Sünde, das Leben unter dem Tod zu sehen vermag, kann
     sagen: ›Meine Augen haben ein Heil gesehen!‹« (ebd., 95 f.).
247. Vgl. Koch, Macht, 185.
248. Ebd.
249. Tillich, GW XI, 134.

»keine stichhaltigen Beweise für die ›Existenz‹ Gottes« gibt, »in den »Akte(n) des Mutes, in denen wir die Macht des Seins bejahen, ob wir es wissen oder nicht«, »bejahen wir«, bewusst oder nicht bewusst, »dass wir bejaht sind... und partizipieren so an der Macht des Seins.«[250]

Vielleicht liegt so im je eigenen Ausdruck des Glaubens und Glaubensverstehens, gebunden und gewachsen in einem je besonderen Leben, in einer je besonderen Tradition und Kultur, in einer je besonderen gesellschaftlichen Form, nicht nur das, was unterscheidet. In Gott als schöpferischem Geist[251] sind Menschen in ihr je Eigenes, Schöpferisch-Lebendiges entlassen und *darin* verbunden.[252]

Buber stellt das Bild des Kreises vor, der geschaffen wird von den »Beziehungen der Menschen zu ihrem wahren Du«, den »Radien, die von all den Ich-Punkten zur Mitte ausgehen« und den Kreis schaffen. »(N)icht die Peripherie, nicht die Gemeinschaft ist das erste, sondern die Radien, die Gemeinsamkeit der Beziehung zur Mitte«.[253]

Das bedeutet: Dass »(a)lles wirkliche Leben ... Begegnung«[254] ist, gilt auch dann, »wenn der Mensch, zu dem ich Du sage, in seiner Erfahrung es nicht vernimmt. Denn Du ist mehr, als Es weiß. Du tut mehr und ihm widerfährt mehr, als Es weiß«.[255]

Und so kann es auch noch da, wo das Gespräch aufhört, eine Verbindung in der Beziehung zu Gott geben, im Lebensgespräch mit Gott, in Händen, die betend die eigene Erkenntnis, den eigenen Glauben noch einmal in die Hände eines Größeren legen, was vielleicht auch bedeutet, dass einer angesichts von *maintenant le vide* in den eigenen Händen auch die Hoffnung eines anderen wiederfinden kann.

250. Ebd.
251. Ich begründe diesen Gedanken im Anschluss an die Symbolkraft der Lebensbewegung Gottes, die nur als Bewegung des Geistes verstanden werden kann. In einer konsequenten Weiterführung des Ansatzes von Tillichs realer Gott-Mensch-Beziehung ist Gott in seiner Lebensbewegung zu denken, was, wenn diese in der Symbolkraft der theologischen Aussage erfasst werden soll, nur als Bewegung des Geistes verstanden werden kann: Nur im Geist sind Menschen als Unterschiedene verbunden, und eben dieser *Geist* der *Einung der Unterschiedenen* ist *Gott selbst*. Nur wenn Gott als Geist gedacht wird, kann die »Macht des Seins-Selbst« als Macht der lebendigen Beziehung von Gott und Mensch erfahrbar werden. Vgl. ausführlich hierzu Steinmeier, Wiedergeboren, 100ff.
252. So lässt sich begründen, was Tillich als »transzendente Einheit«, »die der göttliche Geist im menschlichen Geist schafft« (Tillich, Theologie III, 154), beschreibt. So ist zu denken, was Tillich aussagt, dass wir »nur im Sinne ihrer gegenseitigen *Freiheit* ... das Wort transzendent auf die Beziehung zwischen Gott und Welt anwenden« (Tillich, Theologie II, 14) können: Verwirklichte Freiheit als sinnhafte Erfüllung liegt allein in versöhnter Beziehung von »unendlicher und endlicher Freiheit« (Tillich, Theologie I, 303).
253. Buber, Ich und Du, 136.
254. Ebd., 18.
255. Ebd., 16.

So kann auch in diesem Sinne wahr werden:
»Ich werde am Du«, an einem anderen Leben, an einer anderen Hoffnung. »Ich werdend«, glaubend, hoffend, »spreche ich Du.«[256]

Zur Menschlichkeit bilden

Eine Werkstatt, die diese Fragen noch einmal auf ganz eigene Weise herausfordert, ist der Religionsunterricht. Auf der Spur nach dem Geheimnis der Hände und des unsichtbaren Gegenstands, den sie halten, suche ich Perspektiven in der Frage nach der *Bildung* von *Wahrheit* und in diesem Sinne auch der *Bildung* eines *Geistes der Hoffnung*.

Und so frage ich noch einmal und wieder neu angesichts Giacomettis Skulptur: Was halten die Hände? Vielleicht auch dies: Den *unsichtbaren Gegenstand* der *»Gebürtlichkeit, kraft deren jeder Mensch einmal als ein einzigartig Neues in der Welt erschienen ist«*.[257]

Ich suche den Dialog mit der jüdischen Philosophin Hannah Arendt, ein Dialog, der sich nicht von selbst versteht, aber der Wege eröffnen kann in der Zerbrechlichkeit der Zeiten, in denen wir leben.

Hannah Arendt – »Gebürtlicher« Geist

Eigenes und Fremdes, Identität und Pluralität, Fundamentalismus und Toleranz, das sind Spannungen, deren Herausforderungen verunsichern und darum zu Spaltungen verführen können. Durch die gegenwärtigen Herausforderungen besonders. Nicht nur die jeweils anderen, sondern auch wir selbst stehen in Gefahr, harmonisierend zu vereinfachen und uns fundamentalistisch zurückzuziehen.

Arendts Begriff der Gebürtlichkeit als zentrale Kategorie ihres Verstehens vermag diese Spannungen um das, was lebendige und gelebte Wahrheit ist, aufzunehmen und lebendige *Schöpfungsräume* im Zusammenleben einer pluralen Gemeinschaft noch und dennoch zu eröffnen.

---

256. Ebd., 18.
257. Hannah Arendt, Vita activa oder vom tätigen Leben, München 1991, 217.

»Das Prinzip des Anfangs«

»Gebürtlichkeit, kraft deren jeder Mensch einmal als ein einzigartig Neues in der Welt erschienen ist« – am Anfang des Verstehens, und Verstehen bedeutet nach Hannah Arendt die »nie endende Tätigkeit, durch die ... wir die Wirklichkeit begreifen und uns mit ihr zu versöhnen suchen, d. h. mit deren Hilfe wir versuchen, in der Welt zu Hause zu sein«,[258] steht das nackte Faktum der Geburt, das sie als Gebürtlichkeit begreift. Das bedeutet: Mit jeder Geburt, mit jedem neuen Menschen erscheint ein Ursprüngliches. Ursprünglich in einem doppelten Sinne: Einzigartig, individuell und ganz und gar eigen – und darin von niemandem vorher auszudenken, zu verfügen, als wahrscheinlich auch nur zu vermuten, geschweige denn zu errechnen. Ganz und gar *eigen* und niemandem zu eigen.

Ein »Neuanfang« ist »immer« »das unendlich Unwahrscheinliche; er mutet uns daher, wo wir ihm in lebendiger Erfahrung begegnen – das heißt, in der Erfahrung des Lebens, die vorgeprägt ist von den Prozessabläufen, die ein Neuanfang unterbricht –, immer wie ein *Wunder* an.«[259]

Es gibt auf einmal jemanden, wo es zuvor niemanden gab.

Das bedeutet: Kraft dieser ursprünglichen Einzigartigkeit ist jeder Mensch von jedem anderen verschieden. Von Anfang an, ursprünglich, wesentlich. »Im Menschen wird die Besonderheit, die er mit allen Seienden teilt, und die Verschiedenheit, die er mit allem Lebendigen teilt, zur Einzigartigkeit, und menschliche Pluralität ist eine Vielheit, die die paradoxe Eigenschaft hat, dass jedes ihrer Glieder in seiner Art einzigartig ist.«[260]

Aber das ist keine bloße Qualitas.

Es gibt auf einmal jemanden, wo es zuvor niemanden gab.

Niemand und nicht nichts. Der Unterschied ist wesentlich.

Das bedeutet: Die Erschaffung des Menschen »ist nicht der Beginn von etwas, das, ist es erst einmal erschaffen, in seinem Wesen da ist, sich entwickelt, andauert oder auch vergeht, sondern das Anfangen eines Wesens, das selbst im Besitz der Fähigkeit ist anzufangen: es ist der Anfang des Anfangs oder des Anfangens selbst. Mit der Erschaffung des Menschen erschien das Prinzip des Anfangs, das bei der Schöpfung der Welt noch gleichsam in der Hand Gottes und damit außerhalb der Welt verblieb, in der Welt selbst, und wird ihr immanent bleiben, solange es Menschen gibt.« Das aber will »natürlich letztlich nichts anderes sagen ..., als dass die Erschaffung des Menschen als eines Jemands mit der Erschaffung der Freiheit zusammenfällt.«[261]

---

258. Hannah Arendt, Understanding and Politics. In: Partisan Review, 1953, 377, zit. in: Ingeborg Nordmann, Hannah Arendt, Frankfurt a. M., New York 1994, 50.
259. Arendt, Vita activa, 216 f. Hervorhebung A. S.
260. Ebd., 214.
261. Ebd., 216.

Damit ist Gebürtlichkeit kein Mysterium des Anfangs. Einzigartigkeit und Verschiedenartigkeit von Menschen ist keine Zustandsbeschreibung. Es ist nicht selbstverständlich, nicht gegeben, ob Leben zum Leben geht oder als Kreislauf desselben nur verlängertes Sterben ist.

»ein Jemand«

Gebürtlichkeit ist auf Verwirklichung angewiesen. Auf Grund seines Geborenseins ist jeder Mensch »ein *initium*, ein Anfang und Neuankömmling«, der »Initiative ergreifen, Anfänger werden und Neues in Bewegung setzen« kann.[262] Jeder Mensch ist begabt und beauftragt dazu, sich zu dem Anfang seiner Geburt zu verhalten, »sich *selbst* zu solchem Anfangen zu bestimmen«,[263] das heißt zur Freiheit jenes Risikos, im Sprechen und Handeln als »ein Jemand im Miteinander« der Verschiedenen »in Erscheinung zu treten«.[264] Also als jemand *Eigenes,* als jemand, der *eigene* Gedanken denkt und *eigene* Worte spricht und nicht nur als Echo Anderer widerhallt. Ohne die Tatsache der Geburt könnten wir das nicht, könnten wir uns nicht sprechend und handelnd in die Welt einschalten, die existierte, bevor wir in sie hineingeboren wurden. »(O)hne die Tatsache der Geburt wüssten wir nicht einmal, was das ist: etwas Neues; alle ›Aktion‹ wäre entweder bloßes Sichverhalten oder Bewahren.«[265]

Sprechen und Handeln aber bedeutet, die nackte Tatsache des Geborenseins bestätigen, und ist darum wie eine zweite Geburt. Denn: Sprechen und Handeln sind die Tätigkeiten, in denen Menschen einander nicht nur Hunger und Durst, Zuneigung oder Abneigung oder Furcht mitteilen, sondern immer auch zugleich sich selbst. Sie unterscheiden sich darum aktiv, statt nur voneinander verschieden zu sein.[266]

Als ein Jemand zu erscheinen, ist darum nicht lebbar ohne das Risiko, ins *Offene* hineinzugehen, Verantwortung für unsere Geburt auf uns zu nehmen. Gebürtlichkeit zu leben, bedeutet, sich mit Anderen in eine *Geschichte* hineinzugeben, hineinverweben zu lassen, deren Ende ich nicht weiß und niemals wissen kann.

Die offene Geschichte

Handeln bedeutet, die Last des Unwiderruflichen und Unvorhersehbaren, die gerade das eigentliche Wesen und darum die innere Kraft des Handelns ausmachen, auf sich zu nehmen. Das schließt die Schuld an Folgen, die ein Mensch

---

262. Ebd., 215.
263. Koch, Mit Gott leben, 322 f.
264. Arendt, Vita activa, 220.
265. Hannah Arendt, Macht und Gewalt, München 1995, 81.
266. Vgl. Arendt, Vita activa, 214.

nicht beabsichtigte, möglicherweise auch gar nicht beabsichtigen konnte, nicht nur nicht aus, sondern bewusst ein.[267] Zur Freiheit erschaffen zu sein und Verantwortung für die eigene Gebürtlichkeit zu übernehmen, bedeutet, nicht nur zu wissen, sondern sich selber darin zu bestimmen, dass das, was ich beginne, »niemals unzweideutig« mein »eigen sein und sich in keiner einzelnen Tat und in keinem einmaligen Ereignis je erschöpfen wird«.[268] Der Sinn dessen, was ein Mensch tut, offenbart sich nicht ihm selbst, sondern erst dem, der rückwärts schaut und die Geschichte erzählt.

Das war »immer Grund genug«, sagt Arendt, »mit Verachtung auf diese zweideutigste aller menschlichen Gaben, die Gabe der Freiheit, zu blicken«.[269] Und doch ist diese Unsicherheit der Preis, den Menschen dafür zahlen, »dass sie mit anderen ihresgleichen zusammen die Welt bewohnen, der Preis ... für die Freude, nicht allein zu sein«.[270] Diese Unsicherheit ist der Preis »für die Gewissheit, dass das Leben mehr ist als nur ein Traum.«[271]

Freiheit ist darum nicht Unabhängigkeit und nicht Souveränität. Souveränität ist – wo Pluralität ins Spiel kommt – nur als Herrschaft möglich. Und der Preis für sie ist eben der Verlust der Wirklichkeit selbst. Der Wirklichkeit und der Wahrheit der offenen Geschichte.

»Menschlichkeit in finsteren Zeiten«

Denn Wahrheit lebt nur im öffentlichen Raum des Miteinanders der Verschiedenen. In ihrer Rede anlässlich der Verleihung des Lessingpreises vom Hamburger Senat im Jahr 1960 – jener Rede, der sie den Titel gab »*Von der Menschlichkeit in finsteren Zeiten*« – sagt Arendt:

»Wahrheit« »kann« es »nur geben ..., wo sie durch Sprechen vermenschlicht wird, nur wo *ein jeder* sagt, nicht was ihm gerade einfällt, aber was ihm gerade ›Wahrheit dünkt‹. Ein solches Sagen aber ist in der Einsamkeit nahezu unmöglich; es ist an einen Raum gebunden, in dem es viele Stimmen gibt und wo das Aussprechen dessen, was ›Wahrheit dünkt‹, sowohl verbindet wie voneinander distanziert, ja diese Distanzen zwischen den Menschen, die zusammen dann die Welt ergeben, recht eigentlich schafft. Jede Wahrheit außerhalb dieses Raumes ... ist unmenschlich ..., weil sie zur Folge haben könnte, dass alle Menschen sich plötzlich auf eine einzige Meinung einigten, so dass aus vielen einer würde, womit die Welt, die sich immer nur zwischen den Menschen in ihrer Vielfalt bilden kann, von der Erde verschwände.« »Das Tiefste« sieht sie darum in

---

267. Vgl. ebd., 297.
268. Ebd., 298.
269. Ebd.
270. Ebd., 312.
271. Ebd.

einem Satz von Lessing gesagt: »Jeder sage, was ihm Wahrheit dünkt, und die Wahrheit selbst sei Gott empfohlen.«[272]

Die Bausteine dieses Raumes aber heißen Versprechen und Verzeihen. Ein Versprechen kann nicht den Boden abstecken und den Weg ebnen. Das wäre nur möglich, wenn »aus vielen einer würde.« Weil aber die »grundsätzliche Unabsehbarkeit«[273] und »Zerbrechlichkeit menschlicher Angelegenheiten«[274] nicht nur »bestehen« bleibt, sondern nach Arendt »geradezu mit in Rechnung« zu stellen ist, dass Menschen sich selbst nicht vollkommen vertrauen können und darum auch für Andere nicht grundsätzlich verlässlich sind, können Versprechungen nur Wegweiser und »Inseln in einem Meer der Ungewissheit«[275] sein.

Verzeihung als das gegenseitige »Rückgängigmachen eines Gehandelten«[276] kann Menschen zu sich selbst und im Miteinander wieder aufschließen. Das ist Ausdruck des Respekts, den wir nicht »nur schulden, wo wir bewundern oder schätzen«: Respekt ist immer auf das »Wer-jemand-ist« gerichtet und darum gerade auch Beweggrund dafür, »jemandem das, *was* er getan hat, zu vergeben, um dessentwillen, der er ist.«[277]

Die frohe Botschaft

Hierin liegt der tiefste Unterschied von Freiheit und Souveränität und ist das Wunder der Gebürtlichkeit erst eigentlich begriffen. Es ist nach Arendt im letzten Sinne anschaubar zu lernen bei Jesus von Nazareth, hat er doch, wie sie schreibt, die »Kraft zu verzeihen mit der Machtbefugnis dessen verglich(en), der Wunder vollbringt«.[278]

Darum ist »das Geborensein«, worin nach Arendt auch die politisch-philosophische Bedeutung der Geschichte Jesu liegt, das Wunder des Neuanfangs, »das den Lauf der Welt und den Gang menschlicher Dinge immer wieder unterbricht und vor dem Verderben rettet«.[279] Das Wunder, das Menschen immer wieder neu handelnd verwirklichen können.

»Nur wo diese Seite des Handelns voll erfahren ist, kann es so etwas geben wie ›Glaube und Hoffnung‹, also jene beiden wesentlichen Merkmale menschlicher Existenz, von denen die Griechen kaum etwas wussten… . Dass man in

---

272. Hannah Arendt, Gedanken zu Lessing: Von der Menschlichkeit in finsteren Zeiten, in: Hannah Arendt, Menschen in finsteren Zeiten, München, Zürich 1989, 48. Hervorhebungen A. S.
273. Arendt, Vita activa, 312.
274. Ebd., 234.
275. Ebd., 313.
276. Ebd., 308.
277. Ebd., 310.
278. Ebd., 316.
279. Ebd.

der Welt Vertrauen haben und dass man für die Welt hoffen darf, ist vielleicht nirgends knapper und schöner ausgedrückt als in den Worten, mit denen die Weihnachtsoratorien ›die frohe Botschaft‹ verkünden: ›Uns ist ein Kind geboren.‹«[280]

Im Lernraum von Freiheit und Verständigung

Lässt sich das, was Hannah Arendt beschreibt, auf die elementaren Fragen beziehen, die sich im Unterrichten von Religion gegenwärtig stellen? Inwiefern? Lassen sich von hier aus, im Spannungsfeld von Wahrheit und Toleranz, innere Leitbilder des Verstehens und Leitlinien für den Religionsunterricht formulieren?

Im Verstehenshorizont von Gebürtlichkeit sind für mich zwei Leitlinien miteinander verbunden: Was Wahrheit ist, ist nur lebendig als *Freiheit*. Sie zielt darum und in Konsequenz dessen auf *Verstehen und Verständigung*.

Mit jedem Menschen kommt neu ein Sinn-Ganzes zur Welt, der in ihm zum lebendigen Ausdruck, ein Gesicht finden kann. Das ist kein Ideal, keine Vollkommenheitsphantasie. Das Ganze, der Sinn *ist* nicht anders lebendig als in der Erschaffung von Freiheit, wie sie in jedem neugeborenen Menschen leibhaftig, besonders und unterschieden, zur Welt kommt. »Das Wunder des Subjekts«[281] zu begreifen, bedeutet damit, sich auf die ganze Zweideutigkeit und Ambivalenz des eigenen Lebens, der Wirklichkeit von Gebürtlichkeit einzulassen. Aneignung von Gebürtlichkeit – die Fähigkeit, ein »jemand« zu werden – hängt darum davon ab, ob es gelingt, diese Kontingenz des eigenen Lebens zu bejahen.

Verletzlichkeit

In Bezug auf die Fragen, die gegenwärtig die Auseinandersetzung um den Religionsunterricht betreffen und den Dialog in Religionsbüchern und Unterrichtsentwürfen bestimmen, lässt Gebürtlichkeit zunächst noch einmal kritisch fragen: Was ist Dialog? Und was kann er im Unterricht sein?

Dialog setzt Eigenes voraus. Er ist ein Raum, in dem jeder und jede das Eigene zum Ausdruck bringt und das auch wagen kann. In dem das Eigene des, der je Anderen nicht nur zugelassen, sondern gewollt ist: Weil der eine die Wahrheitseinsicht der Anderen braucht, deren Gedanken und das heißt vor allem auch deren Fragen, deren Zweifel, deren Kämpfe, um für sich selbst in der ei-

---

280. Ebd., 317.
281. Vaclav Havel, Briefe an Olga. Identität und Existenz. Betrachtungen aus dem Gefängnis, Hamburg 1984, 253.

genen Suchbewegung des Geistes und dem eigenen Ringen um Wahrheit klarer zu werden.

Das setzt großen gegenseitigen Respekt voraus, vor allem vor der Verletzlichkeit – der eigenen und der des Gegenübers. Denn nur in der gegenseitigen Achtung der Verletzlichkeit, die sich in jedem lebendigen Wahrheitsausdruck verbirgt, ist ein Verstehen möglich, das über trennende Verletzung hinausführt, so dass Fremde einander begegnen können. Nur dann kann sich etwas ereignen, etwas Neues, etwas, was nicht machbar ist, etwas »Gebürtliches« eben: Dass Menschen in diesem Dialog und durch diesen Dialog mit *anderen* hindurch sich etwas frei aneignen, was sie *selbst* in ihrem eigenen Glauben und Leben weiter und tiefer wachsen lässt. So dass – wie Hannah Arendt in ihrer Laudatio auf Karl Jaspers im Anschluss an Jaspers sagt – die aus ihrem »eigenen Ursprung« »kommen«, »sich erkennen«, weil sie »›wie Funken‹« sind, »›wechselnd in ständiger Bewegung. Die Funken sehen sich, und jeder flammt heller, weil er andere sieht.‹«[282]

Gegenüber

Von hier aus möchte ich fragen: Ist wirklich alles Dialog, was sich so gestaltet? In einer Abiturrede von Schülern und Schülerinnen eines Gymnasiums heißt es: »Was wir am meisten an Ihnen vermisst haben, war, dass Sie so wenig Gegenüber waren.«[283] Es könnte sein, dass sich in mancher Aufgeschlossenheit und Begeisterung für das Fremde möglicherweise auch eine eigene Unsicherheit, Sprachlosigkeit, Orientierungslosigkeit in Bezug auf die eigene Identität verbirgt.

Ich denke, es ist nicht zu übersehen: Eltern und Erzieher sind – und das gilt besonders in Bezug auf den Religionsunterricht – vielfach sprachunfähig geworden. Das ist nicht einfach zu verändern. Das ist auch nicht moralisch einzufordern. Denn dem ist nicht bloß mit Programmen, Methoden und Rezepten beizukommen. Aber es ist wichtig innezuhalten und sich zu fragen, inwieweit ich mich als Lehrperson möglicherweise als ortlos empfinde. Und das auch in Bezug auf die eigene Tradition, mich in dieser nicht mehr finde, sie vielleicht selbst nur noch als abständig erlebe.

Damit kann sich noch ein anderes verbinden: Es könnte sein, dass sich in mancher Begeisterung für das Fremde die Suche nach Besonderem ästhetisch sublimiert.

Eine mögliche Projektion der eigenen Sehnsucht, authentisch zu sein, ist aber nichts anderes als Vereinnahmung Anderer durch ein hegemoniales Verfügungswissen in Bezug auf Identität. Wo ich in der eigenen Ortlosigkeit bei Anderen, Fremden das Besondere für mich selber suche, kann ich mich auf

---

282. Hannah Arendt, Laudatio auf Karl Jaspers, in: Arendt, Menschen, 98.
283. Ich beziehe mich hier auf eine mündliche Mitteilung.

einen wirklichen, einen offenen Kommunikationsprozess gar nicht einlassen. Dann wäre der Dialog, weil er in seinen unbewussten Sehnsüchten nur Selbstzweck ist, in seinem Wesen nichts anderes als das, wovon er sich nun gerade abzusetzen sucht: Eine Position, die in sich objektiv und gegen Andere abgeschlossen thetisch bestimmt, fixiert, was wahr ist, in ihrer Einsicht sich Anderen darum überlegen dünkt, sich abgrenzt, um zu beherrschen, zu manipulieren und zu vereinnahmen.

Auch die dialogische Bezugnahme kann so eine indirekte Vereinnahmungsstrategie sein, und das gilt ja nicht nur individuell, sondern im Zusammenhang des Bedeutungsschwundes des Christlich-Kirchlichen überhaupt. Wo die eigene Ortlosigkeit und die eigenen Projektionen nicht bewusst werden, können wir jener Gedankenlosigkeit gefährlich nahe kommen, die Arendt für die Entstehung des Totalitarismus verantwortlich macht: »Das größte begangene Böse ist dasjenige, das von Niemandem begangen wurde; sicherlich von menschlichen Wesen verübt, aber von solchen, die sich weigerten, Personen zu sein.«[284]

Pluralität

Damit hängt ein Weiteres zusammen: Gebürtlichkeit bedeutet die Auseinandersetzung mit anderen Gebürtlichen, stellt mitten hinein in Pluralität. Wirklichkeit von Freiheit also *ist* nicht anders als in Auseinandersetzung mit denen, die sich als Unterschiedene zeigen und konfrontieren. Gebürtlichkeit bedeutet so Abschied von jeder Harmonie, von jeder utopischen Vorstellung, alle könnten eins, ein Ganzes, eine große Familie sein; das Fremde der Anderen und – bewusst oder nicht bewusst – das Sperrige, Fremde des Eigenen könnte sich in Vertrautes auflösen. Die Grenzen könnten niedergerissen werden. Es gäbe totales Verstehen. Es wäre einfach alles gut.[285]

Kritisch ist zu fragen: Inwieweit nähren sich Dialoge im Religionsunterricht auch von solchen Sehnsüchten? Ich möchte in diesem Zusammenhang zumindest problematisieren, was als kollektive Identitätsbildung[286] religionspädagogisch formuliert wird. Ich meine das pädagogische Interesse an mehrperspektivischem Denken für religiöse Erziehung, wie es zum Beispiel in England schon in den 70er Jahren aufgegriffen wurde. »›Never judge a man until you have walked a mile in his moccasins‹ war dabei die Devise.«[287] So sehr das Bild faszinieren und Einfühlungsvermögen intendieren mag, so sehr ist – das Bild ernstgenommen – doch auch zu fragen: Wieweit kommt »man in den Schuhen«

284. Hannah Arendt, zit. in: Nordmann, 82.
285. Vgl. hierzu auch: Hans-Georg Ziebertz, Mono-, multi-, interreligiös? Religionen als religionspädagogische Herausforderung, in: Ev. Erz. 46, 1994, 328-347.
286. Vgl. Hans-Günter Heimbrock, Religiöse Erziehung in multikulturellen Gesellschaften, in: Joachim Mehlhausen (Hrsg.), Pluralismus und Identität, Veröffentlichungen der Wissenschaftlichen Gesellschaft für Theologie, Bd. 8, Gütersloh 1995, 501.
287. Zit. ebd.

eines »anderen *wirklich*« zu sich selbst und zu anderen?[288] Ich sehe hier, und ich formuliere sehr vorsichtig, zumindest die Gefahr, dass hier eine nicht unbedingt bewusste Wunsch-Phantasie genährt wird, aus der dann entstehen könnte, *wogegen* sich diese Pädagogik doch richtet: Dass nämlich, wie Hannah Arendt in ihrer Lessingrede sagt, »aus vielen einer würde.«

Die Überlegungen um das, was ein Dialog ist, treffen ins eigene Zentrum, stellen in die Auseinandersetzung mit der eigenen Wahrheitseinsicht.

Ein »Gegenüber« zu sein – darin liegt die erste Herausforderung von »Gebürtlichkeit«. Was ist ein »Gegenüber«? Ein »Jemand«, der sagen kann, was ihm selbst, ihr selbst »Wahrheit dünkt«. Sich also nicht nur informiert, nicht nur Vergleiche anstellt, nicht sich heraushält. Aber auch nicht nur vermittelt, bloß transportiert. Es geht nicht nur darum, etwas neu und anders zu sagen.

Denn christliche Wahrheit, noch einmal sei dies gesagt, ist selber nicht fertig. Sie ist ein Prozess. Lebendig in Gebürtlichen und bezogen auf Gebürtliche: Auf lebendige Menschen, die ihre eigenen Gedanken denken und die doch gerade in ihren eigenen Gedanken und um ihrer eigenen Gedanken willen auf Gespräche, auf Austausch mit anderen vor und neben ihnen angewiesen sind.

Aber eigene Gedanken müssen auch angesprochen werden, um wachsen zu können.

In diesem Sinne im Sprachraum dessen, was »Wahrheit dünkt«, ein Gegenüber zu sein: Das setzt viel voraus. Es setzt auch und vor allem die Auseinandersetzung mit Verschiedenem voraus.

Inwieweit trägt die Ausbildung dazu bei, wirklich eine eigene Wahrheitseinsicht ausbilden zu können? Die Einsicht, dass Wahrheit immer ein lebendiges Menschengesicht trägt, heißt doch für den Religionsunterricht nicht weniger als dies: dass eine Lehrperson nur dann sagen kann, was ihr »Wahrheit dünkt«, wenn sie selbst die Offenheit in sich trägt, das Risiko auf sich zu nehmen, sich auf noch nicht bekannte, unausgeschöpfte Möglichkeiten von Leben und Erkennen mit Anderen zusammen, Schülerinnen und Schülern, einzulassen. Das bedeutet gerade auch für die Religionsstunde: Ich könnte etwas Neues, Unerwartetes erfahren. Es ist nicht schon alles gesagt. Oder mit Hannah Arendt: *Die Geschichte ist noch nicht zu Ende erzählt.*

»gebürtliche« Gespräche

Das ist ein Vertrauen, das niemanden nicht nur nicht ausschließt, sondern bewusst einschließt, kirchlich Ferne – das sind ja die meisten, aber auch Angehörige aus anderen Kulturen und Religionen. Aber sie einbezieht – und das ist entscheidend – als *Freie*: Als Freie, als Gebürtliche, die ihrer *eigenen* Wahrheitseinsicht fähig sind.

---

288. Ebd. Hervorhebung A. S.

Mich hat sehr berührt, was Germain Louis, der ehemalige Volksschullehrer von Albert Camus, in seinem letzten Brief an seinen alten Schüler schreibt, bevor dieser tödlich verunglückte. Camus hatte dem Lehrer nach der Verleihung des Literaturnobelpreises geschrieben als einer, der »trotz seines Alters nicht aufgehört hat, Ihr dankbarer Schüler zu sein«:

»(A)ls ich die Nachricht erhielt, galt mein erster Gedanke, nach meiner Mutter, Ihnen. Ohne Sie, ohne Ihre liebevolle Hand, ... ohne Ihre Unterweisung und Ihr Beispiel wäre nichts von alldem geschehen. Ich mache um diese Art Ehrung nicht viel Aufhebens. Aber diese ist zumindest eine Gelegenheit, Ihnen zu sagen, was Sie für mich waren und noch immer sind, ... dass Ihre Mühen, die Arbeit und die Großherzigkeit, die Sie eingesetzt haben, immer lebendig sind«.[289]

Und aus dem Brief des Lehrers: Ich »möchte Dir sagen, welches Unbehagen ich als nichtkirchlicher Lehrer angesichts der bedrohlichen Pläne empfinde, die gegen unsere Schule geschmiedet werden.« Jene Pläne, die, wie er formuliert, aus Lehrern »Handelsvertreter« für Religion machen wollen. »Ich glaube, ich habe während all meiner Berufsjahre das Heiligste im Kinde respektiert: das Recht, seine Wahrheit zu suchen. Ich habe euch alle geliebt«. Der Brief schließt mit den Worten: »Ich erinnere mich an den Besuch, den Du mit Deinen Kameraden, Kommunikanten wie Du, in unserer Schule gemacht hast. Du warst sichtlich glücklich und stolz auf Deinen Anzug und auf das Fest, das Du feiertest. Ganz aufrichtig, ich war glücklich über Eure Freude, weil ich der Ansicht war, dass Ihr die Kommunion mitmachtet, weil es Euch gefiel?«[290]

Diese Offenheit ist also eine Gratwanderung. Sie ist alles andere als beliebig. So offen – und das heißt offen für andere als Zeugen einer anderen Wahrheitseinsicht – kann nur ein »Jemand« sein. Jemand, der selbst in einer Wahrheitsüberzeugung, einem Glauben lebendig ist. Aber einem Glauben, in dem sich ein Mensch nicht abschließt, sondern der ihn in der Spannung von Erwartung und Erfüllung mit einer Wahrheit verbindet, die größer ist als alles Eigene. Die ihn gewiss sein lässt angesichts des Ungewissen, aber ihn eben darum nicht aufhören lässt zu fragen, zu kämpfen, nach Verstehen zu suchen. Ein Glaube, der darum für sich selbst den Dialog mit anderen, »gebürtliche« Gespräche, sucht.

Eine Überzeugung, ein Glaube also, der Hoffnung trägt und angesichts dessen, was Hoffnung nicht nur widerspricht, sondern sie auch zu zerstören sucht und vernichten kann, die einzige Kraft gegen Resignation ist.

In der Erfahrungstiefe dieses Vertrauens liegt die Verwundung, die den Dialog nicht erst von außen heranträgt, weil die Fragen in sich selbst nicht zur Ruhe kommen und die darum auf Verstehen und im Verstehen auf Versöhnung aus sind.

Gebürtlichkeit bedeutet darum auch dies: Wo immer die Wunden des Leben-

---

289. Zit. in: Albert Camus (1994), Der erste Mensch, Frankfurt a. M., Wien 1995, 376.
290. Ebd., 379 ff.

digen offen gehalten werden, haben Menschen an einer Wahrheit teil, die größer ist als ihre je individuelle Wahrheitseinsicht, und sind sie in einer Hoffnung verbunden, die sie in ihrem Schmerz über ihre Trennungen umarmt.

Toleranz

In dieser Erfahrungsfähigkeit des Schmerzes und der Hoffnung als der Teilhabe an dieser Wahrheit liegt ein Verstehen, das nicht mehr verfügt. Es ist ein Verstehen, aus dem Toleranz geboren wird.

Christlich, und somit in Unterscheidung von Arendt, verstehe und begründe ich dieses Vertrauen aus der Einheit Gottes mit jenem Gebürtlichen Jesus von Nazareth und darum und von daher mit jedem, je meinem, je anderem gebürtlichen, menschlichen Leben. Wo immer Wahrheit als gebürtliche und also Identität selber als freie begriffen wird, ist das Leben der Wahrheit unausdenkbar in seiner Lebendigkeit.

Diese Wahrheit im Endlichen ist das Leben Gottes mitten unter uns. Der Prozess von Wahrheitssuche, von Glauben ist darum niemals abgeschlossen. In diesen Prozess mit hineinzunehmen, ihn nicht nur zu begleiten, sondern zu fördern, sehe ich die eigentliche Aufgabe des Religionsunterrichtes.

Der Prozess von Wahrheitssuche, den es zu begleiten und zu fördern gilt, führt nicht von Gebürtlichkeit weg und nicht aus Pluralität hinaus. Er führt im Gegenteil immer mehr in den offenen Raum hinein, in dem viele Stimmen hörbar werden.

Das schließt nicht nur das Hinhören und die Auseinandersetzung mit anderen Wahrheitseinsichten bewusst und ausdrücklich ein. Das bedeutet, dass gerade auch im Religionsunterricht ein Sprachraum wachsen muss – wachsen darf, in dem Unsicherheit und Ambivalenz lebendigen Lebens einen Ort, Zweideutigkeit und Erkenntnis von Grenzen ihren Ausdruck finden können. Ein Sprachraum, der auch die Wahrnehmung des Zerstörerischen, das Menschen sich selbst und anderen antun, nicht ausschließt.

Das bedeutet keine Verharmlosung. Das bedeutet im Gegenteil eine Radikalisierung des Blicks. Nur wenn diese Tiefenschicht der Wahrnehmung erreicht wird, kann im Religionsunterricht Toleranz gelernt werden. Eine Toleranz nämlich, die nicht nur Geltenlassen anderer meint, sondern den Respekt anderer als andere bedeutet, der nicht darüber hinweggeht, sondern bewusst einschließt, dass Menschen sich gegenseitig zum Problem, in ihrer Andersartigkeit auch zur Anfechtung werden können: Eine Toleranz also, die die Erfahrung von Grenzen an sich heranlässt – die Grenzen eigenen Verstehens und des Verstehens Anderer. Ein Respekt auch in der Nichtakzeptanz der anderen Überzeugung.

Religionsunterricht hat die Aufgabe, hier einen Raum der Wahrnehmung zu ermöglichen, in dem Leben nicht vereindeutigt und Fragen nicht zugedeckt werden, auch mit christlichen Worten und Vorstellungen, auch mit christlichen

Symbolen nicht. Aber darin auch den Tiefenblick dafür zu schärfen, dass Menschen als Gebürtliche zur Freiheit geschaffen und darin der Wahrheit – zur Wahrhaftigkeit sich selbst gegenüber und zum Verstehen anderer – fähig sind. Das heißt auch dies: Dass noch unter allem Vertanen, Verkehrten Menschen *selbst* sind. Dass noch im Zerstören Menschen auf der Suche nach Wahrheit sind.

Auf den Grund dieses Verstehens kommt nur, wer zugleich verzeiht.

Verzeihen heißt nicht gutheißen, nicht banalisieren. Verzeihen schließt die Frage von Gerechtigkeit ein, aber lässt sich nicht durch Rache und Gegengewalt in die Spirale des Zerstörerischen hineinziehen. Im Verzeihen als der höchsten Lebensgestalt von Freiheit überhaupt sind darum Wahrheit und Toleranz verbunden.

Glauben »ohne Geländer«

Arendt intendiert und wagt ein »*Denken ohne Geländer*«[291], wie sie es nennt. Ich möchte für den Religionsunterricht im gedanklichen Anschluss daran von einer Einübung in Glauben »ohne Geländer« sprechen. Denn Menschen, die ein Geländer brauchen, brauchen immer eins, gleichgültig, was für eins.[292] Nur Menschen, die »ohne Geländer« zu verstehen und zu glauben suchen, können »*rückhaltlos*«, wie Arendt im Anschluss an Jaspers sagt, »das heißt, ohne dass man etwas zurückgehalten hätte«[293], miteinander sprechen, ohne Schutz und also im Vertrauen auf eine Wahrheit – interpretiere ich –, die das Verstehen noch im Nichtverstehen trägt. Nur »ohne Geländer« kann ein Raum sich gestalten, in dem ein Verstehen wachsen kann, das das Leben fördert. Ein Verstehen, in dem Grenzen nicht nur nicht aufgehoben sind, sondern erst erlebbar werden, aber in dem Menschen im Achten ihrer Grenzen verbunden sind.

Die Erde teilen

Nur in dieser Achtung ihrer Grenzen sind Menschen frei. Nur in dieser Achtung ihrer Grenzen liegt die Chance, in Wahrheit, und also in der Wirklichkeit der Unterscheidungen verbunden zu sein, die Erde als Gebürtliche miteinander zu teilen. *Schöpfungsräume*, auch und gerade in diesem Sinne. *Schöpfungsräume* also auch im Sinne eines Verstehens, in dem Menschen miteinander erleben können, lebendig zu werden, ein Verstehen, von dem Arendt sagt, dass es »eine

---

291. Hannah Arendt, Ich will verstehen. Selbstauskünfte zu Leben und Werk, München 1996, 110.
292. Vgl. ebd., 86.
293. Ebd., 113 im Anschluss an Jaspers.

Befriedigung« gibt – also ein zum Frieden kommen – »wie ein Heimatgefühl«.[294]

Gebürtliche aber sind Verschiedene. Darum bedeutet Gebürtlichkeit, im Miteinander der Verschiedenen das Leben und die Erde zu teilen. Es bedeutet, Verantwortung zu übernehmen und sich mit *anderen* handelnd in eine Geschichte hineinverweben zu lassen, schließt also das Risiko ein, ins *Offene* hinauszugehen. Nicht selten musste auch das Bild Gottes dazu beitragen, uns von dieser Freiheit zu entlasten. Aber der schöpferische Geist Gottes lässt uns *leben*. Und entlastet uns nicht von der Freiheit, die nach Arendt der Preis dafür ist, dass wir auf dieser Erde eben nicht *alleine* leben.

Der Religionsunterricht kann auf diesem Weg ein Stück des Anfangs sein, kann entscheidend dazu beitragen, dass junge Menschen von dieser Leidenschaft, von diesem Geist in ihrem Herzen und Denken bewegt werden. Dass sie selbst hineinwachsen in eine lebendige Beziehung zur größeren Wahrheit: Hineinwachsen in die *Schöpfungsräume* eines lebendigen Vertrauens, selbst und Eigenes und doch nicht aus sich allein zu sein und nur mit sich und aus sich selbst allein zu leben. In diesem Sinne – im Sinne von Freiheit und verstehendem Versöhnen – kann nicht nur der Religionsunterricht in seinen inneren Leitbildern von der jüdischen Philosophin Hannah Arendt lernen.

Allein in der Achtung der Verletzbarkeit des Lebendigen in *allen* Menschen, des Geheimnisses der Gebürtlichkeit und also *im* »Meer der Ungewissheit«[295] unserer Bündnisse bleibend verwiesen an die schöpferischen Gaben des Anfangs und Neu-Anfangs, an die Gaben von Versprechen und Verzeihen, haben wir eine Chance, auf der Erde miteinander zu leben. Nur auf der *gemeinsamen* Suche nach der Bildung von »Menschlichkeit in finsteren Zeiten« kann »*wirklichkeitswund*« Hoffnung auferstehen. So dass ein Wort geboren wird, das Unausdenkbares verkündet: In dieser *bestimmten* Zeit, an diesem *konkreten* Ort, mit *diesen* Menschen, in der je ganz *eigenen* Geschichte wird vom *Leben der Wahrheit* erzählt, wie es *gegenwärtig* ist – unter uns, *im Endlichen ohne Ende*.

---

294. Ebd., 47.
295. Arendt, vita activa, 313.

Literatur

Adorno, Theodor W., Noten zur Literatur II, Frankfurt a. M. 1970.
Ahrends, Günter (Hrsg.), Konstantin Stanislawski. Neue Aspekte und Perspektiven. Forum Modernes Theater, Bd. 9, Tübingen 1992.
Althaus, Paul, Communio sanctorum. Die Gemeinde im lutherischen Kirchengedanken, München 1929.
Arendt, Hannah, Gedanken zu Lessing. Von der Menschlichkeit in finsteren Zeiten, in: Arendt, Hannah, Menschen in finsteren Zeiten, München, Zürich 1989, 17-48.
Arendt, Hannah, Ich will verstehen. Selbstauskünfte zu Leben und Werk, München 1996.
Arendt, Hannah, Laudatio auf Karl Jaspers, in: Arendt, Hannah, Menschen in finsteren Zeiten, 89-98.
Arendt, Hannah, Macht und Gewalt, München 1995.
Arendt, Hannah, Vita activa oder vom tätigen Leben, München 1991.
Asmussen, Hans, Die Lehre vom Gottesdienst, München 1937.
Bachmann, Ingeborg, Werke, Bd. 1, Gedichte, Hörspiele, Libretti, Übersetzungen, hrsg. von Christine Koschel u. a. (1978), 5. Aufl., München, Zürich 1993.
Bachmann, Ingeborg, Werke, Bd. 4, Essays, Reden, Vermischte Schriften, Anhang, hrsg. von Christine Koschel u. a. (1978), 5. Aufl., München, Zürich 1993.
Bachmann, Ingeborg, Werke, Bd. 3, Todesarten. Malina und unvollendete Romane, hrsg. von Christine Koschel u. a. (1978), 5. Aufl., München, Zürich 1993.
Baltz-Otto, Ursula, Poesie wie Brot, München 1989.
Bannach, Klaus, Gebete der Stille. 136 Texte durchs Jahr, Stuttgart 1979.
Barth, Hans Martin, Einander Priester sein. Allgemeines Priestertum in ökumenischer Perspektive, Göttingen 1990.
Barth, Ulrich, Gräb, Wilhelm (Hrsg.), Gott im Selbstbewusstsein der Moderne. Zum neuzeitlichen Begriff der Religion, Gütersloh 1993.
Benjamin, Walter, Über Sprache überhaupt und über die Sprache des Menschen, in: Angelus Novus, Ausgewählte Schriften 2, Frankfurt a. M. 1966.
Berg, Sigrid, Mit Engeln durchs Jahr, München, Stuttgart 1998.
Berliner, Paul F., Thinking in Jazz. The infinite Art of Improvisation, Chicago, London 1994.
Bernstein, Leonard (1967), Von der unendlichen Vielfalt der Musik, Stuttgart 1967.
Bernstein, Leonard (1976), Musik – die offene Frage. Vorlesungen an der Harvard-Universität. Neue durchgesehene Ausgabe, München 1982.
Bernstein, Leonard (1982), Erkenntnisse. Beobachtungen aus fünfzig Jahren, Hamburg 1983.
Bernstein, Leonard, The joy of music, New York 1959, deutsch: Bernstein, Leonard, Freude an der Musik, Frankfurt a. M. 1976.
Bernstein, Leonard (1967), Von der unendlichen Vielfalt der Musik, Stuttgart 1968.
Bieritz, Karl-Heinrich, Spielraum Gottesdienst. Von der »Inszenierung des Evangeliums« auf der liturgischen Bühne, in: Schilson, Arno, Hake, Joachim (Hrsg.), Drama »Gottesdienst«. Zwischen Inszenierung und Kult, Stuttgart, Berlin, Köln 1998, 69-101.
Bieritz, Karl-Heinrich, Offenheit und Eigensinn. Plädoyer für eine eigensinnige Predigt, in: Garhammer, Erich, Schöttler, Heinz-Günther (Hrsg.), Predigt als offenes Kunstwerk. Homiletik und Rezeptionsästhetik, München 1998, 28-50.
Bohren, Rudolf, Dass Gott schön werde. Praktische Theologie als theologische Ästhetik, Gütersloh 1975.
Bloch, Ernst. Das Prinzip Hoffnung (1959), 7. Aufl., Frankfurt a. M. 1980.
Bonnefoy, Yves (1991), Alberto Giacometti. Eine Biographie seines Werkes, Bern 1992.

Böschenstein, Bernhard, Weigel, Sigrid (Hrsg.), Ingeborg Bachmann und Paul Celan. Poetische Korrespondenzen, 2. Aufl., Frankfurt a. M. 1997.
Bovon, François, Das Evangelium nach Lukas, 2. Teilband, Lk 9,51-14,35, Neukirchen-Vluyn 1996.
Brecht, Bertolt, Mutter Courage und ihre Kinder. Eine Chronik aus dem Dreißigjährigen Krieg, 18. Aufl., Berlin 1972.
Breton, André, L'équation de l'objet, in: Documents 34, N.S. 1, Brüssel, Juni 1934, 17-24.
Broda, Martine, »An Niemand gerichtet«. Paul Celan als Leser von Mandelstamms »Gegenüber«, in: Hamacher, Werner, Menninghaus, Winfried (Hrsg), Paul Celan. materialien, Frankfurt a. M. 1988, 209-221.
Brook, Peter, Das offene Geheimnis. Gedanken über Schauspielerei und Theater, Frankfurt a. M. 1998.
Brook, Peter, Der leere Raum, 3. Aufl., Berlin 1997.
Brook, Peter, Evokation Shakespeare, in: Zeichen 1, Peter Brook, Vergessen Sie Shakespeare, 2., korrigierte Aufl., Berlin 1999, 7-42.
Brook, Peter, König Lear. Das Stück ist der Weg. Peter Brook im Gespräch mit Georges Banu, in: Brook, Peter, Zeichen 1, 54-82.
Brook, Peter, Vergessen Sie Shakespeare, in: Zeichen 1, Brook, Peter, Vergessen Sie Shakespeare, 2., korrigierte Aufl., Berlin 1999, 43-53.
Brunner, Emil, Judentum und Christentum bei Martin Buber, in: Schilpp, Paul A., Friedman, Maurice (Hrsg.), Martin Buber, Stuttgart 1963, 303-311.
Buber, Martin, Die Erzählungen der Chassidim, Zürich 1949.
Buber, Martin, Der Weg des Menschen nach der chassidischen Lehre, 6. Aufl., Heidelberg 1972.
Buber, Martin (1923), Ich und Du, 10. Aufl., Heidelberg 1979.
Buber, Martin, Das echte Gespräch und die Möglichkeiten des Friedens. Rede, gehalten anlässlich der Verleihung des Friedenspreises des Deutschen Buchhandels am 27. September 1953 in der Paulskirche zu Frankfurt a. M., Heidelberg 1953.
Bubner, Rüdiger, Ästhetische Erfahrung, Frankfurt a. M. 1989.
Camus, Albert (1994), Der erste Mensch, Frankfurt a. M., Wien 1995.
Carr, Ian, Rivalität mit Zuneigung. Der Stilist Miles Davis und der Choleriker Charles Mingus, in: du, Februar 2002, Heft Nr. 723, 77-79.
Castiglione, Enrico (1989), Leonard Bernstein. Ein Leben für die Musik. Gespräche mit Leonard Bernstein, Berlin 1993.
Celan, Paul, Gesammelte Werke, Bd. 1, Gedichte 1, hrsg. von Beda Allemann und Stefan Reichert unter Mitwirkung von Rudolf Bücher (1983), 2. Aufl., Frankfurt a. M. 1992.
Celan, Paul, Gesammelte Werke, Bd. 3, Gedichte III, Prosa, Reden, hrsg. von Beda Allemann und Stefan Reichert unter Mitwirkung von Rudolf Bücher (1983), 2. Aufl., Frankfurt a. M. 1992.
Celan, Paul, Gesammelte Werke, Bd. 5, Übertragungen II, hrsg. von Beda Allemann und Stefan Reichert unter Mitwirkung von Rudolf Bücher (1983), 2. Aufl., Frankfurt a. M. 1992.
Clayton, John P., The Concept of Correlation. Paul Tillich and the possibility of a mediating theology, Berlin, New York 1980.
Cornehl, Peter, Experten und Laien. Eine praktisch-theologische Orts- und Verhältnisbestimmung, in: ThPr, 26, 1991, 147-164.
Dauzenroth, Erich, Hampel, Adolf, Nachwort: Credo des Lebens, in: Korczak, Janusc, Allein mit Gott. Gebete eines Menschen, der nicht betet. Aus dem Polnischen übersetzt von Wolfgang Grycz, Gütersloh 1994, 77-87.
Dienberg, Thomas, Ihre Tränen sind wie Gebete. Das Gebet nach Auschwitz in Theologie und Literatur. Studien zur systematischen und spirituellen Theologie, Bd. 20, Würzburg 1997.
Dierken, Jörg, Über Gewissheit und Zweifel – Im Gespräch mit Paul Tillich. Die religiöse Bedeutung skeptischer Reflexion, in: Kodalle, Klaus-M., Steinmeier, Anne M. (Hrsg.), Subjek-

tiver Geist. Reflexion und Erfahrung im Glauben. Festschrift zum 65. Geburtstag von Traugott Koch, Würzburg 2002, 167-185.

Drescher, Angela (Hrsg.), Christa Wolf. Ein Arbeitsbuch, Berlin, Weimar 1989.

du, Februar 2002, Heft Nr. 723.

Dubuffet, Jean, Malerei in der Falle. Antikulturelle Positionen, Schriften, Band 1, Bern, Berlin 1991.

Düchting, Hajo, Paul Klee. Malerei und Musik, München, New York 1997.

Dusella, Reinhold, Loos, Helmut (Hrsg.), Leonard Bernstein. Der Komponist, Bonn 1989.

Dutli, Ralph (1988), Nachwort zu Ossip Mandelstam, in: Mandelstam, Ossip, Der Stein. Frühe Gedichte 1908-1915. Aus dem Russischen übertragen und herausgegeben von Ralph Dutli, 2. Aufl., Zürich 2000, 239-255.

Ebeling, Gerhard (1964), Luther. Einführung in sein Denken, 3. Aufl., Tübingen 1978.

Edschmid, Kasimir (Hrsg.), Schöpferische Konfession, Berlin 1920.

Erne, Thomas, Die theologische Großzügigkeit der Musik. Ästhetische und religiöse Erfahrung am Beispiel von Hans Blumenbergs »Matthäuspassion«, in: Musik und Kirche 67, 1997, Heft 4, 223-229.

Fassbind, Bernhard, Poetik des Dialogs. Voraussetzungen dialogischer Poesie bei Paul Celan und Konzepte von Intersubjektivität bei Martin Buber, Martin Heidegger und Emmanuel Lévinas, München 1995.

Felstiner, John, Paul Celan. Eine Biographie, Deutsch von Holger Fliessbach, München 1997.

Ferrier, Jean-Louis, Primitive des 20. Jahrhunderts. Art brut und spontane Kunst von Geisteskranken (Paris 1997), deutsche Ausgabe Paris 1998.

Frerichs, Jacob (Hrsg.), Friedrich Daniel Ernst Schleiermacher. Die praktische Theologie nach den Grundsätzen der evangelischen Kirche im Zusammenhange dargestellt. Aus Schleiermachers handschriftlichem Nachlass und nachgeschriebenen Vorlesungen, Berlin 1850.

Freud, Sigmund (1930), Das Unbehagen in der Kultur, GW XIV (1948), 7. Aufl., London, Frankfurt a. M. 1991, 419-506.

Freud, Sigmund (1927), Die Zukunft einer Illusion, GW XIV (1948), 7. Aufl., London, Frankfurt a. M. 1991, 323-380.

Freud, Sigmund (1915), Einige Charaktertypen aus der psychoanalytischen Arbeit, GW X (1915), 8. Aufl., Frankfurt a. M. 1991, 364-391.

Freud, Sigmund (1937), Konstruktionen in der Analyse, GW XVI (1950), 6. Aufl., London, Frankfurt a. M. 1981, 41-56.

Freud, Sigmund (1910), Eine Kindheitserinnerung des Leonardo da Vinci, GW VIII (1910), 8. Aufl., London, Frankfurt a. M. 1990, 127-211.

Gercken, Günther, Eissing-Christophersen, Christoph, Die Schlumper. Kunst ohne Grenzen. The Schlumpers. Art without borders, Wien, New York 2001.

Garhammer, Erich, Schöttler, Heinz-Günther (Hrsg.), Predigt als offenes Kunstwerk. Homiletik und Rezeptionsästhetik, München 1998.

Gercken, Günther, Die Schlumper. Eröffnungsfest 27. März 1998, überarbeitet und veröffentlicht unter dem Titel: Einführung in die Ausstellung »Die Schlumper«, in: Kirchlicher Kunstdienst. Berichte und Analysen aus der Arbeit der Evangelischen Akademie Nordelbien, 4, 1998, 48-52.

Giacometti, Alberto, Écrits, présentés par Michel Leiris et Dupin, Paris 2001.

Giacometti, Alberto, Ein Film von Ernst Scheidegger und Peter Münger, Zürich 1966.

Giacometti, Alberto, Was ist ein Kopf? Ein Film von Michel van Zele, Arte 2000.

Glaesemer, Jürgen, Paul Klee. Handzeichnungen III, 1937-1940, Bern 1979.

Gradenwitz, Peter (1984), Leonard Bernstein. 1918-1990. Unendliche Vielfalt eines Musikers, Zürich 1995.

Gräb, Wilhelm, Auf den Spuren der Religion. Notizen zur Lage und Zukunft der Kirche, in: ZEE 39, 1995, 43-56.

Gronius, Jörg W., Kässens, Wend, Theatermacher, Frankfurt a. M. 1990.

Grözinger, Albrecht, Gibt es eine theologische Ästhetik?, in: Müller, Wolfgang Erich, Heumann, Jürgen (Hrsg.), Kunst-Positionen. Kunst als Thema gegenwärtiger evangelischer und katholischer Theologie, Stuttgart 1998, 35-43.
Grözinger, Albrecht, Okuli – 3.3.1991, Lukas 9,57-62, in: GPM 1990/91, 147-152.
Grözinger, Albrecht (1987), Praktische Theologie und Ästhetik. Ein Beitrag zur Grundlegung der Praktischen Theologie, 2., durchges. Aufl., München 1991.
Grözinger, Albrecht, Wahrnehmung als theologische Aufgabe. Die Bedeutung der Ästhetik für Theologie und Kirche, in: Hermann, Jörg, Mertin, Andreas, Valtink, Evelin (Hrsg.), Die Gegenwart der Kunst, München 1998, 309-319.
Grözinger, Albrecht, Zur Ästhetik des Gottesdienstes, in: Musik und Kirche, 2000, 3, 164-173.
Gutmann, Hans-Martin, Jazz und Theologie, in: Fermor, Gotthard, Gutmann, Hans-Martin, Schroeter, Harald (Hrsg.), Theophonie. Grenzgänge zwischen Musik und Theologie, Rheinbach 2000, 78-97.
Hacker, Friedrich, Symbole und Psychoanalyse, in: Psyche 11, 1958, 641-671.
Hamacher, Werner, Menninghaus, Winfried (Hrsg.), Paul Celan. materialien, Frankfurt a. M. 1988.
Hamacher, Werner, Die Sekunde der Inversion. Bewegungen einer Figur durch Celans Gedichte, in: Hamacher, Werner, Menninghaus, Winfried, Paul Celan. materialien, Frankfurt a. Main 1988, 126.
Harlan, Volker, Was ist Kunst? Werkstattgespräch mit Beuys, Stuttgart 1986.
Havel, Vaclav, Briefe an Olga. Identität und Existenz. Betrachtungen aus dem Gefängnis, Reinbek 1984.
Heimbrock, Hans-Günter, Religiöse Erziehung in multikulturellen Gesellschaften, in: Mehlhausen, Joachim (Hrsg.), Pluralismus und Identiät, Veröffentlichungen der Wissenschaftlichen Gesellschaft für Theologie, Bd. 8, Gütersloh 1995, 487-504.
Helfenstein, Josef, Frey, Stefan, Paul Klee. Das Schaffen im Todesjahr, Stuttgart 1990.
Henel, Ingeborg C., Philosophie und Theologie im Werk Paul Tillichs, Frankfurt a. M., Stuttgart 1981.
Hennig, Karl (Hrsg.), Der Spannungsbogen. Festgabe für Paul Tillich zum 75. Geburtstag, Stuttgart 1961.
Herbst, Wolfgang (Hrsg.), Evangelischer Gottesdienst. Quellen zu seiner Geschichte, 2., völlig neu bearb. Aufl., Göttingen 1992.
Hirsch, Emanuel, Der Sinn des Gebets. Fragen und Antworten, 2., neugestaltete Auflage, Göttingen 1928.
Hoffmeier, Dieter (Hrsg.), Konstantin S. Stanislawski. Moskauer Künstlertheater. Ausgewählte Schriften, Bd. 2, 1924-1938, Berlin (West) 1988.
Hohl, Reinhold, Giacometti. Eine Bildbiographie, Ostfildern-Ruit 1998.
Holl, Karl, Gesammelte Aufsätze zur Kirchengeschichte. Bd. 1. Luther, 7. Aufl., Tübingen 1948.
Holland, Dave, Wie ein flatternder Vogel. Ein kongenialer Erbe – Bassist Dave Holland. Im Gespräch mit Brian Priestley, in: du, Februar 2002, Heft Nr. 723, 37-39.
Hoppe-Sailer, Richard, Paul Klee. Ad parnassum, Frankfurt a. M., Leipzig 1993.
Hörnigk, Therese, Christa Wolf 1989.
Jacobs, Michael, All that Jazz. Die Geschichte einer Musik, Stuttgart 1996.
Jena, Günter (1999), Das gehet meiner Seele nah. Die Matthäuspassion von Johann Sebastian Bach, 2. Aufl., Freiburg, Basel, Wien 2001.
Jena, Günter, Ich lebe mein Leben in wachsenden Ringen. Die Kunst der Fuge von Johann Sebastian Bach. Gedanken und Erfahrungen eines Interpreten, Eschbach/Markgräflerland 2000.
Josuttis, Manfred, Der Weg in das Leben. Eine Einführung in den Gottesdienst auf verhaltenswissenschaftlicher Grundlage, 2. Aufl., Gütersloh 1993.

Josuttis, Manfred, Rhetorik und Theologie in der Predigtarbeit. Homiletische Studien, München 1985.
Kabel, Thomas, Handbuch Liturgische Präsenz. Zur Praktischen Inszenierung des Gottesdienstes, Bd. 1, Gütersloh 2002.
Kafka, Franz, Fragmente, in: Brod, Max (Hrsg.), Hochzeitsvorbereitungen auf dem Lande, Frankfurt a. M. 1966.
Käsemann, Ernst, Amt und Gemeinde im Neuen Testament, in: Käsemann, Ernst, Exegetische Versuche und Besinnungen, I. Band, 3. Aufl., Göttingen 1964, 109-134.
Katalog Wahnsinnige Schönheit, Prinzhornsammlung, veröffentlicht in deutscher Sprache durch die Hayward Gallery, London anlässlich der Ausstellung Beyond Reason, Art and Psychosis. Works from the Prinzhorn Collection, organisiert von der Hayward Gallery, London, 5. Dezember 1996 – 23. Februar 1997.
King, Martin Luther, Testament der Hoffnung. Letzte Reden und Predigten, 1974.
Klee, Felix (Hrsg.), Paul Klee, Briefe an die Familie, Bd. 1: 1893-1906. Bd. 2: 1907-1940, Köln 1979.
Klee, Felix (Hrsg.), Paul Klee, Tagebücher 1898-1918, Köln 1957.
Klee, Paul, Beiträge zur bildnerischen Formlehre, faksimiliertes Originalmanuskript, Basel, Stuttgart 1979.
Klee, Paul, Das bildnerische Denken, Basel, Stuttgart 1956.
Klee, Paul, Schöpferische Konfession, in: Regel, Günther (Hrsg.), Paul Klee. Kunst-Lehre. Aufsätze, Vorträge, Rezensionen und Beiträge zur bildnerischen Formlehre (Leipzig 1987), 3. Aufl., Bonn 1995, 60-66.
Klee, Paul, Über die moderne Kunst, in: Regel, Günther (Hrsg.), Paul Klee, Kunst-Lehre. Aufsätze, Vorträge, Rezensionen und Beiträge zur bildnerischen Formlehre (Leipzig 1987), 3. Aufl., Bonn 1995, 70-85.
Klemm, Christian, Lanchner, Carolyn, Bezzola, Tobia, Umland, Anne (Hrsg.), Alberto Giacometti, Zürich, Berlin 2001.
Klessmann, Michael, Liebau, Irmhild (Hrsg.), Leiblichkeit ist das Ende der Werke Gottes, Göttingen 1997.
Knauer, Wolfram, Freiheit ist eine Illusion. Darüber sind sich Duke Ellington und Charles Mingus einig, in: du, Februar 2002, Heft Nr. 723, 33-35.
Koch, Traugott, Allzumal Sünder, in: Radius, 1987, Heft 1, 27-29.
Koch, Traugott, Freuds Entdeckung und ihre Bedeutung für eine gegenwärtige Theologie, in: Bodenheimer, Aron Ronald (Hrsg.), Freuds Gegenwärtigkeit. Zwölf Essays, Stuttgart 1989, 284-310.
Koch, Traugott, Die Macht des Seins im Mut zum Sein. Tillichs Gottesverständnis in seiner »Systematischen Theologie«, in: Fischer, Hermann (Hrsg.), Paul Tillich. Studien einer Theologie der Moderne, Frankfurt a. M. 1989, 169-206.
Koch, Traugott, Mit Gott leben, Tübingen 1989.
Koch, Traugott, Thesen zu Aufgabe und Zweck der Predigt, in: Green, Friedemann, Groß, Gisela, Meister, Ralf, Schweda, Torsten (Hrsg.), um der Hoffnung willen. Praktische Theologie mit Leidenschaft, 188-196.
Koch, Traugott, »Eins ist not – was ist not?« Zum Auftrag des Amtes der Kirche, in: Stolt, Peter, Grünberg, Wolfgang, Suhr, Ulrike (Hrsg.), Kulte, Kulturen, Gottesdienste. Öffentliche Inszenierung des Lebens, Göttingen 1996, S. 133-141.
Koch, Traugott, Theologische Positionen der Gegenwart. Nachschrift der Vorlesung, Hamburg WS 81/82.
Kodalle, Klaus-M., Steinmeier, Anne M. (Hrsg.), Subjektiver Geist. Reflexion und Erfahrung im Glauben. Festschrift zum 65. Geburtstag von Traugott Koch, Würzburg 2002.
Korczak, Janusz, Allein mit Gott. Gebete eines Menschen, der nicht betet. Aus dem Polnischen übersetzt von Wolfgang Grycz, Gütersloh 1994.

Koschel, Christine, von Weidenbaum, Inge (Hrsg.), Bachmann, Ingeborg. Wir müssen wahre Sätze finden. Gespräche und Interviews, 4. Aufl., München, Zürich 1994.
Kudielka, Robert, Paul Klee. The nature of creation. Works 1914-1940, London 2002.
Kunze, Reiner, Die wunderbaren Jahre, Frankfurt a. M. 1976.
Lacoue-Labarthe, Philippe, Katastrophe, in: Werner Hamacher, Menninghaus, Winfried (Hrsg.), Paul Celan. materialien, Frankfurt a. M. 1988, 31-60.
Lévinas, Emmanuel, Martin Buber und die Erkenntnistheorie, in: Schilpp, Paul A., Friedman, Maurice (Hrsg.), Martin Buber, Philosophen des 20. Jahrhunderts, Stuttgart 1963, 119-134.
Lévinas, Emmanuel (1978), Jenseits des Seins oder anders als Sein geschieht, Freiburg, München 1998.
Lévinas, Emmanuel, Die Spur des Anderen. Untersuchungen zur Phänomenologie und Sozialphilosophie (1983), 2., unveränd. Aufl., Freiburg i. Br., München 1987.
Lévinas, Emmanuel, Humanismus des anderen Menschen (1972), Hamburg 1989.
Lévinas, Emmanuel, Totalität und Unendlichkeit. Versuch über die Exteriorität, Freiburg i. Br., München 1987.
Lévinas, Emmanuel, Schwierige Freiheit. Versuch über das Judentum, Frankfurt a. M. 1992.
Liebermann, Rolf, An John Neumeier, In: Willaschek, Wolfgang (Hrsg.), Zwanzig Jahre John Neumeier und das Hamburg Ballett 1973 – 1993. Aspekte. Themen. Variationen. Das zweite Jahrzehnt, Hamburg 1993, 7.
Lorenzer Alfred, Symbol, Sprachverwirrung und Verstehen, in: Psyche 24, 1970, 895-920.
Luther, Henning, Alltagssorge und Seelsorge. Zur Kritik am Defizitmodell des Helfens, in: Luther, Henning, Religion und Alltag. Bausteine zu einer praktischen Theologie des Subjekts, Stuttgart 1992, 224-238.
Luther, Henning, Die Lügen der Tröster, Das Beunruhigende des Glaubens als Herausforderung für die Seelsorge, in: PrTh 33, 1998, 163-176.
Luther, Henning, Identität und Fragment. Praktisch-theologische Überlegungen zur Unabschließbarkeit von Bildungsprozessen, in: Henning Luther, Religion und Alltag. Bausteine zu einer Praktischen Theologie des Subjekts, Stuttgart 1992, 160-182.
Luther, Martin, Werke. Kritische Gesamtausgabe. Tischreden, Bd. 2, Weimar 1913.
Luther, Martin, An den christlichen Adel deutscher Nation von des christlichen Standes Besserung (1520), WA, 6, 404-469.
Luther, Martin, De captivitate Babylonica ecclesiae praeludium (1520), WA 6, 497-573.
Luther, Martin, Von der Freiheit eines Christenmenschen (1520), WA 7, 20-38.
Mainusch, Herbert, Regie und Interpretation. Gespräche mit Regisseuren, 2., unveränd. Aufl., München 1989.
Mandelstam, Ossip, Über den Gesprächspartner. Gesammelte Essays I, 1913-1924, aus dem Russischen übertragen und herausgegeben von Ralph Dutli, Zürich 1991.
Mandelstam Ossip (1988), Der Stein. Frühe Gedichte 1908-1915. Aus dem Russischen übertragen und herausgegeben von Ralph Dutli, Zürich 2000.
Martin, Gerhard Marcel, Ausverkauf oder armes Theater. Unser Kultus im Kontext gegenwärtiger Kultur, in: Zeitschrift für Gottesdienst und Predigt 8, 1990, 31-35.
Martin, Gerhard Marcel, Predigt als »offenes Kunstwerk«? Zum Dialog zwischen Homiletik und Rezeptionsästhetik, in: EvTh 44, 1984, 46-58.
Martin, Gerhard Marcel, Sachbuch Bibliodrama. Praxis und Theorie, Stuttgart 1995.
Martin, Gerhard Marcel, Zwischen Eco und Bibliodrama – Erfahrungen mit einem neuen Predigtansatz, in: Garhammer, Erich, Schöttler, Heinz-Günther (Hrsg.), Predigt als offenes Kunstwerk. Homiletik und Rezeptionsästhetik, München 1998, 51-62.
Martin, Gerhard Marcel, Liturgie und Leben. Herausforderungen heute an den Gottesdienst, in: PTh 83, 1994, 498-508.
Mennekes, Friedhelm (1989), Beuys zu Christus. Eine Position im Gespräch. Beuys on Christ. A position in Dialogue (1989), 4. Aufl., Stuttgart 1994.

Mennekes, Friedhelm, Joseph Beuys, MANRESA. Eine Aktion als geistliche Übung, in: Mennekes, Friedhelm, Künstlerisches Sehen und Spiritualität, Düsseldorf 1995, 115-132.
Mennekes, Friedhelm, Joseph Beuys. MANRESA, Eine Aktion als geistliche Übung zu Ignatius von Loyola, Frankfurt a. M., Leipzig, 1992.
Mennekes, Friedhelm, Das Leiden als religiöse Substanz. Heilungsprozesse im Werk von Joseph Beuys, in: Ruff, Wilfried, Religiöses Erleben verstehen, Göttingen 2002, 113–122.
Meyer-Blanck, Michael, Inszenierung und Präsenz. Zwei Kategorien des Studiums Praktischer Theologie, in: WzM 49, 1997, 2-16.
Metz, Johann Baptist, Ermutigung zum Gebet, in: Metz, Johann Baptist, Rahner, Karl, Ermutigung zum Gebet, Freiburg i. Br., Basel, Wien 1977, 9-39.
Mingus, Charles (1971), Beneath the underdog, Aus dem Amerikanischen übersetzt von Günther Pfeiffer, Hamburg 1980.
Mingus, Charles, An Open Letter to Miles Davis, in: www.mingusmingusmingus.com/ ownwords/miles.html.
Mingus, Charles, What is a Jazz composer? Liner notes to »Let My Children Hear Music«, in: www.mingusmingusmingus.com/ownwords/childliner.html.
Mingus, Charles, Birthday celebration, CD-Begleitheft.
Mingus, Charles, Passions of a man. The complete atlantic recordings 1956-1961, CD-Begleitheft.
Möller, Christian (1983), Seelsorglich predigen. Die parakletische Dimension von Predigt, Seelsorge und Gemeinde, 2., durchges. und erw. Aufl., Göttingen 1990.
Möller, Christian, Zwischen ›Amt‹ und ›Kompetenz‹. Ortsbestimmung pastoraler Existenz heute. Manfred Seitz zum 65. Geburtstag, in: PTh 82, 1993, 460-475.
Naumann, Manfred, Blickpunkt Leser. Literaturtheoretische Aufsätze, Leipzig 1984.
Navratil, Leo, Schizophrenie und Kunst, Frankfurt a. M. 1997.
Neumeier, John, Ich bin Christ und Tänzer, in: www.hamburgballett.de/d/rep/passion.htm.
Neumeier, John (1984), Ein körperliches Bild vom Geheimnis der Musik, in: Willaschek, Wolfgang (Hrsg.), Zwanzig Jahre John Neumeier und das Hamburg Ballett 1973 – 1993. Aspekte. Themen. Variationen. Das zweite Jahrzehnt, Hamburg 1993, 53 f.
Neumeier, John, im Gespräch mit Wolfgang Willaschek, in: Willaschek, Wolfgang (Hrsg.), Zwanzig Jahre John Neumeier und das Hamburg Ballett 1973 – 1993. Aspekte. Themen. Variationen. Das zweite Jahrzehnt, Hamburg 1993, 256-264.
Neumeier, John, Johann Sebastian Bach. Matthäus-Passion. Photographien und Texte zum Balett von Neumeier. Ein Arbeitsbuch, Hamburg 1983.
Neumeier, John, Nachruf Max Midinet, www.hamburgballett.de/d/max.htm.
Neumeier, John, Nijinsky. Eine Faszination und ihre Facetten, in: www. hamburgballett.de/d/ nijiinsky-jn.htm.
Neumeier, John (1989), Programmheft zu Des Knaben Wunderhorn/Fünfte Sinfonie, in: Willaschek, Wolfgang (Hrsg.), Zwanzig Jahre John Neumeier und das Hamburg Ballett 1973 – 1993. Aspekte. Themen. Variationen. Das zweite Jahrzehnt, Hamburg 1993, 57-59.
Neumeier, John, Sechste Sinfonie von Gustav Mahler, 1984, in: Willaschek, Wolfgang (Hrsg.), Zwanzig Jahre John Neumeier und das Hamburg Ballett 1973 – 1993. Aspekte. Themen. Variationen. Das zweite Jahrzehnt, Hamburg 1993, 54-56.
Neumeier, John, Standortbestimmungen, Ein Gespräch, 1988, in: Willaschek, Wolfgang (Hrsg.), Zwanzig Jahre John Neumeier und das Hamburg Ballett 1973 – 1993. Aspekte. Themen. Variationen. Das zweite Jahrzehnt, Hamburg 1993, 79-81.
New York Post, 26. März 1985, in: Willaschek, Wolfgang (Hrsg.), Zwanzig Jahre John Neumeier und das Hamburg Ballett 1973 – 1993. Aspekte. Themen. Variationen. Das zweite Jahrzehnt, Hamburg 1993, 94 f.
Nicol, Martin, Grundwissen Praktische Theologie. Ein Arbeitsbuch, Stuttgart, Berlin, Köln 2000.

Nicolai, Philipp, Der »FrewdenSpiegel deß ewigen Lebens, Franckfurt am Mayn 1599, Facsimile Neudruck, Soester wissenschaftliche Beiträge, Bd. 23, Soest 1963.
Nordmann, Ingeborg, Hannah Arendt, Frankfurt a. M., New York 1994.
Nörenberg, Klaus Dieter, Analogia Imaginis. Der Symbolbegriff in der Theologie Paul Tillichs, Gütersloh 1966.
Otto, Gert, Die Kunst, verantwortlich zu reden. Rhetorik. Ästhetik. Ethik, Gütersloh 1994.
Otto, Gert, Predigt als Rede, Stuttgart, Berlin, Köln, Mainz 1976.
Otto, Gert, Predigt als rhetorische Aufgabe. Homiletische Perspektiven, Neukirchen-Vluyn 1987.
Otto, Gert, Rhetorisch predigen. Wahrheit als Mitteilung. Beispiele zur Predigtpraxis, Gütersloh 1981.
Percival, John, Das sinfonische Ballett, in: Willaschek, Wolfgang (Hrsg.), Zwanzig Jahre John Neumeier und das Hamburg Ballett 1973 – 1993. Aspekte. Themen. Variationen. Das zweite Jahrzehnt, Hamburg 1993, 48-52.
Philharmonisches Staatsorchester Hamburg, Generalmusikdirektor Ingo Metzmacher, Progammheft Mass, Hamburg 2002.
Pons, Großwörterbuch für Experten und Universität. Französisch-Deutsch. Deutsch-Französisch, Stuttgart, Düsseldorf, Leipzig 1998 (Nachdruck von 1996).
Prinzhorn, Hans (1922), Bildnerei der Geisteskranken, 5. Aufl., Berlin, Heidelberg, New York, Tokyo 1997.
Regel, Günther (1987), Das Phänomen Paul Klee, in: Regel, Günther, Paul Klee, Kunst-Lehre, 3. Aufl., Bonn 1995, 5-34.
Repp, Martin, Die Transzendierung des Theismus in der Religionsphilosophie Paul Tillichs, Frankfurt a. M., Bern, New York 1986.
Reymond, Bernard, Le predicateur, »virtuose« de la religion, Schleiermacher aurait-il vu juste? in: ETR 72, 1997, 163-173.
Rhein, Christoph, Tillich, Paul. Philosoph und Theologe, Stuttgart 1957.
Ricœur, Paul, Der Atheismus der Psychoanalyse Freuds, 1966, in: Nase, Eckart, Scharfenberg, Joachim (Hrsg.), Psychoanalyse und Religion. Wege der Forschung, CCLXXV, Darmstadt 1977, 206-218.
Ricœur, Paul, Der Konflikt der Interpretationen, Bd. 2, Hermeneutik und Psychoanalyse, übers. von Rütsch, Johannes, München 1974.
Ricœur, Paul, Die Interpretation. Ein Versuch über Freud, übers. von Moldenhauer, Eva, Frankfurt a. M. 1969, Tb.-Ausg. 1974.
Ringleben, Joachim, Religion und Offenbarung. Überlegungen im kritischen Anschluss an Barth und Tillich, in: Barth, Ulrich, Gräb, Wilhelm (Hrsg.), Gott im Selbstbewusstsein der Moderne. Zum neuzeitlichen Begriff der Religion, Gütersloh 1993, 111-128.
Ringleben, Joachim, Symbol und göttliches Sein, in: Hummel, Gert (edit., Hrsg.), God and Being. Gott und Sein. The Problem of Ontology in the Philosophical Theology of Paul Tillich. Das Problem der Ontologie in der philosophischen Theologie Paul Tillichs. Contributions made to the II. International Paul Tillich Symposium held in Frankfurt 1988. Beiträge des II. Internationalen Paul-Tillich-Symposions in Frankfurt 1988, Berlin, New York 1989.
Ringleben, Joachim Paul Tillichs Theologie der Methode, in: NZSTh 17, 1975, 246-268.
Ringleben, Joachim, Zwei Zeit-Bilder, in: Kodalle, Klaus-M. (Hrsg.), Zeit-Verschwendung. Ein Symposion, Würzburg 1999, 63-72.
Rolinck, Eberhard, Geschichte und Reich Gottes. Philosophie und Theologie der Geschichte bei P. Tillich. Beiträge zur ökumenischen Theologie, Bd. 13, München, Paderborn, Wien 1976.
Sandherr, Susanne, Die heimliche Geburt des Subjekts. Das Subjekt und sein Werden im Denken Emmanuel Lévinas', Stuttgart, Berlin, Köln 1998.
Santoro, Gene, Myself when I'm real. The life and music of Charles Mingus, Oxford 2000.
Schädlich, Hans Joachim, Versuchte Nähe, Hamburg 1980.
Scharfenberg, Joachim, Einführung in die Pastoralpsychologie, Göttingen 1985.

Scharfenberg, Joachim, Kämpfer, Horst, Mit Symbolen leben. Soziologische, psychologische und religiöse Konfliktbearbeitung, Olten und Freiburg i. Br. 1980.
Scharfenberg, Joachim, Seelsorge als Gespräch. Zur Theorie und Praxis der seelsorgerlichen Gesprächsführung, 5. Aufl., Göttingen 1991.
Scharlemann, Robert P., Der Begriff der Systematik bei Paul Tillich, in: NZSTh 8, 1966, 242-254.
Schellbach, Martin, Vater Unser. Predigten für die Gegenwart. Lieder, Zeugnisse und Gebete zum Vaterunser aus achtzehn Jahrhunderten der Kirche, Berlin, ohne Jahr.
Schibler, Gina, Kreativ-emanzipierende Seelsorge. Konzepte der intermedialen Kunsttherapien und der feministischen Hermeneutik als Herausforderung für die kirchliche Praxis, Stuttgart, Berlin, Köln 1999.
Schilson Arno, Die Inszenierung des Alltäglichen und ein neues Gespür für den (christlichen) Kult? Das Verhältnis von Liturgie und Kult heute, 80 Jahre nach Romano Guardinis ›Vom Geist der Liturgie‹ (1918) und 75 Jahre nach ›Liturgische Bildung‹ (1923), in: Schilson, Arno, Hake, Joachim (Hrsg.), Drama »Gottesdienst«. Zwischen Inszenierung und Kult, Stuttgart, Berlin, Köln 1998, 13-67.
Schilson, Arno, Hake, Joachim (Hrsg.), Drama »Gottesdienst«. Zwischen Inszenierung und Kult, Stuttgart, Berlin, Köln 1998.
Schmidt, Erich, Gedanken zu P. Tillichs philosophischer Theologie. Eine Apologie, in: NZSTh 5, 1963, 97-118.
Schnübbe, Otto, Paul Tillich und seine Bedeutung für den Protestantismus heute. Das Prinzip der Rechtfertigung im theologischen, philosophischen und politischen Denken Paul Tillichs, Hannover 1985.
Schwanz, Peter, Analogia Imaginis. Ein Beitrag zur kritischen Auseinandersetzung mit der philosophischen Theologie Paul Tillichs. Zugleich der Versuch einer Hinführung zu dem Ansatz eines Systems als christologisch-anthropologischem Modell, Göttingen 1980.
Sebald, Michael: Schuld – nur wegzuarbeitende Last? Eine Frage – zwei Antworten, in: Radius, 1978, Heft 4, 8-15.
Shearer, Sybil, John Neumeier in Amerika, in: Willaschek, Wolfgang (Hrsg.), Zwanzig Jahre John Neumeier und das Hamburg Ballett 1973 – 1993. Aspekte. Themen. Variationen. Das zweite Jahrzehnt, Hamburg 1993, 130-134.
Sloterdijk, Peter, Weltfremdheit, Frankfurt a. M. 1993.
Sölle, Dorothee, ›Das Christentum setzt voraus, dass alle Menschen Dichter sind, nämlich beten können‹, in: Christiansen, Theo, Thiele, Johannes (Hrsg.), Dorothee Sölle im Gespräch, Stuttgart 1988, 99-112.
Sölle, Dorothee, Gott denken. Einführung in die Theologie, 2. Aufl., Stuttgart 1990.
Sölle, Dorothee, Mystik und Widerstand. »Du stilles Geschrei«, 3. Aufl., Hamburg 1997.
Stanislawski Lesebuch, zusammengestellt und kommentiert von Peter Simhandl, Berlin 1990.
Stanislawski, Konstantin S. (1954), Die Arbeit des Schauspielers an sich selbst. Tagebuch eines Schülers. Teil I, Die Arbeit an sich selbst im schöpferischen Prozess des Erlebens, 5. Aufl., Berlin 1999.
Stanislawski Konstantin S. (1955), Die Arbeit des Schauspielers an sich selbst. Tagebuch eines Schülers. Teil II, Die Arbeit an sich selbst im schöpferischen Prozess des Verkörperns, 5. Aufl., Berlin 1999.
Stanislawski, Konstantin S. (1954), Mein Leben in der Kunst, Berlin 1987.
Steffensky, Fulbert, Alltagssprache für die Frohe Botschaft?, in: WuPKG 65/1976, 465.
Steinmeier-Kleinhempel, Anne M., »Von Gott kompt mir ein Frewdenschein«. Die Einheit Gottes und des Menschen in Philipp Nicolais »FrewdenSpiegel deß ewigen Lebens«, in: Europäische Hochschulschriften, XXIII, Theologie, Bd. 430, Frankfurt a. M. 1991.
Steinmeier, Anne M., Wiedergeboren zur Freiheit. Skizzen eines Dialogs zwischen Theologie und Psychoanalyse, Arbeiten zur Pastoraltheologie, Bd. 33, Göttingen 1998.

Steinmeier, Anne M., »War das eben Himmel?«, in: Ahrens, Hanna (Hrsg.), Hoffnungszeichen, Neukirchen-Vluyn 2000, 78-84.
Steinmeier, Anne M., Diakonie als Wahrnehmung des Lebendigen, in: PTh 89, 2000, 395-410.
Steinmeier, Anne M., Dremel, Erik, Wo die ›Verständnisse andrer Art zusammengehen‹. Die integrative Kraft des Gottesdienstes, in: PTh 90, 2001, 196-211.
Steinmeier, Anne M., Predigt als Rede von Wahrheit. Überlegungen im Gespräch mit Ingeborg Bachmann und Paul Celan, in: Kodalle, Klaus-M., Steinmeier, Anne M. (Hrsg.), Subjektiver Geist. Reflexion und Erfahrung im Glauben. Festschrift zum 65. Geburtstag von Traugott Koch, Würzburg 2002, 261-273.
Steinmeier, Anne M., Haupt- und Ehrenamtliche in der Besuchsdienstarbeit. Auf dem Weg zu einer Kirche des Priestertums aller Getauften, in: Haushalterschaftsarbeit im Amt für Gemeindedienst der Ev.-Luth. Landeskirche Hannovers (Hrsg.), Der Besuchsdienst. Informationen für die Seelsorgearbeit christlicher Dienstgruppen und zur Gemeindeentwicklung, Hannover 2002, 21-28.
Steinmeier, Anne M., Die religiöse Dimension als offenes Geheimnis im Theater, in: Ruff, Wilfried, Religiöses Erleben verstehen, Göttingen 2002, 123-141.
Stollberg, Dietrich, Der Pfarrberuf zwischen Anspruch und Wirklichkeit, in: PTh 89, 2000, 498-507.
Strasberg, Lee (1987), Ein Traum der Leidenschaft. Die Entwicklung der »Methode«. Eine Theorie der Schauspielkunst, München 2000.
Suhr, Ulrike, Das Handwerk des Theaters und die Kunst der Liturgie. Ein theologischer Versuch über Peter Brook, in: Stolt, Peter, Grünberg, Wolfgang, Suhr, Ulrike (Hrsg.), Kulte, Kulturen, Gottesdienste. Öffentliche Inszenierungen des Lebens, Göttingen 1996, 37-49.
Teichert, Wolfgang, Wenn die Zwischenräume tanzen. Theologie des Bibliodramas, Stuttgart 2001.
Theissen, Gerd, Merz, Annette, Der historische Jesus. Ein Lehrbuch, Göttingen 1996.
Theißen, Gerd, Musik – ein Gleichnis Gottes. Predigt zu einem Musikgottesdienst (1 Korinther 4,1-5), in: Theißen, Gerd, Lichtspuren. Predigten und Bibelarbeiten, Gütersloh 1994, 196-202.
Theunissen, Georg (Hrsg.), Kunst, ästhetische Praxis und geistige Behinderung, Bad Heilbrunn 1997.
Tillich, Paul (1952), In der Tiefe ist Wahrheit. Religiöse Reden, 1. Folge, 8. Aufl., Stuttgart 1982.
Tillich, Paul, Das Neue Sein. Religiöse Reden, 2. Folge, 5. Aufl., Stuttgart 1980.
Tillich, Paul, Offenbarung und Glaube. Schriften zur Theologie II, GW VIII, Stuttgart 1970.
Tillich, Paul, Das Neue Sein als Zentralbegriff einer christlichen Theologie, in: Tillich, Paul, Offenbarung und Glaube. Schriften zur Theologie II, GW VIII, Stuttgart 1970, 220-239.
Tillich, Paul, Der Mut zum Sein, in: Tillich, Paul, Sein und Sinn. Zwei Schriften zur Ontologie, GW XI, 3. Aufl., Frankfurt a. M. 1982, 13-139.
Tillich, Paul, Die Lehre von der Inkarnation in neuer Deutung, in: Tillich, Paul, Offenbarung und Glaube. Schriften zur Theologie II, GW VIII, Stuttgart 1970, 205-219.
Tillich, Paul, Natürliche Religion und Offenbarungsreligion, in: Tillich, Paul, Offenbarung und Glaube, Schriften zur Theologie II, GW VIII, Stuttgart 1970, 47-58.
Tillich, Paul, Rechtfertigung und Zweifel, in: Tillich, Paul, Offenbarung und Glaube, Schriften zur Theologie II, GW VIII, Stuttgart 1970, 85-100.
Tillich, Paul (1951), Systematische Theologie I-II, unveränd. photomechan. Nachdr. d. 8. Aufl. von 1984, Berlin, New York 1987.
Tillich, Paul (1963), Systematische Theologie III, unveränd. photomechan. Nachdr. d. 4. Aufl. von 1984, Berlin, New York 1987.
Track, Joachim, Der theologische Ansatz Paul Tillichs. Eine wissenschaftstheoretische Untersuchung seiner »Systematische Theologie«, Göttingen 1975.

Trillhaas, Wolfgang, Paul Tillich im Lichte seiner Wirkungsgeschichte. Eine Bilanz, in: ZThK 75, 1978, 82-98.
Von Kriegstein, Matthias, Paul Tillichs Methode der Korrelation und der Symbolbegriff. Studia Irenica XVII, Hildesheim 1975.
Wagner-Rau, Ulrike, Vom Umgang mit Grenzen und Übergängen. Überlegungen zum eingeschränkten Dienst im Pfarramt, in: PTh 89, 2000, 529-542.
Weischedel, Wilhelm, Denker an der Grenze. Paul Tillich zum Gedächtnis. Rede anlässlich der Gedenkfeier in der Kirchlichen Hochschule Berlin am 20.11.1965, Berlin 1966.
Weischedel, Wilhelm, Paul Tillichs philosophische Theologie. Ein ehrerbietiger Widerspruch, in: Hennig, Karl (Hrsg.), Der Spannungsbogen. Festgabe für Paul Tillich zum 75. Geburtstag, Stuttgart 1961, 25-47.
Weischedel, Wilhelm, Der Gott der Philosophen. Grundlegung einer Philosophischen Theologie im Zeitalter des Nihilismus, Bd. 2, München 1985.
Welsch, Wolfgang, Ästhetisches Denken, Stuttgart 1990.
Welsch, Wolfgang, Das Ästhetische – Eine Schlüsselkategorie unserer Zeit? in: Welsch, Wolfgang (Hrsg.), Die Aktualität des Ästhetischen, München 1993, 13-37.
Welsch, Wolfgang, Grenzgänger der Ästhetik, Stuttgart 1996.
Winkler, Eberhard, Aus der Geschichte der Predigt und der Homiletik, in: Handbuch der Predigt, Berlin 1990, 571-591.
Wolf, Christa (1987), Die Dimension des Autors. Essays und Aufsätze, Reden und Gespräche 1959-1985, Bd. 1, Frankfurt a.M. 1990.
Wolf, Christa, (1987), Die Dimension des Autors. Essays und Aufsätze, Reden und Gespräche 1959-1985, Bd. 2, Frankfurt a.M. 1990.
Wolf, Christa (1976), Kindheitsmuster, 7. Aufl., Berlin, Weimar 1982.
Wolf, Christa (1998), Medea. Voraussetzungen zu einem Text, München 2000.
Wolf, Christa, Essays/ Gespräche/ Reden/ Briefe 1959-1974, Werke 4, herausgegeben, kommentiert und mit einem Nachwort versehen von Sonja Hilzinger, Köln 1999.
www.saintpeters.org/jazz/first.html.
Ziebertz, Hans-Georg, Mono-, multi-, interreligiös? Religionen als religionspädagogische Herausforderung, in: Ev. Erz. 46, 1994, 328-347.
Zink, Jörg, Trauer hat heilende Kraft, Zürich 1985.

Nachweise

Franz Karl Bühler »Das selbst«, entstanden 1919, Inv.Nr. 3018, Sammlung Prinzhorn der Psychiatrischen Universitätsklinik Heidelberg.
Franz Karl Bühler »Der Würgeengel« [aus: Hans Prinzhorn, Bildnerei der Geisteskranken, 1922, Frontispiz (verschollen)] Sammlung Prinzhorn der Psychiatrischen Universitätsklinik Heidelberg.
Paul Klee »Hauptweg und Nebenwege«, 1929, 90 (R 10), 83 × 67 cm, Ölfarbe auf Leinwand auf Keilrahmen; Rahmenleisten; Museum Ludwig, Köln. ©VG Bild-Kunst, Bonn 2003.
Paul Klee »Ad parnassum«, 1932, 274 (X 14), 100 × 125 cm, Ölfarbe, Linien aufgestempelt, Punkte zunächst mit weiss aufgestempelt und nachträglich übermalt, auf Leinwand auf Keilrahmen; farbig gefasster Holzrahmen; Kunstmuseum Bern. ©VG Bild-Kunst, Bonn 2003.
Paul Klee »Vergesslicher Engel«, 1939, 880 (VV 20), 29,5 × 21 cm, Bleistift auf Papier mit Leimtupfen auf Karton; Paul-Klee-Stiftung, Kunstmuseum Bern. ©VG Bild-Kunst, Bonn 2003.
Paul Klee »Engel voller hoffnung«, 1939, 892 (WW 12), 29,5 × 21 cm, Bleistift auf Papier mit Leimtupfen auf Karton; Paul-Klee-Stiftung, Kunstmuseum Bern. ©VG Kunst-Bild, Bonn 2003.
Paul Klee »es weint«, 1939, 959 (ZZ 19), 29,5 × 21 cm, Bleistift auf Papier mit Leimtupfen auf Karton; Paul-Klee-Stiftung, Kunstmuseum Bern. ©VG Kunst-Bild, Bonn 2003.
Paul Klee »Engel, noch tastend«, 1939, 1192 (MN 13), 29,4 × 20,8 cm, Kreide, Kleisterfarbe und Aquarell auf Papier mit Leimtupfen auf Karton; Privatbesitz, Schweiz. ©VG Bild-Kunst, Bonn 2003.
Leonard Bernstein Notenbild »Freue dich!« aus: Leonard Bernstein (1967), Von der unendlichen Vielfalt der Musik, Stuttgart 1967, 48.
Notenbild (Ausschnitt) Alban Berg, Wozzek 1925 aus: Bernstein, Leonard (1976), Musik – die offene Frage. Vorlesungen an der Harvard-Universität. Neue durchgesehene Ausgabe, München 1982, 290.
John Neumeier Matthäus-Passion, Photographien von Holger Badekow und Peter Douven aus: John Neumeier, Johann Sebastian Bach. Matthäus-Passion. Photographien und Texte zum Ballett von Neumeier. Ein Arbeitsbuch, Hamburg 1983:
Nr. 1 Eingangschor, Ballettensemble, abgebildet ebd., 164 f.
Nr. 1 Eingangschor, Max Midinet, Ivan Liska, Ballettensemble, abgebildet ebd., Schutzumschlag.

Nr. 27 »Mein Vater, ist's möglich, so gehe dieser Kelch von mir; doch nicht wie ich will, sondern wie du willst ...«, Max Midinet, abgebildet ebd. 186 f.

Abendmahlszene, abgebildet ebd., 45.

Nr. 41 »Geduld, Geduld ...«, Kevin Haigen, abgebildet ebd., 204.

Nr. 4–8 »Dass sie dies Wasser hat auf meinen Leib gegossen, hat sie getan, dass man mich begraben wird ...« , Jean-Yves Esquerre, Kevin Haigen, Mark Diamond, Markus Annacker, Paola Cantalupo, Ivan Liska, Caspar Hummel, Max Midinet, abgebildet ebd., 168 f.

Alberto Giacometti, »Mains tenant le vide« – »Maintenant le vide«, L'objet invisible aus: Yves Bonnefoy, Alberto Giacometti. Eine Biographie seines Werkes, Bern 1992. 226 f. ©VG Bild-Kunst, Bonn 2003.